Direito do Trabalho Desportivo: Panorama, Crítica e Porvir

Estudos em homenagem aos Ministros Pedro Paulo Teixeira Manus e Walmir Oliveira da Costa (*in memoriam*)

Direito do Trabalho Desportivo: Panorama, Crítica e Porvir

Estudos em homenagem aos Ministros Pedro Paulo Teixeira Manus e Walmir Oliveira da Costa (*in memoriam*)

Organizadores:

Guilherme Guimarães Feliciano

Leonardo Andreotti Paulo de Oliveira

Elthon José Gusmão da Costa

LACIER

LACIER

Lacier Livraria e Editora
www.livrarialacier.com.br

Rua Doutor Quirino, 808 – Centro
CEP 13015-081 – Campinas, SP – Brasil

Fechamento: Dezembro, 2023
1ª Edição, 2024

Diretor: *Lacier José de Rezende*
Diretor assistente: *Eduardo Soares Aureliano*
Projeto de capa: *Fabio Giglio*
Projeto gráfico e editoração eletrônica: *Peter Fritz Strotbek – The Best Page*

Ficha Catalográfica

Dados Internacionais de Catalogação na Publicação (CIP)
(Câmara Brasileira do Livro, SP, Brasil)

D598 Direito do trabalho desportivo : panorama, crítica e porvir: estudos em homenagem aos ministros Pedro Paulo Teixeira Manus e Walmir Oliveira da Costa *in memoriam* / Organizadores: Guilherme Guimarães Feliciano, Leonardo Andreotti Paulo de Oliveira, Elthon José Gusmão da Costa. — 1. ed. — Campinas, SP : Lacier Editora, 2024.
400 p. ; 17 x 24 cm.

ISBN 978-65-88805-68-8

1. Direito desportivo — Legislação — Brasil . 2. Direito do trabalho desportivo — Brasil. 3. Contrato de trabalho desportivo. 3. Legislação desportiva — Aspectos jurídicos. I. Feliciano, Guilherme Guimarães. II. Oliveira, Leonardo Andreotti Paulo de. III. Costa, Elthon José Gusmão da.

CDU 796:34(81)

Índices para catálogo sistemático:

1. Legislação desportiva — Aspectos jurídicos

Angela Schmidt da Rosa – Bibliotecária – CRB-14/1171

Sumário

Rol de Autoras e Autores

Alberto Bastos Balazeiro — Ministro do Tribunal Superior do Trabalho. Doutorando em Direito pelo Instituto de Direito Público (IDP). Mestre em Direito pela Universidade Católica de Brasília (UCB). Coordenador do Comitê Gestor Nacional do Programa Trabalho Seguro do Conselho Superior da Justiça do Trabalho (CSJT).

Alessandra Christine Bittencourt Ambrogi de Moura — Mestranda pela PUC/SP. Pesquisadora no Núcleo de Pesquisa e Extensão "O Trabalho além do Direito do Trabalho", na USP. Conselheira seccional da OAB/SP (2022-2024). Corregedora-geral do Tribunal de Ética e Disciplina da OAB/SP (2022-2024). Vice-Presidente da Associação dos Advogados Trabalhistas do Estado de São Paulo (AATSP). Auditora do Tribunal de Justiça Desportiva de São Paulo do Futebol. Advogada.

Ana Paula Pellegrina Lockmann — Mestre em Direito do Trabalho pela USP. Desembargadora do TRT da 15ª Região.

André Cremonesi — Juiz do Trabalho aposentado. Ex-procurador do Trabalho. Mestre em Direito do Trabalho pela Pontifícia Universidade Católica de São Paulo (PUC). Especialista em Tutela de Direitos Difusos e Coletivos pela Escola Superior do Ministério Público do Estado de São Paulo, professor universitário de graduação e de pós-graduação *lato sensu*. Autor de livros e artigos jurídicos.

Breno Medeiros — Ministro do Tribunal Superior do Trabalho. Pós-graduado em Engenharia da Qualidade — MBA — *Master Business Administration* — pela Universidade de São Paulo — USP. Doutorando em Direito Empresarial pela UNINOVE — Universidade Nove de Julho.

Carlos Augusto Marcondes de Oliveira Monteiro — Advogado. Mestre e Doutor em Direito do Trabalho pela Pontifícia Universidade Católica de São Paulo (PUC). Coordenador e professor dos cursos de pós-graduação da Escola Paulista de Direito (EPD). Professor convidado para os cursos de Pós-Graduação da Faculdade de Direito de São Bernardo do Campo (FDSBC), da Escola Superior da Advocacia (ESA) e da PUC-COGEAE-SP. Autor de livros e artigos jurídicos.

Carlos Eduardo Oliveira Dias — Juiz do trabalho. Mestre em Direito do Trabalho pela PUC-SP. Doutor em Direito pela Universidade de São Paulo (USP). Pós-doutorando em Economia Social e do Trabalho pela Unicamp.

Domingos Sávio Zainaghi — Doutor e mestre em Direito do Trabalho pela PUC de São Paulo. Pós-doutorado em Direito do Trabalho pela *Universidad Castilla-La Mancha*, Espanha. Pós-graduado em Comunicação Jornalística pela Faculdade Cásper Libero e em Ciências Humanas pela PUCRS. Presidente Honorário da *Asociación Iberoamericana de Derecho Del Trabajo y de la Seguridad Social*. Presidente honorário do Instituto Ibero-americano de Derecho Deportivo. Membro do *Instituto Latinoamericano de Derecho del Trabajo y de la Seguridad Social — ILTRAS*. Coordenador acadêmico da Sociedade Brasileira de Direito Desportivo. Membro da Academia Paulista de Direito, da Academia Nacional de Direito Desportivo e da Academia Paulista de Letras Jurídicas. Doutor *Honoris Causa* da Universidad Paulo Freire, da Costa Rica. Professor no curso de mestrado do UNIFIEO e do curso de Direito da Faculdade de São Bento. Advogado.

Douglas Alencar Rodrigues — Ministro do Tribunal Superior do Trabalho desde 2014. Pós-Graduado em Direito Constitucional pela Universidade de Brasília (UnB). Mestre em Direito pela Pontifícia Universidade Católica de São Paulo (PUC/SP). Doutor em Direito pela Pontifícia Universidade Católica de São Paulo (PUC/SP). Foi Presidente da Associação dos Magistrados da Justiça do Trabalho da 10ª Região (AMATRA X). Vice-Presidente da Associação Nacional dos Magistrados do Trabalho (ANAMATRA). Vice-Presidente da Associação dos Magistrados Brasileiros (AMB). Indicado pelo TST para compor o Conselho Nacional de Justiça (CNJ) no biênio 2005-2007. Professor dos cursos de graduação e pós-graduação do Centro Universitário IESB.

Elthon José Gusmão da Costa — Advogado Trabalhista e Desportivo. Membro da Ordem do Mérito Judiciário do Trabalho do Tribunal Superior do Trabalho no Grau Oficial. Especialista em Direito Desportivo (CERS). Pós-graduado em Direito Processual Civil (Unileya). Mestrando em *International Sports Law* (ISDE). Diretor jurídico do Conselho Nacional de Boxe (CNB). Diretor do Departamento Jurídico da Confederação Brasileira de *Kickboxing* (CBKB). Diretor do Departamento Jurídico da *World Association of Kickboxing Comissions Región Panamericana* (*WAKO PANAM*). Diretor jurídico da Confederação Brasileira de MMA Desportivo (CBMMAD). Membro da Comissão Jovem da Academia Nacional de Direito Desportivo (ANDD). Membro do núcleo de estudos "O trabalho além do direito do trabalho: dimensões da clandestinidade jurídico-laboral" (NTADT), da Faculdade de Direito da USP. Auditor do Pleno do TJDU/DF. Membro do Instituto Brasileiro de Direito Desportivo (IBDD). Membro da Comissão de Direito Desportivo da OAB/DF. Autor do livro "Aspectos Jurídicos do Desporto MMA" e coordenador da obra "Estudos em Homenagem ao Ministro Walmir Oliveira da Costa".

Fabrício Trindade de Sousa — Mestre em Direito pelo IDP/DF. Pós-graduado em Direito Processual Civil, Direito Material e Processual do Trabalho. Membro fundador da Academia Nacional de Direito Desportivo — ANDD. Advogado. Sócio da Amorim Trindade Kanitz & Russomano Advogados. Professor em cursos de pós-gradução em Direito Desportivo do Trabalho e Direito Societário Desportivo.

Filipe Orsolini Pinto de Souza — Mestre em Direito Desportivo na Pontifícia Universidade Católica de São Paulo — PUC-SP. Mestre em Direito Desportivo Internacional pelo *Instituto Superior de Derecho y Economia — ISDE* (Espanha). Pós-graduado em Direito Desportivo pela Escola Superior de Advocacia da OAB/SP. Pós-graduado em Direito Empresarial pela FGV. Graduado pela Faculdades de Campinas — FACAMP. Participante do Programa de Negociação da *Harvard Law School Executive Education.* Membro da Comissão de Direito Desportivo da OAB Seção São Paulo. Conselheiro do Instituto Brasileiro de Direito Desportivo — IBDD. Membro da *Association Internationale des Avocats du Football — AIAF*. Advogado sócio de Brocchi e Souza Sociedade de Advogados.

Firmino Alves Lima — Juiz do Trabalho titular da 1ª Vara de Piracicaba. Mestre e Doutor em Direito do Trabalho pela Faculdade de Direito da Universidade de São Paulo. Ex-Presidente da Associação dos Magistrados do Trabalho da 15ª Região. Autor de diversas obras individuais e coletivas sobre o Direito do Trabalho e o Direito do Trabalho Desportivo.

Francisco Alberto da Motta Peixoto Giordani — Advogado. Desembargador Federal do Trabalho aposentado do Tribunal Regional do Trabalho da 15ª Região. Membro da Academia Nacional de Direito Desportivo.

Guilherme Guimarães Feliciano — Associado III da Faculdade de Direito da Universidade de São Paulo. Titular da Cadeira n. 53 da Academia Brasileira de Direito do Trabalho. Pós-Doutor pela Universidade de Coimbra (IGC/CDH). Livre-Docente pela Universidade de São Paulo. Doutor pela Universidade de São Paulo. Doutor pela Universidade de Lisboa. Presidiu a Associação dos Magistrados da Justiça do Trabalho da 15ª Região (Amatra XV) no biênio 2010-2012. Presidiu a Associação Nacional dos Magistrados da Justiça do Trabalho (Anamatra) no biênio 2017-2019.

Guilherme Tavares Martorelli — Possui graduação em Direito pela Universidade Bandeirante de São Paulo (2010). Especialização em Direito e Processo do Trabalho pela Pontifícia Universidade Católica de São Paulo (2017). Mestrado em *International Sports Law* pela *Institut Nacional d'Educació Física de Catalunya* (2019). Atualmente é Coordenador Jurídico do Sindicato de Atletas Profissionais do Estado de São Paulo. Coordenador da *Institut Nacional d'Educació Física de Catalunya*. Auditor Pleno do Federação Paulista de Futebol. Auditor Pleno da Federação Paulista de Volleyball. Tem experiência na área de Direito, com ênfase em Direitos Especiais.

José Eduardo Coutinho Filho — Mestre e Bacharel em Direito pela Universidade Estadual Paulista "Júlio de Mesquita Filho" (UNESP). MBA em Gestão de Projetos pela Universidade de São Paulo (USP). Membro do Núcleo de Pesquisa e Extensão "O Trabalho Além do Direito do Trabalho" (NTADT). Membro fundador e Conselheiro Emérito do Grupo de Estudos de Direito Desportivo da UNESP (GEDiDe). Membro do Grupo de Estudos do Instituto Brasileiro de Direito Desportivo (IBDD). Coordenador acadêmico do Programa de Formação de Intermediários da *CBF Academy*.

Leonardo Andreotti Paulo de Oliveira — Árbitro do Tribunal Arbitral do Esporte (TAS). Doutorando em Direito do Trabalho pela *Sapienza Università degli Studi di Roma I*. Mestre em Direito Desportivo pelo *Institut Nacional d'Educació Fisica de Catalunya — INEFC* e *Universitat de Lleida — UdL*. Pós-graduado em Direito Contratual pela Escola Paulista de Direito — EPD e em Direito Administrativo pelo Instituto Brasiliense de Direito Público — IDP. Presidente do Instituto Brasileiro de Direito Desportivo – IBDD (2016/2018 & 2019/2021). Titular da Cadeira 35 da Academia Nacional de Direito Desportivo — ANDD e Membro fundador do Instituto Brasileiro de Direito Contratual — IBDCONT.

Lucas Cavalcante Noé de Castro — Assessor de ministro do Tribunal Superior do Trabalho. Mestre em Direito, Estado e Constituição pela Universidade de Brasília.

Lúcio Miguel Correia — Doutor em Direito pela *Universidade Carlos III* de Madrid. Mestre em Direito pela Universidade Lusíada de Lisboa. Pós-graduado em Direito do Trabalho e licenciado em Direito pela Universidade Lusíada de Lisboa. Professor adjunto convidado do Instituto Superior de Contabilidade e Administração de Lisboa (ISCAL). Advogado. Autor de livros, capítulos de livros e artigos científicos de Direito do Trabalho e de Direito do Desporto em publicações nacionais e internacionais. Árbitro no Tribunal Arbitral do Desporto. Investigador integrado no CEJEA. Ocupa e ocupou diversos cargos em órgãos sociais e instâncias nacionais e internacionais de diversas modalidades desportivas. As áreas de investigação preferenciais são: o ensino do Direito Processual Civil, Direito do Trabalho e do Direito do Desporto.

Luis Guilherme Krenek Zainaghi — Advogado. Graduado em Direito na Universidade Presbiteriana Mackenzie. Mestre em Direito do Trabalho pela PUC/SP. Pós-graduado em Direito Desportivo pelo *Instituto Iberoamericano de Derecho Deportivo* — IIDD/UNIFIA. Professor de Direito do Trabalho e Previdenciário da Faculdade da Associação Comercial de São Paulo — FAC/SP e da *Franklin Covey Education Brasil*. Monitor e entrevistador na Fundação Getúlio Vargas — FGV/SP. Membro da *Asociación Iberoamericana de Derecho del Trabajo y de la Seguridad Social*. Membro da Comissão Jovem da Academia Nacional de Direito Desportivo — ANDDJ. Membro da Sociedade Brasileira de Direito Desportivo — SBDD. Membro do Instituto Brasileiro de Direito Desportivo — IBDD. Membro do Instituto Brasileiro de Direito Social Cesarino Junior — IBDSCJ. Membro e Coordenador da área de Direito Desportivo da Associação dos Advogados Trabalhistas de São Paulo — AAT/SP (2018/2020). Auditor no Tribunal Disciplinar Paralímpico do Comitê Paralímpico Brasileiro — CPB; Procurador do Tribunal de Justiça Desportiva Antidopagem. Procurador-geral do TJD da Associação Paulista de Futebol — APF. Procurador do TJD da Federação Paulista de Handebol; Procurador-geral do TJD da Liga Nacional de Basquete. Procurador no TJD da Associação Aquática

Paulista. Coordenador na Coordenadoria de Direito Desportivo e Entretenimento da Comissão do Acadêmico de Direito da OAB/SP (2015-2018). Autor de livros e artigos jurídicos.

Marcos Ulhoa Dani — Juiz do Trabalho do TRT da 10ª Região — DF/TO. Membro da Academia Nacional de Direito Desportivo — ANDD — cadeira 42. Pós-graduado em Direito Material e Processual do Trabalho com formação para Magistério Superior, pela Faculdade Anhanguera — Uniderp.

Maria Luísa Borba da Costa — Estagiária no Tribunal Superior do Trabalho. Bacharelanda em Direito (IESB).

Mariana Antonialli Guimarães — Advogada. Ex-atleta. Pós-graduada em Direito Administrativo (USP/FDRP). Pós-graduada Direito e Processo do Trabalho (Faculdade Metropolitana do Estado de São Paulo). Pesquisadora em Direito Desportivo. Membro filiada ao Instituto Brasileiro de Direito Desportivo (IBDD). Membro do Comitê de Governança no Esporte da Rede Governança Brasil (RGB). Membro do Conselho de Ética da Liga de Basquete Feminino. Auditora da Comissão Disciplinar do Superior Tribunal de Justiça Desportiva da Liga Nacional de Basquete.

Matheus de Figueiredo Corrêa da Veiga — Formado pelo Centro Universitário IESB. Advogado. Pós-graduado em Direito Trabalho e Processo do Trabalho (IDP — Instituto Brasiliense de Direito Público). Coordenador do Livro em Homenagem ao Ministro Aloysio Corrêa da Veiga, articulista do Livro em Homenagem ao Ministro João Oreste Dalazen. Membro da Comissão de Direito do trabalho da Seccional OAB/DF (2016/2018, 2019/2021 e 2022/2024). Agraciado com a Comenda da Ordem do Mérito Judiciário do Trabalho em 2021. Em 2013 ingressou no Corrêa da Veiga Advogados como sócio.

Mauricio de Figueiredo Corrêa da Veiga — Advogado. Mestre em Ciências Jurídicas (UAL). Professor contratado do *Master Diritto & Sport da Università La Sapienza Roma.* Vice-Presidente de Relações Internacionais da Academia Nacional de Direito Desportivo (ANDD-Brasil). Auditor do STJD do Basquete. Membro honorário da Academia Petropolitana de Letras. Membro da Associação Portuguesa de Direito Desportivo e da Associação de Filosofia do Desporto em Língua Portuguesa. Autor de livros.

Rafael Bozzano — Advogado. Doutorando em Direito (Núcleo de Direito Desportivo) pela PUC/SP. Mestre pelo Programa de Pós-Graduação *Stricto Sensu* em Ciência Jurídica PPCJ UNIVALI. Mestre em *Máster Universitario en Derecho* na *Universidad de Alicante*, Espanha. Possui graduação em Direito pela Universidade do Vale do Itajaí. Pós-graduado em Direito Desportivo pela ESA-OAB/SP. Diretor institucional do IBDD (Instituto Brasileiro de Direito Desportivo). Presidente da Comissão de Direito Desportivo da OAB/SC. Auditor presidente do Tribunal Pleno de Justiça Desportiva de Santa Catarina — FESPORTE — (2023/2026). Procurador do Tribunal de Justiça Desportiva do Futebol de Santa Catarina (2019-2020). Subprocurador-Geral do Superior Tribunal de Justiça Desportiva do Futebol (2020-2024).

Rafael Teixeira Ramos — Professor licenciado do Curso de Direito do Centro Universitário Christus — UNICHRISTUS. Doutorando em Ciências Jurídico-Empresariais. Mestre em Ciências Jurídico-Laborais. Pós-graduado em Ciências Jurídico-Laborais e em Direito do Desporto Profissional, todos pela Faculdade de Direito da Universidade de Coimbra — FDUC. Titular da Cadeira 48 da Academia Nacional de Direito Desportivo do Brasil — ANDD. Membro do Instituto Brasileiro de Direito Desportivo. Advogado. Consultor jurídico trabalhista e desportivo. Autor da Coluna Tributo a Álvaro Melo Filho do *site* Lei em Campo <https://leiemcampo.com.br/category/colunas/tributo-a-alvaro-melo-filho/>.

Ricardo Sayeg — Diretor e professor titular de Direito Quântico Empresarial da UNINOVE — Universidade Nove de Julho. Professor livre-docente de Direito Econômico da PUC-SP — Pontifícia Universidade Católica de São Paulo.

Rogerio Neiva Pinheiro — Juiz do trabalho desde 2002. Mestre e Doutor em Ciências do Comportamento pelo Programa de Pós-Graduação do Departamento de Processos Psicológicos Básicos do Instituto de Psicologia da Universidade de Brasília. Foi membro do Comitê Gestor da Conciliação do Conselho Nacional de Justiça, e também da Comissão Nacional de Promoção à Conciliação do Conselho Superior da Justiça do Trabalho. Foi juiz auxiliar da Vice-Presidência do Tribunal Superior do Trabalho (gestão 2016/2018 e 2018/2020), e juiz auxiliar da Presidência do Conselho Superior da Justiça do Trabalho (gestão 2020/2022).

Sarah Hakim — Advogada. Membro do Conselho Universitário da USP. Diretora da Federação Nacional dos Advogados — FENADV. Delegada sindical da CNPL. Diretora da Sociedade Brasileira de Direito Desportivo – SBDD. Presidente AAT-SP 2018-2020. Mestranda em Direito Desportivo pela PUC-SP. Membro do Núcleo de Pesquisas e Extensão "O Trabalho além do Direito do Trabalho" (FDUSP).

Talita Garcez — Advogada. Especialista em Direito e Processo do Trabalho. Especialista em Direito Desportivo. Presidente da Comissão Disciplinar da Liga Campineira de Futebol. Auditora suplente da Comissão Disciplinar da Federação Paulista de *Volleyball*. Membro da Comissão Estadual de Direito Desportivo da OAB/SP e IBDD.

Tarcísio Miranda Bresciani — Advogado. Graduado em Direito na Universidade Católica de Santos. Mestrando em Direito do Trabalho pela PUC/SP. Pós-graduado em Direito Desportivo pelo *Instituto Iberoamericano de Derecho Deportivo — IIDD*. Pós-graduado em Direito e Processo do Trabalho pela Universidade Anhanguera. Especialista em Negociação pela Fundação Getúlio Vargas — FGV. Membro e colunista do Instituto

Brasileiro de Direito Desportivo — IBDD. Vice-Presidente da Comissão de Direito Desportivo da OAB Santos. Membro do TADT — Núcleo "O trabalho além do direito do trabalho", pela USP. Membro da Academia Nacional de Direito Desportivo Jovem. Sócio-fundador do escritório Bresciani e Almeida Sociedade de Advogados.

Victor Targino de Araujo — Advogado. Professor na *CBF Academy*, na UNIP, na Escola Superior de Advocacia da OAB/SP e no CEDIN. Pós-graduado em Direito Desportivo pela PUC (2016). Master em Gestão Esportiva e Direito pelo ISDE, Barcelona (2018). Consultor (*eSports*) da *Netshoes Miners* e sócio em Direito do Trabalho, Esporte e Entretenimento no escritório GGAC. Consultor jurídico do Vasco SAF. Já foi advogado do Corinthians e do Santos. Vencedor do Prêmio *Valed Perry* de 2016, do Instituto Brasileiro de Direito Desportivo.

Wanderley Godoy Junior — Desembargador Federal do TRT da 12ª Região – Santa Catarina. Vice-Presidente do TRT da 12ª Região (Dez. 2021 – Dez. 2023). Diretor da EJUD da 12ª Região (Dez./2021 – Dez. 2023). Conselheiro Consultivo da Enamat (2022). Vice-Presidente do Conematra (Mar. 2023 – Mar. 2024). Mestre em Ciência Jurídica. Professor da Universidade do Vale do Itajaí — UNIVALI.

Bacharela em Direito [illegible] — [illegible] Mestre em Direito [illegible] Sociedade [illegible]

[illegible] UNIT [illegible] Doutorando em Direito [illegible] Mestre em Direito [illegible] Direito Constitucional [illegible]

[illegible] — Doutorando [illegible] UNIVEM [illegible]

Apresentação

É com sentimento de alegria, nostalgia e gratidão que apresentamos esta obra coletiva que, escrita a várias mãos, resulta em importante trabalho acadêmico, com notável viés profissional, e pretende homenagear dois grandes juristas brasileiros, que em comum, inclusive com o trabalho que se pretende apresentar, contribuíram sobremaneira com o desenvolvimento do Direito do Trabalho e do Direito do Desporto no país.

O livro *O Direito do Trabalho Desportivo: panorama, crítica e porvir*, para além de trazer, indiscutivelmente, inovadoras e atuais reflexões acerca das relações de trabalho no desporto, se presta, em larga medida, a impulsionar essencial movimento de análise e interpretação do novo regime jurídico-desportivo brasileiro, a partir da entrada em vigor da Lei n. 14.597/2023, já conhecida como a nova e atual Lei Geral do Esporte, que por uma característica legislativa brasileira, se soma aos demais inúmeros normativos nacionais, e divide espaço com a Lei n. 9.615/1998, a antiga e também atual Lei Geral do Desporto, redundância que, por si só, demonstra a necessidade da desafiadora atuação hermenêutica de nossos juristas, de modo a buscar-se maior segurança jurídica e sobretudo a preservação de direitos sociais.

A obra, sem lugar a dúvidas, exerce papel de extrema importância nesta tarefa, e nostalgicamente vai ao encontro do que sempre buscaram, com notório brilhantismo, os saudosos amigos, professores, advogados e magistrados, ministro Pedro Paulo Teixeira Manus (*in memoriam*) e ministro Walmir Oliveira da Costa (*in memoriam*), notáveis incentivadores das ciências que ora se entrelaçam e formam o Direito do Trabalho Desportivo.

E tal é o sentimento de gratidão, pelo intenso convívio com esses dois grandes juristas, que seguem como fonte de grande inspiração, materializada na publicação que ora nos apraz apresentar, e com alegria oferecer à comunidade jurídica brasileira, enriquecida com mais conhecimento e reflexões jurídico-desportivas.

Boa leitura!

Prof. Dr. Guilherme Guimarães Feliciano

Prof. Leonardo Andreotti Paulo de Oliveira

Prefácio

"A civilização começa no momento em que o esporte começa."
Nikos Kazantzakis (1885/1957), poeta e escritor grego.

Esta bela coletânea de estudos de Direito Desportivo, para minha alegria e honra, homenageia dois queridos amigos, eminentes juristas, magistrados, professores e acadêmicos: ministro Pedro Paulo Teixeira Manus e ministro Walmir Oliveira da Costa.

Ambos estarão eternamente no coração dos que os conhecem e com eles continuam aprendendo.

Nossas trajetórias profissionais se entrelaçam. Com Pedro a amizade é mais antiga e, por isso, cheia de histórias. Afinal, somos paulistas e às vezes vizinhos de bairro.

Conto apenas uma. Pedro, ainda jovem, fez pós-graduação em Roma e, para ganhar uns trocados, trabalhava no Vaticano fazendo carga e descarga de mercadorias em caminhões.

Adorava o serviço duro porque — como dizia — não levava preocupações para casa e, além do dinheiro, melhorava a forma física.

Anos depois, juntos proferíamos palestra em um sindicato de empresas transportadoras e, após eu narrar essa história pitoresca, Pedro emendou, com sua graça inigualável: "pois é, eu já pertenci a essa categoria profissional".

Com relação a Walmir, meus laços de amizade e admiração são igualmente indeléveis. Era homem de grande sensibilidade e pureza, além de apaixonado por tudo que fazia.

Na Academia Brasileira de Direito do Trabalho Pedro ocupou a cadeira número 60, e Walmir a de número 75.

Também inscrevem seus nomes na Academia Nacional de Direito Desportivo, Pedro cadeira número 23, cujo patrono é João Saldanha, e Walmir a de número 32, que tem como patrono Orlando Teixeira da Costa.

Ambos se dedicaram ao Direito Desportivo, que vários doutrinadores tratam dogmaticamente como ciência jurídica autônoma, com princípios, instituições e legislação muito próprios.

No que toca às relações de trabalho no desporto, alguns autores desta obra destacam que, desde a Lei Geral do Esporte (14.597, de 14.6.23), contratos civis podem ser adotados para atletas profissionais, assim como treinadores e árbitros, não mais se confinando à relação de emprego.

É o que diz o artigo 82, parágrafo único:

> "A atividade profissional do atleta, do treinador e do árbitro esportivo não constitui por si relação de emprego com a organização com a qual ele mantenha vínculo de natureza meramente esportiva, caracterizado pela liberdade de contratação."

Trata-se de dispositivo legal que certamente gerará muita controvérsia perante os tribunais do trabalho, ainda que afinado com a posição atualmente dominante do Supremo Tribunal Federal.

Esta obra ressalta a ratificação pelo Brasil das Convenções 98 (sindicalização e negociação coletiva), 100 (igualdade de remuneração entre homens e mulheres), 111 (práticas discriminatórias) e 155 (saúde e segurança), que devem ser aplicadas aos atletas profissionais.

No que toca ao futebol, pode-se dizer que integra a indústria mundial de entretenimento, gerando bilhões de dólares e envolvendo, como diz um dos autores, "diversas significações simbólicas, psíquicas, sociais, culturais, históricas, políticas e econômicas que envolvem multidões concentradas em torno de um espetáculo... o jogador é negociado como mercadoria e tem um preço ligado à sua imagem".

Contudo, não se pode olvidar a grande maioria de atletas, constituída por pessoas vulneráveis, de famílias com parcos recursos, o que é incompatível com o afastamento da tutela trabalhista.

O Direito Desportivo jamais desprezaria a fundamental diferença entre os astros milionários e os milhões de profissionais em condições muito inferiores, os quais precisam de garantias mínimas, sendo fundamental a atuação dos sindicatos e da negociação coletiva.

Surpreendentemente, como narra um dos autores, na esfera desportiva praticamente não há negociação coletiva no Brasil porque "as entidades patronais se amedrontam de tratar do novo, de regulamentar e negociar em prol das modalidades esportivas".

Em janeiro de 2020 a OIT realizou um fórum internacional para debater o trabalho decente no mundo dos esportes. Ali se proclamou que o esporte constitui importante instrumento para a boa saúde, bem-estar, educação, desenvolvimento e paz, além de constituir atividade econômica importante para jovens de todos os sexos.

Para tanto, ali se destacou que é preciso reprimir as várias formas de violência de gênero, assédio moral e sexual, racismo e práticas discriminatórias que comprometem a integridade física, o desenvolvimento e a saúde mental desses jovens.

Sabe-se que crianças e adolescentes, sonhando com a carreira de atleta, são muitas vezes afastados de suas famílias e até precocemente contratados por entidades estrangeiras.

Também é de grande interesse o estudo dedicado aos lutadores de artes marciais, que disputam torneios e se ligam a contratos de exclusividade, o que sugere um contrato de trabalho intermitente, na forma do artigo 443, § 3º da Consolidação das Leis do Trabalho.

Por outro lado, a proteção a atletas profissionais de todos os esportes precisa se harmonizar com a singularidade dessas relações contratuais, como diz um dos autores citando o professor João Leal Amado. Há que estabelecer equilíbrio entre a tutela do atleta sem prejuízo do desenvolvimento do esporte e das competições.

Aprendi muito com a leitura desta obra coletiva, que contribui para a compreensão, a crítica e a evolução do nosso Direito Desportivo.

São Paulo, primavera de 2023.

Luiz Carlos Amorim Robortella
Presidente da Academia Brasileira
de Direito do Trabalho.

Prefácio

O título desta obra coletiva, elaborada em homenagem aos confrades Pedro Paulo Manus e Walmir Oliveira da Costa, diz muito não só pela obra em si — *Direito do Trabalho Desportivo: panorama, crítica e porvir* —, mas especialmente pelas características comuns a dois grandes juízes, que se notabilizaram pela racionalidade e razoabilidade das suas decisões, olhando sempre para frente, com bom senso, discrição e sabedoria.

A obra contempla, a um só tempo, artigos muito atuais referentes à Lei Geral do Esporte, Sociedades Anônimas do Futebol, *compliance* no futebol, manipulação de resultados, execuções concentradas, como também outras questões não menos relevantes que outrora eram inéditas, a exemplo o Direito Coletivo do Trabalho e do Desporto, direito de greve, rescisão indireta, entre outros.

Os legados dos confrades Manus e Walmir não se restringem às obras científicas, notadamente no ramo do Direito de Trabalho. Esses legados são muito maiores quando nos deparamos com a produção intelectual de cada qual, ao longo de mais de 40 anos de vida pública, e sempre aliando as atividades acadêmicas ao exercício da magistratura.

Isso mesmo. Desses 40 anos, outro ponto comum é o de que ambos exerceram por quase 30 anos, cada um deles, a magistratura do trabalho, percorrendo todas as etapas da carreira, juiz substituto, juiz titular, desembargador, e, por fim, a de ministro do Tribunal Superior do Trabalho.

Do que pude aprender e conviver com ambos, especialmente no exercício da advocacia junto ao Tribunal Superior do Trabalho, me impressionava, e daí a profunda admiração por ambos, aquele comportamento das mentes inquietas, inconformadas, cada um do seu jeito, para quem seria possível fazer melhor ainda do que já se estava fazendo muito bem, apesar da carga avassaladora de trabalho.

Essa obra coletiva em homenagem a ambos representa exatamente essa inquietude na busca do conhecimento, olhando o panorama atual, fazendo as críticas necessárias, e sempre olhando para o futuro e para o bem maior que é o da sociedade civil.

Cada um do seu jeito. Confrade Manus, com aquela discrição e simpatia, e o confrade Walmir, sempre muito agitado. Ambos nos ensinaram e continuam nos ensinando até os dias de hoje, também com o exemplo da perseverança com que ambos lidavam com os percalços desse dia a dia, seja como juízes, seja como professores.

A vontade comum de ambos os confrades de fazer melhor o que já se fazia bem nos permitiu, como Academia Nacional de Direito Desportivo, difundir conhecimento dessa, por assim dizer, *novel* disciplina, a do Direito Desportivo.

Confrade Walmir, ainda como desembargador convocado, começava a decidir as questões inerentes à nulidade dos contratos entre atletas e clubes, e o confrade Manus, juntamente com o professor Paulo Feuz, ao instituir essa disciplina no quadro curricular da pós-graduação da PUC-SP.

Disso advieram outros tantos precedentes, e mais, hoje, também graças a essas atitudes pioneiras, outras tantas universidades incluíram em sua grade de graduação e pós-graduação a disciplina do Direito Desportivo, assim como a noção clara de que o Direito Desportivo tem vida própria inspirada, especialmente, no Direito do Trabalho.

O volume de trabalho não lhes causava nenhum tipo de receio ou preocupação, outro comportamento comum apenas daqueles que, com vasta cultura e experiência de vida e jurídica, sabiam exatamente a importância da missão que estavam cumprindo.

Permitam-me um desabafo: fazem e farão muita falta os confrades Manus e Walmir. Estamos vivenciando um início de uma nova época, e como seriam valiosas as opiniões de cada um deles sobre esse novo momento que se inicia.

A completude de características desses notáveis acadêmicos como homens, maridos, pais, professores e juízes nos serve de exemplo para que cada um de nós siga perseverando nos caminhos do Direito Desportivo, assim como eles outrora perseveraram.

A receita *"Panorama, crítica e porvir"* era exatamente a conduta de ambos os vanguardistas homenageados, como juízes e professores, e verdadeiros operadores do direito para o aperfeiçoamento e mudança em prol da sociedade.

Salve os homenageados!

Terence Zveiter
Presidente da Academia Nacional
de Direito Desportivo.

O Tráfico de Atletas: Primeiras Aproximações

Guilherme Guimarães Feliciano

Sarah Hakim

Introdução

O tráfico de atletas — ou tráfico desportivo — é uma modalidade do tráfico de pessoas que tem como vítimas preferenciais a criança e o adolescente que se dispõem ao trabalho com vistas à profissionalização. No Brasil, o tráfico desportivo está diretamente vinculado ao trabalho infantil e ao malferimento dos direitos humanos de crianças e adolescentes, em particular, como ao malbaratamento de direitos trabalhistas de um modo geral.

Aliás, não por outra razão — ou também por ela —, entre 2018 e 2019, o Brasil integrou a lista curta da OIT em razão do retrocesso histórico imposto pela intitulada "Reforma Trabalhista" (Lei n. 13.467/2017), que trouxe consigo importante abalo a direitos sociais. A esse propósito, o fato de o país não ter integrado a *short list* em 2021 decorre muito mais de sua substituição por países com maiores violações de direitos do que, diga-se claramente, por méritos quanto à observância das convenções internacionais ou de uma mudança positiva das políticas públicas, econômico e sociais.(1) Como dissemos alhures, quando da inclusão do Brasil na *long list* (40 países) para a 106ª Conferência Internacional do Trabalho (2017) — precisamente em razão da tramitação do projeto de lei que se transformaria na Lei n. 13.467/2017,

(1) Nesse sentido, e com outros relevantes esclarecimentos, cfr., por todos, CONFORTI, Luciana Paula. "A Reforma Trabalhista e o Brasil na OIT: guerra de ideias ou disputa de narrativas?". *Consultor Jurídico*. Opinião. 9 jun. 2021. Disponível em: <https://www.conjur.com.br/2021-jun-09/conforti-reforma-trabalhista-guerra-ideias-ou-disputa-narrativas>. Acesso em: 28 set. 2021. Em sentido contrário, com aparente incompreensão dos procedimentos pertinentes no âmbito da OIT, *v.* CALVET, Otavio Torres. "Brasil saiu da lista curta da OIT: a verdade importa?". *Consultor Jurídico*. Trabalho Contemporâneo. Disponível em: <https://www.conjur.com.br/2021-jun-01/trabalho-contemporaneo-brasil-saiu-lista-curta-oit-verdade-importa>. Acesso em: 28 set. 2021.

> [...] a Comissão de Peritos registrou a existência de projetos de lei em tramitação no Congresso Nacional brasileiro com o objetivo de que a negociação coletiva tenha prevalência sobre a legislação, em prejuízo da classe trabalhadora. Na oportunidade, a Comissão recordou que o objetivo geral das Convenções ns. 98, 151 e 154 é a promoção da negociação coletiva para a *melhoria das condições de trabalho* — como, aliás, dispõe, entre nós, o *caput* do art. 7º da Constituição —, ou seja, para que *as condições de trabalho alcancem patamares mais favoráveis que os previstos na legislação*. Sobre tal aspecto, a Comissão de Peritos reafirmou o entendimento de que a negociação coletiva não deve ter como efeito o estabelecimento de condições menos favoráveis às estabelecidas pela lei.
>
> Idêntico entendimento foi expresso pela Diretora do Departamento de Normas Internacionais da OIT, em resposta às consultas realizadas pelo Central Única de Trabalhadores e pelo Ministério Público do Trabalho, citando a mesma manifestação do Comitê de Peritos e recordando que igual consulta foi realizada Central Única dos Trabalhadores no ano de 2002, quanto a projeto de lei similar, reiterando a posição de que os Estados-membros têm a obrigação de garantir a efetiva aplicação de Convenções da OIT, que devem ganhar realidade não só na legislação, mas também na prática; logo, *acordos individuais ou coletivos não podem reduzir a proteção estabelecida nas Convenções da OIT em vigor no Brasil*. [...][2]

O caminho adotado pela Lei n. 13.467/2017, porém, foi bem outro. Combaliu-se o vetor promocional da negociação coletiva, na medida em que se fragilizou a própria organização sindical. E, para mais, fomentaram-se fatores que contribuem para a retroalimentação do trabalho infantil: o desemprego, a concentração de renda, a precarização do trabalho, a terceirização ilimitada e, de um modo geral, o menoscabo da legislação trabalhista e das normas protetivas. Nessa vereda, não sendo a unidade familiar autossuficiente, fica mais suscetível e dependente do trabalho das crianças e adolescentes. Isso tornou-se ainda mais flagrante a partir de 2021, sob os efeitos da pandemia da Covid-19, que fez explodir o trabalho infantil em meio ao aumento do desemprego.

E é nesse exato contexto, de regressividade de direitos e de modos extremos de exploração de mão de obra, que tem lugar o *tráfico desportivo*, com especial foco no público infantojuvenil. Percebe-se a especial vulnerabilidade da criança e do adolescente — vítimas geralmente dóceis e suscetíveis — e, com facilidade, passa-se a atraí-las e iludi-las, na antessala de suas carreiras profissionais. E, como tais vítimas provêm, não raro, de famílias menos abastadas, a hipossuficiência econômica torna ainda mais irresistíveis os recorrentes "cantos de sereias".

A rigor, deve-se reconhecer que a cultura jurídica brasileira tem alta tolerância no que diz respeito a relações de trabalho e sociais injustas e desiguais (o que perpassa inclusive as questões de raça, etnia e gênero). Isso dificulta não só a compreensão do tráfico de atletas como modalidade do tráfico de pessoas, como a própria subsunção legal de situações em que crianças e adolescentes, em sua maior parte pobres e negros, são vitimados.

(2) FELICIANO, Guilherme Guimarães; CONFORTI, Luciana Paula; PORTO, Noemia. "A reforma trabalhista e suas 'modernidades': O Brasil na 106ª Conferência Internacional do Trabalho e as violações às normas do trabalho". *Jota*. Opinião e análise. Disponível em: <https://www.jota.info/opiniao-e-analise/colunas/a-reforma-trabalhista-e-suas-modernidades-21072017>. Acesso em: 28 set. 2021.

A esse respeito, ademais, vale lembrar que o Brasil é signatário do Protocolo de Palermo — ou, mais precisamente, o "Protocolo Adicional à Convenção das Nações Unidas contra o Crime Organizado Transnacional Relativo à Prevenção, Repressão e Punição do Tráfico de Pessoas, em especial Mulheres e Crianças" —, importante instrumento da Organização das Nações Unidas de vocação universal. Nesse sentido, editou-se o Decreto n. 5.948/2006, definindo-se o tráfico de pessoas como "*o recrutamento, o transporte, a transferência, o alojamento ou o acolhimento de pessoas, recorrendo à ameaça ou uso da força ou a outras formas de coação, ao rapto, à fraude, ao engano, ao abuso de autoridade ou à situação de vulnerabilidade ou à entrega ou aceitação de pagamentos ou benefícios para obter o consentimento de uma pessoa que tenha autoridade sobre outra para fins de exploração*" (art. 2º).

Ocorre, porém, que, a par dessa internalização (e da consequente Política Nacional de Enfrentamento ao Tráfico de Pessoas), *o ordenamento jurídico brasileiro ainda não conhece tipicidade penal* específica *para o tráfico de atletas.* As subsunções penais mais encontradiças, nesses casos, geralmente reportam os arts. 149 e 309 do Código Penal, relativos respectivamente à redução a condição análoga a de escravo e à "fraude de lei sobre estrangeiro"; ou, ainda, aos tipos administrativos e penais do Estatuto da Criança e do Adolescente (Lei n. 8.069/1990), em que as sanções variam de multa administrativa (caso do art. 251) até pena reclusiva de quatro a seis anos (caso do art. 239). E, para mais, obviamente o ilícito se encontra sob o arco típico-penal mais abrangente do tráfico de pessoas (CP, art. 149-A), que, se não contempla todas as nuances, vertentes e modalidades dessa prática, alberga claramente a situação dos atletas aliciados dentro e fora do país, especialmente nas hipóteses de sujeição a trabalho em condições análogas a de escravo (art. 149-A, II) ou de sujeição à servidão (art. 149-A, III), normalmente por dívidas. E, sob tais circunstâncias, dar-se-á inclusive uma causa de aumento de pena (art. 149-A, § 1º, II), de um terço à metade da pena fixada em segunda fase de dosimetria,(3) por se tratar de crime cometido contra criança ou adolescente.

Valendo-se do próprio conceito do Decreto n. 5.948/2006, pode-se entender que o tráfico de pessoas no esporte — ou *tráfico de atletas* — caracteriza-se, na sua modalidade mais recorrente, pelo recrutamento, transporte, transferência, alojamento ou acolhimento de atletas mediante promessas de condições de trabalho inexistentes ou outros artifícios fraudulentos similares, valendo-se da vulnerabilidade das vítimas e de suas famílias. Noutras palavras, dá-se com a cooptação ilícita de atletas por empresários, agentes e/ou clubes desportivos do Brasil ou do exterior, usualmente mediante falsas promessas ou outras fraudes.

---

(3) Como se sabe, o Código Penal brasileiro adota o sistema *trifásico* de fixação da pena: na primeira fase, o juiz penal fixa a pena-base, a partir dos critérios do art. 59 do CP; na segunda fase, apura e aplica as circunstâncias atenuantes e agravantes; e, por fim, na terceira e última fase, apura e aplica as causas de aumento e de diminuição da pena.

A questão envolve, ademais, questões de natureza civil que se resolvem, em tese e princípio, sem grandes dificuldades. Afinal, o ordenamento jurídico brasileiro igualmente veta atos jurídicos que tragam em seu bojo vícios sociais ou de vontade, como são os consentimentos obtidos mediante fraude, coação ou constrangimento. Vejam-se, a propósito, os arts. 138 a 165, 166 e 171 do Código Civil.

A realidade acima exposta é especialmente grave no mundo do *futebol*, ante a intensa mercantilização que o acompanha. No universo futebolístico, sobretudo, é que se concentra o tráfico desportivo. Há dois anos, ganhou os noticiários do Brasil e de Portugal o caso de quinze jogadores aliciados para jogar nos campos lusitanos, entre 2015 e 2017, sendo que dois deles eram adolescentes; quando foram resgatados pelas autoridades portuguesas, estavam todos relegados ao mais completo abandono.(4) Outras centenas de casos similares escondem-se debaixo do manto de clandestinidade que acoberta tais movimentos; e, adiante, voltaremos a essa casuística, ainda que sem dados estatísticos (por não ser esse, afinal, o escopo deste estudo).

O tráfico de atletas geralmente se realiza por intermédio de falsas promessas, que se disseminam na origem, e pelo subsequente descumprimento dos contratos (ou das promessas), agora no destino (especialmente no exterior) não raro associado à retenção/confisco de passaportes e outros documentos, cerceando a locomoção e obstando o retorno ao país de origem. O seu ensejo mais frequente se revela sob a forma de convites para "peneiras", para a realização de intercâmbios ou para "estágios". Não raro, o processo de aliciamento se completa com violência, maus-tratos, assédio moral e sexual, extorsão aos familiares e até mesmo exploração física e/ou sexual.

Não por outra razão, aliás, o "tráfico desportivo" é atualmente objeto de recorrente preocupação das autoridades nacionais e internacionais. No Brasil, cujos méritos no futebol encontram-se arraigados à sua história e cultura e onde se movimentam bilhões de reais, anualmente, por meio de compra e venda de atletas, o problema tende a se intensificar. O trânsito internacional de atletas brasileiros é de tal intensidade e expressão financeira que paulatinamente se abandonam modelos de formação de atletas para alto rendimento e competitividade e se migra para modelos de pura comercialização no mercado internacional. É mister responder institucionalmente. E responder à altura, com o devido arcabouço dogmático, "*de lege lata*" e "*de lege ferenda*".

Vejamos.

1. Os princípios da proteção integral e da absoluta prioridade

Como se sabe, a Constituição Federal proíbe textualmente qualquer trabalho para crianças; e, em relação a adolescente, restringe-o sensivelmente. A teor do art. 7º,

(4) HENRIQUES, Joana Gorjão. "Tráfico de seres humanos no futebol: 15 jogadores vítimas em três anos". *Público*. Direito Humanos. 16 jan. 2019. Disponível em: <https://www.publico.pt/2019/01/16/sociedade/noticia/trafico-seres-humanos-futebol-15-jogadores-vitimas-tres-anos-1858003>. Acesso em: 30 set. 2021.

XXXIII, é proibido o trabalho aos menores de dezesseis anos, salvo na condição de aprendiz (a partir dos quatorze), enquanto ao adolescente se veda o trabalho noturno, insalubre ou perigoso. Para mais, no âmbito desportivo, a validade do contrato de formação está atrelada à idade mínima e aos requisitos objetivos insculpidos na Lei Pelé (Lei n. 9.615/1998), cuja inobservância poderá ensejar nulidade intransponível em diferentes esferas. Essa guarida à criança e ao adolescente também é contemplada pelo art. 403 da CLT, pelo Estatuto da Criança e do Adolescente e, como dito, pelos arts. 60 a 69 da Lei n. 9.615/1998. E seu coroamento jurídico-positivo tem assento constitucional no art. 227, *caput* e § 1º (já na redação da EC n. 65/2010):

> Art. 227. É dever da família, da sociedade e do Estado assegurar à criança, ao adolescente e ao jovem, com absoluta prioridade, o direito à vida, à saúde, à alimentação, à educação, ao lazer, à profissionalização, à cultura, à dignidade, ao respeito, à liberdade e à convivência familiar e comunitária, além de colocá-los a salvo de toda forma de negligência, discriminação, exploração, violência, crueldade e opressão.
>
> **§** 1º O Estado promoverá programas de assistência integral à saúde da criança, do adolescente e do jovem, admitida a participação de entidades não governamentais, mediante políticas específicas e obedecendo aos seguintes preceitos: [...]

Assentou-se, mais, no próprio Estatuto da Criança e do Adolescente, positivando-se, com todas as letras, as normas-princípios da proteção integral e da absoluta prioridade:

> Art. 3º A criança e o adolescente gozam de todos os direitos fundamentais inerentes à pessoa humana, sem prejuízo da *proteção integral* de que trata esta Lei, assegurando-se-lhes, por lei ou por outros meios, todas as oportunidades e facilidades, a fim de lhes facultar o desenvolvimento físico, mental, moral, espiritual e social, em condições de liberdade e de dignidade.
>
> Parágrafo único. Os direitos enunciados nesta Lei aplicam-se a todas as crianças e adolescentes, sem discriminação de nascimento, situação familiar, idade, sexo, raça, etnia ou cor, religião ou crença, deficiência, condição pessoal de desenvolvimento e aprendizagem, condição econômica, ambiente social, região e local de moradia ou outra condição que diferencie as pessoas, as famílias ou a comunidade em que vivem. *(incluído pela Lei n. 13.257, de 2016)*
>
> Art. 4º É dever da família, da comunidade, da sociedade em geral e do poder público assegurar, *com absoluta prioridade*, a efetivação dos direitos referentes à vida, à saúde, à alimentação, à educação, ao esporte, ao lazer, à profissionalização, à cultura, à dignidade, ao respeito, à liberdade e à convivência familiar e comunitária. [...] (g.n.)

O termo "trabalho infantil", na perspectiva da Organização Internacional do Trabalho, alcança todas as pessoas que, pela Lei n. 8.069/1990 (art. 2º), sejam crianças ou adolescentes. Alberga, portanto, tanto o trabalho desportivo estritamente infantil (praticado por menores de doze anos), como o trabalho desportivo juvenil (praticado por quem tenha entre doze anos completos e dezoito anos incompletos). Suas mazelas são bem conhecidas: o trabalho infantil priva a criança e o adolescente do necessário tempo de formação e informação; priva-o da educação plena, do descanso, do lazer e do lúdico; priva-o, em última análise, da oportunidade de se desenvolver integralmente, com todas as suas potencialidades visíveis e ocultas, arrostando-lhe a própria dignidade, por prejudicar seu desenvolvimento físico e mental. Em termos gerais, no panorama brasileiro — dentro do que já se logrou documentar (haja vista as décadas de trabalho infantil oculto ou disfarçado desde a fundação da República) —, o trabalho infantil (a) é mental, física, social e/ou moralmente perigoso e prejudicial para crianças e adolescentes; (b) interfere na sua escolarização; (c) priva as crianças da oportunidade de frequentarem a escola ou exige que se combine frequência escolar com trabalho excessivamente longo e pesado; e (d) obriga as crianças a abandonarem a escola prematuramente. Em suas formas mais extremas, o trabalho infantil envolve crianças escravizadas, separadas de suas famílias, expostas a sérios riscos de lesão à sua integridade física e psíquica, como ainda a doenças das mais variegadas espécies. Ficam amiúde à mercê da violência urbana, nas ruas das grandes cidades, ou da exploração rural invisível, nos campos, plantações, florestas e jazidas. São apresadas por redes organizadas de pornografia e/ou exploração sexual infantil. Enfim, rouba-se o direito à infância/adolescência; e, bem assim, o direito às memórias que a essas fases da vida deveriam estar atreladas.

No plano internacional, a Convenção OIT n. 182 – ratificada pelo Brasil (Decreto Legislativo n. 178/1999 e Decreto n. 3.597/2000) – reconhece, como as piores formas de trabalho infantil, (1) o trabalho infantil forçado e todas as demais modalidades análogas (ou equivalentes) à escravidão, (2) a exploração sexual comercial infantil e todas as modalidades análogas (produção de pornografia, atuações pornográficas etc.); e (3) a utilização, recrutamento e oferta de crianças e adolescentes para atividades ilícitas (especialmente na produção e no tráfico de drogas); e (4) os trabalhos que põem em risco o bem-estar físico, mental ou moral das crianças e adolescentes. A lista "TIP", por sua vez, desdobra essa derradeira hipótese — por intermédio do Decreto n. 6.481/2008 —, inserindo no rol das piores formas, entre outras modalidades, o trabalho *com exposição a abusos físicos, psicológicos ou sexuais*. Citem-se, particularmente, os odiosos e numerosos casos de utilização de crianças e adolescentes em conflitos armados e no tráfico de drogas (*supra*), assim como a impropriamente denominada "prostituição infantil",[5] todos aptos a envergonhar a humanidade (que, dita "civilizada" há pelo menos seis milênios, não os erradicou). E, nesse abjeto bojo, nosso objeto principal deste estudo: o *tráfico de crianças e adolescentes*, inclusive para o desporto.

Já vimos como isso geralmente se dá. E como deveria ser?

---

(5) O termo "prostituição infantil" guarda equívoco, uma vez que as vítimas de exploração não escolhem essa condição, nem se pode reputar, em relação a crianças e adolescentes, tratar-se de uma "profissão" (como o Ministério do Trabalho brasileiro reconhece, na Classificação Brasileira de Ocupações — código 5198 —, se se trata de pessoas maiores e capazes). Atualmente, utiliza-se mais adequadamente a expressão "*exploração sexual comercial infantil*", ou simplesmente "*exploração sexual infantil*", que, pela finalidade de ganho econômico, diferencia-se do *abuso* sexual infantil (*v.*, por todos, FELICIANO, Guilherme Guimarães. "Violência sexual contra a criança e o adolescente no marco da precarização das relações de trabalho". *Anais do I Semidi e I Seviles*. Lorena: Centro Universitário Salesiano de São Paulo, 2010).

2. Da formação desportiva

Em termos jurídicos ideais, a formação desportiva deve primar por condições dignas e saudáveis de preparação para o desporto profissional, sem prejuízo da educação formal e da convivência familiar da criança e do adolescente. Deve, mais, observar com rigor os imperativos contratuais estatuídos pelo art. 29, § 6º, da Lei n. 9.615, de 24 de março de 1998 (a já referida Lei Pelé). O desvirtuamento e a desestruturação da formação desportiva oportunizam, ao revés, os ensejos do tráfico de atletas, vitimando crianças e adolescentes e impondo-lhes repercussões que se estendem por toda a vida adulta.

A formação desportiva se dá legalmente a partir dos quatorze anos — o que, veremos, amiúde não se observa, constatando-se inícios cada vez mais precoces — facultando-se a profissionalização após um ano da relação e a partir dos dezesseis anos, por meio do primeiro contrato especial de trabalho desportivo. Tal contrato é tratado pelo art. 29 da Lei Pelé, pelo qual "[a] *entidade de prática desportiva formadora do atleta terá o direito de assinar com ele, a partir de 16 (dezesseis) anos de idade, o primeiro contrato especial de trabalho desportivo, cujo prazo não poderá ser superior a 5 (cinco) anos*". Nesse primeiro contrato, portanto, o prazo não poderá exceder cinco anos.

No entanto, de modo geral, a possibilidade de formação desportiva segue até os vinte anos, inclusive mediante bolsa-aprendizagem e sem geração de vínculo empregatício (art. 29, § 4º), exceto em casos de fraude ou descaracterização do contrato de formação desportiva (o que remete, ademais, à regra geral do art. 9º da CLT). É oportuno ressalvar, a propósito, que a Federação Internacional de Futebol (FIFA), com boa razão, não reconhece contratos celebrados por prazo superior a três anos para atletas menores de dezoito anos.

Na esteira do precitado § 6º do art. 29 da Lei Pelé, com a redação da Lei n. 12.395/2011 (a dita "Lei do Bolsa-Atleta"), o contrato de formação desportiva exige a forma escrita (v. art. 29, § 4º: "contrato formal"), com a identificação das partes e dos seus representantes legais, a estipulação da sua duração, os direitos e deveres das partes contratantes (inclusive a garantia de seguro de vida e de acidentes pessoais para cobrir as atividades do atleta contratado), além da especificação dos itens de gastos para fins de cálculo da indenização com a formação desportiva. A previsão desses elementos contratuais essenciais do contrato de formação desportiva é da maior relevância, exatamente para se combater a extrema informalidade que sempre grassou nesses ambientes, especialmente entre clubes de pequeno e médio porte; e, nessa medida, para arrostar os contextos de clandestinidade e ilegalidade que, não raro, desaguam em aliciamento e tráfico de pessoas.

Por outro lado, dadas as características inerentes ao Direito do Trabalho — que, como dissemos alhures, é um direito essencialmente tuitivo e de blindagem[(6)] —, parece

(6) V. FELICIANO, Guilherme Guimarães. Dos princípios no Direito do Trabalho no mundo contemporâneo. *Revista LTr:* Legislação do trabalho. São Paulo: LTr, v. 70, n. 4, abr. 2006, p. 417-430.

claro que a inobservância dos parâmetros do art. 29, § 6º, da Lei Pelé não pode levar à nulidade "*tout court*", absoluta e de nenhum efeito (CC, arts. 166 a 169), a despeito de serem elementos essenciais de tal modalidade contratual. Nesses casos, "*si et quando*" presentes os elementos do art. 3º, *caput*, da CLT (pessoalidade, subordinação, onerosidade, não eventualidade), as normas-princípios da proteção, da primazia da realidade e da irrenunciabilidade, aliadas às próprias normas-regras ínsitas aos arts. 9º e 442, *caput*, da CLT , impõem que se garantam ao atleta dito "em formação" *todos os direitos típicos e compatíveis do contrato individual do trabalho* (salários, férias, trezeno, repousos etc. — *v.* Lei n. 9.615/1998, art. 28, § 4º), a que equivale o *vínculo de emprego* (CLT, art. 442, *caput, in fine*), ressalvando-se apenas os efeitos jurídicos *exclusivamente* atrelados ao chamado *vínculo desportivo* (Lei n. 9.615/1998, art. 28, § 5º), que realmente não se constitui.(7) Por outro lado, não presentes os elementos do art. 3º da CLT, ao atleta dito "em formação" — e mantido em condições irregulares — deve-se garantir ao menos a remuneração, nos limites da bolsa-aprendizagem ajustada (ainda que verbalmente), na esteira da "*ratio iuris*" da Súmula n. 363 do TST e do princípio do não enriquecimento sem causa.

Os requisitos do clube formador, por sua vez, mostram-se ainda mais relevantes para evitar a clandestinidade. O instrumento contratual só poderá ser firmado com entidades desportivas devidamente licenciadas, credencial a exigir o cumprimento dos requisitos legais de formação. Ademais, nos termos do art. 29, § 2º, da Lei Pelé (na redação a Lei n. 12.395/2011),

> [é] considerada formadora de atleta a entidade de prática desportiva que:
>
> I – forneça aos atletas programas de treinamento nas categorias de base e complementação educacional; e
>
> II – satisfaça cumulativamente os seguintes requisitos:
>
> a) estar o atleta em formação inscrito por ela na respectiva entidade regional de administração do desporto há, pelo menos, 1 (um) ano;
>
> b) comprovar que, efetivamente, o atleta em formação está inscrito em competições oficiais;
>
> c) garantir assistência educacional, psicológica, médica e odontológica, assim como alimentação, transporte e convivência familiar;

---

(7) As teses atualmente dominantes, porém, sinalizam em outro sentido, até mesmo para os contratos especiais de trabalho desportivo do art. 28 (e, com muito maior razão, para o contrato de formação desportiva do art. 29, § 4º), inadmitindo o vínculo de emprego (TST, RR-99300-33.2003.5.01.0015, 8ª Turma, rel. Min. Dora Maria da Costa, publ. 25.4.2008) ou os direitos consequentes, na suposição de que os requisitos formais da Lei Pelé devem se entender requisitos "*ad solemnitatem tantum*" para todos os efeitos legais e jurídicos (o que, registre-se, entendemos insustentável). Há ainda quem sustente, a meio caminho (e na linha do que propomos para os contratos de formação desportiva irregulares nos quais não se encontrem os elementos do art. 3º da CLT), que seriam devidos apenas os salários, por analogia *iuris* com a hipótese da Súmula n. 363 do C. TST (*v., e.g.*, GEHLING, Ricardo Tavares. *O contrato de trabalho desportivo e suas peculiaridades*. Disponível em: <https://gehling.com.br/wp-content/uploads/2020/01/O-Contrato-de-Trabalho-Desportivo-e-suas-Peculiaridades-Ricardo-Gehling.pdf>. Acesso em: 1º out. 2021); nesse último caso, a tese é também minoritária.

d) manter alojamento e instalações desportivas adequados, sobretudo em matéria de alimentação, higiene, segurança e salubridade;

e) manter corpo de profissionais especializados em formação tecnicodesportiva;

f) ajustar o tempo destinado à efetiva atividade de formação do atleta, não superior a 4 (quatro) horas por dia, aos horários do currículo escolar ou de curso profissionalizante, além de propiciar-lhe a matrícula escolar, com exigência de frequência e satisfatório aproveitamento;

g) ser a formação do atleta gratuita e a expensas da entidade de prática desportiva;

h) comprovar que participa anualmente de competições organizadas por entidade de administração do desporto em, pelo menos, 2 (duas) categorias da respectiva modalidade desportiva; e

i) garantir que o período de seleção não coincida com os horários escolares.

Mas há, em contrapartida, mínima garantia de retorno dos investimentos feitos pelo clube formador com o atleta, à vista do direito legal de celebrar com esse atleta, como empregador, o primeiro contrato especial de trabalho desportivo, propulsionando o chamado *mecanismo de solidariedade*, pelo qual o clube receberá percentual sobre os contratos profissionais futuros do atleta. Além disso, apenas os clubes formadores regularmente certificados pelas federações estaduais de futebol têm permissão legal para alojar os atletas durante a sua formação profissional desportiva. Noutras palavras, os clubes não certificados, porque não reconhecidos como clubes formadores, incorrem em ato ilícito — falsa profissionalização e, no limite, tráfico desportivo — se promovem, ainda assim, o alojamento dos atletas em formação.[(8)]

Em linhas gerais, o predito mecanismo de solidariedade assegura ao clube formador cinco por cento dos valores envolvidos em cada transferência internacional,[(9)] percentual que será dividido por todos os clubes pelos quais o atleta passou entre os doze e vinte e três anos, ainda que nele tenha permanecido menos de um ano, observada a proporcionalidade correspondente. A equação que atualmente rege tal mecanismo, como estabelecida pela FIFA, considera a alíquota de 5% (0,25 da compensação total) por cada temporada dos 12º, 13º, 14º e 15º aniversários, e a alíquota de 10% (0,5% da compensação total) por cada temporada entre o 16º e 23º aniversário do jogador. O caso Neymar — ainda que configure exceção entre as exceções — bem revela como o mecanismo de

(8) Vale recordar, aqui, os trágicos eventos do Centro de Treinamento "Ninho do Urubu", em 2019, com a morte de dez adolescentes e os ferimentos em outros três (cfr. <https://g1.globo.com/rj/rio-de-janeiro/noticia/2019/02/08/incendio-deixa-mortos-e-feridos-no-centro-de-treinamento-do-flamengo.ghtml>. Acesso em: 1º out. 2021). E, nesse caso, tratava-se de um *clube formador* — um dos maiores do país (Flamengo) —, que atendia todos os requisitos formais legais. Por esse ângulo, pode-se aquilatar o que amiúde se encontra em alojamentos clandestinos de clubes não certificados.

(9) Transferências, definitivas ou por empréstimo, entre clubes afiliados a diferentes associações; ou transferências, definitivas ou por empréstimo, entre clubes afiliados à mesma associação, desde que o clube de treinamento seja afiliado a uma associação diferente.

solidariedade pode ser extremamente interessante para os clubes. Em 2017, a transferência de Neymar Jr. para o Paris Saint-Germain rendeu ao Santos incríveis 34 milhões de reais, correspondentes a 4% do valor total da operação de 220 milhões de euros (*i.e*, aproximadamente R$ 846 milhões).[(10)]

Aí reside uma das causas da frequência cada vez maior de menores de quatorze anos — sobretudo entre doze e quatorze, mas também abaixo de doze anos — em clubes de futebol. Espraia-se pelo mundo uma espécie de "mineração de talentos", que, à maneira das técnicas rudimentares de mineração, exigem grandes volumes de matéria-prima submetidos intensa e sucessivamente a variegadas "peneiras" (coincidentemente — ou tragicamente — as expressões são comuns, no mundo da mineração e do futebol); e, nesse "*iter*", a qualidade e a sanidade dos procedimentos são de menor relevância. Aliás, porque a FIFA estabeleceu doze anos como idade mínima de profissionalização no futebol mundial, são igualmente frequentes os "contratos de gaveta" sucessivos, envolvendo menores de doze anos, com vista a apresar o futuro profissional da criança-atleta (se não juridicamente, ao menos economicamente, inclusive pela via da ameaça expressa ou velada aos pais e responsáveis). E também por isso, no Brasil, esse se tornou um dos pontos de pressão mais recorrentes junto ao Parlamento: reduzir a idade mínima de formação para doze anos.

O clube ainda detém uma garantia contratual relativa, como antecipado: tem a primazia da contratação futura do atleta em formação, podendo reivindicar a celebração do primeiro contrato especial de trabalho desportivo. Em havendo recusa do atleta em firmar tal contrato com o clube formador, incide multa de até duzentas vezes o valor gasto e documentalmente comprovado com a formação do atleta, a ser paga pelo clube interessado na sua contratação. Esse cálculo é sempre bastante controvertido, em sede judicial e extrajudicial, porque os custos de formação geralmente são de difícil quantificação: afinal, compreendem não só a bolsa-aprendizagem, como todos os gastos incidentes com profissionais (nutricionistas, médicos, fisioterapeutas, treinadores etc.), com a alimentação e com a hospedagem do período.

Esse aspecto merece um olhar mais cuidadoso. Se, por um lado, afigura-se legítima a estipulação de um ônus financeiro para a recusa à celebração do primeiro contrato especial de trabalho desportivo, dado o investimento realizado na formação do atleta, temos por certo, de outra parte, que o alcance dessa multa pode representar uma hiperproteção ao clube, já que, o mais das vezes, alcançará valores elevadíssimos, insuportáveis para o atleta — que, ademais, não pode ser instado a quitá-la (Lei n. 9.615/1998, art. 29, § 5º, III, 1ª parte) — e desestimulante para outros clubes que acaso possam estar interessados em contratá-lo. Considerando-se, *e.g.*, um investimento de vinte mil reais (valor estimativo de pequena monta, ainda que consideremos um único ano de formação), a multa poderá

(10) Cfr. <https://www.torcedores.com/noticias/2018/01/saiba-quanto-o-santos-ganhou-com-o-mecanismo-de-solidariedade-da-fifa-nos-ultimos-anos>. Acesso em: 1º jan. 2021.

chegar a quatro milhões de reais, o que denota uma sentida desproporção. No limite, considerando-se situações de restrição encontradiças no futebol profissional — *e.g.*, atletas sem boas relações com os respectivos técnicos (e, por via de consequência, sem oportunidades nas equipes titulares) —, a estatuição de uma multa impagável para a dissolução do liame, inviabilizando o registro em uma nova equipe, pode mesmo vulnerar a liberdade fundamental do art. 5º, XIII, da CRFB.

A objeção constitucional também se aplicaria, p. ex., àqueles que têm ciência de que não serão aproveitados, pelas razões mais diversas (por reconhecerem, *e.g.*, a existência, no mesmo clube, de atletas mais talentosos para a mesma posição), ou àqueles que definitivamente não se adaptaram ao clube ou à respectiva localidade, por se encontrarem distantes da família e de sua região de origem. Como obrigá-los, ainda que por via oblíqua, a permanecer no clube formador por até cinco anos? Inúmeras situações, afinal, podem consubstanciar a ilicitude das limitações derivadas da fixação de multas desproporcionais, que inclusive desconsideram as eventuais compensações derivadas do próprio mecanismo de solidariedade. Há uma *onerosidade diferida*, apta a gerar distorções, haja vista que não é o valor da bolsa-aprendizagem pactuada que definirá o norte da relação, mas sim o mecanismo de solidariedade e a indenização pelos gastos de formação.

E, de resto, como conciliar todo esse arcabouço normativo com o que vínhamos de examinar no tópico anterior, quanto à regência normativa do trabalho de crianças e adolescentes (CLT, ECA, Convenções ns. 138 e 182 da OIT)?

Pois bem.

O trabalho do menor de dezesseis anos no esporte, salvo nas condições de aprendiz (e quando em conformidade com o respectivo regramento legal) e/ou na hipótese do art. 29, § 4º, da Lei Pelé, configura indubitavelmente *trabalho infantil.* Não à toa se constata a intensa atuação do Serviço de Inspeção do Trabalho (SIT) do Ministério do Trabalho, com fiscalizações e autuações recorrentes entre os clubes de futebol e as entidades formadoras; e, na mesma ensancha, a atuação cada vez mais recorrente do Ministério Público do Trabalho. Também por essa perspectiva, como à vista da Convenção OIT n. 138[(11)] — pela qual "*a legislação nacional ou a autoridade competente, mediante prévia consulta às organizações de empregadores e de trabalhadores interessadas, quando tais organizações existirem, poderá autorizar o emprego ou trabalho* a partir da idade de dezesseis anos, *sempre que fiquem plenamente garantidas a saúde, a segurança e a moralidade dos adolescentes, e que estes tenham recebido instrução ou formação profissional adequada e específica, no ramo de atividade correspondente*" (art. 3º, 1 – g.n.) —, e à mercê do próprio art. 7º, XXXIII, da CRFB (alterado pela EC n. 20/1998 *exatamente* em razão da Convenção 138), não se pode admitir a redução da idade mínima para doze anos, a despeito do "padrão FIFA".

---

(11) Ratificada pelo Brasil em 28.6.2001 (Decreto Legislativo n. 179/1999, Decreto n. 4.134/2002).

De outra parte, a prática de esporte de rendimento profissional por atletas mirins sem qualquer tipo de formalização, à míngua de contrato de formação e sem bolsa-aprendizagem ou custeio de gastos, travestindo de "esporte recreativo" ou não profissional o que seja efetivamente *desporto profissional*, é ensejo típico de exploração ilegal e abre as portas para o tráfico de atletas. As competições e, de modo geral, a prática do esporte de rendimento chegam a durar entre dez e onze meses do ano, com toda a sorte de riscos para as crianças e adolescentes, sem quaisquer garantias de profissionalização futura. Já por isso, como dizíamos, é mister aplicar a esses casos toda a proteção legal do contrato-realidade, pelas vias dos arts. 9º e 442, *caput*, da CLT. E também por isso é de curial importância estabelecer de forma clara e indubitável as diferenças entre o desporto profissional e o não profissional ("amador"), ou entre o esporte de rendimento e o recreativo. Nesse particular, têm especial relevância as premissas estabelecidas pela OIT ao ensejo de sua Recomendação n. 198, de 31.5.2006 (dita "Recomendação da Relação Empregatícia"), pela qual as políticas nacionais dos Estados-membros devem "*combater as relações de trabalho disfarçadas no contexto de, por exemplo, outras relações que possam incluir o recurso a outras formas de acordos contratuais que ocultem o verdadeiro* status *legal, entendendo-se que uma relação de trabalho disfarçada ocorre quando o empregador considera um seu empregado como se não o fosse, de maneira a esconder o seu verdadeiro* status *legal, e que podem produzir situações nas quais os acordos contratuais dão lugar a que os trabalhadores se vejam privados da proteção a que têm direito*" (art. 4º, "*b*").[12]

Nessa esteira, a interpretação normativa em relação ao trabalho da criança e do adolescente, inclusive no âmbito das relações desportivas, deverá sempre se dar sob a lente do princípio da proteção integral e de prioridade absoluta, já reportados anteriormente, por força dos textos constitucional e legal (CRFB, art. 227, *caput* e § 1º; ECA, arts. 3º e 4º). E, para tanto, importa identificar os principais riscos a que se sujeitam os atletas mirins, construindo políticas internas adequadas para arrostá-los ou controlá-los razoavelmente (até porque, a se convolar o risco em dano, a responsabilidade laboral, civil e amiúde criminal recairá sobre o clube e/ou sobre seus dirigentes, a depender da hipótese; ademais, nos campos civil e trabalhista, não corre prescrição contra menor de dezesseis e de dezoito anos, respectivamente,[13] o que salvaguarda os direitos da criança e do adolescente nas relações profissionais informais ou mascaradas de "formação desportiva"). Entre os riscos mais graves e recorrentes, citem-se os seguintes:[14]

---

(12) Interessa registrar que essa recomendação *não constou* da consolidação das normas internacionais do trabalho encetada pelo Decreto n. 10.088/2019, já sob o governo Jair Bolsonaro.

(13) CC, art. 198, I: *"Também não corre a prescrição: I – contra os incapazes de que trata o art. 3º"* (pelo qual, na redação da Lei n. 13.146/2015, "[são absolutamente incapazes de exercer pessoalmente os atos da vida civil os menores de 16 (dezesseis) anos"). CLT, art. 440: *"Contra os menores de 18 (dezoito) anos não corre nenhum prazo de prescrição"*.

(14) Cfr., por todos, SOBRINHO, Zéu Palmeira. *Trabalho infantil esportivo*. Disponível em: <https://www.anamatra.org.br/artigos/26300-trabalho-infantil-esportivo. Acesso em: 1º out. 2021. A base das referências lançadas no texto está no referido artigo e, bem assim, no Manual do CEDECA (Centro de Defesa dos Direitos

- a evasão escolar (a despeito de algumas escolas serem mais flexíveis etolerantes em relação aos atletas mirins);
- a profissionalização precoce;
- a exploração econômica;
- a exploração e o abuso sexual;
- os danos à integridade física advindos do alto impacto da atividade;
- o prejuízo à convivência familiar e a oportunização das ações de aliciadores;
- o prejuízo ao desenvolvimento dos horizontes cognitivos e emocionais de crianças e adolescentes, impedindo níveisde qualificação que lhes assegure autonomia na tomada de decisões sobrea gestão da própria carreira, da vida pessoal e do futuro profissional (criando-se não raramente situações de dependência subserviente a pais, responsáveis, empresários e/ou agentes);
- o entorpecimento da consciência crítica de crianças e adolescentes no tocante ao exercício da cidadania e dos direitos respectivos;
- o comprometimento da qualificação profissional fora do desporto e a carência de perspectivas e possibilidades fora do esporte profissional durante a vida adulta;
- processos de somatização que comprometem a integridade do sistema imunológico e preordenam doenças ou lesões.

Com efeito, de acordo com dossiê do jornalista Breiler Pires Freire (2013), o maior contingente de vítimas (entre oitenta e noventa por cento) é enganado por intermédio de falsas promessas de testes e de "peneiras" em grandes clubes. Sob tais pretextos, as famílias são extorquidas e não raro as crianças ficam alojadas em situação de vulnerabilidade social, distantes da escola e sob a responsabilidade de "responsáveis" cujos interesses podem transitar entre a exploração econômica e a própria exploração ou abuso sexual. E não se pode perder de vista, nesse ponto, a aguda desproporção entre o número de crianças e adolescentes que almeja a carreira profissional e o ínfimo índice dos que avançam na carreira com algum sucesso. No mundo das profissões, poucas são tão cruéis com seus neófitos.

3. A casuística: casos ilustrativos do tráfico desportivo

O Ministério Público do Trabalho e os Ministérios Públicos Estaduais têm desempenhado importante papel no combate ao tráfico de pessoas no marco do desporto infantojuvenil, profissional ou amador. Vejamos, a respeito, alguns casos emblemáticos.

---

da Criança e do Adolescente), de 2013, a cujo rol se acrescentam outros riscos que, a nosso ver, são igualmente encontradiços.

No ano de 2011, dez adolescentes com idade entre quatorze e dezessete anos foram arregimentados por um empresário no estado do Pará e levados a integrar as categorias de base da Portuguesa Santista. Esses atletas foram alojados em condições absolutamente indignas, o que motivou denúncia ao Conselho Tutelar que, por sua vez, representou ao Ministério Público do Estado de São Paulo. O MPE ajuizou ação judicial que, em situação inédita, resultou na condenação solidária do clube (Portuguesa Santista) e do empresário, por situação análoga ao tráfico de pessoas, obrigando-os ao pagamento de indenização às vítimas do aliciamento.(15)

Segundo o promotor da Infância e Juventude de Santos, Carlos Alberto Carmello Junior, os adolescentes foram instados a habitar um pequeno apartamento no bairro da Ponta da Praia, em Santos, sem nenhum acompanhamento adulto, sem cobertura médica ou odontológica e sem ninguém responsável por gerir as respectivas obrigações escolares (que, portanto, foram simplesmente ignoradas). Em uma situação de emergência, não teriam a quem recorrer. Em nota à imprensa, de dezembro de 2012, a Portuguesa Santista limitou-se a dizer que o caso "*se refere a um processo antigo, época em que o Departamento de Futebol amador era terceirizado. A empresa, que na ocasião era responsável pela seleção e recrutamento destes jovens, foi denunciada por estar agindo indevidamente nestes trâmites*". *Eis, a propósito, a lógica perversa da terceirização, tão conhecida dos processos judiciais trabalhistas dos últimos quarenta anos, deitando raízes no mundo do desporto (o que, absolutamente, não isenta o clube de suas responsabilidades).*

Outro caso paradigmático, do ano de 2012, foi o do tráfico de atletas sul-coreanos para um clube do Paraná. Em nome do Esporte Clube Piraquara, um *site* na rede mundial de computadores divulgava fotos de um centro de treinamento fictício, que não pertencia ao clube, para atrair os adolescentes estrangeiros. Assim que chegavam ao país, tinham o passaporte recolhido pelos "treinadores", sendo também privados de todo o dinheiro que traziam, assim como das quantias habitualmente remetidas por seus familiares. Sem falarem português ou mesmo inglês, doze adolescentes foram mantidos em alojamentos indignos, sem condições de higiene, sob a fiscalização de um "guardião". Não foram matriculados em escolas. De outra parte, privados de alimentação adequada e sem cuidados nutricionais, eram submetidos a intensa rotina de atividades físicas, em disputas intermináveis com times de bairros da região metropolitana de Curitiba.(16)

Para a procuradora Cristiane Maria Sbalqueiro Lopes, que à altura atuou pelo Ministério Público do Trabalho no Paraná, e à vista da literalidade do art. 3º do Protocolo de Palermo, deu-se ali típico caso de tráfico de pessoas atletas, muito embora comumente as autoridades policais e administrativas nacionais não tenham essa leitura.

---

(15) Cfr., por todos, <http://ge.globo.com/sp/santos-e-regiao/futebol/times/portuguesa-santista/noticia/2012/12/briosa-e-condenada-indenizar-jovens-por-trafico-de-seres-humanos.html>. Acesso em: 1º out. 2021.

(16) Cfr., por todos, <https://catve.com/2021/noticia/9/23024/coreanos-estavam-alojados-em-condicoes-precarias>. Acesso em: 1º out. 2021.

Também seria essa, a nosso sentir, a correta intelecção — e subsunção — do fato, inclusive à vista da descrição típica do art. 149-A, II e/ou III, do CP.(17)

Um terceiro caso altamente ilustrativo sse deu em Campinas, em 2013, também com jovens e adolescentes sul-coreanos (vinte pessoas, com idade entre treze e vinte anos). Os atletas foram vítimas de violência física por não alcançarem a *performance* almejada em treinamentos; segundo relataram, o agente que os trouxe ao Brasil agredia--os frequentemente com tacos de sinuca. Treinavam em uma chácara de propriedade do ex-jogador Zé Sérgio, que defendeu a seleção brasileira entre 1978 e 1981. Resgatados, permaneceram hospedados em um hotel ao alcance dos "treinadores", ante a impossibilidade de inseri-los de plano em qualquer programa de resgate a vítimas de tráfico de pessoas. E, com efeito, o Conselho Tutelar relatou ao Ministério Público do Trabalho tentativas de aproximação dos aliciadores, mesmo após o resgate.(18)

Como se vê, o aliciamento também é comum entre *jovens*, assim entendidas as pessoas com idade entre quinze e vinte e nove anos de idade (Lei n. 12.852/2013, dita "Estatuto da Juventude", art. 1º, § 1º; CRFB, art. 227, § 8º, I, com a redação da EC n. 65/2010). Em 2011, atletas contratados por empresário iraniano para jogar em clube de futebol do Irã (Persépolis) viram-se absolutamente frustrados, já em terras iranianas, diante do descumprimento da maior parte das promessas formuladas naquele lado do mundo. No Irã, os jogadores sofreram apreensão do passaporte e foram despejados do hotel em que estavam inicialmente alojados. Só conseguiram retornar ao Brasil quatro meses depois, após uma série de vicissitudes e depois da intervenção efetiva do Ministério das Relações Exteriores.(19)

Esses e outros exemplos revelam a importância da fiscalização intensiva e da atuação preventiva estatal, especialmente a partir dos vistos concedidos a título de "prática intensiva de treinamento na área desportiva", como previsto na Resolução Normativa n. 86/2010 do Conselho Nacional de Imigração. Nos termos do respectivo art. 1º, "*as sociedades ou entidades esportivas que mantiverem treinamento regular e especializado de prática desportiva poderão habilitar-se a receber estrangeiros maiores de quatorze anos e com menos de 21 anos de idade, não profissionais, vinculados a congêneres de outros países, para aprimorar a formação de atletas em modalidade específica, desde que comprovem, por intermédio de órgão governamental: I – funcionamento regular; II – registro no Conselho Municipal dos Direitos da Criança e do Adolescente; III – inscrição do programa de treinamento no Conselho Municipal dos Direitos da Criança e do Adolescente; e IV – satisfação dos requisitos técnicos*".

(17) Cfr., por todos, <https://cnj.jusbrasil.com.br/noticias/120905617/o-esporte-como-nova-modalidade-do-trafico-internacional-de-pessoas-sera-debatido-em-simposio-internacional>. Acesso em: 1º out. 2011.

(18) Cfr., por todos, <http://g1.globo.com/sp/campinas-regiao/noticia/2013/05/atletas-que-relataram-agressoes-de-agente-irao-retornar-coreia-do-sul.html>. Acesso em: 1º out. 2021.

(19) Cfr., por todos, <https://extra.globo.com/esporte/a-incrivel-historia-de-jovens-jogadores-que-escaparam-da-rota-do-trafico-no-futebol-com-ajuda-ate-da-casa-civil-5209220.html>. Acesso em: 1º out. 2021.

O art. 5º, por sua vez, estatui que "*fica vedado qualquer tipo de remuneração do atleta em formação portador do visto que trata esta resolução, salvo o pagamento de bolsa de formação*". Eis outro ensejo recorrente de fraude, para os efeitos do art. 9º da CLT, a atrair os efeitos do contrato-realidade: "aprimorar a formação de atletas em modalidade específica" não pode se confundir, absolutamente, com a exploração profissional não remunerada do atleta em formação.

Por outro lado, aliciadores têm frequentemente lançado mão de *vistos de estudante* para intercambiar atletas mirins e sujeitá-los a condições ilegais de exploração. Em casos assim, porque a escola indicada para obtenção do visto não é a responsável pelo programa de formação desportiva, cria-se imensa dificuldade para a fiscalização preventiva, especialmente à vista do volume exponencialmente maior de vistos de estudantes. A fraude lança mão de declarações de escolas públicas para o trâmite dos pedidos, notadamente em países como Coreia do Sul e Japão, em que a diferença de idiomas e a dificuldade de comunicação acabam por facilitar o expediente. Urge a reformulação dos procedimentos para obtenção de vistos para melhorar os controles sobre as entradas e saídas de adolescentes para treinar futebol.

4. A tutela penal da dignidade da pessoa humana no tráfico de pessoas para o desporto: uma proposta

Como visto acima, entende-se como *tráfico de pessoas*, para os fins do Protocolo de Palermo (art. 3º, "*a*") — promulgado entre nós pelo Decreto n. 5.017/2004 —, o recrutamento, o transporte, a transferência, o alojamento ou o acolhimento de pessoas, recorrendo à ameaça ou uso da força ou a outras formas de coação, ao rapto, à fraude, ao engano, ao abuso de autoridade ou à situação de vulnerabilidade ou à entrega ou aceitação de pagamentos ou benefícios para obter o consentimento de uma pessoa que tenha autoridade sobre outra para fins de exploração. Entende-se, ademais, que a exploração incluirá, *no mínimo,* a exploração da prostituição de outrem ou outras formas de exploração sexual, o trabalho ou os serviços forçados, a escravização e as práticas a ela similares, a servidão e a remoção de órgãos. Essa é justamente a base conceitual do art. 149-A, *caput,* do Código Penal, introduzido pela Lei n. 13.344/2016, a cominar aos infratores pena reclusiva de quatro a oito anos e multa.

Bem regula o Protocolo, ademais, que:

(a) o consentimento dado pela vítima do tráfico de pessoas, submetida a qualquer das modalidades de exploração acima descritas, será considerado juridicamente *irrelevante,* desde que obtido por qualquer dos meios elencados no art. 3º, "*a*" (i.e., coação, rapto, fraude, engano, abuso de autoridade, situação de vulnerabilidade, entrega ou aceitação de pagamentos etc.); e – naquilo que mais nos interessa — que

(b) o recrutamento, o transporte, a transferência, o alojamento ou o acolhimento de uma *criança* — assim entendida a pessoa com idade inferior a *dezoito anos* (*i.e.*, *criança ou adolescente* para o ECA) —, para os mesmos fins de exploração já apontados, considerar-se-á *sempre* uma hipótese de tráfico de pessoas, "*mesmo que não envolvam nenhum dos meios referidos na alínea 'a'*" do art. 3º.

Pois bem.

Tal como ponderado nas primeiras linhas deste estudo, o ordenamento jurídico brasileiro não contém descrição penal específica para o tráfico de atletas. Há outras subsunções penais possíveis, já indicadas acima (p. ex., art. 149-A, II e/ou III, ou art. 149, *caput*, do CP; art. 239 do ECA etc.). Ocorre que, em relação a crianças e adolescentes, perde-se exatamente o elemento de especial proteção estatuído no art. 3º, "*c*", do Protocolo ("ex vi" do Decreto n. 5.017/2004), no sentido de que — repise-se — "[o] *recrutamento, o transporte, a transferência, o alojamento ou o acolhimento de uma criança para fins de exploração serão considerados 'tráfico de pessoas'* mesmo que não envolvam nenhum dos meios referidos da alínea "*a*" do presente artigo" (g.n.).

Noutras palavras, pelo próprio *princípio da estrita legalidade*, de curso inapelável no Direito Penal,[20] o crime de tráfico de pessoas exigirá, em todo caso, a configuração fática de algum dos *meios* previstos no art. 149-A, *caput* (a saber, a grave ameaça, a violência, a coação, a fraude ou o abuso). E o exigirá *mesmo* que a vítima seja criança ou adolescente, *apesar* do que preordena o art. 3º, "*c*", do Protocolo de Palermo. No ambiente desportivo, como vimos no tópico anterior, essa fissura legal tende a ser particularmente problemática. Problemática porque, primeiro, as estratégias e circunstâncias de aliciamento são incontáveis (e eventualmente não permitirão sequer uma subsunção adequada aos meios descritos no art. 149-A).[21] Segundo, porque, em sede processual penal, o ônus da prova de todas as elementares do tipo penal será necessariamente da acusação (CPP, art. 156, *caput,* 1ª parte); cria-se, pois, um obstáculo processual adicional para a efetividade da persecução penal.

(20) O princípio da estrita legalidade penal "é o mais relevante princípio penal, pois assegura que não há crime (ou contravenção penal) sem prévia definição legal" (NUCCI, Guilherme de Souza. *Direito Penal:* Parte Geral. São Paulo: Revista dos Tribunais, 2012. v. 1, p. 23). Noutras palavras, se a conduta humana *"in concreto"* não contém todos os elementos definidos no tipo penal legal — sejam elementos descritivos ou normativos —, crime (ou contravenção) efetivamente não há; ou, ao menos, não *aquele* específico crime (ou contravenção).

(21) Imagine-se que, em um contexto de aliciamento de criança ou adolescente para jogar em certo clube, sob condições finais de clandestinidade e indignidade (sem formalização do contrato de formação desportiva, sem alimentação adequada, com hospedagem em alojamento precário e devassado etc.), todas as promessas originalmente formuladas — *e.g.*, um salário mínimo, um convênio médico para os pais e a criança e uma cesta básica mensal — sejam cumpridas. Poder-se-á subsumir a hipótese ao tipo do art. 149-A, *caput,* da CLT, por aliciamento mediante grave ameaça, violência, coação, "fraude" ou abuso? O abuso, entenda-se bem, deve estar no *meio* de aliciamento ("mediante"), não na condição final. Eis uma clara situação de inaptidão da norma penal em vigor, especificamente quanto ao tráfico de pessoas. Restaria aplicar, se possível, a norma penal do art. 149/CP (por trabalho degradante ou exaustivo), ou quiçá outras absolutamente inespecíficas e subsidiárias (CP, art. 132; ou, em relação aos pais e responsáveis, CP, arts. 244 e/ou 246 ; e assim sucessivamente).

Nessa alheta, é de curial importância que se revise o texto do art. 149-A do Código Penal, quiçá para introduzir um derradeiro parágrafo e, por intermédio dele, incorporar à norma penal incriminadora a inflexão típico-penal preordenada pelo Protocolo de Palermo (e ao qual *o Brasil se obriga*, já que o ratificou em 29/1/2004). A rigor, isso pode ser providenciado sem maiores dificuldades, ao menos do ponto de vista da redação legislativa. Sugere-se, para tanto, a adição de *um novo § 1º* ao art. 149-A do Código Penal (renumerando-se os demais), com o seguinte teor:

> "Art. 149-A. [...]
>
> "**§ 1º** Incorre nas mesmas penas quem agencia, alicia, recruta, transporta, transfere, compra, aloja ou acolhe criança ou adolescente para qualquer das finalidades dos incisos I a V, inclusive a pretexto de formação desportiva ou similares, mesmo que ausentes quaisquer dos meios descritos no *caput*.
>
> "**§ 2º** A pena é aumentada de um terço até a metade se: [...]"

A novidade, é claro, se aplicará apenas aos fatos havidos *após* a entrada em vigor do novel parágrafo, diante do que dispõem os arts. 5º, XXXIX, da CRFB e 1º do CP (princípio da anterioridade penal). E, de outra parte, se aplicará ao delinquente, em todos os casos subsumíveis ao parágrafo ora proposto, a causa de aumento do atual art. 149-A, § 1º, II, do CP, vigente desde a Lei n. 13.344/2016 (aumento de um terço à metade da pena, se "*o crime for cometido contra criança, adolescente ou pessoa idosa ou com deficiência*").[22]

Por esse caminho, alvitramos uma condição legal sensivelmente mais adequada para a tutela penal das liberdades individuais, da liberdade de trabalho e da própria dignidade da criança e do adolescente, especialmente à vista das insondáveis tramas que hoje animam os mercados de futebol, cada vez mais globalizados e desregulados.

5. Considerações finais

Dada a natureza de rendimento do esporte profissional (notadamente o futebol), as características do mecanismo de solidariedade atualmente praticado sob o pálio da FIFA e a carreira relativamente curta dos atletas, é imperioso reconhecer que os sujeitos preferenciais das relações desportivas profissionais são precisamente as crianças e adolescentes. Exigem, pois, especial salvaguarda jurídica e judicial, mercê do que dispõem os arts. 227, *caput* e § 1º, da CRFB e dos arts. 3º e 4º do ECA.

Por outro lado, a formação desportiva no Brasil, em face das dimensões continentais do país, dos investimentos disponíveis e da sua vitoriosa história no futebol mundial, termina por atrair correntes migratórias de atletas infantojuvenis que, para aqui estarem,

(22) Que, pela proposta formulada, passaria a ser o § 2º do art. 149-A.

afastam-se das famílias e se põem em condições de extrema vulnerabilidade, sujeitos a explorações de variegadas espécies e ao chamado tráfico desportivo. Essa vereda também se consolida, entre crianças e adolescentes brasileiros, no sentido reverso — *emigratório* —, especialmente em tempos como os atuais, de elevado desemprego (14,7% no trimestre fechado em abril/2021) e cortejos veementes com a estagflação. Muitas famílias projetam nos atletas mirins a sua própria saída para um futuro mais ameno; e, no afã de realizá-lo, confiam os filhos e sua carreira a clubes e empresários nem sempre bem-intencionados. Em 2018, a Diretoria de Registro, Transferência e Licenciamento da Confederação Brasileira de Futebol já apontava, entre os países que mais contratavam atletas de futebol vinculados a clubes nacionais, Portugal, Japão, Coreia do Sul, Ucrânia e Tailândia. Qual é a condição de um adolescente brasileiro educar-se na Tailândia ou na Ucrânia, sem um competente acompanhamento profissional?

O afastamento precoce do seio familiar, sem cuidado ou estrutura, na busca de um sonho que só se efetiva para um percentual mínimo de atletas, tende a engendrar adultos frustrados, pobres de formação e de perspectivas profissionais, quando não traumatizados por experiências pessoais nada positivas. Isso, claro, quando as recorrentes práticas de tráfico desportivo não resultam em tragédias bem maiores. Reconhecendo tais mazelas, que não são exclusivas do desporto — mas que têm forte curso nas plagas do futebol —, o Conselho Nacional de Justiça criou o Comitê de Tráfico de Pessoas e desdobrou suas ações em três pilares correlatos: o do trabalho escravo, o da exploração sexual e o do comércio ilegal de órgãos. O tráfico desportivo não raro flerta com os dois primeiros.

Há, porém, que avançar, inclusive no campo legislativo. É premente o ajuste do tipo penal do art. 149-A do Código Penal para que, em relação às crianças e adolescentes — com particular atenção ao tráfico desportivo, mas não apenas a ele —, incorpore-se a inflexão típico-penal ditada pelo art. 3º, "*c*", do Protocolo de Palermo. A reticência hermenêutica e os deslizes interpretativos, com efeito, comprometem sobremodo os esforços de debelação das práticas de agenciamento, aliciamento, recrutamento, transporte, compra, alojamento e acolhimento de atletas para a sujeição a trabalhos forçados, degradantes e exaustivos, ou para a servidão por dívida, ou mesmo para a exploração sexual. E, com igual norte, impende agregar a hipótese do tráfico desportivo àquelas hoje priorizadas pela Política Nacional de Enfrentamento ao Tráfico de Pessoas, especialmente com vista à proteção integral e imediata das vítimas resgatadas.

Os maus caminhos seguem abertos. E não são de hoje. Ilustre-se isso com um pitoresco precedente, do distante ano de 1892. Valerá bem para encerrar este estudo.

Naquele ano, instalou-se no bairro do Bangu, na cidade do Rio de Janeiro, a Companhia Progresso Industrial do Brasil (ou "Fábrica de Tecidos Bangu"), que veio a ser, no estado do Rio de Janeiro, a maior fábrica na produção de tecidos de algodão, tanto em número de trabalhadores como em número de maquinários. A mão de obra contratada, em sua grande maioria formada por crianças e mulheres (as "meias-forças" da primeira e da segunda revolução industrial), era a responsável por testar novos maquinários e se ambientava paulatinamente em um novo sistema fabril, sem que lhe fosse fornecido qualquer tipo de equipamento de segurança ou treinamento. À altura, o número de acidentes de trabalho e de mortes de crianças e adolescentes nas atividades de produção — sem dados oficiais — foi altamente expressivo. Mesmo assim, muitos hoje ainda celebram acriticamente a fábrica, a partir da qual se criou uma comunidade operária (origem do bairro atual), e, bem assim, o popular Bangu Atlético Clube, que tem sua origem atrelada à própria instalação da Fábrica Bangu (embora viesse a ser oficialmente fundado somente em 1904).

Estava entre nós, outra vez e sempre, a alegria fictícia, quase carnavalesca, que não raro sufoca as tristezas reais. Era a "festa do futebol", ocultando desde cedo as mazelas da exploração laboral (*muito cedo*, diríamos, porque Thomas Donohoe, atleta escocês e operário da Fábrica Bangu, apresentou-nos o futebol, a rigor, antes mesmo que o brasileiro Charles Miller...). E não há nada de errado nisso, não? Afinal, futebol não é questão de vida ou morte; "*é mais importante do que tudo isso*" (Bill Shankly, 1913-1981).

Quanto isso realmente nos seduz?

Referências

CALVET, Otavio Torres. "Brasil saiu da lista curta da OIT: a verdade importa?". *Consultor Jurídico*. Trabalho Contemporâneo. Disponível em: <https://www.conjur.com.br/2021-jun-01/trabalho-contemporaneo-brasil-saiu-lista-curta-oit-verdade-importa>. Acesso em: 28 set. 2021.

CAMARGO, Aurélio Franco de. *A responsabilidade do clube por lesão do atleta profissional de futebol*. Empório do Direito.

CONFORTI, Luciana Paula. "A Reforma Trabalhista e o Brasil na OIT: guerra de ideias ou disputa de narrativas?". *Consultor Jurídico*. Opinião. 9.6.2021. Disponível em: <https://www.conjur.com.br/2021-jun-09/conforti-reforma-trabalhista-guerra-ideias-ou-disputa-narrativas>. Acesso em: 28.9.2021.

DELMANTO, Luiz Álvaro; DELMANTO, Eduardo Dante. *Código Penal comentado*. 9. ed. São Paulo: Saraiva, 2017.

FELICIANO, Guilherme Guimarães. "Dos princípios no Direito do Trabalho no mundo contemporâneo". *Revista LTr:* Legislação do trabalho. São Paulo: LTr, v. 70, n. 4, abr. 2006.

______. "Violência sexual contra a criança e o adolescente no marco da precarização das relações de trabalho". *Anais do I Semidi e I Seviles*. Lorena: Centro Universitário Salesiano de São Paulo, 2010.

______; CONFORTI, Luciana Paula; PORTO, Noemia. "A reforma trabalhista e suas 'modernidades': O Brasil na 106ª Conferência Internacional do Trabalho e as violações às normas do trabalho". *Jota*. Opinião e análise. Disponível em: <https://www.jota.info/opiniao-e-analise/colunas/a-reforma-trabalhista-e-suas-modernidades-21072017>.

GARCIA, Cecília. "As piores formas de trabalho infantil". *Criança livre de trabalho infantil*.

GEHLING, Ricardo Tavares. *O contrato de trabalho desportivo e suas peculiaridades.* Disponível em: <https://gehling.com.br/wp-content/uploads/2020/01/O-Contrato-de-Trabalho-Desportivo-e-suas-Peculiaridades-Ricardo-Gehling.pdf>. Acesso em: 1º oaut. 2021.

GIORDANI, Francisco Alberto da Motta Peixoto; GIORDANI, Manoel Francisco de Barros da Motta Peixoto (Orgs.). *Direito desportivo:* Aspectos penais e trabalhistas atuais. São Paulo: LTr, 2017.

GONÇALO, Júnior. "Para especialistas, tráfico de atletas tem de ser tratado como crime específico". *Estadão.* Esportes, 31 ago. 2019. Disponível em: <https://esportes.estadao.com.br/noticias/futebol,para-especialistas-trafico-de-atletas-tem-de-ser-tratado-como-crime-especifico,70002991008>. Acesso em: 15 set. 2021.

HENRIQUES, Joana Gorjão. "Tráfico de seres humanos no futebol: 15 jogadores vítimas em três anos". *Público.* Direito Humanos. 16 jan. 2019. Disponível em: <https://www.publico.pt/2019/01/16/sociedade/noticia/trafico-seres-humanos-futebol-15-jogadores-vitimas-tres-anos-1858003>. Acesso em: 30 set. 2021.

LOPES, Cristiane Maria Sbalqueiro. "O alcance da Justiça do Trabalho no Direito Desportivo". *Palestra.* Associação dos Advogados Trabalhistas do Estado de São Paulo (AAT-SP), 2019.

MARTINS, Sérgio Pinto. *Direitos trabalhistas do atleta profissional de futebol.* 2. ed. São Paulo: Saraiva, 2016.

MELO FILHO, Álvaro; SANTORO, Luiz Felipe. *Direito do futebol:* Marcos jurídicos e linhas mestras. São Paulo: Quartier Latin, 2019.

MINISTÉRIO PÚBLICO DO TRABALHO. "Prosa de Trabalho". Disponível em: <www.radiompt.com.br>. Acesso em: 15 set. 2021.

SANTORO, Luiz Felipe Guimarães. "O desporto profissional no ordenamento jurídico brasileiro". *Revista Brasileira de Direito Desportivo.* São Paulo: Instituto Brasileiro de Direito Desportivo, n. 20, jul./dez. 2011.

SEVERINO, Carlos Molinari Rodrigues. "Menores dentro da indústria têxtil: uma análise da Fábrica Bangu durante a Primeira República". *XI Congresso Brasileiro de História Econômica.* 12ª Conferência Internacional de História de Empresas. Vitória: ABPHE/UFES, 14-16 set. 2015. Anais. Disponível em: <http://www.abphe.org.br/arquivos/2015_carlos_molinari_severino_menores-dentro-da-industria-textil-uma-analise-da-fabrica-bangu-durante-a-primeira-republica.pdf>. Acesso em: 1º out. 2021.

SOBRINHO, Zéu Palmeira. "Trabalho infantil esportivo". Disponível em: <https://www.anamatra.org.br/artigos/26300-trabalho-infantil-esportivo>. Acesso em: 1º out. 2021.

O Trabalho Desportivo: Uma Análise dos Conceitos Legais Referentes ao Profissionalismo da Atividade Esportiva

Leonardo Andreotti Paulo de Oliveira
Mariana Antonialli Guimarães

Introdução

O esporte é um fenômeno sociocultural e está fortemente presente na cultura de diversas nações. No Brasil, além de ser uma manifestação social de extrema relevância, o esporte é uma referência da própria cultura nacional, sendo certo que, diante de sua relevância econômica, também se apresenta como fonte de renda e meio de subsistência de muitas pessoas — físicas e jurídicas.

As especificidades que envolvem a organização e a manifestação do desporto, sobretudo quando a prática desportiva deixa de ser puramente lúdica e passa a apresentar contornos laborais, fazem emergir importantes questionamentos jurídicos acerca de sua profissionalização e do *status* do trabalhador ou do empregado desportivo.

Os desafios naturais decorrentes da caracterização do profissional empregado não passaram à margem da recém-sancionada Lei Geral do Esporte(1) (Lei n. 14.597, de 14 de junho de 2023), que nada obstante os então substanciais 134 vetos presidenciais,

(1) Designa-se relevante tecer a observação de que o texto da Lei n. 14.597/2023, a qual instituiu a Lei Geral do Esporte, foi sancionado parcialmente pela Presidência da República e publicado no dia 15 de junho de 2023. Logo, embora a análise dos vetos presidenciais pelo Congresso Nacional ainda esteja pendente, frisa-se que todos os dispositivos normativos tratados neste estudo já foram devidamente sancionados, publicados e vigoram desde a data de sua publicação, nos termos do art. 218 da Lei Geral do Esporte. Cabe apontar, ainda, que a Lei Geral do Esporte não revogou a Lei Pelé como pretendido, pois o artigo do projeto de lei que dispunha sobre a revogação da Lei Pelé foi vetado pelo Executivo.

trouxe novos conceitos ligados ao profissionalismo desportivo, os quais valem ser analisados em conjunto com as disposições de mesma natureza constantes da ainda vigente Lei Pelé, *i.e.*, Lei n. 9.615/1998, e à luz dos princípios e da sistemática do Direito do Trabalho brasileiro.

Por meio de uma análise legal e doutrinária sobre o tema, o presente estudo objetiva esclarecer tais questões, buscando contrastar e integrar as principais fontes e posicionamentos pertinentes ao Direito do Trabalho Desportivo, valendo salientar, contudo, que o tema merece constante aprimoramento científico, com o qual este trabalho pretende contribuir, evidenciando a importância da análise jurídico-científica das manifestações desportivas e de seus efeitos na sociedade, especialmente sob a perspectiva do Direito do Trabalho.

1. Relação entre a classificação legal das manifestações desportivas e o trabalho desportivo

Diante da relevância social alcançada, o desporto chamou atenção do Estado, que regulamentou e tutelou os aspectos que envolvem a prática desportiva. No Brasil, a Constituição Federal de 1988 trata do desporto no art. 217,(2) valendo observar que a relevância da diferenciação de tratamento entre o desporto profissional e o desporto não profissional foi evidenciada pelo constituinte no inciso III do citado dispositivo, do qual decorre a consagração do princípio da diferenciação, inclusive, por expressa disposição na Lei Pelé e na recém-sancionada Lei Geral do Esporte.

Diante do tratamento constitucional dado ao esporte, constata-se de pronto sua natureza multidimensional, porquanto o fenômeno transita pelo campo social, pelo campo do lazer, da cultura, da educação, da saúde, do trabalho e da economia. Diante dessa amplitude, conceder um tratamento jurídico específico ao esporte torna-se necessário.(3)

A propósito das variadas manifestações do desporto no Brasil, e antes de adentrar a questão específica do rendimento, em que se situa propriamente o ponto controverso

---

(2) Art. 217. **É dever do Estado fomentar práticas desportivas formais e não formais, como direito de cada um, observados:**

I – a autonomia das entidades desportivas dirigentes e associações, quanto a sua organização e funcionamento;

II – a destinação de recursos públicos para a promoção prioritária do desporto educacional e, em casos específicos, para a do desporto de alto rendimento;

III – o tratamento diferenciado para o desporto profissional e o não profissional;

IV – a proteção e o incentivo às manifestações desportivas de criação nacional.

§ 1º O Poder Judiciário só admitirá ações relativas à disciplina e às competições desportivas após esgotarem-se as instâncias da justiça desportiva, regulada em lei.

§ 2º A justiça desportiva terá o prazo máximo de sessenta dias, contados da instauração do processo, para proferir decisão final. (Grifo nosso)

§ 3º O Poder Público incentivará o lazer, como forma de promoção social.

(3) LOPES, Cristiane Maria Sbalqueiro. "O trabalho desportivo e o Direito do Trabalho". São Paulo: *LTr Suplemento Trabalhista*, n. 93, p. 427-432, set. 2014.

do presente estudo, vale compreender o que dispõem a Lei Pelé[4] e a Lei Geral do Esporte,[5] respectivamente nos seus arts. 3º e 4º, ao estabelecerem as específicas manifestações e os distintos níveis de prática esportiva, como fundamentos para a condução do profissionalismo no esporte.

Nesse contexto, vale destacar o nível da excelência esportiva, que de acordo com a definição legal, "*abrange o treinamento sistemático direcionado à formação de atletas na busca do alto rendimento de diferentes modalidades esportivas*", compreendendo serviços como a especialização esportiva, o aperfeiçoamento esportivo, o alto rendimento e a transição de carreira, nos termos de que dispõem os incisos I a IV do art. 6º do novo diploma legal.[6]

Como desdobramento lógico, verifica-se que é no âmbito da busca de resultados e da hipercompetitividade que o esporte ganha relevância econômica, e é justamente nesse contexto que os aspectos laborais podem emergir.

A compreensão acerca das formas de manifestação e dos níveis de prática esportiva, pelo prisma legal, é essencial para o alcance de qualquer conclusão a respeito das consequências jurídicas acarretadas por cada uma delas, especialmente no que toca à

---

(4) Art. 3º O desporto pode ser reconhecido em qualquer das seguintes manifestações:

I – desporto educacional, praticado nos sistemas de ensino e em formas assistemáticas de educação, evitando-se a seletividade, a hipercompetitividade de seus praticantes, com a finalidade de alcançar o desenvolvimento integral do indivíduo e a sua formação para o exercício da cidadania e a prática do lazer;

II – desporto de participação, de modo voluntário, compreendendo as modalidades desportivas praticadas com a finalidade de contribuir para a integração dos praticantes na plenitude da vida social, na promoção da saúde e educação e na preservação do meio ambiente;

III – desporto de rendimento, praticado segundo normas gerais desta Lei e regras de prática desportiva, nacionais e internacionais, com a finalidade de obter resultados e integrar pessoas e comunidades do País e estas com as de outras nações;

IV – desporto de formação, caracterizado pelo fomento e aquisição inicial dos conhecimentos desportivos que garantam competência técnica na intervenção desportiva, com o objetivo de promover o aperfeiçoamento qualitativo e quantitativo da prática desportiva em termos recreativos, competitivos ou de alta competição.

(5) Art. 4º A prática esportiva é dividida em 3 (três) níveis distintos, mas integrados, e sem relação de hierarquia entre si, que compreendem:

I – a formação esportiva;

II – a excelência esportiva;

III – o esporte para toda a vida.

(6) Art. 6º A excelência esportiva abrange o treinamento sistemático direcionado à formação de atletas na busca do alto rendimento de diferentes modalidades esportivas, e compreende os seguintes serviços:

I – especialização esportiva, direcionada ao treinamento sistematizado em modalidades específicas, buscando a consolidação do potencial dos atletas em formação, com vistas a propiciar a transição para outros serviços;

II – aperfeiçoamento esportivo, com vistas ao treinamento sistematizado e especializado para aumentar as capacidades e habilidades de atletas em competições regionais e nacionais;

III – alto rendimento esportivo, com vistas ao treinamento especializado para alcançar e manter o desempenho máximo de atletas em competições nacionais e internacionais;

IV – transição de carreira, com a finalidade de assegurar ao atleta a conciliação da educação formal com o treinamento, para que ao final da carreira possa ter acesso a outras áreas de trabalho, inclusive esportivas.

incidência do Direito do Trabalho, no âmbito da alta *performance* e do desenvolvimento de uma atividade profissional.

2. O conceito de profissionalismo na Lei Pelé

Esclarecidos os contextos de manifestações desportivas nos quais o trabalho desportivo pode se desenvolver, passa-se a analisar o conceito de profissionalismo elencado pela atual legislação desportiva, compreendendo a Lei Pelé e as alterações promovidas pela novel Lei Geral do Esporte, sendo certo que uma das principais diferenças evidenciadas foi a mudança de perspectiva pela qual o profissionalismo é reconhecido e conceituado.

Ao contrário da Lei Geral do Esporte, que conceitua o profissionalismo pela perspectiva material da atividade laboral do atleta, a Lei n. 9.615/98 ("Lei Pelé") conceitua o profissionalismo a partir do aspecto formal da organização e prática do desporto de rendimento, ou seja, o aspecto profissional estaria atrelado à existência de um contrato formal de trabalho.[(7)]

Salienta-se, contudo, que o citado dispositivo da Lei Pelé não conceitua diretamente o "desporto profissional" ou o "atleta profissional", limitando-se a estabelecer formas de organização e prática do desporto de rendimento, chegando o parágrafo único do art. 26, no entanto, a conceituar o que se entende por "competição profissional", para tanto exigindo a celebração de contrato formal de trabalho desportivo como elemento-chave ao reconhecimento legal do profissionalismo[(8)], evidenciando, ainda, que o predicado do profissionalismo pode ser estendido a todas as modalidades, nada obstante a disposição de seu art. 94, pela qual a formalização do contrato é obrigatória somente para a modalidade do futebol.[(9)]

Assim, exceção feita ao jogador de futebol, a Lei Pelé faculta e condiciona o profissionalismo da atividade desenvolvida por determinado atleta à celebração formal

---

(7) Art. 3º (...)

§ 1º O desporto de rendimento pode ser organizado e praticado:

I - *de modo profissional*, caracterizado pela remuneração pactuada em *contrato formal de trabalho* entre o atleta e a entidade de prática desportiva;

II - *de modo não profissional*, identificado pela liberdade de prática e pela *inexistência de contrato de trabalho*, sendo permitido o recebimento de incentivos materiais e de patrocínio. (Grifo nosso)

(8) Art. 26. Atletas e entidades de prática desportiva *são livres para organizar a atividade profissional, qualquer que seja sua modalidade*, respeitados os termos desta Lei.

Parágrafo único. Considera-se *competição profissional* para os efeitos desta Lei aquela promovida para obter renda e *disputada por atletas profissionais cuja remuneração decorra de contrato de trabalho desportivo*. (Grifo nosso)

(9) Art. 94. *O disposto nos arts.* 27, 27-A, *28*, 29, 29-A, 30, 39, 43, 45 e no § 1º do art. 41 desta Lei *será obrigatório exclusivamente para atletas e entidades de prática profissional da modalidade de futebol.*

Parágrafo único. *É facultado às demais modalidades desportivas adotar os preceitos constantes dos dispositivos referidos no caput deste artigo.* (Grifo nosso)

de contrato especial de trabalho desportivo, o que afeta diretamente a possibilidade de reconhecimento direto, com base em elementos fáticos, do caráter profissional das atividades exercidas por atletas de outras modalidades, sejam elas coletivas ou individuais.

Em síntese, no contexto da Lei Pelé, e como confirma a leitura do *caput* de seu art. 28, o que caracterizaria a vertente profissional do desporto seria a existência de um contrato de trabalho formal entre atleta e entidade de prática desportiva, o que se evidencia como uma zona um tanto quanto dissonante da realidade do desporto.

A sistemática legal adotada acaba desmotivando o setor a formalizar contratos de trabalho com atletas de modalidades diferentes do futebol, mesmo que esses desempenhem suas atividades de modo profissional na acepção fática do termo. Nessa perspectiva, a doutrina do ministro Guilherme Augusto Caputo Bastos, do Tribunal Superior do Trabalho, *verbis*:

> "*Essa prerrogativa fomenta o desinteresse de aludidas categorias no tocante à formalização do trabalho dos atletas (nesse caso tidos como não profissionais), mesmo quando, em verdade, as circunstâncias efetivamente demonstrem a natureza profissional da relação, mormente diante de seus aspectos econômicos. É o que se entende por falso amadorismo.* Para ilustrar essa realidade, de acordo com ordenamento jurídico pátrio, o atleta de alto rendimento Gustavo Kuerten não pode ser considerado profissional, em virtude da não celebração de um contrato especial de trabalho. Da mesma forma, embora várias vezes considerado o melhor jogador do mundo de sua modalidade, o atleta de futsal, Falcão, não é considerado profissional, assim como o jogador de basquete, Guilherme Giovanoni." (BASTOS, 2019, p. 18) (Grifo nosso)

Nesse sentido, não considerar profissional um atleta campeão de *Roland Garros*, que tem o tênis como meio de subsistência, e que recebe quantias vultosas em razão dessa atividade, ou até mesmo quando seus rendimentos em razão da atividade desportiva desempenhada ultrapassam o orçamento destinado ao ressarcimento dos custos de suas atividades, não parece ser a forma mais adequada de abordagem da questão, sendo certo que esse desarranjo ocorre justamente porque a diferenciação dos termos "profissional" e "não profissional" trazidos pela Lei Pelé é condicionada a requisitos de ordem meramente formal, o que gera incertezas, especialmente no âmbito jurídico-laboral, no qual vigora o princípio da primazia da realidade.

Por sua vez, o art. 28-A da mesma Lei, e com aplicação limitada a modalidades desportivas individuais, caracteriza como autônomo o atleta maior de 16 (dezesseis) anos que não mantém relação empregatícia com entidade de prática desportiva e aufere rendimentos por conta e por meio de contrato de natureza civil. Assim, por uma interpretação literal da Lei Pelé, e na perspectiva dessa Lei, a atividade do "atleta autônomo" diferencia-se da atividade do "atleta profissional", pois aquele não possui contrato especial de trabalho desportivo. Isso demonstra que, pela sistemática da Lei Pelé, o reflexo econômico e o sentido da atividade desenvolvida pelo atleta são elementos irrelevantes para a consideração deste como profissional.

A propósito da comparação entre o atleta autônomo e o atleta empregado, e segundo os princípios norteadores do direito do trabalho, a diferença fática está presente na circunstância de que o primeiro geralmente desenvolve suas atividades em conformidade com o ciclo olímpico ou com o circuito das principais competições de alto rendimento de sua modalidade esportiva, ao passo que o segundo desenvolve sua atividade por meio de uma relação de emprego com determinado clube ou entidade, de modo pessoal, não eventual, oneroso, subordinado, e com sua liberdade de prática restringida.

Além disso, do ponto de vista formal, a fonte de rendimentos do atleta autônomo deve ser proveniente de contratos de natureza civil e a subordinação desse tipo de trabalho é agonal,[(10)] pois está mais ligada às regras da modalidade e às competições, do que ao terceiro que sustenta a estrutura de preparação atlética, por meio de concessão das instalações desportivas do clube para que o atleta treine, por exemplo.

Nesses casos, a Lei Pelé expressamente afasta a possibilidade de configuração de vínculo empregatício entre o atleta autônomo praticante de modalidade individual e entidade de prática desportiva, inclusive com a seleção nacional de sua respectiva modalidade (art. 28-A, § 2º, da Lei Pelé), muito embora a prática desportiva desenvolvida possa ser definida como uma espécie de trabalho, em sentido amplo.

Logo, nesse enquadramento, o profissionalismo da prática desportiva dependeria do interesse das partes, especialmente das entidades de prática desportiva, em celebrar formalmente um contrato de trabalho para que, apenas nesse caso, o atleta pudesse ser reconhecido legalmente com o *status* de profissional. Nessa perspectiva, a Lei condiciona o reconhecimento profissional e a consequente configuração de vínculo empregatício à existência de um contrato de trabalho escrito, relativizando, assim, princípios laborais.

O termo "profissional", do modo como é tratado na Lei Pelé, não leva em conta a dinâmica das modalidades esportivas e o conceito pelo qual profissional é quem exerce uma profissão, i.e., uma atividade com capacitação técnico-profissional, a fim de receber uma contraprestação financeira por ela, e não somente aquele que é detentor de um contrato formal, restringindo consideravelmente o reconhecimento legal das relações de trabalho desportivo e o reconhecimento de direitos trabalhistas.

Diante desse contexto, mesmo antes da publicação da Lei Geral do Esporte, a qual buscou ajustar esse conceito à realidade do desporto profissional, mostrava-se razoável a

---

(10) RAMOS, Rafael Teixeira. *Curso de Direito do Trabalho Desportivo:* as relações especiais de trabalho do esporte. Salvador: JusPodivm, 2021.

compreensão de que seria mais adequado buscar interpretar o *princípio da diferenciação desportiva* pelo viés fático e não por viés meramente formal, afinal, a Constituição Federal não impõe um rol taxativo do que deva ser considerado como trabalho ou profissão, sendo certo que qualquer atividade humana pode ser caracterizada como trabalho, bastando com que se faça existente a relação jurídica laboral entre os sujeitos, podendo até mesmo perfazer os elementos fático-jurídicos da relação de emprego (suporte nos próprios arts. 1º, IV, 5º, XIII, 6º, 7º, 170, VIII, 193, *caput*, 217, *caput* e III, da CRFB/88),(11) a partir da presença de todos os requisitos legais autorizadores de seu reconhecimento (arts. 2º e 3º, da CLT).

Nesse cenário, a perspectiva da doutrina especializada já era firme na posição de que não se pode confundir a forma de organização, relativa ao profissionalismo ou não da manifestação e prática do desporto de rendimento, prevista no § 1º do art. 3º da Lei Pelé, com o profissionalismo pertinente à pessoa do atleta, o qual poderá ser profissional ou não, independentemente da sua modalidade praticada estar organizada de forma profissional ou não profissional, nos termos da Lei,(12) até porque, todo aquele que pratica um esporte como profissão, como um meio de subsistência, seria considerado atleta profissional.(13)

Diante disso, com finalidade de ampliar a abrangência do conceito de profissionalismo no esporte, para além de um elemento meramente formal, o anteprojeto da Lei Geral do Esporte foi apresentado com os seguintes motivos, *verbis*:(14)

> "... Ainda no título sobre a ordem econômica esportiva as relações de trabalho no esporte ganham capítulo próprio. *Uma inovação é a desvinculação do profissionalismo do atleta ao contrato de trabalho, ou seja, que possa ser profissional o atleta ainda que seja remunerado de outro modo que não a avença que regula relação de emprego.* Também separo o vínculo de trabalho do vínculo esportivo. Ainda que não registrado em organização esportiva, a avença entre atleta e entidade contratante o torna profissional. Assim, a definição de atleta profissional que hoje na Lei Pelé somente admite aquele que tenha contrato especial de trabalho desportivo com entidade de prática passará a ser: 'Considera-se como atleta profissional o praticante de esporte de alto

(11) RAMOS, Rafael Teixeira. *Curso de Direito do Trabalho Desportivo:* as relações especiais de trabalho do esporte. Salvador: JusPodivm, 2021.

(12) *Idem.*

(13) ZAINAGHI, Domingos Sávio. *Os atletas profissionais de futebol no Direito do Trabalho.* 3. ed. São Paulo: LTr, 2018.

(14) CAMARGOS, Wladimyr Vinycius de Moraes; ROCHA, Caio Cesar Vieira. "Relatório final: Apresentação do anteprojeto de Lei Geral do Esporte Brasileiro. Comissão de Juristas responsável pela elaboração de anteprojeto de Lei Geral do Desporto Brasileiro". Brasília: Senado Federal. Disponível em: <https://legis.senado.leg.br/comissoes/comissao?codcol=1992>. Acesso em: 16 jun. 2023.

> nível que se dedique à atividade esportiva de forma remunerada e permanente e que tenha nesta atividade sua principal fonte de renda por meio do trabalho, independentemente da forma como receba sua remuneração'". (p. 22-23) (Grifo nosso)

Desse modo, a nova Lei Geral do Esporte buscou ampliar o conceito de profissionalismo para além da existência ou não de um contrato especial de trabalho desportivo, assim como buscou apresentar diferentes concepções acerca do trabalho desportivo, o que certamente gerará novos desdobramentos na interpretação jurídica de fatos que envolvam a prática desportiva como labor, especialmente na seara trabalhista.

3. O conceito de profissionalismo na Lei Geral do Esporte

Sucinta e objetivamente, em matéria trabalhista desportiva, verifica-se que a Lei Geral do Esporte, para além de apresentar novas previsões a respeito do contrato especial de trabalho esportivo e disposições diferenciadas pertinentes ao futebol, inova ao trazer um capítulo específico sobre as relações de trabalho no esporte, onde elenca (i) *diretrizes gerais, as quais enfatizam as peculiaridades e especificidades das atividades laborais na área do esporte*; (ii) *conceitos relacionados à profissão de atleta e à definição de atleta profissional*; (iii) *disposições específicas a respeito da profissão dos treinadores e árbitros*; e (iv) *disposições comuns aos trabalhadores desportivos*.

Quanto às disposições gerais, e segundo se verifica dos dispositivos constantes dos seus arts. 70 e 71, a nova Lei Geral do Esporte realça a importância do desenvolvimento social e econômico, do primado da proteção do trabalho e da essencial garantia dos direitos sociais do trabalhador esportivo, sem perder de vista as peculiaridades que envolvem as atividades profissionais dessa natureza.(15)

Ademais, em consonância com essas disposições gerais, é possível inferir que, no tocante aos aspectos trabalhistas da atividade esportiva, a grande inovação da Lei Geral do Esporte consiste em conceituar o profissionalismo da atividade desportiva de forma diversa ao conceito trazido pela Lei Pelé, i.e., a partir da atividade laboral do atleta, considerando como atleta profissional "*o praticante de esporte de alto nível que se dedica à atividade esportiva de forma remunerada e permanente e que tem nessa atividade sua principal fonte de renda por meio do trabalho, independentemente da forma como recebe sua remuneração*".

---

(15) Art. 70. No nível da excelência esportiva, as relações econômicas que advêm da prática do esporte devem basear-se nas premissas do desenvolvimento social e econômico e no primado da proteção do trabalho, da garantia dos direitos sociais do trabalhador esportivo e da valorização da organização esportiva empregadora. Art. 71. O trabalhador da área do esporte desempenha atividades laborais permeadas por peculiaridades e especificidades, estabelecendo relações com as organizações esportivas, independentemente de sua natureza jurídica, por meio das formas previstas na legislação civil ou trabalhista.

Percebe-se que o novo conceito[16] de atleta profissional desvincula o profissionalismo da necessidade de formalização de contrato especial de trabalho desportivo, exigindo como requisitos a configuração de situações de ordem fática como: (i) *a dedicação à prática de esporte de alto nível*; (ii) *o recebimento de remuneração em decorrência da prática desportiva, de modo permanentemente e independente da forma de recebimento*; e (iii) *a caracterização da atividade desportiva como principal fonte de renda, por meio do trabalho*.

Em contraste com o contexto legal anterior, a definição expressa no novo diploma do que venha a ser um atleta profissional, desvinculada de um elemento formal, pode ser vista como avanço no reconhecimento e na valorização do trabalho desportivo, sendo este o meio de subsistência de milhares de atletas, os quais têm na prática do desporto a sua efetiva profissão.

Nesse contexto, é preciso diferenciar o atleta que desempenha uma atividade desportiva de rendimento e objetiva primordialmente ter uma alta *performance*, por autorrealização, recebendo ou não incentivos materiais para competir, do atleta que desempenha uma atividade desportiva e se submete a exigências de terceiros com objetivo primordial de auferir renda e ou seu sustento. No primeiro caso, o desporto é tido como um fim em si mesmo, ainda que buscando um resultado, a dedicação é por prazer, por diversão, por satisfação pessoal, mesmo que haja incentivos financeiros devidamente justificados. Já no segundo caso, o objetivo é primordialmente obter renda ou uma contraprestação, ainda que a alta *performance* seja essencial para tanto.[17]

Nesse ponto cabe lembrar que apesar de a Lei Geral do Esporte considerar como profissional o atleta que, permanentemente, receba remuneração pelo trabalho desportivo, independentemente da natureza do contrato, no caso do futebol, o normativo continua atrelando o profissionalismo do atleta à existência de contrato especial de trabalho, nos termos do art. 97, inciso VIII, o que, por evidente, pode dar a entender que lei atribui *somente* ao jogador de futebol que possuir um contrato a tutela das normas trabalhistas e a sua condição de profissional.

A propósito, salienta-se que diversas modalidades esportivas como o futsal, o voleibol, o basquetebol, o handebol, e a grande maioria dos esportes olímpicos em geral, independentemente dos aspectos econômicos envolvidos, não são legalmente obrigadas

(16) Conforme se verifica do relatório final e anexos da apresentação do Anteprojeto de Lei Geral do Esporte, esse conceito foi debatido nas reuniões da Comissão de Juristas responsável por sua elaboração, tendo o saudoso professor Álvaro Melo Filho sugerido que a conceituação do que é prática esportiva profissional fosse, de fato, inserida na nova lei. Na mesma direção, o jurista Luiz Felipe Guimarães Santoro havia proposto que fosse considerado profissional o atleta que tivesse como fonte de subsistência o esporte, sem que houvesse necessidade de formalização de contrato de trabalho, reforçado pelo jurista Sandro Trindade, que destacava a importância da redefinição do desporto profissional, o relacionando ao fator econômico e não ao contrato especial de trabalho desportivo.

(17) VEIGA, Mauricio de Figueiredo Corrêa da. *Manual de Direito do Trabalho Desportivo*. 3. ed. São Paulo: LTr, 2020.

a se organizar profissionalmente, e consequentemente, não são legalmente obrigadas ou incentivadas a formalizar ou exigir a formalização de contrato de trabalho entre atletas e as respectivas organizações, mesmo quando as situações, de fato, evidenciem a sua natureza laboral, configurando, assim, a existência de um *profissionalismo camuflado*.

Sobre o tema, aborda Rafael Teixeira Ramos:

> "A legalidade e regularidade da constituição do contrato de trabalho desportivo deve ser verificada primeiro sob a perspectiva da regulamentação especial dos arts. 28, *caput* e 30 da Lei Pelé, que adotam as exigências de '*atividade do atleta profissional*', '*remuneração pactuada*' em solenidade de '*contrato especial de trabalho desportivo*', firmado com '*entidade de prática desportiva*' na '*modalidade de prazo determinado*' de no '*mínimo três (3) meses e no máximo cinco (5) anos*'. Somente com esses requisitos basilares se implementa regularmente o contrato laboral desportivo do atleta. No entanto, não raras vezes, ocorre no desporto brasileiro o processo fraudulento como profissionalismo 'encapotado', 'marrom', ou ainda 'camuflado', que significa encobrir a primazia da realidade do trabalho empregatício do atleta participante da competição, sob o argumento de que a modalidade esportiva praticada é não profissional". (RAMOS, 2021, p.71-72)

Esse contexto fundamenta a existência jurídica e o reconhecimento constitucional do trabalho desportivo, sendo certo que a doutrina já buscava preencher as lacunas deixadas pela Lei Pelé, diante da realidade do desenvolvimento de atividades desportivas com um viés laboral.

Assim, caracterizada a existência de trabalho desportivo nessas hipóteses, cabe sedimentar os conceitos de relação de trabalho sem vínculo empregatício (*lato sensu*) e relação de trabalho com vínculo empregatício (*stricto sensu),* para que se possa compreender quando se estará diante de um trabalho desportivo ou, especificamente, de um emprego desportivo. Como ensina Mauricio Godinho Delgado:

> "A primeira expressão tem caráter genérico: refere-se a todas as relações jurídicas caracterizadas por terem sua prestação essencial centrada em uma obrigação de fazer consubstanciada em labor humano. Refere-se, pois, a toda modalidade de contratação de trabalho humano modernamente admissível. A expressão relação de trabalho englobaria, desse modo, a relação de emprego, a relação de trabalho autônomo, a relação de trabalho eventual, de trabalho avulso e outras modalidades de pactuação de prestação de labor (como trabalho de estágio, etc.). Traduz, portanto, o gênero a que se acomodam todas as formas de pactuação de prestação de trabalho existentes no mundo jurídico atual." (DELGADO, 2012, p. 285)

Infere-se que a ordem jurídica brasileira reconhece como trabalho toda modalidade de contratação de trabalho humano modernamente admissível, bem como diferentes tipos de relações laborais que possam vir a ser estabelecidas no contexto desportivo, para além de um vínculo empregatício, gerando ao menos uma relação jurídica de trabalho *lato sensu.*

Essa constatação é respaldada pelo novo tratamento dado ao trabalhador desportivo, pela Lei Geral do Esporte, que admite o profissionalismo inclusive na atividade desportiva regida por meio de contrato de natureza civil, resolvendo ou adequando a questão de grande parte de atletas de alta *performance* que se encontrava em um limbo, sem a adequada proteção jurídica garantida a qualquer outro cidadão que desempenhasse uma atividade laborativa. Aliás, não só aos atletas, mas aos técnicos e árbitros, embora remunerados por meio de contrato civil, e com a ressalva de que a relação entre esses profissionais e a organização com a qual eles possuam vínculo de natureza meramente esportiva não constitui, por si só, vínculo de emprego.

Ressalta-se que a Lei Geral do Esporte prestigia o princípio da liberdade de contratação e ressalva de forma clara as hipóteses não geradoras do vínculo empregatício, trazendo certa segurança jurídica, porquanto, de fato, nem toda relação de trabalho configura propriamente uma relação de emprego. Nesse aspecto, como dita o art. 3º da CLT, restará configurada a relação de emprego na hipótese de "*pessoa física que prestar serviços de natureza não eventual a empregador, sob a dependência deste e mediante salário*".

Assim, a Lei Geral do Esporte é técnica ao dispor que a mera existência de contrato entre atleta e organização desportiva não é suficiente para configurar uma relação de emprego, afinal, para que esta se configure, nos termos da lei trabalhista, é preciso que o trabalho desportivo se desenvolva em um contexto de subordinação jurídica, no qual o atleta tem seu trabalho remunerado e condicionado à direção da organização, estando sujeito ao poder disciplinar do empregador.

A Lei Geral do Esporte, contudo, não é suficientemente clara ao tratar das hipóteses nas quais se estará diante de um vínculo de emprego desportivo, além de apontar que o atleta profissional "pode" ter uma relação de emprego com a organização desportiva, por meio da celebração de contrato especial de trabalho desportivo escrito. Ao trazer dita "possibilidade", acaba não deixando claro se a existência do contrato é o único meio ou apenas um dos meios para o reconhecimento do vínculo de emprego desportivo.

Diante da intenção do legislador, é de se entender que o vínculo não depende exclusivamente da formalização do contrato, valendo destacar que a Lei Geral do Esporte autoriza a aplicação subsidiária das disposições da legislação trabalhista, cujos princípios podem ser aplicados na definição jurídica da relação de emprego desportivo, especialmente para casos em que inexiste contrato escrito ou o contrato formalizado não corresponde à real forma de desenvolvimento do trabalho desportivo, sendo certo que a aplicação do *princípio da primazia da realidade* é medida aderente ao novo regime, embora a lei não a explicite e o trabalho desportivo venha de uma regulação que prestigia a formalidade e despreza a aplicação desse preceito norteador do direito laboral brasileiro.

Por certo, haverá hipóteses em que o trabalho desportivo seja desempenhado com total liberdade de prática, com o controle, pelo atleta, do desenvolvimento de sua atividade laboral, de forma não subordinada, mas haverá hipóteses em que a organização desportiva vinculará e remunerará atletas para defendê-la em competições, com vantagens que superam o custo para a disputa da competição ou prática do esporte, e dirigirá a atividade do atleta para além de diretrizes puramente técnicas, seja para manter seu *status* ou atrair mais sócios, seja para usufruir do produto da bilheteria, *marketing*, ou direitos de reprodução dos espetáculos, aplicando punições ou restringindo a liberdade de prática do atleta, ocasião em que se poderá questionar a presença de uma efetiva relação empregatícia, diante da subordinação jurídica evidenciada, mesmo não havendo a formalização do contrato especial de trabalho esportivo.

Nessas circunstâncias é importante atentar-se para o fato de que, mesmo diante de um contrato de natureza civil, na hipótese de verificação dos requisitos autorizadores da relação de emprego, e considerando eventual intenção de máscara da realidade dos fatos, esse contrato poderia ser declarado nulo pelo Poder Judiciário, nos termos do art. 9º da CLT e em consonância com o *princípio da primazia da realidade.*

Se bem é certo que a Lei Geral do Esporte permite outras formas de contratação de trabalho desportivo, além do contrato especial de trabalho desportivo, e preza pelo respeito ao princípio da liberdade de contratação, também é certo que a liberdade contratual e a autonomia da vontade das partes, ou autonomia privada, devem ser interpretadas com base no mandamento contido no art. 421 do Código Civil, o qual dispõe que "*a liberdade de contratar será exercida em razão e nos limites da função social do contrato*".

Logo, quando não se celebra um contrato especial de trabalho esportivo ou então quando se celebra um contrato de outra natureza para remunerar um trabalho desportivo, que se desenvolve de forma pessoal, habitual e subordinada, a fim de desvirtuar, impedir ou fraudar a aplicação de direitos trabalhistas ao profissional do esporte, este deve ser considerado nulo e o vínculo empregatício poderá ser reconhecido judicialmente, em razão da aplicação subsidiária das normas trabalhistas à atividade desportiva profissional.

Não é despiciendo lembrar que diante da ampliação da competência material da Justiça do Trabalho, todo conflito que envolver direitos de natureza trabalhista, até mesmo no âmbito desportivo, entre atleta profissional e a organização esportiva, é abrangido pela competência da Justiça Especializada, que passou a ser foro adequado para discussão de lides oriundas de relação de trabalho, a qual, na acepção ampla do termo, é caracterizada pela relação jurídica que tenha como objeto central a prestação de uma obrigação de fazer consubstanciada em trabalho humano, conforme a redação do art. 114 da Constituição Federal.(18)

Nessa conjuntura, a limitação conceitual da Lei Pelé dificultava o reconhecimento dos direitos trabalhistas daqueles que não possuíam um contrato especial de trabalho desportivo formalizado, pois sequer eram considerados profissionais, atribuindo-se demasiado ônus a grande parte dos atletas brasileiros, que se encontravam em situação precária quanto à segurança jurídica de sua atividade laboral, inclusive no que se refere a questões protetivas ligadas à previdência social, aumentando a gravidade da situação devido ao alto risco de lesões inerentes a qualquer prática desportiva de alto rendimento.

Diante de eventuais disparates, relembra-se que doutrinadores trabalhista-desportivos, como João Leal Amado(19) e Domingos Sávio Zainaghi, ensinam que os elementos de constituição de um instituto jurídico são conaturais a sua própria existência, e assim, não poderiam ser transfigurados por imposição legal: "*O princípio protetor do Direito do Trabalho e o da Primazia da Realidade impedem que se adote a tese de que, se não formalizados por escrito, o contrato não exista*".(20)

Com o novo tratamento dado pela Lei Geral do Esporte, a qual possibilita reconhecimento do trabalho e do profissionalismo desportivo em contextos diversos, para além da mera existência do contrato especial de trabalho esportivo, amplia-se a possibilidade, ou diminui-se a dificuldade, de reconhecimento do trabalho desportivo para fins de atração da competência da Justiça do Trabalho, além da própria proteção dos atletas contra potenciais fraudes trabalhistas, a partir da ampliação considerável do conceito da profissionalização.

4. Considerações finais

A modo de conclusão, constatou-se que a recém-publicada Lei Geral do Esporte consolidou o entendimento da doutrina especializada, no sentido de que a condição de profissional deve sempre ser atribuída ao atleta, independentemente da forma com que a modalidade de prática se organiza, atualizando, pela via legislativa, o conceito de profissionalismo desportivo e o desatrelando do elemento formalista da mera existência de contrato formal.

A Lei Geral do Esporte define a atividade profissional do atleta baseando-se em elementos fáticos. Como regra geral, a nova lei define como atleta profissional aquele que seja (i) *praticante de esporte de alto nível*; (ii) *que se dedica à atividade esportiva de forma remunerada e permanente*; e (iii) *que tem nessa atividade sua principal fonte de renda por meio do trabalho, independentemente da forma como recebe sua remuneração*.

---

(18) DELGADO, Mauricio Godinho. *Curso de Direito do Trabalho*. 11. ed. São Paulo: LTr, 2012.

(19) AMADO, João Leal. *Contrato de trabalho*. 2. ed. Coimbra: Almedina, 2018.

(20) ZAINAGHI, Domingos Sávio. *Os atletas profissionais de futebol no Direito do Trabalho*. 3. ed. São Paulo: LTr, 2018. p. 47.

Ou seja, o recebimento de remuneração e o papel laboral da atividade desportiva desenvolvida são os elementos essenciais para o reconhecimento legal do profissionalismo do atleta, independentemente da natureza desse recebimento ou de como a modalidade se organiza. Ademais, a Lei Geral do Esporte estende essa mesma concepção ao reconhecer o profissionalismo do trabalho dos treinadores e dos árbitros.

Não obstante, a nova Lei deixa claro que a atividade assalariada, ou seja, por meio de vínculo empregatício, não é a única forma de caracterização da profissionalização do atleta, do treinador e do árbitro esportivo, sendo possível também definir como profissional quem é remunerado por meio de contratos de natureza civil, vedada a sua participação como sócio ou acionista da organização esportiva.

Nesse sentido, é possível concluir que o atleta remunerado por meio de patrocínio ou incentivos, ou um atleta autônomo que representa determinada organização esportiva, de forma não subordinada, terá sua atividade considerada como profissional, caso seja um atleta de alto nível e tenha no esporte sua fonte de renda, tanto quanto um atleta empregado, assalariado, e subordinado ao poder disciplinar de uma organização desportiva.

A Lei Geral do Esporte reconhece todas essas configurações laborais como de natureza profissional, validando diversas formas de relação de trabalho desportivo, na concepção ampla do termo, rompendo com a sistemática da Lei Pelé, sendo certo que, pelos princípios norteadores do direito trabalhista, sobretudo pela primazia da realidade, se presentes os requisitos formadores do vínculo empregatício no caso concreto, restaria configurada a relação de emprego, independentemente da existência de contrato formal.

Nessa perspectiva, considera-se que seria imprescindível analisar o trabalho desportivo sob a primazia da realidade, de forma a prevenir potenciais fraudes e violação a direitos trabalhistas, sem descurar das especificidades do desporto e da proteção ao trabalho do atleta.

Como a Lei Geral do Esporte é contemporânea à Lei Pelé, esses diplomas legais coexistem, sobretudo por não ter havido, como pretendido no Projeto de Lei, a revogação da segunda. Nada obstante, e nos termos da Lei de Introdução às normas do Direito Brasileiro, é possível concluir que diante da clara e substancial regulação do conceito do profissionalismo da Lei Geral do Esporte, esta revogou o antigo conceito, sendo atualmente a norma vigente, ao menos no que se refere à matéria ora em estudo.

Como efeito, verifica-se que o reconhecimento do profissionalismo e, consequentemente, do trabalho desportivo, nos termos da Lei Geral do Esporte, amplia significantemente a proteção do trabalho do atleta, facilitando inclusive seu acesso à jurisdição trabalhista, visto que o reconhecimento do profissionalismo desportivo, além da exigência de um elemento formal, garante a configuração legal e direta do trabalho desportivo e das relações de trabalho desportivo, na concepção ampla do termo.

Portanto, conclui-se que, ao desvincular o conceito de profissional da mera existência de contrato especial de trabalho desportivo, a Lei Geral do Esporte potencialmente fortalece e valoriza o trabalho desportivo, sem desprezar suas particularidades, que poderão ser normatizadas mais precisamente pelos instrumentos de negociação coletiva, que também foram incentivados no novo diploma.

Os efeitos das inovações legislativas em matéria de esporte profissional certamente irão impactar o cenário econômico do desporto e certamente trarão novos desafios, os quais serão objeto de novos de estudos futuros.

Referências

AMADO, João Leal. *Contrato de trabalho*. 2. ed. Coimbra: Almedina, 2018.

BASTOS, Guilherme Augusto Caputo. "Profissionalismo no Desporto". *Revista Amatra XV*, Campinas, n. 8, p. 15-26, 2017.

BRASIL. Constituição (1988). *Constituição da República Federativa do Brasil*. Brasília, DF: Senado Federal, 1988. Disponível em: <http://www.planalto.gov.br/ccivil_03/Constituicao/Constituicao.htm>. Acesso em: 12 jun. 2021.

______. *Decreto-lei n. 4.657, de 4 de Setembro de 1942*. Lei de Introdução às normas do Direito Brasileiro.. Brasília, DF: Senado Federal, 1923. Disponível em: <https://www.planalto.gov.br/ccivil_03/decretolei/del4657.htm#:~:text=%C2%A7%201o%20A%20lei,nem%20modifica%20a%20lei%20anterior>. Acesso em: 12 jun. 2023.

______. *Lei n. 9.615, de 24 de março de 1998*. Institui normas gerais sobre desporto e dá outras providências. Brasília: Diário Oficial da República Federativa do Brasil, 1998. Disponível em: <http://www.planalto.gov.br/ccivil_03/leis/L9615Compilada.htm>. Acesso em: 12 jun. 2021.

______. *Lei n. 10.406, de 10 de janeiro de 2002*. Institui o Código Civil. Diário Oficial da União: seção 1, Brasília, DF, ano 139, n. 8,.

______. *Lei n. 14.597, de 14 de junho de 2023*. Institui a Lei Geral do Esporte. Brasília: Diário Oficial da República Federativa do Brasil, 2023. Disponível em: <http://www.planalto.gov.br/ccivil_03/_ato20232026/2023/lei/L14597.htm#:~:text=L14597&text=Institui%20a%20Lei%20Geral%20do%20Esporte.&text=Art.%201%C2%BA%20%C3%89%20institu%C3%ADda%20a,Cultura%20de%20Paz%20no%20Esporte>. Acesso em: 15 jun. 2023.

CAMARGOS, Wladimyr Vinycius de Moraes; ROCHA, Caio Cesar Vieira. "Relatório final: Apresentação do Anteprojeto de Lei Geral do Esporte Brasileiro. Comissão de Juristas responsável pela elaboração de anteprojeto de Lei Geral do Desporto Brasileiro". Brasília: Senado Federal. Disponível em: <https://legis.senado.leg.br/comissoes/comissao?codcol=1992>. Acesso em: 16 jun. 2023.

DELGADO, Mauricio Godinho. *Curso de Direito do Trabalho*. 11. ed. São Paulo: LTr, 2012.

LOPES, Cristiane Maria Sbalqueiro. "O trabalho desportivo e o Direito do Trabalho". *LTr Suplemento Trabalhista*, São Paulo, n. 93, p. 427-432, set. 2014.

MENEZES, Rodrigo S.; PINHEIRO, Paulo Henrique S. "É possível ser reconhecido vínculo empregatício de um atleta não profissional?". *Lei em Campo*. Disponível em: <https://leiemcampo.

com.br/e-possivel-ser-reconhecido-vinculo-empregaticio-de-um-atleta-nao-profissional/>. Acesso em: 29 jun. 2021.

OLIVEIRA, Leonardo Andreotti Paulo de (Coord.). *Direito do Trabalho e Desporto*. São Paulo: Quartier Latin, 2014.

______. *Direito do Trabalho e Desporto*. vol. II. São Paulo: Quartier Latin, 2015.

______. *Direito do Trabalho e Desporto*. vol. III. São Paulo: Quartier Latin, 2016.

______. *Direito do Trabalho e Desporto*. vol. IV. São Paulo: Quartier Latin, 2018.

RAMOS, Rafael Teixeira. *Curso de Direito do Trabalho Desportivo:* as relações especiais de trabalho do esporte. Salvador: JusPodivm, 2021.

REZENDE, José Ricardo. *Tratado de Direito Desportivo*. São Paulo: All Print Editora, 2016.

SANTORO, Luiz Felipe Guimarães. "O 'desporto profissional' no ordenamento jurídico brasileiro". *Revista Brasileira de Direito Desportivo*. São Paulo, ano X, v. 20, p. 113-127, 2011.

VEIGA, Mauricio de Figueiredo Corrêa da. *Manual de Direito do Trabalho Desportivo*. 3. ed. São Paulo: LTr, 2020.

ZAINAGHI, Domingos Sávio. *Os atletas profissionais de futebol no Direito do Trabalho*. 3. ed. São Paulo: LTr, 2018.

ZAINAGHI, Luis Guilherme Krenek. *A formação desportiva e o direito do trabalho:* a criança e o adolescente no esporte. Leme: Mizuno, 2021.

O Contrato de Trabalho Desportivo: Algumas Questões Polêmicas

Douglas Alencar Rodrigues

Introdução

O presente artigo[1] compõe a coletânea de textos produzidos em homenagem aos professores e magistrados Pedro Paulo Teixeira Manus e Walmir Oliveira da Costa, que faleceram recentemente, ainda no auge de suas respectivas trajetórias profissionais.

Homem de muitos amigos, com grande sensibilidade e humor refinado, o professor Manus galgou com brilho todos os cargos da magistratura trabalhista, aposentando-se como ministro do Tribunal Superior do Trabalho (TST) em 2013. Tive a honra de sucedê--lo naquela Corte, no ano de 2014, bem assim de receber suas orientações na pesquisa desenvolvida no Programa de Mestrado em Direito das Relações Sociais da Pontifícia Universidade Católica de São Paulo (PUC-SP). Ao longo das várias décadas de exercício de docência, formou gerações de juristas comprometidos com a vocação equitativa do Direito do Trabalho, na busca incessante do equilíbrio entre a livre-iniciativa e o valor social do trabalho.

Com a mesma nota de equilíbrio, o ministro Walmir trilhou exitosa carreira na magistratura laboral, compondo com destaque a Academia Brasileira de Direito do Trabalho (ABDT) e a Academia Brasileira de Direito Desportivo. Magistrado de reconhecidos méritos profissionais, com consistente formação jurídica, notabilizou-se pela firmeza com que defendia suas posições jurídicas.

Entre suas predileções, de ambos os homenageados, destacava-se o Direito Desportivo, sendo, portanto, justa e merecida a homenagem prestada com a presente publicação.

O direito desportivo representa um dos ramos da ciência jurídica que são pouco estudados nas faculdades de direito, o que gera sérios reflexos na prática jurídica,

(1) Artigo escrito à luz da Lei n. 9.615/1998.

prejudicando a mais adequada gestão dos interesses de atletas profissionais e agremiações desportivas. Embora recente Resolução do Ministério da Educação (MEC) tenha avançado para facultar a inserção da disciplina Direito Esportivo nas grades curriculares dos cursos de direito,(2) é fato que poucas instituições de ensino abraçaram esse desafio, desconsiderando a relevância do desporto como segmento multidimensional, constitutivo da própria cultura e imanente à condição humana, além de preparar os jovens para os desafios da vida em sociedade, movimentando a economia, gerando empregos e múltiplas oportunidades de negócio.(3)

Regulado por lei especial, o vínculo de trabalho desportivo assume caraterísticas próprias em relação aos demais contratos de trabalho, gerando dúvidas e questionamentos acerca da real extensão dos direitos e deveres de seus protagonistas. Tais questionamentos, não raras vezes, acabam submetidos ao Poder Judiciário, a quem cabe a alta responsabilidade de respondê-los, assim conferindo a necessária segurança jurídica aos atores da arena desportiva.

O presente ensaio objetiva examinar três dessas questões polêmicas, quais sejam, o direito ao adicional noturno, a base de cálculo dos direitos desportivos audiovisuais e a remuneração dos períodos de concentração fora da sede do clube.

1. Contrato de trabalho desportivo: notas gerais

Dentre as muitas peculiaridades da profissão de atleta profissional vale citar, à guisa de exemplo, a necessidade de ajuste contratual escrito e solene (registrado na entidade de administração do desporto), a exigência de contrato por prazo determinado (máximo de cinco anos), a existência de regime de concentração, a presença de diferenças salariais significativas entre profissionais do mesmo clube, a possibilidade de sofrer penalidades advindas de terceiros, o direito de arena, a previsão de cláusulas compensatória e indenizatória no contrato e a competência da Justiça Desportiva para julgar infrações disciplinares, dentre tantas outras.

Essas particularidades, não raro, são utilizadas como justificativa para o descumprimento dos direitos dos atletas, pois mesmo nas situações em que a legislação especial desportiva é silente, direitos são negados sob o fundamento de que existem especificidades incompatíveis com a incidência das normas gerais de proteção ao trabalho.

---

(2) A Resolução n. 5, de 17.12.2018, editada pela Câmara de Educação Superior do Conselho Nacional de educação, dispôs, em seu art. 5º, § 3º, que "Tendo em vista a diversificação curricular, as IES poderão introduzir no PPC conteúdos e componentes curriculares visando desenvolver conhecimentos de importância regional, nacional e internacional, bem como definir ênfases em determinado(s) campo(s) do Direito e articular novas competências e saberes necessários aos novos desafios que se apresentem ao mundo do Direito, tais como: Direito Ambiental, Direito Eleitoral, Direito Esportivo, Direitos Humanos, Direito do Consumidor, Direito da Criança e do Adolescente, Direito Agrário, Direito Cibernético e Direito Portuário. Disponível em: <http://portal.mec.gov.br/docman/dezembro-2018-pdf/104111-rces005-18/file>. Acesso em: 7 jul. 2022.

(3) HUIZINGA, Johan. *Homo Ludens:* o jogo como elemento da cultura. 9. ed., rev. e atual. São Paulo: Perspectiva, 2019. Tradução de João Paulo Monteiro, revisão de tradução Newton Cunha.

Tome-se o exemplo dos atletas profissionais de futebol, que se encontram, em sua expressiva maioria, em posição de absoluta dependência para com seus clubes, sem que se evidencie equivalência de forças para se discutir o cumprimento das obrigações contratuais.(4),(5)

Nas lições de José Affonso Dallegrave Neto, ao comentar determinado preceito legal, "(...) consoante se infere da leitura do art. 35, o atleta profissional mantém com o empregador uma relação de hipersubordinação, na medida em que se submete às estritas diretrizes do clube, dentro e fora do campo, em jogos, treinos e sessões preparatórias, assumindo o compromisso não só de treinar e jogar, mas de se dedicar o máximo possível".(6)

Também oportuna a advertência de Ney Maranhão, segundo a qual "(...) cumpre afastar a conotação insistentemente lúdica emprestada ao atleta de futebol, passando a enxergá-lo também no papel social de trabalhador — apenas envolvido em uma dinâmica laborativa toda especial. Cumpre, pois, 'laborizar' a atividade futebolística".(7)

No entanto, aos intérpretes e aplicadores das disposições legais que compõem a ordem jurídica, não convém produzir interpretações excessivas, que causem desequilíbrios, mas, ao contrário, dentro dos "limites das quatro linhas" traçadas pelo legislador,

---

(4) Como assinalado pelo jurista Maurício de Figueiredo Corrêa da Veiga: "(...) quando se fala de atleta profissional de futebol a primeira imagem que vem à tona é daquele jogador famoso, garoto propaganda de marcas mundialmente conhecidas e que recebe verdadeiras fortunas decorrentes não só de salário, mas também de cessão do direito de uso de imagem. Contudo, esse é um universo extremamente reduzido e representa menos de 5% do universo de jogadores profissionais em nosso país, pois a grande maioria faz parte do quadro de jogadores anônimos que recebem módicos salários, a ensejar a necessidade de uma proteção especial" ("Direito constitucional do trabalho e as normas do futebol". In: BASTOS, Guilherme Augusto Caputo (Org.). *Atualidades sobre Direito Esportivo no Brasil e no mundo*. IV Encontro Nacional sobre legislação esportivo-brasileira. Brasília: Tribunal Superior do Trabalho, 2010, p. 150).

(5) O professor Álvaro Melo Filho recordava que o futebol brasileiro conta com 684 clubes profissionais, dos quais apenas 100 clubes disputam competições nacionais, nas séries A, B, C e D. Em outras palavras, cerca de 85% dos clubes no Brasil ficam adstritos a disputas no âmbito estadual e, no máximo, regional, sem acesso às receitas que sustentam os grandes clubes, e cerca de 80% dos jogares de futebol recebem em torno de três salários mínimos. Ao refletir sobre a singularidade da relação que une o atleta profissional e seu clube, o referido professor destaca que esse tipo de ajuste laboral envolve: "(...) aspectos desportivos (treinos, concentração, preparo físico, disciplina tática em campo), aspectos pessoais (alimentação balanceada, limites à ingestão de álcool, peso, horas de sono), aspectos íntimos (comportamento sexual, uso de medicamentos dopantes), aspectos convencionais (uso de brincos, vestimenta apropriada) e aspectos disciplinantes (ofensas físicas e verbais a árbitros, dirigentes, colegas, adversários e torcedores, ou então, recusa de participação em entrevista após o jogo)". (MELO, Filho Álvaro. *Nova Lei Pelé:* avanços e impactos. Rio de Janeiro: Maquinária, 2011, p. 200).

(6) DALLEGRAVE NETO, José Affonso. "Dano praticado por atleta profissional". In: *Direito do trabalho desportivo:* os aspectos jurídicos da Lei Pelé frente às alterações da Lei n. 12.395/2011. Organização e coordenação de Alexandre Agra Belmonte, Luiz Philippe Vieira de Mello, Guilherme Augusto Caputo Bastos. São Paulo: LTr, 2013.

(7) MARANHÃO, Ney. "Meio ambiente laboral futebolístico e responsabilidade civil". In: *Direito do trabalho desportivo:* os aspectos jurídicos da Lei Pelé frente às alterações da Lei n. 12.395/2011. Organização e coordenação de Alexandre Agra Belmonte, Luiz Philippe Vieira de Mello, Guilherme Augusto Caputo Bastos. São Paulo: LTr, 2013. p. 197-198.

propor uma interpretação da *lex sportiva* que seja condizente com os postulados constitucionais e justrabalhistas (quando compatíveis), tendo como norte o equilíbrio contratual que deve permear a relação entre atletas e entidades desportivas.[8]

São imensos, portanto, os desafios lançados aos juristas, especialmente aos magistrados, para a melhor formatação desse universo jurídico desportivo.

2. Períodos de concentração e adicional remuneratório

O debate sobre a jornada de trabalho dos atletas profissionais sempre é alvo de grandes polêmicas, e o direito a acréscimos remuneratórios em razão dos períodos de concentração não foge à regra.

O art. 28, § 4º, VI, da Lei n. 9.615/98 dispõe que a jornada de trabalho desportiva normal será de 44 (quarenta quatro) horas semanais, não havendo menção a duração diária.

A limitação da jornada de trabalho, contudo, encontra albergue na ordem dos direitos fundamentais, precisamente no art. 7º, XIII, da Constituição da República, e visa resguardar, como cediço, a integridade física, a segurança, o bem-estar e a dignidade dos trabalhadores.

Em relação ao período de concentração, muito se discute se esse tempo deve ou não integrar a jornada de trabalho do jogador.[9]

Prevalece na doutrina e na parca jurisprudência encontrada no âmbito do TST o entendimento de que a concentração é uma obrigação decorrente do contrato especial do atleta profissional, não se admitindo o seu cômputo na duração do trabalho, apenas

(8) Como bem assinalou o professor Ney Maranhão: "(...) nosso ordenamento jurídico exige que tanto a propriedade quanto o contrato atinjam sua função social. Noutras palavras: o empregador — mesmo sendo entidade de prática desportiva —, seja na dimensão jurídico-patrimonial de seus bens, seja na dimensão jurídico-contratual de seus trabalhadores, precisa se realizar, com pessoa jurídica, no cotidiano, dentro das asas da 'livre iniciativa', todavia vinculado ao desiderato maior de, em última instância, sempre prestar homenagem à dignidade humana e aos demais princípios substanciais incrustrados no bojo constitucional. No fundo mesmo, a verdade é que a iniciativa empresarial nada tem de 'livre', à vista da sua necessária adstrição à função social que a Constituição lhe impõe" (ob. cit., p. 187).

(9) O texto da Lei n. 9.615/98 assim dispõe: "Art. 28. A atividade do atleta profissional é caracterizada por remuneração pactuada em contrato especial de trabalho desportivo, firmado com entidade de prática desportiva, no qual deverá constar, *obrigatoriamente*: (...) § 4º Aplicam-se ao atleta profissional as normas gerais da legislação trabalhista e da Seguridade Social, ressalvadas as peculiaridades constantes desta Lei, especialmente as seguintes: I – se conveniente à entidade de prática desportiva, a concentração não poderá ser superior a 3 (três) dias consecutivos por semana, desde que esteja programada qualquer partida, prova ou equivalente, amistosa ou oficial, devendo o atleta ficar à disposição do empregador por ocasião da realização de competição fora da localidade onde tenha sua sede; II – o prazo de concentração poderá ser ampliado, independentemente de qualquer pagamento adicional, quando o atleta estiver à disposição da entidade de administração do desporto; III – *acréscimos remuneratórios em razão de períodos de concentração, viagens, pré-temporada e participação do atleta em partida, prova ou equivalente, conforme previsão contratual*". (Grifos nossos)

sendo viável o deferimento de horas extras se ultrapassados os três dias consecutivos por semana, nos termos da lei.(10)

Para além da discussão sobre se os períodos de concentração, viagens, pré-temporada e participação do atleta em partida, prova ou equivalente podem ser desconsiderados da jornada do atleta, por se tratar de uma característica especial do contrato de trabalho — tema sensível e complexo, que reclama maior reflexão —, o fato é que a lei prevê, expressamente, a necessidade de previsão de acréscimo remuneratório no contato de trabalho desportivo.

Portanto, eventual omissão contratual não será suficiente para inviabilizar o direito ao acréscimo remuneratório, numa espécie de "textualismo raso" e benéfico ao transgressor. Convém fazer alusão ao brocardo em latim "*verba cum effectu, sunt accipienda*" para nortear a intepretação da regra legal, segundo o qual não se presumem na lei palavras mortas ou inúteis.

Com efeito, o art. 28, § 4º, III, da Lei Pelé é expresso no sentido de que deve haver um *plus* salarial em razão dos períodos de concentração, viagens, pré-temporada e participação em partidas e equivalentes, conforme previsão contratual, de modo que não cabe ao intérprete restringir a sua aplicação.

Não há, pois, como furtar aos profissionais que ganham a vida jogando futebol o direito a acréscimos remuneratórios pelo tempo que ficam em concentração, com o registro de que reputar pago o período pela só ausência de previsão contratual implicaria chancelar a prática de pagamento de salário complessivo, que é histórica e reiteradamente repudiada pela jurisprudência uníssona do TST (Súmula n. 91/TST).

Quando da celebração do contrato de trabalho, o atleta se compromete a participar das concentrações, o que não significa dizer que não será remunerado por isso.

Ademais, convém assinalar que não parece razoável que um mesmo jogador aufira o mesmo salário, independentemente de quantas vezes ficou concentrado durante o mês, recebendo e aguardando ordens do clube e privado do convívio social e familiar.

Parece mesmo frágil o argumento de que os jogadores de futebol não estariam sujeitos aos limites constitucionais da jornada em razão das peculiaridades que permeiam a atividade ou, ainda, porque supostamente seria difícil controlar a jornada. Embora seja um truísmo, a jornada constitucionalmente garantida deve ser observada, apenas ficando ressalvados os casos expressamente excepcionados por lei, como no caso dos trabalhadores externos e sem possibilidade de controle, dos gerentes, dos que atuam em regime de teletrabalho (art. 62 da CLT) e dos domésticos, nesse último caso antes do advento da EC n. 72/2013.

---

(10) RR-405769-69.1997.5.02.5555, 4ª Turma, relator ministro Antonio José de Barros Levenhagen, *DEJT* 5.5.2000; RR-129700-34.2002.5.03.0104, 2ª Turma, relator Ministro José Simpliciano Fontes de F. Fernandes, *DEJT* 7.8.2009.

Não se nega, por óbvio, a alta relevância econômica e social das atividades desenvolvidas pelas entidades desportivas, notadamente as ligadas à primeira divisão do futebol, sempre merecedoras de especial atenção e proteção legal, mas não se pode, por óbvio, desconsiderar os interesses legalmente tutelados dos atletas profissionais, cuja maioria sofre grandes pressões e exigências diárias, desgastes psicológicos e físicos, sem mencionar a natureza efêmera da carreira desportiva que abraçaram.(11)

3. O adicional noturno e os atletas profissionais do futebol

A Constituição Federal dispõe que o trabalho noturno será remunerado de forma superior ao trabalho diurno (art. 7º, IX, da CF), deixando a cargo do legislador ordinário definir os parâmetros do adicional noturno.

A Lei n. 5.889/93 definiu os parâmetros para o pagamento do adicional noturno para os trabalhadores rurais, do mesmo modo que a CLT, em seu art. 73, estipulou os critérios para o pagamento do referido adicional para os trabalhadores urbanos.

É certo que a Lei n. 9.615/98 nada dispõe acerca do adicional noturno dos atletas professionais, mas isso, por óbvio, não significa que tal direito não deva ser observado em relação a esses profissionais, segundo ressai do § 4º do art. 28 da Lei n. 9.615/1998.

Não se desconhece que os horários das partidas de futebol, sobretudo no decorrer dos dias úteis da semana, são fixados a partir de critérios de ordem essencialmente econômica, que atendem aos interesses das agremiações e das empresas que adquirem o direito de transmissão desses espetáculos futebolísticos, mas isso, evidentemente, em nada impacta o debate ligado à efetiva existência do direito ao adicional noturno, assegurado em nível constitucional, como direito fundamental, ao conjunto de trabalhadores brasileiros.

Não há nenhuma incompatibilidade entre o adicional noturno e o regime jurídico da Lei n. 9.615/1998 ou mesmo em relação à realidade observada nesse segmento econômico.

Convém registrar, por exemplo, que o TST tem reiteradamente admitido a adoção da CLT para assegurar direitos não regulados expressamente por legislação consagradora

(11) Oportuna a anotação do desembargador Francisco Alberto da Motta Peixoto Giordani, para quem "É preciso compreender/reter que o atleta profissional, como qualquer outro trabalhador, que recebe parcos vencimentos, está numa situação de dependência muito grande para com o clube pelo qual atua, sem poder rebelar-se, na prática do dia a dia, contra as determinações que lhe são dadas, e esse aspecto não pode ser desconsiderado, quando se lança os olhos nas normas que disciplinam a situação do atleta, procurando delas extrair a interpretação que mais se ajustem aos fins que justificam a existência de um direito do trabalho, e que, desde logo, não admitem pura e simples exclusão da proteção celetista o atleta profissional". (GIORDANI, Francisco Alberto da Motta Peixoto. "A especificidade do desporto no Direito do Trabalho — Algumas considerações". In: OLIVEIRA, Leonardo Andreotti Paulo de (Coord.). *Direito do Trabalho e Desporto*. São Paulo: Quartier Latin, 2014. p, 126).

de regime especial, a exemplo da Lei dos Petroleiros, relativamente ao intervalo interjornadas.(12)

O pagamento do adicional noturno aos atletas profissionais de futebol é assegurado pelo art. 7º, IX, da CF c/c o art. 28, § 4º, da Lei n. 9.615/98, aplicando-se a disciplina do art. 73 da CLT, segundo a qual, "Salvo nos casos de revezamento semanal ou quinzenal, o trabalho noturno terá remuneração superior a do diurno e, para esse efeito, sua remuneração terá um acréscimo de 20% (vinte por cento), pelo menos, sobre a hora diurna".

4. Direitos desportivos audiovisuais: base de cálculo

O direito de arena surgiu no ordenamento jurídico brasileiro com o advento da Lei n. 5.988/1973, que regulava os direitos autorais. Nos termos do art. 100 da referida lei, cabia à entidade desportiva autorizar ou não a transmissão ou retransmissão do espetáculo desportivo, devendo repassar 20% do preço da autorização aos atletas participantes do espetáculo, salvo convenção em contrário.

Antes da referida lei, as entidades desportivas a que estavam vinculados os jogares profissionais de futebol não eram remuneradas pelas transmissões dos espetáculos esportivos, que eram disponibilizados pelos meios de comunicações de forma gratuita.

Com a promulgação da Constituição Federal de 1988, por força do art. 5º, XXVIII, *"a"*, reconheceu-se o direito à "proteção às participações individuais em obras coletivas e à reprodução de imagem e voz humana, inclusive nas atividades desportivas", o que demonstra a preocupação do legislador constituinte com a proteção às participações individuais em obras coletivas.

Todavia, mesmo com a previsão constitucional, o direito de arena, no âmbito do direito desportivo, passou a ser tutelado pela Lei n. 8.672/93 (Lei Zico) e, posteriormente, pela Lei n. 9.615/98 (Lei Pelé).

---

(12) "AGRAVO INTERPOSTO CONTRA DECISÃO DE PRESIDENTE DE TURMA DENEGATÓRIA DE SEGUIMENTO DE EMBARGOS REGIDOS PELA LEI N. 13.015/2014. PETROLEIROS. HORAS EXTRAS. TURNOS ININTERRUPTOS DE REVEZAMENTO. DESRESPEITO AO INTERVALO INTERJORNADA . APLICABILIDADE DO ART. 66 DA CLT. INCIDÊNCIA DA SÚMULA N. 110 E DA ORIENTAÇÃO JURISPRUDENCIAL N. 355 DA SBDI-1 DO TST. Trata-se de controvérsia referente ao pagamento de horas extras decorrentes da inobservância do intervalo interjornadas ao empregado petroleiro submetido a regime de turnos ininterruptos de revezamento. Esta Corte já pacificou o entendimento de que a Lei n. 5.811/72, ao regulamentar a duração do trabalho da categoria dos petroleiros, nada dispõe acerca do intervalo interjornadas, motivo pelo qual é aplicável à hipótese o disposto no art. 66 da CLT, o qual assegura ao empregado o período mínimo de onze horas consecutivas para descanso entre duas jornadas de trabalho. Logo, a ausência de concessão do intervalo interjornadas aos petroleiros enseja o pagamento das horas suprimidas como extras, nos termos em que preconizam a Súmula n. 110 e a Orientação Jurisprudencial n. 355 da SbDI-1, ambas, desta Corte. Julgados desta Subseção e de todas as Turmas deste Tribunal. Agravo desprovido." (Ag-E-ED-RR-11727-78.2014.5.03.0026, Subseção I Especializada em Dissídios Individuais, relator Ministro José Roberto Freire Pimenta, *DEJT* 13.3.2020)

Convém registrar que o art. 42 da Lei n. 9.615/98, em sua redação original, dispunha que 20% do preço total da autorização da transmissão seriam distribuídos em partes iguais aos atletas participantes do espetáculo.

A doutrina e a jurisprudência majoritária, na interpretação do alcance do referido art. 42 da Lei Pelé, posicionavam-se no sentido de que o direito de arena detinha natureza salarial, sendo equiparado às gorjetas, também remunerado por terceiros, razão pela qual se aplicava analogicamente a diretriz da Súmula n. 354/TST.(13)

Com o advento da Lei n. 12.395/2011, a redação do art. 42 sofreu alterações significativas,(14) com especial destaque para a retirada da responsabilidade pelo repasse dos valores devidos do direito de arena diretamente ao atleta, dos clubes para os sindicatos, além da atribuição da natureza essencialmente civil da parcela, encerrando-se as discussões existentes a esse respeito.

Mais significativa, porém, foi a inovação inserta no § 1º do art. 42, introduzindo uma nova e genérica categoria jurídica, os denominados "direitos desportivos audiovisuais".

Outorgado às entidades de prática desportiva, o "direito de arena" corresponde à "prerrogativa exclusiva de negociar, autorizar ou proibir a captação, a fixação, a emissão, a transmissão, a retransmissão ou a reprodução de imagens, por qualquer meio ou processo, de espetáculo desportivo de que participem" (art. 42, *caput*, da Lei n. 9.615/1998), em nada se confundindo com os demais ativos que resultam da exploração do espetáculo futebolístico, vinculados a contratos comerciais avulsos de *marketing*, estático e eletrônico, e exposição de marcas.

De fato, a denominada "receita de TV", inequívoca espécie de direito desportivo audiovisual que apenas existe e se justifica em razão dos espetáculos desportivos de que

---

(13) A Súmula dispõe que: "As gorjetas, cobradas pelo empregador na nota de serviço ou oferecidas espontaneamente pelos clientes, integram a remuneração do empregado, não servindo de base de cálculo para as parcelas de aviso-prévio, adicional noturno, horas extras e repouso seminal remunerado." (*Vide* RR-280-65.2010.5.04.0007, 6ª Turma, relator Ministro Augusto Cesar Leite de Carvalho, *DEJT* 17.9.2021).

(14) "Art. 42. Pertence às entidades de prática desportiva o direito de arena, consistente na prerrogativa exclusiva de negociar, autorizar ou proibir a captação, a fixação, a emissão, a transmissão, a retransmissão ou a reprodução de imagens, por qualquer meio ou processo, de espetáculo desportivo de que participem. § 1º Salvo convenção coletiva de trabalho em contrário, 5% (cinco por cento) da receita proveniente da exploração de direitos desportivos audiovisuais serão repassados aos sindicatos de atletas profissionais, e estes distribuirão, em partes iguais, aos atletas profissionais participantes do espetáculo, como parcela de natureza civil. § 2º O disposto neste artigo não se aplica à exibição de flagrantes de espetáculo ou evento desportivo para fins exclusivamente jornalísticos, desportivos ou educativos, respeitadas as seguintes condições: I – a captação das imagens para a exibição de flagrante de espetáculo ou evento desportivo dar-se-á em locais reservados, nos estádios e ginásios, para não detentores de direitos ou, caso não disponíveis, mediante o fornecimento das imagens pelo detentor de direitos locais para a respectiva mídia; II – a duração de todas as imagens do flagrante do espetáculo ou evento desportivo exibidas não poderá exceder 3% (três por cento) do total do tempo de espetáculo ou evento; III – é proibida a associação das imagens exibidas com base neste artigo a qualquer forma de patrocínio, propaganda ou promoção comercial."

participam os atletas profissionais (CF, art. 5º, XXVIII), não pode ser subtraída da base de cálculo do direito assegurado no § 1º do art. 42 da Lei n. 9.615/1998.

Com efeito, não parece adequado limitar, restringir ou equiparar o direito de arena aos "direitos desportivos audiovisuais" — note-se: "direitos desportivos", referidos no plural, como se o legislador tivesse construído essa nova categoria usando substantivos no plural, de forma aleatória ou clara e manifestamente equivocada.

Para além dessa disputa aparentemente semântica, não há negar que a participação dos atletas em todas as receitas que decorrem do espetáculo está em absoluta conformidade com a previsão do art. 5º, XXVIII, da CF, segundo o critério arbitrado pelo legislador ordinário no § 1º do art. 42 da Lei n. 9.615/1998 com a redação dada pela Lei n. 12.395/2011.

Originalmente, a previsão legal em foco não admitia dúvidas interpretativas, pois, embora afirmada a propriedade do direito de arena às entidades de prática desportiva, o § 1º do art. 42 da Lei n. 9.615/1998 era expresso em fixar o percentual destinado aos atletas, sobre essa específica receita, em 20%.(15)

Com a Lei n. 12.395/2011, tais dispositivos sofreram expressiva alteração(16) e o cotejo entre as duas redações revela, essencialmente, que a nova disciplina trouxe a referência expressa ao direito de arena, que foi inclusive conceituado de forma objetiva na cabeça do dispositivo, ao mesmo tempo em que instituiu, em razão da redução do percentual de 20% para 5% reservado aos atletas, uma nova base conceitual para a respectiva aferição, qual seja, os "direitos desportivos audiovisuais".

Como bem historiado pelo jurista Maurício de Figueiredo Corrêa da Veiga, a nova redação do art. 42 da Lei n. 9.615/98 teve como origem e inspiração o acordo judicial celebrado entre o Sindicato de Atletas e os Clubes de Futebol, homologado no ano de 2000, perante a 23ª Vara Cível da Comarca da Capital do Estado do Rio de Janeiro, nos autos do Processo 97.001.141973-5, por meio do qual se estabeleceu a redução do percentual do direito de arena de 20% para 5%.(17)

---

(15) Confira-se a redação anterior do preceito: "Art. 42. Às entidades de prática desportiva pertence o direito de negociar, autorizar e proibir a fixação, a transmissão ou retransmissão de imagem de espetáculo ou eventos desportivos de que participem. § 1º Salvo convenção em contrário, vinte por cento do preço total da autorização, como mínimo, será distribuído, em partes iguais, aos atletas profissionais participantes do espetáculo ou evento".

(16) Eis a nova redação: "Art. 42. Pertence às entidades de prática desportiva o direito de arena, consistente na prerrogativa exclusiva de negociar, autorizar ou proibir a captação, a fixação, a emissão, a transmissão, a retransmissão ou a reprodução de imagens, por qualquer meio ou processo, de espetáculo desportivo de que participem. § 1º Salvo convenção coletiva de trabalho em contrário, 5% (cinco por cento) da receita proveniente da exploração de direitos desportivos audiovisuais serão repassados aos sindicatos de atletas profissionais, e estes distribuirão, em partes iguais, aos atletas profissionais participantes do espetáculo, como parcela de natureza civil".

(17) Noticia o jurista as circunstâncias fáticas e jurídicas que deram ensejo à alteração do art. 42 da Lei da Lei n. 9.615/98, com a edição da Lei n. 12.395/2011, a saber: "Historicamente raras foram as oportunidades

A redação do art. 42 da Lei n. 9.615/98, mesmo após sofrer alterações legislativas, parece demonstrar a preocupação do legislador ordinário em assegurar aos protagonistas dos espetáculos desportivos parte do valor total negociado em razão dos espetáculos ou eventos desportivos de que participem, com exceção dos flagrantes, nos termos do § 2º do art. 42, pois é exatamente da atuação desses atletas que resulta a negociação em valores elevados pela entidade de prática desportiva.

Não há dúvidas, portanto, de que o direito de arena deve ser calculado sobre a receita proveniente da exploração de direitos desportivos audiovisuais, nos termos do § 1º do art. 42 da Lei n. 9.615/98, não se limitando aos valores pagos apenas a título da transmissão dos jogos propriamente dita, devendo ser considerados todos os valores negociados a título de *marketing* e propaganda.

---

em que o atleta recebeu qualquer receita referente aos valores negociados entre os clubes e as emissoras de televisão. Os atletas sequer tinham acesso aos valores dos contratos para fazer a cobrança dos 20% que lhes eram devidos. Diante desse quadro, o Sindicato dos Atletas de Futebol do Estado do Rio de Janeiro (SAFERJ) encaminhou ofícios para as entidades de administração do desporto, prática desportiva e televisões, a fim de que fosse cumprida a determinação legal. Em razão da ausência de qualquer resposta, o Sindicato em questão teve acesso a contrato de transmissões desportivas. Tais documentos serviram de base para o ajuizamento de uma Ação Ordinária, exatamente aquela que foi tombada sob o n. 1997.001.141973-5 (CNJ n. 149190-40.1997.8.19.0001). A referida ação teve como autores, além do Sindicato do Rio de Janeiro, o Sindicato dos Atletas de São Paulo, Minas Gerais e Rio Grande do Sul. No ano de 1999 a Rede Globo de televisão celebrou vultoso contrato com os clubes no intuito de assegurar as transmissões das partidas, o que aumentou a pressão para os clubes resolverem a questão, tendo em vista o altíssimo valor que passou a ser devido pelas transmissões, sendo certo que os clubes sabiam que algum valor seria devido aos atletas, portanto, estes tinham interesse em definir, sem delongas, um percentual plausível. Deve ser salientado que os próprios Sindicatos dos Atletas asseguram que o acordo celebrado foi feito em benefício dos atletas, sendo que os argumentos das entidades são persuasivos. As referidas entidades ponderam que em um primeiro momento fixar um percentual inferior ao previsto na lei pode aparentar prejudicial. Todavia, conforme informações extraídas do próprio *site* do Sindicato, eis a razão que demonstra a vantagem do acordo que foi celebrado. *Verbis*: Os contratos entre os clubes e as redes de televisões eram unicamente sobre os valores de transmissão dos jogos. Assim, para dar um exemplo claro, num contrato de R$ 100 mil, os atletas receberiam R$ 20 mil. Mas os dirigentes, por estratégia própria, fracionaram o valor total do contrato em diversos itens. Assim, o valor inicial do contrato era dividido em percentuais destinados às despesas com viagens, prêmios extras de cada competição, utilização de emblemas e outros itens a mais. Com essa estratégia, coube, a título de valor de transmissão 18% do valor total do contrato – no nosso exemplo, sobrariam apenas R$ 18 mil para rateio entre os atletas e sobre este seriam aplicados os 20% da lei. É incrível, mas é verdade. Pelo acordo os 5% incidiriam sobre o valor total do contrato passando a valer muito mais do que os 20% previstos em lei. Veja o exemplo: 1. 20% sobre R$18.000,00 = R$ 3.600,00. 2. 5% sobre R$ 100.000,00 = R$ 5.000,00. O entendimento majoritário também apresenta como justificativa a impossibilidade de se transacionar a referida rubrica, na medida em que o direito de arena está compreendido no gênero direito de imagem e que, portanto é um direito da personalidade, de titularidade do indivíduo em relação à exposição da sua imagem, irrenunciável e intransmissível, nos termos do art. 11 do Código Civil. Nesta seara, sendo o direito de arena aquele que decorre da transmissão da imagem do atleta no próprio espetáculo – que é o jogo de futebol – e a legislação vigente à época previa expressamente o percentual e a base de cálculo do direito de arena, vedada seria a sua transação. (...)". (VEIGA, Maurício de Figueiredo Corrêa da. *Manual de Direito do Trabalho Desportivo*. 3. ed. São Paulo: LTr, 2020. p. 324-325).

Considerações finais

A relevância do desporto tem sido reiteradamente lembrada em razão de seus múltiplos impactos sociais, econômicos e jurídicos.

O cuidado das agremiações desportivas com o cumprimento adequado da lei é fundamental para a construção de um ambiente juridicamente seguro, que permita aos atletas profissionais o melhor desenvolvimento de suas potencialidades.

Há muito a avançar na construção de um sistema normativo que permita o estabelecimento de relações jurídicas claras e seguras, sendo fundamental o papel da doutrina e da jurisprudência nesse processo.

A presente publicação, portanto, há de ser celebrada, na medida em que os textos ora divulgados se somam ao esforço coletivo, capitaneado por diversas instituições jurídicas, voltado à realização do ideal da segurança jurídica nas relações desportivas de trabalho.

Referências

BRASIL. *Resolução n. 5, de 17.12.2018*. Brasília, 2018. Disponível em: <http://portal.mec.gov.br/docman/dezembro-2018-pdf/104111-rces005-18/file>. Acesso em: 17 jul. 2022.

______. *Lei n. 9.615, de 24.3.1998*. Institui normas gerais sobre desporto e dá outras providências. Disponível em: <http://www.planalto.gov.br/ccivil_03/leis/l9615consol.htm>. Acesso em: 17 jul. 2022.

______. Tribunal Superior do Trabalho. *RR-405769-69.1997.5.02.5555*. 4ª Turma, relator Ministro Antonio José de Barros Levenhagen, *DEJT* 5.5.2000. Disponível em: <https://jurisprudencia-backend.tst.jus.br/rest/documentos/4f66c75e785c771fb2cedf40f5215daf>. Acesso em: 17 jul. 2022.

______. Tribunal Superior do Trabalho. *RR-129700-34.2002.5.03.0104*. 2ª Turma, relator Ministro José Simpliciano Fontes de F. Fernandes, *DEJT* 7.8.2009. Disponível em: <https://jurisprudencia-backend.tst.jus.br/rest/documentos/afc60a676e58db75fe426e16f583a78c>. Acesso em: 17 jul. 2022.

______. Tribunal Superior do Trabalho. *Ag-E-ED-RR-11727-78.2014.5.03.0026*. Subseção I Especializada em Dissídios Individuais, relator Ministro José Roberto Freire Pimenta, *DEJT* 13.3.2020. Disponível em: <https://jurisprudencia-backend.tst.jus.br/rest/documentos/64d69295503b24ccf09c2f7d813acebe>. Acesso em: 17 jul. 2022.

______. Tribunal Superior do Trabalho. *RR-280-65.2010.5.04.0007*. 6ª Turma, relator Ministro Augusto Cesar Leite de Carvalho, *DEJT* 17.9.2021. Disponível em: <https://jurisprudencia-backend.tst.jus.br/rest/documentos/f45f14200d078ac1bb7b91fcf5ee16d>. Acesso em: 17 jul. 2022.

DALLEGRAVE NETO, José Affonso. "Dano praticado por atleta profissional". In: BELMONTE, Alexandre Agra, MELLO, Luiz Philippe Vieira de, BASTOS, Guilherme Augusto Caputo (Orgs. e Coords.). *Direito do trabalho desportivo:* os aspectos jurídicos da Lei Pelé frente às alterações da Lei n. 12.395/2011. São Paulo: LTr, 2013.

GIORDANI, Francisco Alberto da Motta Peixoto. "A especificidade do desporto no Direito do Trabalho — Algumas considerações". In: OLIVEIRA, Leonardo Andreotti Paulo de (Coord.). *Direito do Trabalho e Desporto*. São Paulo: Quartier Latin, 2014.

HUIZINGA, Johan. *Homo Ludens:* o jogo como elemento da cultura. 9. ed., rev. e atual. São Paulo: Perspectiva, 2019. Tradução de João Paulo Monteiro, revisão de tradução Newton Cunha.

MARANHÃO, Ney. "Meio ambiente laboral futebolístico e responsabilidade civil". In: BELMONTE, Alexandre Agra, MELLO, Luiz Philippe Vieira de, BASTOS, Guilherme Augusto Caputo (Orgs. e Coords.). *Direito do trabalho desportivo:* os aspectos jurídicos da Lei Pelé frente às alterações da Lei n. 12.395/2011. São Paulo: LTr, 2013.

MELO, Filho Álvaro. *Nova Lei Pelé:* avanços e impactos. Rio de Janeiro: Maquinária, 2011.

VEIGA, Maurício de Figueiredo Corrêa da. "Direito constitucional do trabalho e as normas do futebol". In: BASTOS, Guilherme Augusto Caputo (Org.). *Atualidades sobre direito esportivo no Brasil e no mundo*. IV Encontro Nacional sobre legislação esportivo-brasileira. Brasília: Tribunal Superior do Trabalho, 2010.

______. *Manual de Direito do Trabalho Desportivo*. 3. ed. São Paulo: LTr, 2020.

O *eSports* e a Aplicação da Legislação Desportiva e Trabalhista

Breno Medeiros

Ricardo Sayeg

Introdução

A comparação entre o esporte eletrônico (*eSports*) e o tradicional reveste-se de grande relevância na área jurídica, à míngua de legislação específica para a atividade do primeiro, que desponta como um promissor ramo de entretenimento em nível mundial. Em 2018, o Brasil possuía o terceiro maior público de *eSports* do mundo, contabilizando 11,5 milhões de espectadores, o que corresponde a quase a metade dos espectadores de toda a América Latina, que gira em torno de 23,7 milhões de pessoas.(1) Em 2019, o público brasileiro dos esportes eletrônicos se multiplicou, alcançando a impressionante marca dos 21,2 milhões de pessoas, em números da Newzoo, o que mantém o Brasil em terceiro lugar do *ranking* de espectadores, perdendo apenas para a China e Estados Unidos.(2) Esse número é bem refletido na audiência da final da LBFF 4, ocorrida em março de 2021, que aumentou 93% em relação à edição de 2020. A maioria desse público é composta de homens (53,7%).(3) Em 2021, o Brasil despontou como o maior mercado de videogames na América Latina, superando o México.(4)

---

(1) LAÓZ, Victor Biazotti. "A crescente mundial do esporte eletrônico: uma nova modalidade que merece mais atenção". In: VILLELA, Benedito (Coord.). *Direito Desportivo*, Revista Científica Virtual, 27. ed. 2018. p. 133. Disponível em: <https://issuu.com/esa_oabsp/docs/revista_27_-_direito_desportivo>. Acesso em: 20 mar. 2019.

(2) Disponível em: <https://www.terra.com.br/noticias/dino/publico-de-esports-passa-de-20-milhoes-no-brasil,09faeaeb63df40340c7803f5bd79fc9c40jmdbbm.html>. Acesso em: 31 jan. 2022.

(3) Disponível em: <https://canaltech.com.br/games/pratica-de-esports-aumenta-no-brasil-e-mais-da-metade-do-publico-e-atleta-187914/#:~:text=Novos%20dados%20da%20Pesquisa%20Game,pontos%20percentuais%20comparado%20a%202020.&text=O%20p%C3%BAblico%20que%20joga%20%C3%A9,42%2C8%25%20de%20mulheres> Acesso em: 31 jan. 2022.

(4) Disponível em: <https://einvestidor.estadao.com.br/investimentos/mercado-gamer-brasil-investir/>. Acesso em: 12 set. 2023.

O vazio legislativo perante a dimensão desse fato não pode escapar ao Direito, não obstante o desconforto que o alcance jurídico possa despertar em muitos segmentos. Não é de se espantar. Desde Tomás de Aquino, "*Lei é uma regra e medida de atos, em virtude do que o homem é induzido a agir ou é impedido de agir*".[5]

No Brasil, contamos com uma seleção brasileira de *League of Legends* (LoL), um dos mais importantes e conhecidos jogos virtuais, e uma Confederação Brasileira de Games e Esports, certificada em 2021.[6] Não obstante, a Confederação Brasileira de Esportes Eletrônicos (CBEE), fundada em 2006, arrogando para a si a responsabilidade por "*supervisionar e fiscalizar os esportes eletrônicos no Brasil*",[7] possui declaração de cadastro no Mapa das Organizações da Sociedade Civil até a data de 14/9/2023, emitida pelo Instituto de Pesquisa Econômica Aplicada (IPEA).[8]

Os *cyber atletas* brasileiros são jovens entre 17 e 25 anos,[9] contam com grande número de fãs, salários em torno de R$ 3 mil a R$ 20 mil reais,[10] podendo auferir mais renda e atrair patrocinadores na prática do *streaming*, que é a transmissão via *internet* de seus jogos e treinos, além das premiações das vitórias alcançadas, estas de quantias nada modestas.

O crescimento da atividade, inclusive no Brasil, exige amparo legal, seja para produzir uma legislação específica ou para atrair a legislação desportiva existente, condição *sine qua non* para imprimir segurança jurídica aos investimentos e parcerias comerciais que se apresentam.

O presente estudo visa, pois, comparar a dinâmica dos esportes eletrônicos com a dos esportes convencionais, para demonstrar as semelhanças entre eles, a fim de abrigá-lo nas normas do Direito Desportivo (e aqui falamos do esporte convencional), enquanto não advenha norma específica.

1. Breve história do esporte eletrônico

A plataforma *arcade*, "*que permite ao usuário acessar um jogo eletrônico específico, normalmente ao custo de algumas moedas — inseridas na própria máquina*", tendo como exemplos o

---

(5) AQUINO, Tomás *apud* MORRIS, Clarence (Org.). "A essência da lei". *Os Grandes Filósofos do Direito*. São Paulo: Martins Fontes, 2002. p. 51.

(6) Disponível em: <https://www.gov.br/mds/pt-br/servicos/editais/arquivos/arquivos-certificacoes-18-e-18-a/certificacoes/confederacao-brasileira-de-games-e-esports-cbge.pdf>. Acesso em: 14 set. 2023.

(7) Disponível em: <http://www.cbee.com.br/#contato>. Acesso em: 28 jan. 2022.

(8) Disponível em: <https://mapaosc.ipea.gov.br/declaracao/641190>. Acesso em: 14 set. 2023.

(9) PEREIRA, Silvio Kazuo. *O videogame como esporte:* uma comparação entre esportes eletrônicos e esportes tradicionais. Monografia. Brasília: Universidade de Brasília, Faculdade de Comunicação, nov. 2014. p. 65.

(10) Disponível em: <http://agemt.org/contraponto/2017/09/24/o-crescimento-e-a-evolucao-do-esporte-eletronico/>. Acesso em: 28 jan. 2022.

Computer Space e o *Atari*,[11] permitiu a realização das primeiras competições de *eSports*. Esses aparelhos (ou consoles) já se acoplavam à TV, o que alcançou aprimoramento com a Nintendo, cuja máquina comportava nova tecnologia de gráficos de 8 bits acompanhada de cartucho com o jogo *Super Mario Bros*.

O *eSports* emergiu com caráter competitivo em 1983, em Dallas (EUA), no primeiro Campeonato Mundial de Videogames,[12] realizado ainda com a utilização da plataforma *arcade*, da qual faz parte o jogo eletrônico denominado *Pac Man*, desenvolvendo-se com mais intensidade após o advento do PC (computador pessoal) e da *internet* — que permitiram maior organização dos jogadores.

O surgimento do PC e da *internet* possibilitou a organização de competições, realizadas ainda dentro de casa (1993), e posteriormente mediante encontros presenciais (1996). O salto tecnológico não demorou, pois as novas máquinas vieram com gráficos de 16, 32 e 64 bits, este último na versão *Nintendo 64* (1996) e posteriormente *Playstation 5*, *Nintendo Switch* e *Xbox One S*. Em 1997, a partir do jogo *Quake*, houve um campeonato em Atlanta, patrocinado pela *Microsoft*, do qual participaram dois mil jogadores, tendo o vencedor sido premiado com uma Ferrari 328 GTS. Em decorrência da grande repercussão desse evento, foi criada a organizadora de campeonatos de jogos eletrônicos CPL (*Cyberathlet Professional League* = Liga Profissional de *Cyber Atletas*).[13]

Com a virada do milênio, essas competições alcançaram o patamar profissional, o que envolveu alto grau de organização e premiações cada vez mais vultosas, tornando seus jogadores verdadeiras celebridades que geram a massificação do *eSports*.

O maior crescimento dos esportes eletrônicos se verificou em 2011, com a criação de uma rede social denominada *Twich TV*, que possibilitou as transmissões ao vivo das partidas e treinos (*streams*), responsável por parte dos ganhos do jogador.[14]

2. Natureza desportiva do *eSports*

Muito se discute sobre a natureza desportiva do *eSports*. Tal controvérsia não se justifica, pois as poucas distinções existentes entre o esporte eletrônico e o convencional não legitimam um distanciamento entre eles, tampouco resistirão por mais tempo à evolução natural de sua prática e seu crescimento vertiginoso nos dias atuais, no compasso da Revolução 4.0, termo cunhado por Klaus Schwab,[15] fundador do Fórum Econômico Mundial.

---

(11) PEREIRA, Silvio Kazuo. *Op. cit.*, p. 9-11.

(12) *Ibidem*, p. 22.

(13) LAÓZ, Victor Biazotti. *Op. cit.*, p. 131.

(14) *Ibidem*, p. 132.

(15) SCHWAB, Klaus. *A Quarta Revolução Industrial*. São Paulo: Edipro, 2019. *E-book*. p. 22.

A princípio, a essência do esporte convencional, ao contrário do eletrônico, é o esforço físico envolvido, residindo nessa particularidade a mais óbvia distinção entre um e outro. Entretanto, a fisiologia desportiva não se resume à ênfase muscular da atividade, envolvendo também agilidade, coordenação e reflexos aguçados (biomecânica),[(16)] aspectos reconhecidamente relevantes na prática do automobilismo e do tiro, sendo este último um esporte de patamar olímpico. O xadrez, por exemplo, é considerado um esporte, embora classificado como exclusivamente mental, pois exige basicamente raciocínio e estratégia. Entre este e aqueles, temos os esportes que utilizam a bola como instrumento principal, nos quais, ao lado da resistência física, despontam habilidades táticas igualmente complexas.

O *cyber atleta*, por sua vez, deve gozar de muita agilidade e reflexo, além de demonstrar habilidade estratégica, pois os esportes eletrônicos "*exigem uma precisa coordenação olho-mão e reflexos aguçados. A importância de um baixo tempo de reação é tão alta que é o principal motivo que leva* ciber-atletas *a se aposentarem aos 30 anos*".[(17)] Tal característica é compatível com o jogo sob o enfoque do esporte convencional, como leciona Rezende: "*Reafirmando, o jogo – em princípio – tinha (e tem), um significado sempre baseado na precisão do movimento combinado ao raciocínio estratégico (...)*".[(18)]

O conceito legal de desporto, em sua modalidade convencional, estampava-se no art. 2º da Lei n. 6.251/1975:

> "Art. 2º Para os efeitos desta Lei, considera-se desporto a *atividade predominantemente física*, com finalidade competitiva, exercitada segundo regras pré-estabelecidas." (Grifos nossos)

A Lei n. 8.672/1993, em seu art. 3º, revogando a citada norma, se referia a "atividade predominantemente física e intelectual". Já na terceira geração do regramento, o art. 3º da Lei n. 9.615/1998, o legislador desistiu de conceituar a atividade desportiva, limitando-se a classificá-la.

A intencional ausência de especificação legal em torno da natureza do esforço empreendido na atividade esportiva é sintomática da evolução na compreensão do esporte como uma atividade que transcende o esforço meramente físico e alcança a sua conjunção com o exercício intelectual, o que permite abranger hipóteses como o *eSports*, em que a coordenação manual e a resposta imediata dos reflexos são elementos fundamentais para a sua prática.

---

(16) Disponível em: <https://blog.unisportbrasil.com.br/conheca-a-incrivel-evolucao-da-fisiologia-do-esporte/>. Acesso em: 1º fev. 2019.

(17) PEREIRA, Silvio Kazuo. *Op. cit.*, p. 90-91.

(18) REZENDE, José Ricardo. *Tratado de Direito Desportivo*. São Paulo: All Print Editora, 2016. p. 54.

Os esportes eletrônicos, por sua vez, são conceituados como "*videogames que podem ser jogados competitivamente*",[19] ou "*competições organizadas de jogos eletrônicos, especialmente entre os profissionais*".[20]

Como o esporte eletrônico obriga o praticante a permanecer muitas horas sentado diante do computador, em frenética coordenação entre olhos e mão, não raro surgem lesões decorrentes desse esforço repetitivo concentrado (síndrome do túnel do carpo e síndrome do túnel radial), exigindo prevenção e preparação física — aspectos que possibilitam o alcance de uma melhor *performance* do *cyber atleta*, como em qualquer atividade desportiva convencional.

O *cyber atleta* enfrenta uma jornada extensa de treinos e preparação, que não se limita ao âmbito individual, pois são necessários testes das táticas mediante treinamento coletivo. O treinamento, por sua vez, abarca não apenas os jogos em si, mas também a exibição daqueles já realizados, para detecção de erros e estratégias diversas. Este método de trabalho é utilizado em praticamente todas as vertentes desportivas da atualidade.

Há formação de times, que contam com treinadores, preparadores físicos e nutricionistas, bem como as *gaming houses*, onde os jogadores se concentram em regime integral (confinamento) e cuja estrutura é financiada por patrocinadores das equipes organizadas em divisões, como no futebol, por exemplo; algo que se equipara aos centros de treinamentos (CT) desportivos convencionais.

As competições do *eSports* são, em sua maioria, *online*, embora atualmente não seja incomum a realização de torneios presenciais, principalmente em competições internacionais, em que a existência de *delay*[21] pode comprometer a *performance* dos jogadores, exigindo, assim, a proximidade física para a sua realização.

Torneios internacionais concentram as mesmas características de qualquer competição de desporto tradicional: cerimônia de abertura, entrevistas, narradores, comentaristas com premiações vultosas, a exemplo dos primeiro e segundo torneios de *Dota 2*, realizados em agosto de 2011 e agosto de 2012, que totalizaram 1.6 milhão de dólares em premiações em cada torneio.[22] O jornal *El País* noticiou, em 21/8/2017, que o *eSports* poderá se tornar modalidade olímpica nos Jogos de Paris, em 2024.

O patrocínio do *eSports* é essencial para a sua condição de esporte e já conta com grandes marcas como a *Intel*, *American Express*, *Coca-Cola*, *RedBull*, *Nissan* e desodorante Axe.[23] O fenômeno da criação de marcas próprias dos jogadores também se faz

(19) PEREIRA, Silvio Kazuo. *Op. cit.*, p. 21.

(20) Wikipédia. Disponível em: <https://pt.wikipedia.org/wiki/Esporte_eletrônico>. Acesso em: 30 jan. 2019.

(21) Tempo de resposta para cada ação dentro do jogo eletrônico.

(22) PEREIRA, Silvio Kazuo. *Op. cit.*, p. 49.

(23) *Ibidem*, p. 71-75.

presente, de modo que as marcas não se limitam aos investidores ou patrocinadores. Isso faz com que essa marca pessoal do jogador se confunda com a própria pessoa, que acaba se tornando celebridade, objeto de fã-clubes, havendo a mesma exploração de sua imagem para finalidades comerciais que ocorre hoje com as estrelas desportivas em todo o mundo. Algumas estrelas do *eSports* alcançam salários milionários, além de receberem receita através do *streaming* dos treinos,(24) que pode chegar a 800 mil dólares por ano.(25)

O esporte eletrônico movimenta hoje grandes somas em dinheiro. Há notícia de que um torneio mundial do *Dota 2* premiou o vencedor com U$ 9.139.002,00.(26) A *Epic Games* promoveu a primeira "Copa do Mundo" de Fortnite em 2019, onde, aos 16 anos de idade, Kyle "Bugha", dos Estados Unidos, levou para casa o prêmio de US$ 3 milhões, sagrando-se campeão da *Battle Royales*, **jogos eletrônicos que consistem em batalhas reais e de sobrevivência.**(27) A versão global desse campeonato, neste ano de 2023, ocorrerá entre os dias 13 e 15 de outubro, em Copenhague, na Dinamarca, oferecendo cerca de US$ 10 milhões em prêmios.(28)

Segundo o senador José Medeiros (Pode-MT), relator do PLS n. 383/2017.(29) em trâmite no Senado Federal, "*em agosto de 2015, por exemplo, 12 mil pessoas foram ao estádio Allianz Parque, em São Paulo, para acompanhar ao vivo uma partida do jogo online* League of Legends *(...) estima-se que, atualmente, os esportes eletrônicos gerem receitas em torno de US$ 700 milhões no mundo inteiro, devendo chegar a US$ 1,5 bilhão de dólares no ano de 2020*".(30) Com efeito, o Jornal *El País*, edição de 21 ago. 2017, noticiou estes dados:

> "A Newzoo, empresa de pesquisa e análise de audiência especializada em mercados digitais e games, estima que os esportes eletrônicos chegam a gerar receitas em torno de 700 milhões de dólares no mundo inteiro. Para

(24) Transmissão *online*.

(25) PEREIRA, Silvio Kazuo. *Op. cit.*, p. 64.

(26) LAÓZ, Victor Biazotti. *Op. cit.*, p. 133.

(27) Disponível em: <https://adrenaline.com.br/noticias/v/59857/kyle-bugha-vence-copa-do-mundo-de-fortnite-2019-e-conquista-premiacao-de-rs-113-milhoes>. Acesso em: 28 jan. 2022.

(28) Disponível em: <https://www.theenemy.com.br/esports/fortnite-fncs-2023-global-classificados-mundial-dinamarca#:~:text=S%C3%A3o%20elas%3A%20Fishy%20e%20talls,diguera%2C%20e%20Frosty%20e%20wey>. Acesso em: 12 set. 2023.

(29) O referido PLS foi objeto de mobilização da comunidade de *eSports* no âmbito do Senado Federal, pleiteando que a matéria fosse objeto de audiência pública, o que indica a importância do segmento. Disponível em: <https://wscom.com.br/pls-383-entenda-por-que-famosos-do-setor-de-esports-sao-contra-ao-projeto-de-lei-que-pretende-regulamentar-a-pratica-esportiva-eletronica/>. Acesso em: 28 jan. 2022.

(30) Disponível em: <https://www12.senado.leg.br/noticias/materias/2018/06/29/ce-vota-regulamentacao-dos-esportes-eletronicos>. Acesso em: 4 fev. 2019.

2020, estima-se que essa quantia chegue a 1,5 bilhão de dólares. É um mercado significativo, que não para de crescer".[31]

Segundo relatório sobre entretenimento e mídia da PwC 2022-2026, a receita do mercado de *games* somente no Brasil poderá chegar a US$ 2,8 bilhões em 2026.[32]

O fenômeno financeiro é tão atraente que os investidores de competições e times não se limitam aos jogadores ou às empresas do ramo, alcançando investidores de ramos diversos, esportistas aposentados, como Zlatan Ibrahimovic (*Manchester United*), que se uniu a dois outros empresários num investimento de US$ 1,3 milhão numa empresa que mantém estrutura para competições de *Counter-Strike*.

No Brasil, muitas empresas de diversos ramos estão fazendo parcerias com empresas que administram equipes de jogadores dos esportes eletrônicos, como a *Cursor eSports* e a *PokerStars*, e até o Flamengo mergulhou na criação de um time de LoL.[33]

Dado o interesse crescente no segmento do *eSports*, os veículos de imprensa tradicionais e os especializados têm voltado sua atenção para os eventos ligados a ele. Mas a internet ainda é o veículo mais utilizado — onde o *eSports* tem mais espaço que o esporte convencional —, sobretudo pela facilidade na transmissão de treinos para todos os tipos de espectadores (casuais e frequentes).

Assim como os atletas de esportes convencionais, o *cyber atleta* se aposenta em torno dos 30 anos, devido à natural perda de reflexos, que compromete o seu rendimento, podendo se tornar, a partir de então, um treinador, um comentarista ou um narrador.

Uma importante distinção entre o esporte eletrônico e aquele convencional é a falta de reconhecimento da sociedade, incluindo familiares, em relação ao primeiro. Há todo um estereótipo a ser combatido no caminho da aceitação social dos jogadores eletrônicos, que, geralmente, são considerados viciados, incapazes de se relacionarem socialmente, solitários e isolados.

O esportista convencional, ao contrário, goza de prestígio perante a sociedade, justamente porque sua prática proporciona popularidade, independentemente da competitividade existente. Não raro, sobretudo nos Estados Unidos, essa valorização se reflete em bolsas de estudos para atletas de vários segmentos.

---

(31) Disponível em: <https://brasil.elpais.com/brasil/2017/08/19/tecnologia/1503139023_302525.html>. Acesso em: 5 fev. 2019.

(32) Disponível em: <https://einvestidor.estadao.com.br/investimentos/mercado-gamer-brasil-investir/>. Acesso em: 12 set. 2023.

(33) Disponível em: <http://escolabrasileiradegames.com.br/blog/mercado-dos-e-sports-ultrapassa-fronteiras>. Acesso em: 4 fev. 2019.

Porém, recentemente, as universidades americanas resolveram investir também nos jogadores de *eSports*, estendendo tais bolsas a esse segmento desportivo, cujos auxílios variam entre U$ 2 mil a U$ 24mil.(34) Com tal volume de investimentos que orbitam a atividade desportiva eletrônica, a tendência é que essa distinção entre esporte convencional e eletrônico desapareça.

Sabe-se que 22 nações já reconhecem oficialmente a natureza desportiva do *eSports*, dentre elas a Malásia, a Coreia do Sul, a Itália, a Rússia, a China e a Dinamarca.(35) Há notícia recente que inclui a África do Sul, a Índia e a Ucrânia.(36)

Afinal, remanesce apenas uma característica relevante que distingue o *eSports* do esporte convencional: a existência de propriedade intelectual dos jogos eletrônicos, aspecto bem percebido por Dennys Eduardo Gonsales Camara, Giuseppe Mateus Boselli Lazzarini e Pamela Michelena De Marchi Gherini:

> "Como a organização da prática desportiva profissional *não é exclusiva* a entidades específicas, cada entidade tem liberdade para elaborar o regulamento das competições que promove, o que inclui as regras do jogo em si. Nesse ponto, fica evidente uma importante diferença entre os esportes tradicionais e os e-sports: estes últimos possuem *proprietários*.
>
> Nenhuma entidade é 'dona' do futebol, basquete, atletismo, ou qualquer outro esporte tradicional. Por outro lado, os jogos eletrônicos adotados como modalidades de e-sports são propriedade intelectual de seus respectivos desenvolvedores ou empresas publicadoras (*publishers*, como são comumente conhecidas). Essas entidades detêm controle sobre o uso e distribuição dos jogos, sendo as únicas legalmente capazes de alterar seus mecanismos internos de funcionamento."(37) (Grifos originais)

Essa distinção, porém, a julgar pelos vultosos valores dos investimentos e das premiações que orbitam os clubes e campeonatos dos jogos eletrônicos, não constitui impedimento para a sua promoção, pois passível de aquisição das autorizações pertinentes, tampouco para a sua equiparação ao desporto convencional, à míngua de legislação específica, como adiante se tratará com mais vagar.

(34) Disponível em: <https://www.metropoles.com/entretenimento/game/universidades-dos-eua-ofertam-bolsas-de-estudo-a-jogadores-de-e-sports>. Acesso em: 4 fev. 2019.

(35) LAÓZ, Victor Biazotti. *Op. cit.*, p. 133.

(36) Disponível em: <https://leiemcampo.com.br/esports-entretenimento-ou-esporte/#:~:text=Al%C3%A9m%20disso%2C%20%C3%A9%20importante%20destacar,eletr%C3%B4nicos%20como%20uma%20categoria%20esportiva>. Acesso em: 12 set. 2023.

(37) CAMARA, Dennys Eduardo Gonsales, LAZZARINI, Giuseppe Mateus Boselli, GHERINI, Pamela Michelena De Marchi. "E-sports: visão geral e desafios jurídicos". Disponível em: <https://baptistaluz.com.br/institucional/esportes-eletronicos-visao-geral-e-desafios-juridicos/>. Acesso em: 1º fev. 2018, p. 6.

Referidos doutrinadores entendem que "*Essa peculiaridade dos e-sports limita não somente a organização das competições, mas também o exercício de outros institutos do direito desportivo*",[38] entendendo, porém, que "*a legislação brasileira* não parece ser um obstáculo *para o reconhecimento do e-sport como uma prá*tica desportiva em território nacional".[39] (Grifos originais)

3. Direito desportivo brasileiro e o *eSports*

O Direito Desportivo se relaciona com diversos ramos do Direito, a saber: o Direito Constitucional, com implicações em direitos e garantias fundamentais e de onde emana a ordem para o seu fomento; o Direito Civil, a partir de questões relativas à capacidade contratual (relevante em caso de atletas menores de 18 anos), os próprios contratos e a responsabilidade civil intrínseca a estes; Direito Empresarial, relativo à criação das associações e entidades administradoras (clube-empresa); Direito do Trabalho, que trata de questões específicas do desporto (contrato especial de trabalho desportivo, cláusula penal e compensatória etc.) e demais direitos trabalhistas comuns; Direito Penal, que abrange legislação específica (Lei n. 10.671/03), conhecida como Estatuto de Defesa do Torcedor, tratando de questões como *doping* e lesões no desporto; Direito Tributário, concernente a incidência ou isenção tributária; Direito Administrativo, decorrente do fomento do Estado para a prática desportiva.

Rezende explica:

> "Ante a diversidade de fontes informadoras e diferentes implicações jurídicas, torna-se evidente que a definição dos princípios aplicáveis no âmbito do Direito Desportivo, e do consequente regime jurídico pertinente na sua interpretação, deve levar em conta a norma aplicável ao caso concreto, partindo do isolamento do fato jurídico, quando então poderemos adequadamente posicioná-lo, por exemplo, como um fato imputável ou não criminalmente; com incidência ou não tributária; como uma relação de consumo ou não; como um direito civil ou trabalhista. Essa dicotomia jurídica já revela o quão desafiador é o Direito Desportivo".[40]

A Constituição da República, em seu art. 217, impõe ao Estado o dever de fomentar as práticas desportivas formais e não formais, como um direito de cada um, garantindo autonomia das entidades desportivas, destinação de recursos públicos para a promoção do esporte em âmbito educacional (formação), e àquele voltado para o lazer (de participação), tratando-se de um verdadeiro investimento social.

---

(38) CAMARA, Dennys Eduardo Gonsales, LAZZARINI, Giuseppe Mateus Boselli, GHERINI, Pamela Michelena De Marchi. *Op. cit.*, p. 7.

(39) *Ibidem*, p. 4.

(40) REZENDE, José Ricardo. *Op. cit.*, p. 165.

Destaca-se o § 1º desse dispositivo constitucional que contém uma condição para a ação na seara desportiva: o esgotamento das instâncias da justiça desportiva, o que o ministro Caputo Bastos denomina de "instâncias administrativas especializadas".(41)

Em contrapartida, no art. 5º, XXVIII, alínea *a*, da Lei Maior, assegura-se "*a proteção às participações individuais em obras coletivas e à reprodução da imagem e voz humanas, inclusive nas atividades desportivas*".

Importante referir a competência concorrente entre a União, os estados e o Distrito Federal, prevista no art. 24, IX, com a redação conferida pela EC n. 85/2015, para legislar sobre "*educação, cultura, ensino, desporto, ciência, tecnologia, pesquisa, desenvolvimento e inovação*".

O direito à prática desportiva no Brasil, portanto, está elevado a patamar constitucional. A Lei n. 9.615/1998, popularmente conhecida como Lei Pelé, prevê várias manifestações do desporto em seu art. 3º:

> "Art. 3º O desporto pode ser reconhecido em qualquer das seguintes manifestações:
>
> I – desporto educacional, praticado nos sistemas de ensino e em formas assistemáticas de educação, evitando-se a seletividade, a hipercompetitividade de seus praticantes, com a finalidade de alcançar o desenvolvimento integral do indivíduo e a sua formação para o exercício da cidadania e a prática do lazer;
>
> II – desporto de participação, de modo voluntário, compreendendo as modalidades desportivas praticadas com a finalidade de contribuir para a integração dos praticantes na plenitude da vida social, na promoção da saúde e educação e na preservação do meio ambiente;
>
> III – desporto de rendimento, praticado segundo normas gerais desta Lei e regras de prática desportiva, nacionais e internacionais, com a finalidade de obter resultados e integrar pessoas e comunidades do País e estas com as de outras nações.
>
> IV – desporto de formação, caracterizado pelo fomento e aquisição inicial dos conhecimentos desportivos que garantam competência técnica na intervenção desportiva, com o objetivo de promover o aperfeiçoamento qualitativo e quantitativo da prática desportiva em termos recreativos, competitivos ou de alta competição."

Na dicção do preceito, a prática desportiva compreende diversas áreas do conhecimento humano, não se limitando ao profissional licenciado em educação física (desporto educacional), abrangendo também dirigentes e gestores do setor público e privado, assistentes sociais, psicólogos, todos empenhados no fomento à prática desportiva para a população em geral (desporto de participação), e, em nível profissional, bacharéis em educação física (preparadores físicos e técnicos), nutricionistas, fisioterapeutas, médicos e psicólogos, publicitários, jornalistas e advogados (desporto de rendimento).(42)

---

(41) BASTOS, Guilherme Augusto Caputo. *Direito Desportivo*, p. 12.

(42) REZENDE, José Ricardo. *Op. cit.*, p. 61.

O desporto de formação, segundo Rafael Augusto Simões, "*se caracteriza pela iniciação esportiva do atleta, quando ele adquire conhecimentos para aperfeiçoar sua capacidade técnica esportiva, não somente para fins competitivos, mas também com a finalidade recreativa*".(43)

Com o crescimento vertiginoso da prática do *eSports* no Brasil, impõe-se o seu urgente enquadramento como atividade desportiva, ainda que virtual, sobretudo diante da sua prática competitiva e profissional.

Com efeito, o Poder Legislativo tem registrado alguns projetos de lei que visam ao reconhecimento do *eSports* como prática desportiva.

O PL n. 3.450/2015 acrescenta o inciso V ao art. 3º da referida Lei Pelé para reconhecer o desporto virtual como uma quinta manifestação da prática desportiva, existindo parecer da Comissão do Esporte (CESPO) pela sua rejeição, sob o fundamento de que "*os jogos eletrônicos estão inseridos em cada uma das quatro manifestações anteriormente mencionadas, dependendo das características e do contexto em que são praticados. Não se trata, portanto, de nova manifestação desportiva, como pretende esta proposição*".(44)

O PL n. 7.747/2017, apensado ao PL n. 3.450/2015, que institui o esporte virtual, de iniciativa da deputada Mariana Carvalho, do PSDB/RO, foi apresentado em 30.5.2017, limitando-se a prever a aplicabilidade do art. 3º da Lei n. 9.615/1998 ao que denomina de "desporto virtual".

Ainda, o PLS n. 383/2017 já referido alhures, de autoria do senador Roberto Rocha, do PSDB/MA, que regulamenta a prática esportiva eletrônica, limita-se a conceituar o esporte eletrônico — especificando o seu sistema de competição e a tecnologia utilizada —, conferir a denominação de atleta ao praticante, definir os seus objetivos sociais, dar legitimidade ao fomento da atividade esportiva pelas entidades paraestatais e instituir o dia do esporte eletrônico (27 de junho), cuja escolha coincide com o aniversário da fundação da icônica empresa americana *Atari*, ocorrida em 1972.(45)

Já o PL n. 2.796/2021, de autoria do deputado Kim Kataguiri, cria o marco legal para a indústria de jogos eletrônicos e para os jogos de fantasia, regulando, dentre outras situações, o desenvolvimento dos jogos eletrônicos (art. 2º), aplicando às pessoas jurídicas que exerçam atividades de desenvolvimento ou produção de jogos eletrônicos o

---

(43) SIMÕES, Rafael Augusto. "Manifestações desportivas: o desporto educacional, de participação, de rendimento e de formação". Disponível em: <https://www12.senado.leg.br/jovemsenador/home/arquivos/textos-consultoria/tipos-de-desporto>. Acesso em: 5 fev. 2019.

(44) Disponível em: <https://www.camara.leg.br/proposicoesWeb/prop_mostrarintegra;jsessionid=D8BF6A65A7FAA9FCDC49FD6101E8FD0D.proposicoesWebExterno1?codteor=1519134&filename=Tramitacao-PL+3450/2015>. Acesso em: 7 mar. 2019.

(45) Disponível em: <https://legis.senado.leg.br/sdleg-getter/documento?dm=7224197&disposition=inline>. Acesso em: 5 fev. 2019.

disposto no art. 4º da Lei n. 8.248/1991 (que trata da capacitação e competitividade do setor de informática e automação), com a redação dada pela Lei n. 13.696/2019 (a qual, por sua vez, institui a Política Nacional de Leitura e Escrita), *in verbis*:

> Art. 4º As pessoas jurídicas que exerçam atividades de desenvolvimento ou produção de bens de tecnologias da informação e comunicação que investirem em atividades de pesquisa, desenvolvimento e inovação nesse setor farão jus, até 31 de dezembro de 2029, a crédito financeiro decorrente do dispêndio mínimo efetivamente aplicado nessas atividades.

Por essa razão, o parágrafo único do art. 5º do PL n. 2.796/2021 equipara o investimento em desenvolvimento de jogos eletrônicos ao investimento em pesquisa, desenvolvimento e inovação, o que atrai os incentivos previstos no Capítulo III da Lei n. 11.196/2005 (dos incentivos à inovação tecnológica).

Porém, no Parecer 28, de 2023, de relatoria do senador Irajá, apresentado na Comissão de Assuntos Econômicos (CAE), votou-se pela aprovação do PL em questão, com alteração do art. 2º, incluindo na regência da lei, além da fabricação, importação, comercialização e desenvolvimento dos jogos eletrônicos, também o seu uso comercial. O parecer foi aprovado pela CAE em 6.6.2023.

Também o PL n. 205/2023, de autoria do deputado Julio Cesar Ribeiro, dispondo sobre o *eSports*, já reconhece a sua natureza desportiva no art. 6º, para todos os efeitos.

Por outro lado, a Lei Pelé dispôs acerca do direito de arena, previsto no art. 42, o qual consiste na prerrogativa conferida às entidades de prática desportiva de "*negociar, autorizar ou proibir a captação, a fixação, a emissão, a transmissão, a retransmissão ou a reprodução de imagens, por qualquer meio ou processo, de espetáculo desportivo de que participem*" (redação dada pela Lei n. 12.395/2011).

Caputo Bastos conceitua o direito de arena como sendo um "*percentual do valor contratado pelas entidades de prática desportiva com a mídia — em toda a sua extensão — e que é repassado aos atletas pelos Sindicatos de classe*" e adverte: "*apenas os atletas participantes do evento futebolístico transmitido por meio de televisão ou rádio fazem jus ao percentual previsto no art. 42, § 1º, da Lei Pelé*".[46] Não obstante a referência ao futebol, não vejo dificuldades em sua aplicabilidade a qualquer atividade desportiva.

Referido doutrinador, ainda, alerta para a existência de confusão entre o direito de arena e o de imagem, afirmando tratar-se de institutos autônomos, e distingue: o direito de imagem "*Consiste, assim, no direito do atleta de não ter a sua imagem exposta e/ou comercializada, sem o seu consentimento*".[47]

(46) BASTOS, Guilherme Augusto Caputo. *Op. cit.*, p. 84-86.

(47) *Ibidem*, p. 86.

Com efeito, o direito de imagem funda-se no art. 5º, V e X, da Constituição da República e visa preservar a intimidade do atleta, evitando a veiculação desautorizada de sua imagem individual, ou seja, fora do contexto de participação no evento esportivo.

Já o direito de arena é destinado à entidade desportiva (clube, time), do qual apenas 5% é repassado ao atleta — desde que tenha participado do evento transmitido —, o direito de imagem, por sua vez, pertence ao atleta, cuja exploração pela entidade desportiva dependerá da celebração de um contrato de licença de uso de sua imagem mediante pagamento.

Em suma, o direito de arena é previsto em lei, é usufruído coletivamente, decorre da transmissão do evento desportivo e se limita ao percentual do que a entidade desportiva recebe, sendo rateado para todos os atletas participantes; o direito de imagem é previsto em contrato, é usufruído individualmente pelo atleta que cede sua imagem ao clube, não se vincula à transmissão do evento desportivo e o valor do contrato pertence integralmente a ele, não havendo rateios.[48]

Partindo-se, pois, da premissa de que a evolução do esporte eletrônico o levou ao palco das competições internacionais em nível profissional — as quais não se limitam ao ambiente virtual, mas se realizam presencialmente e concentram as mesmas características de qualquer competição de desporto tradicional —, é viável concluir que a ausência de previsão legal para a equiparação entre o *eSports* e o esporte convencional permite a aplicação subsidiária da legislação específica que rege a prática desportiva no Brasil, consubstanciada na Lei n. 9.615/98 (Lei Pelé), sendo-lhe aplicáveis os institutos nela previstos, inclusive o direito de arena e o direito de imagem.

4. A prática profissional do *eSports*

Victor Biazotti Laóz afirma que, atualmente, os *cyber atletas* firmam contratos de patrocínio ou de prestação de serviços, cuja maioria se enquadraria no contrato de trabalho, ante as exigências e obrigações impostas aos jogadores.[49]

Um esclarecimento relevante acerca da prática desportiva profissional consiste na assertiva de que a qualificação "profissional" não corresponde ao esporte em si, mas ao atleta que o pratica.[50]

Na dicção do art. 3º, parágrafo único, da Lei Pelé, o profissionalismo está ligado ao atleta, que firma contrato de trabalho formal com a entidade desportiva mediante o percebimento de remuneração.

(48) BASTOS, Guilherme Augusto Caputo. *Op. cit.*, p. 87.

(49) LAÓZ, Victor Biazotti. *Op. cit.*, p. 135.

(50) BASTOS, Guilherme Augusto Caputo. *Op. cit.*, p. 43.

A condição de profissional do atleta depende diretamente da formalização do contrato especial de trabalho desportivo, conforme disposto no art. 28 da referida norma, observada a redação conferida pela Lei n. 12.395/2011.

Maurício de Figueiredo Corrêa da Veiga destaca a lição de Álvaro Melo Filho e esclarece que a entidade de prática desportiva "*compreende, em ordem hierárquica ascendente: as associações desportivas (clubes), as ligas, as federações e as confederações, estas de âmbito nacional*".(51)

Cumprindo esse mister, a Associação Brasileira de Clubes de Esports (ABCDE) firmou acordo com a Riot Games Brasil estabelecendo o registro na CTPS dos *cyber atletas* e treinadores das equipes participantes do Campeonato de *League of Legends*, seguindo as diretrizes da Lei Pelé.(52)

Esse movimento em direção à profissionalização da prática desportiva eletrônica ressalta a importância da distinção entre os conceitos de atleta e desportista, oferecida por Ricardo Georges Affonso Miguel. Para ele, o atleta tem "*uma conceituação mais profissional que o desportista*", sendo este "*o indivíduo que pratica exercícios físicos com conotação de divertimento e lazer*". Esclarece, então, que "*para as modalidades de desporto educacional e de participação o indivíduo que as desempenha é, na verdade, o desportista, enquanto que no caso do desporto de rendimento, quem o pratica é um atleta*". E arremata: "*todo atleta é um desportista, mas nem todo desportista é atleta*". Conceitua atleta como sendo "*o indivíduo que pratica desporto de rendimento, isto é, aquele praticado na busca de resultados e integração de pessoas e nações, com observância das legislações nacionais e internacionais (...)*". Tal distinção é importante, tendo em vista que emana da própria Constituição Federal, que diferencia, no art. 217, III, o tratamento para o desporto profissional e não profissional. Referido doutrinador entende que o art. 26 da Lei Pelé atrelou a definição de atleta profissional à definição de competição profissional:

> "Art. 26. Atletas e entidades de prática desportiva são livres para organizar a atividade profissional, qualquer que seja sua modalidade, respeitados os termos desta Lei.
>
> Parágrafo único. Considera-se competição profissional para os efeitos desta Lei aquela promovida para obter renda e disputa por atletas profissionais cuja remuneração decorra de contrato de trabalho desportivo."

Para ele, "*as regras celetistas são aplicadas ao atleta profissional (...) mas não se aplicam aos atletas não profissionais e autônomos, bem como aos em formação*", concluindo, entretanto, pela competência da Justiça do Trabalho para processar e julgar causas entre "*atletas profissionais e não profissionais, autônomos, de modalidade desportiva individual ou coletiva,*

(51) VEIGA, Maurício de Figueiredo Corrêa da. *Manual de Direito do Trabalho Desportivo*. 2. ed. São Paulo: LTr, 2017. p. 67.

(52) LAÓZ, Victor Biazotti. *Op. cit.*, p. 136.

e atletas em formação e as respectivas entidades (...), pois se a relação não for de emprego, será de trabalho".[(53)]

Destaca-se a previsão contida no art. 28, § 4º, da referida legislação acerca da aplicação subsidiária, ao atleta profissional, das normas gerais da legislação trabalhista e da Seguridade Social, ressalvadas as peculiaridades constantes da Lei Pelé acerca do período de concentração (incluindo sua ampliação e remuneração), repouso semanal remunerado, férias e jornada de trabalho desportiva.

É preciso refletir, entretanto, na aplicação facultativa do art. 28 em comento, conforme dispõe o parágrafo único do controverso art. 94 do mesmo regramento, que limitou a sua aplicação obrigatória, dentre outros dispositivos, à prática profissional do futebol. Considerando a crescente popularidade do *eSports* e as vultosas quantias que movimentam esse ramo do entretenimento, apesar do viés optativo, penso ser recomendável a sua adoção.

No que tange ao trabalho da criança e do adolescente, entretanto, a Lei Pelé cuida de limitar a prática profissional do esporte somente a partir dos 16 anos completos. Na mesma lei, o art. 29, este também de aplicação obrigatória apenas para a prática desportiva profissional do futebol, nos termos do já mencionado art. 94, disciplina:

> "Art. 29. A entidade de prática desportiva formadora do atleta terá o direito de assinar com ele, a partir de 16 (dezesseis) anos de idade, o primeiro contrato especial de trabalho desportivo, cujo prazo não poderá ser superior a 5 (cinco) anos."

A que o limite constitucional para o trabalho do adolescente visa é, nas palavras de Ricardo Georges Affonso Miguel, "*impedir a exploração. Se este trabalho representa uma oportunidade formalizada através de um contrato chancelado pela autoridade judiciária competente, fica afastada a violação ao preceito constitucional*".[(54)]

Mauricio de Figueiredo Corrêa da Veiga, em sentido oposto, sustenta que deve prevalecer o direito à educação e ao lazer, uma vez que o trabalho necessariamente retirará o adolescente da escola, comprometendo o seu futuro profissional.[(55)]

---

(53) MIGUEL, Ricardo Georges Affonso. "Atleta: definição, classificação e deveres". In: BELMONTE, Alexandre Agra, MELLO, Luis Philippe Vieira de e BASTOS, Guilherme Caputo (org. e coord.). *Direito do Trabalho Desportivo*. São Paulo: LTr, 2013. p. 145.

(54) MIGUEL, Ricardo Georges Affonso. "A possibilidade de contratação do atleta menor de futebol e a utilização do instituto da antecipação de tutela para transferência do atleta de futebol". *Revista Eletrônica, Direito Desportivo*, set. 2012. Disponível em: <http://portal2.trtrio.gov.br:7777/pls/portal/docs/PAGE/GRPPORTALTRT/PAGINAPRINCIPAL/JURISPRUDENCIA_NOVA/REVISTAS%20TRT-RJ/047/REVISTA%20TRIBUNAL%20REGIONAL%20%20DO%20TRABALHO%20DA%201%C2%AA%20REGI%C3%83O%20N%2047/A%20POSSIBILIDADE%20DE%20CONTRATA%C3%87%C3%83O%20DO%20ATLETA%20MENOR.PDF>. Acesso em: 18 mar. 2019.

(55) VEIGA, Mauricio de Figueiredo Corrêa da. *Op. cit.*, p. 74.

Referido doutrinador esclarece que a prática do esporte deve ser estimulada para o menor de 14 anos, enquadrando-o na modalidade de desporto educacional, ou seja, de formação,[56] nos termos do Decreto n. 7.984/2013.

Por certo que, considerando o limite constitucional vigente para o trabalho do adolescente — 16 anos —, também no *eSports* esse limite haverá de ser observado em termos de trabalho profissional, o que, a princípio, não parece ser um problema, visto que, como já mencionado anteriormente, os *cyber atletas* profissionais brasileiros, em 2014, eram jovens entre 17 e 25 anos.[57] Em 2019, a idade dos *gamers* orbitava entre 25 e 34 anos.[58] Pesquisa realizada em 2021 pela Game Brasil[59] situa essa faixa etária entre os 25 e 29 anos.[60] No entanto, ao se considerar o perfil da geração "Z", formada por pessoas nascidas entre 1995 e 2010, perfil esse caracterizado, essencialmente, pela imersão digital, a idade inicial tende a ser reduzida a ponto de tornar relevante o enfrentamento do debate.

Por conseguinte, na modalidade de formação, o *eSports* também se beneficiaria das regras atinentes às categorias de base, na forma do art. 29 da Lei n. 9.615/98 (com a redação dada pela Lei n. 12.395/2011), ainda que sua imperatividade, como já esclarecido, se limite ao futebol.

Importa acentuar que as denominadas *gaming houses*, onde, conforme já afirmamos, os jogadores se concentram em regime de confinamento, podem perfeitamente servir para promoção do esporte eletrônico entre as categorias de base, formando jogadores para futura profissionalização.

Fabiano Oliveira da Costa, porém, enquadra o atleta que firma contrato de formação desportiva como um atleta de rendimento, embora na categoria não profissional, e afirma:

> "(...) quando se treina um atleta em formação, a finalidade dos clubes de futebol afasta-se substancialmente dos objetivos de promoção pura e simples do indivíduo e formação do seu exercício de cidadania (*desporto educacional*),

(56) VEIGA, Mauricio de Figueiredo Corrêa da. *Op. cit.*, p. 77.

(57) PEREIRA, Silvio Kazuo. *Op. cit.*, p. 65.

(58) Disponível em: <https://www.terra.com.br/noticias/dino/publico-de-esports-passa-de-20-milhoes-no-brasil,09faeaeb63df40340c7803f5bd79fc9c40jmdbbm.html>. Acesso em: 31 jan. 2022.

(59) A Pesquisa Game Brasil é feita por *Sioux Group, Go Gamers, Blend New Research* e *ESPM* e em 2021 ouviu 12.498 pessoas em 26 estados e no Distrito Federal. As entrevistas foram realizadas entre os dias 7 e 22 de fevereiro desse ano.

(60) Disponível em: <https://canaltech.com.br/games/pratica-de-esports-aumenta-no-brasil-e-mais-da-metade-do-publico-e-atleta-187914/#:~:text=Novos%20dados%20da%20Pesquisa%20Game,pontos%20percentuais%20comparado%20a%202020.&text=O%20p%C3%BAblico%20que%20joga%20%C3%A9,42%2C8%25%20de%20mulheres>. Acesso em: 31 jan. 2022.

> da mesma forma em que não se visa exclusivamente integração da vida social ou simples promoção da saúde e educação (*desporto de participação*), ressalte-se, não como finalidade principal dos clubes, embora possam estar presentes. Assim, em claro silogismo, fica evidente que as atividades desportivas de jovens *em formação* em clubes de futebol visam resultados e que, portanto, podem e devem ser consideradas como *desporto de rendimento*, previsto no inciso III do art. 3º da Lei n. 9.615/98."[61]

Lembremo-nos do que dispõe o art. 29 da Lei Pelé, já mencionado, que permite o percebimento de um auxílio financeiro sob a forma de bolsa de aprendizagem para a prática do esporte de rendimento não profissional.

O citado autor, inclusive, noticia a existência de ações civis públicas movidas pelo Ministério Público do Trabalho pedindo a suspensão de qualquer atividade a adolescentes menores de 14 anos, tendo em vista a controvérsia acerca da idade mínima para a prática do esporte de formação, e conclui:

> "(...) Assim, desde que a admissão de atletas menores de quatorze anos nas categorias de base dos clubes não imprima ao jovem esforço físico e mental incompatíveis com sua idade, bem como não estejam estas práticas configuradas nas hipóteses do art. 405 e art. 406 da CLT, nada há, do ponto de vista legal e prático, que impeça esta atividade não profissional (art. 5º, II, da CF/88)."[62]

A divergência de entendimento, no que tange à idade para início das atividades do atleta de formação, é ainda considerável e a confusão de enquadramento, na prática, com o atleta de resultados na modalidade não profissional desperta desconfiança de grande parte da doutrina em torno da segurança e proteção do atleta mirim.

Urge constatar, no entanto, que o menor de 16 anos está autorizado a firmar contrato de formação desportiva, assistido por seus representantes legais, pelo qual poderá obter auxílio financeiro sob a forma de bolsa de aprendizagem, participando de competições, sem que se configure o vínculo de emprego, preservando-se, sobretudo, a sua formação escolar e a convivência familiar, nos termos do art. 29 da Lei Pelé.

5. Considerações finais

A comparação entre o esporte convencional e o *eSports* demonstra que muitos são os aspectos em comum entre eles, permitindo a atração da legislação específica do Direito

(61) COSTA, Fabiano de Oliveira. "Questões sobre o atleta em formação e o conflito da proibição de trabalho infantil". In: OLIVEIRA, Leonardo Andreotti P. de (Coord.). *Direito do Trabalho e Desporto*. São Paulo: Quartier Latin, 2014. p. 71.

(62) COSTA, Fabiano de Oliveira. *Op. cit.*, p. 75.

Desportivo, bem como um tratamento jurídico semelhante às questões controvertidas que permeiam, quase de igual para a igual, ambas as atividades.

Uma vez que a evolução legislativa que orbita a conceituação do esporte cuidou de não estreitar a relação da noção de esporte com o esforço físico, retirando qualquer referência a este, tem-se que a motricidade do esporte eletrônico, limitada à coordenação entre os olhos e as mãos, não é impedimento para a sua equiparação ao esporte convencional.

Constatou-se que o elemento de maior distinção entre ambos os segmentos desportivos reside na questão da existência de propriedade intelectual dos jogos eletrônicos a impedir quaisquer alterações em suas regras.

Partindo-se das premissas de que a condição de profissional do atleta depende diretamente da formalização do contrato especial de trabalho desportivo e de que este somente é possível a partir dos 16 anos de idade, erigiu-se a questão da idade mínima para a inserção do adolescente menor de 16 anos na prática do esporte na modalidade de rendimento não profissional, cuja controvérsia exsurge nos mesmos moldes do esporte convencional.

A par desses aspectos, tem-se que o *eSports* evoluiu do ambiente doméstico aos ginásios superlotados, onde grandes competições internacionais de nível profissional são realizadas, precedidas de treinos e preparação individual e coletiva, mediante a formação de times que contam com a mesma infraestrutura dos esportes convencionais, inclusive no que diz respeito a pagamentos e premiações nada modestas.

A similitude entre o segmento esportivo convencional e o *eSports* permite a aplicação subsidiária da legislação que incide sobre o primeiro, enquanto norma específica não é editada, sobretudo porque as relações jurídicas já estão se adiantando nessa direção.

É como arremata Ricardo Georges Affonso Miguel: "*A velocidade de comunicação, a globalização e o avanço da tecnologia nos levam a um caminho sem retorno de desenvolvimento na área do esporte eletrônico*".(63)

Referências

AQUINO, Tomás, *apud* MORRIS, Clarence (Org.). *Os Grandes Filósofos do Direito*. São Paulo: Martins Fontes, 2002.

BASTOS, Guilherme Augusto Caputo. *Direito Desportivo* (sem outros dados bibliográficos).

---

(63) MIGUEL, Ricardo Georges Affonso. "A análise dos meios de prova nas ações judiciais relativas aos atletas de esporte eletrônico no âmbito Luso-Brasileiro". *Revista Síntese. Direito Desportivo*, ano VII, n. 37, jun./jul. 2017, p. 9. Disponível em: <https://kipdf.com/revista-sintese-direito-desportivo_5b2ac597097c47f1728b4956.html>. Acesso em: 20 mar. 2019.

CAMARA, Dennys Eduardo Gonsales; LAZZARINI, Giuseppe Mateus Boselli; GHERINI, Pamela Michelena De Marchi. "*E-sports*: visão geral e desafios jurídicos". Disponível em: <https://baptistaluz.com.br/institucional/esportes-eletronicos-visao-geral-e-desafios-juridicos/>. Acesso em: 1º fev.2018.

COSTA, Fabiano de Oliveira. "Questões sobre o atleta em formação e o conflito da proibição de trabalho infantil". In: OLIVEIRA, Leonardo Andreotti P. de (Coord.). *Direito do Trabalho e Desporto*. São Paulo: Quartier Latin, 2014.

LAÓZ, Victor Biazotti. "A crescente mundial do esporte eletrônico: uma nova modalidade que merece mais atenção". In: VILLELA, Benedito (Coord.). "Direito Desportivo". *Revista Científica Virtual*, 27. ed., 2018.

MIGUEL, Ricardo Georges Affonso. "Atleta: definição, classificação e deveres". In: BELMONTE, Alexandre Agra, MELLO, Luis Philippe Vieira de e BASTOS, Guilherme Caputo (Orgs. e Coords.). *Direito do Trabalho Desportivo*. São Paulo: LTr, 2013.

______. "A análise dos meios de prova nas ações judiciais relativas aos atletas de esporte eletrônico no âmbito Luso-Brasileiro". *Revista Síntese — Direito Desportivo*, ano VII, n. 37, jun./jul. 2017.

______. "A possibilidade de contratação do atleta menor de futebol e a utilização do instituto da antecipação de tutela para transferência do atleta de futebol". *Revista Eletrônica — Direito Desportivo*, set. 2012. Disponível em: <http://portal2.trtrio.gov.br:7777/pls/portal/docs/PAGE/GRPPORTALTRT/PAGINAPRINCIPAL/JURISPRUDENCIA_NOVA/REVISTAS%20TRT-RJ/047/REVISTA%20TRIBUNAL%20REGIONAL%20%20DO%20TRABALHO%20DA%201%C2%AA%20REGI%C3%83O%20N%2047/A%20POSSIBILIDADE%20DE%20CONTRATA%C3%87%C3%83O%20DO%20ATLETA%20MENOR.PDF>. Acesso em: 18 mar. 2019.

PEREIRA, Silvio Kazuo. *O videogame como esporte:* uma comparação entre esportes eletrônicos e esportes tradicionais. Monografia. Brasília: Universidade de Brasília, Faculdade de Comunicação, nov. 2014.

REZENDE, José Ricardo. *Tratado de Direito Desportivo*. São Paulo: All Print Editora, 2016.

SIMÕES, Rafael Augusto. "Manifestações desportivas: o desporto educacional, de participação, de rendimento e de formação". Disponível em: <https://www12.senado.leg.br/jovemsenador/home/arquivos/textos-consultoria/tipos-de-desporto>. Acesso em: 5 fev. 2019.

VEIGA, Mauricio de Figueiredo Corrêa da. *Manual de Direito do Trabalho Desportivo*. 2. ed. São Paulo: LTr, 2017.

Trabalho Decente nos Esportes: Uma Abordagem com Foco na Saúde e Segurança dos Atletas Profissionais

Alberto Bastos Balazeiro

Lucas Cavalcante Noé de Castro

Introdução

A Constituição Federal de 1988, em seu art. 7º, assegura direitos fundamentais aos trabalhadores urbanos e rurais, sem excluir os atletas profissionais do âmbito de sua incidência. Isso abrange desde salário digno e jornada de trabalho justa até condições de trabalho seguras e saudáveis. Assim sendo, as entidades esportivas devem garantir que os atletas possam exercer a prática profissional em um ambiente que não comprometa sua saúde física ou mental.

A Organização Internacional do Trabalho (OIT), por sua vez, estabeleceu padrões globais para condições de trabalho justas e dignas. Esses padrões, quando aplicados aos atletas profissionais, significam um compromisso com a prevenção de lesões, acesso a cuidados médicos de qualidade, apoio psicológico e programas de reabilitação.

O presente artigo traz uma reflexão sobre os riscos aos quais os trabalhadores-esportistas vivenciam e investiga uma série de estratégias que visam promover um meio ambiente de trabalho seguro e saudável para os trabalhadores-atletas. Uma das principais abordagens consiste em utilizar não apenas as normativas internas, mas também a matriz constitucional, que estabelece os princípios fundamentais da dignidade, igualdade e proteção da saúde. Além disso, o cenário internacional fornece um arcabouço valioso por meio de compromissos e tratados que orientam os padrões globais de segurança no trabalho.

Riscos e obstáculos ao meio ambiente do trabalho seguro e saudável no esporte

Importante estudo levantado pelo Sindicato Global dos futebolistas em 2016 apurou que apenas 30% dos jogadores de futebol profissional nas Américas e 27,5% dos jogadores na África gozam do período mínimo de férias, considerado parâmetro internacional de três semanas de férias por ano, estabelecido na Convenção 132 da Organização Internacional do Trabalho (FIFPRO WORLD PLAYER'S UNION, 2016, p. 92).

O Brasil apresenta o terceiro pior resultado do levantamento (atrás apenas de Gana e Geórgia) com o indicado de que apenas 1% dos jogadores de futebol do Brasil usufrui do período mínimo de férias estabelecido internacionalmente. Para o país, o que se observou é que os atletas recebem apenas de 0 a 9 dias de recesso pago (*Ibidem*, p. 93).

No que se refere ao descanso semanal, o levantamento do FIFPro indica que 12,5% dos jogadores de futebol profissional do mundo não usufruem de um dia de descanso por semana, sendo que o Brasil, novamente, figura entre aqueles com os piores indicadores — 47,5% dos jogadores brasileiros dizem não usufruir do descanso semanal de 24 horas (*Ibidem*, p. 98-100).

Outro tema de atenção é o calendário estendido de competições, que tem reduzido as férias anuais e a necessária recuperação dos atletas, repercutindo inclusive no âmbito esportivo.(1)

Certo é que a integridade física para os atletas também representa uma questão de grande preocupação, ciente dos esforços constantes para a manutenção da forma física e de desempenho na atividade esportiva. Nesse cenário, as lesões decorrentes do trabalho são comuns. Levantamentos têm indicado que quase 10% dos atletas das Olímpiadas de Verão sofreram lesões e 11,2% dos atletas das Olimpíadas de Inverno (FISCHETTI, 2012).

Há ainda aqueles esportes em que é maior o risco de lesões com impactos com repercussão longa na saúde do atleta – como é o caso das concussões em atletas de esportes de contato. Além das lesões físicas, por natureza das competições, os trabalhadores-atletas estão em constante pressão para manter a *performance* física, o que representa um estresse mental significativo.

Outra questão problemática que tem sido apontada pelo Sindicato Global dos futebolistas profissionais é a prática de jogos de competição em situações de calor extremo

---

(1) Ver reportagens sobre o tema disponível em: <https://www.telegraph.co.uk/football/2016/08/01/premier-league-clubs-pay-heavy-price-for-lucrative-pre-season-gl/>, e em: <https://www.espn.com.br/futebol/artigo/_/id/10999822/calendario-faz-lesoes-nas-principais-ligas-da-europa-aumentarem-em-20-e-causar-prejuizo-de-r-3-bilhoes-diz-estudo>.

sem a adoção de medidas para proteção dos atletas. Para a correção, a entidade sindical, apoiada em diretrizes científicas (GOUTTEBARGE *et al.*, 2023), postula a adoção de uma série de medidas como intervalos para a recuperação térmica, suspensão da partida, entre outras medidas.

Ademais, noutro relevante estudo citado no relatório da OIT (2019), contatou-se que há uma prevalência significativa de disfunções alimentares, como anorexia nervosa, para esportes que requerem peso e físico como a ginástica — os quais atingem especialmente as atletas (BRATLAND-SANDA; SUNDGOT-BORGEN, 2013).

Além desses riscos, os atletas têm sido submetidos a outros riscos e abusos. Segundo o levantamento da FIFPro de 2016, 6% dos futebolistas profissionais brasileiros foram vítimas de violência de torcedores, 29% foram ameaçados por torcedores e 31% consideram que foram submetidos a assédio por torcedores, pessoal do clube ou outros jogadores. Nesse aspecto, importa notar que alguns jogadores suportam contra si atos de racismo graves. Segundo o relatório da FIFPro 2016, 17,20% estrangeiros experenciaram discriminação (FIFPRO WORLD PLAYER'S UNION, 2016).

Os reiterados casos de racismo praticado por jogadores e torcedores contra Vinícius Junior são exemplos do que acomete os jogadores brasileiros negros, principalmente quando jogam no exterior. Significativas foram as imagens do dia 21 de maio de 2023, em que gritos racistas foram direcionados ao jogador brasileiro por vários torcedores do Estádio Mestalla, que importou, inclusive, na paralisação do jogo e repercussões por parte de dirigentes da Liga Espanhola e de autoridades brasileiras. Em janeiro do mesmo ano, a torcida do Atlético de Madrid havia simulado o enforcamento de um boneco com a camisa do Vinícius, em clara manifestação de ódio ao brasileiro.[(1)]

Para as jogadoras de futebol feminino, foi constatado que 7,3% no mundo sofreram violência física, 11,8% foram ameaçadas, 3,5% sofreram assédio sexual, 4,5% sofreram racismo, 5,4% homofobia (FIFPRO WORLD PLAYER'S UNION, 2017).

Para além desses riscos, tem-se enumerado abordagens para trapaças, corrupção e crime organizado como riscos adicionais relacionados ao trabalho dos esportistas.

Nesse sentido, é simbólico que o levantamento do FIFPro também tenha apurado a porcentagem de jogadores que recebem ofertas para manipulação de resultados. Nesse estudo, contatou-se que 11% dos jogadores de futebol devem receber uma abordagem para manipulação dos resultados em algum momento da sua carreira (FIFPRO WORLD PLAYER'S UNION, 2016, p. 104).

Essas constatações revelam que há obstáculos relevantes à promoção do ideal de promover um ambiente seguro e saudável para os atletas.

---

(1) Ver reportagem sobre em: <https://ge.globo.com/futebol/futebol-internacional/futebol-espanhol/noticia/2023/05/24/racismo-contra-vinicius-junior-veja-tudo-sobre-o-caso.ghtml>.

Nesse cenário, é notório verificar que a autonomia e suposta especificidade do trabalho do atleta não é razão suficiente para afastar os princípios que conferem dignidade desses indivíduos que, através da prática esportiva, são remunerados. Ao contrário, o que se nota é que aos trabalhadores atletas tem se negado o usufruto de direitos básicos do trabalho destinados ao descanso, à recuperação, à saúde, ao bem-estar e ao desenvolvimento pessoal.

Assim sendo, não se revela razoável afastar a incidência das normas constitucionais do âmbito esportivo. O que se exige, ante ao cenário fático problemático, é a atração de instrumentos legislativos e aplicação do direito para propiciar maior proteção aos profissionais.

É sob essa perspectiva que se deve avaliar as regras e sua aplicação nas relações de trabalho entre atletas e entidades.

Nesse ensejo, a próxima seção se atém a examinar as regras gerais sobre o contrato de trabalho desportivo e sob os possíveis encaminhamentos para articular preceitos legais de outras matrizes para tentar conferir maior efetividade à promoção de um trabalho seguro e saudável aos atletas.

Lei de referência do esporte — Lei n. 9.615/1998

De antemão, uma questão preliminar de notável importância se apresenta quando se analisa a lei de referência do esporte. Quando trata da relação entre o atleta profissional e a entidade desportiva empregadora com maior adensamento (nas disposições do art. 27, 28, 29, 43 e 45), excluiu, através do art. 94, expressamente do âmbito de sua incidência todas as modalidades esportivas que não o futebol.

Essa exclusão pelo legislador, conforme destrincha de forma contundente o professor Felipe Orsolini Pinto de Souza (2014, p. 86), "é desprovida de qualquer lastro jurídico, como também ofende o Princípio Constitucional da Diferenciação Desportiva". Nada justifica que a proteção social e trabalhista dada aos atletas de futebol não seja garantida aos profissionais das demais modalidades esportivas — notadamente à luz da matriz da Constituição Federal que preconiza os princípios da dignidade da pessoa humana, da não discriminação, de isonomia, de valorização do trabalho, e que, no âmbito da seção destinada ao desporto, indica que o tratamento diferenciado deve se dar entre o desporto profissional e o não profissional e não entre modalidades.

Nesse contexto, nos próximos parágrafos, à míngua da exclusão legal do art. 94, examinaremos as disposições referentes à relação entre o atleta e às entidades esportivas que os empregam.

A relação jurídica que se estabelece entre o atleta profissional e as entidades desportivas, no Brasil, se dá através do contrato de trabalho especial de trabalho desportivo, previsto no art. 28, § 5º da Lei n. 9.615/1998. A própria redação do dispositivo expressa que se forma um vínculo empregatício entre o atleta profissional e a entidade, além do vínculo esportivo, a partir do registro do contrato na entidade de administração do esporte, sendo a ligação esportiva acessória do vínculo de emprego.

Na doutrina, tem-se referenciado que a o atleta profissional é entendido como um empregado quando se vincula a um clube ou entidade esportiva. Nesse sentido, o professor Amauri Mascaro Nascimento (NASCIMENTO, 2014, p. 230) reforça a condição de empregado do atleta profissional a receber a proteção trabalhista — afirmando que:

> Sendo um profissional e, além disso, como profissional prestando serviços em virtude de haver celebrado um contrato de trabalho, o atleta é favorecido pelas normas genéricas de proteção ao trabalhador, de acordo com a lei interna de cada país.
>
> As particularidades do contrato de trabalho esportivo, entretanto, pelas condições pessoais dos contratantes (atleta e clube) e pela originalidade das relações que entre eles se estabelecem, como resultantes da natureza do trabalho realizado, definem aquele contrato como um contrato especial de trabalho.

Sob tal perspectiva, não há como afastar da proteção da legislação trabalhista aos atletas, por imperativo legal e por coerência sistêmica com o regime constitucional.

Nada obstante, ao examinar a legislação especial, não se observa um regramento exaustivo para a prevenção das práticas comuns de aumento da carga de trabalho decorrente do extenso calendário de competições e dos riscos ocupacionais específicos que atingem aos atletas profissionais, notadamente quanto à saúde física e psicológica.

Quanto ao regramento da jornada do trabalho, é salutar que as disposições elencadas nos incisos I a IV do § 4º do art. 28 da Lei Pelé tratem do repouso remunerado de 24 horas ininterruptas, férias anuais de 30 dias e jornada de trabalho normal de 44 horas semanais. Essas previsões incluídas com a Lei n. 12.395/2011 pacificaram as controvérsias acerca da incidência dos limites sobre as jornadas a que esses trabalhadores estão submetidos, equiparando-os definitivamente ao regramento que são aplicáveis aos trabalhadores urbanos e rurais, conforme a Constituição Federal.

Nesse aspecto, Delgado e Delgado (2012, p. 11) afirmam que:

> Tais mudanças na legislação dirigida aos desportistas profissionais nas últimas décadas (leis que não mais se restringem apenas aos futebolistas, portanto) naturalmente tomam em consideração a matriz normativa constitucional fixada em outubro de 1988.

Com isso têm de balizar as especificidades fáticas e jurídicas inerentes à dinâmica dos atletas profissionais e de suas entidades empregadoras com as linhas centrais intransponíveis estabelecidas pela Constituição de 1988.

Nada obstante, como indicado na seção anterior, a realidade, ao menos do futebol brasileiro masculino, é de notório descumprimento dessas regras trabalhistas — especialmente em virtude do extenso número de compromissos de jogos competitivos ao longo das temporadas e entre as temporadas.

No que se refere ao regramento da Lei Pelé sobre saúde e segurança no trabalho, deve ser apontado o art. 34 — que se refere aos deveres dos clubes, a incluir o dever de prover condições necessárias para o atleta participar de treinos e competições e de submeter o atleta aos exames necessários para a prática; o art. 82-A — que trata do dever de promover exames periódicos nos atletas para o acompanhamento da saúde; e os arts. 45 e 82-B — que dispõem sobre o dever das entidades de contratar um seguro de vida e de acidentes pessoais para cobrir os riscos aos quais os atletas estão sujeitos.

Nos artigos referentes à obrigação de contratação do seguro, tem-se que a importância segurada deve corresponder a uma indenização correspondente ao valor anual da remuneração pactuada e que, enquanto não houver o pagamento da indenização, a entidade desportiva é responsável pelas despesas médico-hospitalares e de medicamentos necessários ao restabelecimento do atleta.

Há de se observar, portanto, que no âmbito da legislação especial não há um rol substancial de obrigações relacionados à saúde e segurança do trabalho do esportista. Questões relacionadas à carga de trabalho do atleta (calendário de competições, horários de competições, viagens), às lesões de longo prazo (decorrentes de traumas na cabeça, por exemplo), além das medidas relacionadas à saúde e segurança do atleta contra atos de violência, ameaça, assédio, abuso, discriminação, racismo, abordagens para manipular resultados e corrupção, por parte dos atores relacionados ao esporte, não são tratadas especificadamente na lei de referência do esporte.

Nesse contexto, com vistas à promoção do meio ambiente do trabalho seguro e saudável aos trabalhadores-atletas, é necessário instrumentalizar institutos e normas de outras origens — como a matriz constitucional, os compromissos internacionais, bem como utilizar a via de negociação coletiva e analisar e aplicar instituto da responsabilidade civil para fins de alocação dos riscos a que se submetem. São sobre essas questões que iremos nos debruçar nas próximas seções.

Algumas notas sobre os instrumentos internacionais e nacionais de proteção aos atletas

Em janeiro de 2020, o Escritório da Organização Internacional do Trabalho realizou o Fórum de Diálogo Global sobre Trabalho Decente no Mundo dos Esportes. O objetivo do evento foi propiciar, pelos membros tripartites da OIT, a discussão sobre a promoção do trabalho decente para os trabalhadores atletas, com enfoque sobre a análise das suas condições de trabalho, com o intuito de formar pontos de consenso para se estabelecerem novas ações dos Estados-membros.

Ao final do fórum, houve a formação de consenso sobre itens importantes para os atletas profissionais (INTERNACIONAL LABOUR ORGANIZATION, 2020), os quais são destacados a seguir.

Em primeiro lugar, houve o reconhecimento de que o esporte constitui um importante meio para alcançar boa saúde, bem-estar, educação, desenvolvimento e paz, além de constituir uma atividade econômica importante que pode empregar e empoderar homens e mulheres, especialmente jovens. Não obstante, há obstáculos variados para garantir um trabalho decente para atletas.

Em segundo lugar, todos os trabalhadores, a incluir os atletas, independentemente da forma de contratação, devem ser protegidos por direitos e princípios fundamentais do trabalho – como o respeito à livre associação e o reconhecimento à negociação coletiva.

Dentre os obstáculos ao trabalho decente reconhecidos pelo fórum internacional, ressalta-se a afirmação de que "atletas são expostos a várias formas de violência e assédio, incluindo a violência de gênero, o racismo e outras formas de discriminação, por vários atores" (*Ibidem*). Além disso, também constitui objeto de preocupação a preservação da integridade física e da saúde mental dos atletas, diante dos riscos ocupacionais comuns no mundo do esporte relacionados às lesões, adoecimentos e problemas psicológicos.

Outros dois tópicos de atenção são levantados. Apesar de avanços na promoção de igualdade de gênero, há significativas diferenças nas condições de trabalho e remuneração entre os homens e mulheres atletas, além dos obstáculos postos à conciliação da maternidade e paternidade, e as demandas do trabalho esportivo. Outra questão levantada é sobre a proteção especial que crianças e jovens atletas devem ter, considerando-se que é comum, em razão de oportunidades que se apresentam no esporte, que se desloquem para locais de treinamento e educação longe da família de origem.

A partir dessas premissas, houve o estabelecimento de futuras ações que os membros da OIT devem adotar (Estados e organizações de empregadores e empregados). Enumera-se a lista das ações destacada:

> a) gerar oportunidades iguais para todos e proporcionar condições de trabalho iguais para atletas do sexo feminino, nomeadamente através do estabelecimento de estratégias e políticas que promovam a igualdade de gênero, monitorização, avaliação e responsabilização, e reforçando ainda mais o argumento comercial para a igualdade de gênero no desporto;

b) *proteger os atletas de atos de violência, racismo, abuso e discriminação em todos os momentos, através de programas educativos, coligações de diferentes partes interessadas, legislação antidiscriminação, uma cultura de tolerância zero, sensibilização e mecanismos de reparação eficazes;*

c) desenvolver programas inovadores de desenvolvimento pessoal e aprendizagem ao longo da vida através do envolvimento com atletas para proteger e promover o seu bem-estar físico, mental e social. Esses programas deverão apoiar a capacidade estrutural, financeira e de recursos humanos das associações desportivas para garantir percursos profissionais duplos e a integração dos atletas no mercado de trabalho após uma carreira desportiva;

d) *garantir a segurança e a saúde no trabalho, abrangendo toda a saúde física e mental, inclusive através do diálogo social;*

e) *aplicar e, sempre que necessário, rever a legislação e as práticas existentes e tomar medidas para garantir o acesso a uma cobertura de proteção social abrangente e sustentável para os atletas, especialmente em relação aos benefícios de lesões no local de trabalho e à proteção da maternidade;*

f) salvaguardar os direitos das crianças e dos jovens de participarem no desporto em condições de liberdade, dignidade e segurança, nomeadamente através da integração de políticas, programas e formação específicos, de acordo com os interesses superiores da criança e com normas internacionalmente reconhecidas. (Grifos nossos)

Para além dessas medidas, reforçou-se o compromisso de que as organizações de trabalhadores e empregadores, além dos demais atores envolvidos no mundo dos esportes, devem promover suas ações em observância ao respeito dos direitos humanos assegurados em compromissos internacionais. Nesse sentido, reparações e denúncias aos direitos humanos devem estar disponíveis àqueles indivíduos e grupos que são impactados negativamente pelas atividades e pelos eventos esportivos.

Outro ponto de consenso que se alinha às medidas recomendadas é a noção de que as convenções internacionais, notadamente a Convenção de Igualdade de Pagamento (100), a Convenção de Discriminação em matéria de Emprego e Ocupação (111), a Convenção sobre Violência e Assédio (190) e a respectiva Recomendação (206) são importantes instrumentos para serem manejados por governos e os principais atores envolvidos (atletas, organizações) a fim de prevenir e enfrentar discriminações e violência no esporte.

A iniciativa do fórum se deu em um momento de valorização da noção de um ambiente de trabalho seguro e saudável no âmbito da OIT. Nesse ponto, ressalta-se que na 110ª Conferência Internacional do Trabalho, realizada em 2022 (dois anos após o citado fórum), foi aprovada a resolução em que se elevou o direito ao ambiente seguro e saudável ao quadro de princípios e direitos fundamentais do trabalho, e o caráter fundamental das Convenções ns. 155 e 187.

Tal providência adotada pela Conferência Internacional do Trabalho enseja o reconhecimento, pelos países que integram a OIT, de que o direito ao ambiente de trabalho seguro deve ser garantido, independentemente do nível de desenvolvimento econômico ou da ratificação das convenções sobre a matéria.

As conferências e os fóruns proporcionaram a discussão e a formação de um consenso importantíssimo para os atletas — sendo sempre oportuno repisar — os atletas, como trabalhadores, devem ter seus direitos fundamentais do trabalho protegidos.

Nesse ponto, convém ressaltar que o Brasil ratificou e se encontram em vigor as Convenções ns. 98 (sobre o Direito de Sindicalização e de Negociação Coletiva), 100 (Igualdade de Pagamento), 111 (Discriminação em matéria de Emprego e Ocupação), 155 (Saúde e Segurança dos Trabalhadores). Assim, é imperativa a aplicação de suas disposições para os trabalhadores, a incluir os atletas profissionais brasileiros.

Sobre os riscos — infelizmente — muito prováveis de discriminação racial a que os jogadores brasileiros estão submetidos no âmbito da sua profissão, é oportuno trazer à tona a instrumentalização do Estatuto da Igualdade Racial, que, no seu art. 4º, parágrafo único, dispõe que "Os programas de ação afirmativa constituir-se-ão em políticas públicas destinadas a reparar as distorções e desigualdades sociais e demais práticas discriminatórias adotadas, nas esferas pública e privada, durante o processo de formação social do País". Nota-se que os destinatários dos programas também são os particulares.

No capítulo específico referente ao trabalho, o Estatuto da Igualdade Racial diz que:

> A implementação de políticas voltadas para a inclusão da população negra no mercado de trabalho será de responsabilidade do poder público, observando-se:
>
> I – o instituído neste Estatuto;
>
> II – os compromissos assumidos pelo Brasil ao ratificar a Convenção Internacional sobre a Eliminação de Todas as Formas de Discriminação Racial, de 1965;
>
> III – os compromissos assumidos pelo Brasil ao ratificar a Convenção n. 111, de 1958, da Organização Internacional do Trabalho (OIT), que trata da discriminação no emprego e na profissão;

Para além dessa diretriz governamental — O estatuto dispõe, no seu art. 51, que serão instituídas "Ouvidorias Permanentes em Defesa da Igualdade Racial, para receber e encaminhar denúncias de preconceito e discriminação com base em etnia ou cor e acompanhar a implementação de medidas para a promoção da igualdade", além de assegurar "às vítimas de discriminação étnica o acesso aos órgãos de Ouvidoria Permanente, à Defensoria Pública, ao Ministério Público e ao Poder Judiciário, em todas as suas instâncias, para a garantia do cumprimento de seus direitos".

Trata-se de previsões que, alinhadas ao compromisso internacional citado, à previsão constitucional do art. 3º, IV, 5º, V e X da CF e do instituto da responsabilidade civil, constituem instrumentos e meios de viabilizar garantias de proteção aos atletas contra atos discriminatórios. Nota-se que não se trata apenas de um leque de ações destinadas à reparação por atos discriminatórios praticados por determinados indivíduos, mas sim para a consecução de modificações do estado de fato (também por meio da promoção de políticas públicas pelo Estado — isto é — prestações positivas) para que os direitos de não discriminação – especialmente no mundo do trabalho e do esporte — sejam garantidos.

Sobre os riscos ocupacionais à integridade física dos trabalhadores, a Convenção n. 155 da OIT(2) dispõe que os membros da OIT deverão, em consulta às organizações representativas dos empregadores e trabalhadores, implementar política nacional de saúde e segurança, com o objetivo de prevenir os acidentes e danos à saúde decorrentes do trabalho e reduzir ao mínimo os riscos.

Nesse contexto, considerando que as práticas esportivas são diversas e exigem diferentes cuidados para a preservação da integridade dos atletas, deve ser incorporada à prática a promoção do diálogo social como meio para "garantir a segurança e a saúde no trabalho, abrangendo toda a saúde física e mental". Nesse sentido, renova-se que a importância que se deve dar ao fortalecimento das estruturas sindicais e impulsionamento do diálogo através de fóruns sobre a temática e a possibilidade da negociação coletiva como instrumento de avanço às medidas de proteção dos atletas.

Como uma das formas de articular uma correção desse curso, Souto Maior (2014, p. 178) enfatiza a importância da ação coletiva da classe dos jogadores. Segundo o professor e magistrado,

> Emerge com extrema relevância o movimento denominado Bom Senso, iniciada contra o calendário [...] A mobilização dos atletas profissionais do futebol, que se anuncia é extremamente importante para que se consiga, enfim, dar um basta ao tratamento coisificado que os jogadores têm recebido na relação com os clubes, o que não raramente se estende aos torcedores e mesmo a parte do segmento do jornalismo esportivo.

---

(2) A Convenção n. 155 da Organização Internacional do Trabalho foi ratificada pelo Brasil em 18 de maio de 1992 e encontra-se vigente no País desde 18 de maio de 1993.

No que se refere à questão do assédio, de plano importa observar que os atletas já se submetem a uma espécie de hipersubordinação ao clube/entidade que os empregam e orientam. Isso porque estão em um processo quase que constante de preparação, seguido da competição e da recuperação, em que os comportamentos quase que a todo momento estão sendo ditados em nome da *performance* esportiva — a incluir dietas e períodos de concentração (GIORDANI, 2014).

Nesse cenário, o assédio por parte dos empregadores se caracteriza nas ações que extrapolem o razoável para o desporto, com instrumentos de pressão psicológica, exclusões do convívio da equipe ou da família, impedimento da prática esportiva de forma injustificada, ou qualquer outra forma de atos hostis ou degradantes (LIMA, 2014).

Aqui, novamente, reforçam-se ao atleta as garantias de experimentar um ambiente livre de assédio. Nessa esteira, Paniza (2011, p. 263) assevera que:

> A Organização Internacional do Trabalho (OIT) recomenda a implementação de um código de conduta que vise coibir toda manifestação de discriminação, práticas nocivas à saúde físico-mental e segurança dos trabalhadores, em particular o assédio moral, podendo até se utilizar deste para dispensa por justa causa do assediador se cometer infração contida com a referida regra, além de estabelecer meios para que o atleta denuncie, sem que sofra as consequências da denúncia.

Por essas noções, certo é que a aplicação dos direitos fundamentais do trabalho, conforme definidos pela OIT e à luz do arcabouço constitucional e legal brasileiro, nas relações de trabalho entre atletas profissionais e seus empregadores é imperativa. Ao garantir que os atletas sejam tratados com equidade, recebam salários justos e tenham condições de trabalho seguras, a indústria do esporte não apenas cumpre suas obrigações éticas, mas também cria um ambiente propício para o florescimento do talento e para o desenvolvimento saudável do esporte em nível global.

Esse ideário se contrapõe à perspectiva de isolamento e exceção do esporte como um sistema fechado em si. Em que pese o esporte tenha sido formado num espaço onde a liberdade de associação se imponha de forma independente às interferências governamentais, é notório que as relações dos atletas e das organizações esportivas sofrem a incidência de valores outros oriundos de normas trabalhistas, civis, administrativas e se submetem a um arcabouço constitucional e de compromissos internacionais.

No ordenamento constitucional brasileiro, é prevista a observância da "autonomia das entidades desportivas dirigentes e associações, quanto à sua organização e funcionamento". Nada obstante, é certo que essa autonomia conferida às entidades esportivas não encastelam o desporto em relação às demais disposições e preceitos constitucionais, inclusive àqueles ligados aos direitos fundamentais do trabalho.

Nesse sentido, Delgado e Delgado (2012, p. 2) são enfáticos ao afirmar que "a matriz constitucional ao desporto, como se percebe, não entra em choque com matriz constitucional relativa ao trabalho". Afirmam os professores:

> As duas se harmonizam, compreendendo o Texto Máximo da República que a proteção e o incentivo às manifestações esportivas coadunam-se com o caráter e os objetivos democráticos e inclusivos que devem direcionar a sociedade civil, inclusive com a prevalência constitucional do trabalho e especialmente do emprego.

No mesmo sentido, diz o professor Giordani (2014, p. 126):

> É preciso compreender/reter que o atleta profissional, como qualquer outro trabalhador, que recebe parcos vencimentos, está numa situação de dependência muito grande para com o clube pelo qual atua, sem poder rebelar-se, na prática do dia a dia, contra as determinações que lhe são dadas, e esse aspecto não pode ser desconsiderado, quando se lança os olhos nas normas que disciplinam a situação do atleta, procurando delas extrair a interpretação que mais se ajuste aos fins que justificam a existência de um direito do trabalho, e que, desde logo, não admitem a pura e simples exclusão da proteção celetista o atleta profissional.

Considerando tais pontos de vista, é perceptível que a Constituição da República de 1988, ao enumerar os direitos dos trabalhadores no seu art. 7º, não diferenciou ou excluiu os trabalhadores atletas dos demais trabalhadores.

Nesse sentido, Delgado e Delgado (2012, p. 11) asseveram que:

> A Constituição da República de 1988 representa, como se sabe, o mais importante marco jurídico construído na História do Brasil. Trata-se de documento jurídico e político que, pela primeira vez no País, fixou a pessoa humana e sua dignidade como vetores de construção da sociedade política e da sociedade civil, por meio de seu conceito estrutural de Estado Democrático de Direito.
>
> Nesta linha de elevação do ser humano ao núcleo da construção constitucional, o Texto Máximo de 1988 descortinou importante universo de direitos humanos fundamentais, entre os quais se posicionam os trabalhistas e os previdenciários.
>
> A matriz constitucional sobre o trabalho invade todas as esferas da sociedade política e da sociedade civil, inclusive o campo do desporto, seara relevante das manifestações e dinâmicas da sociedade civil.

Nesse contexto, é notório que os direitos fundamentais previstos na Carta Constitucional possuem eficácia horizontal e incidem nas relações entre particulares, como a relação entre atleta e a entidade esportiva empregadora.

Assim sendo, tem-se que a autonomia conferida às entidades esportivas é um princípio fundamental que permite o desenvolvimento do esporte. Contudo, é importante destacar que essa autonomia não deve criar um isolamento, uma espécie de espaço que protege o esporte das demais leis e princípios constitucionais, especialmente aqueles relacionados aos direitos fundamentais do trabalho.

O desporto, sendo uma atividade social e cultural de grande relevância, não pode estar desvinculado dos valores fundamentais que regem uma sociedade democrática. A Constituição de um país estabelece direitos e deveres que devem ser aplicados de forma universal, independentemente do contexto em que se encontram. Portanto, as entidades esportivas não podem utilizar sua autonomia como justificativa para desrespeitar os direitos trabalhistas dos atletas, técnicos e demais profissionais envolvidos na prática esportiva.

A garantia dos direitos fundamentais do trabalho, tais como salário justo, jornada de trabalho adequada, condições seguras e saudáveis de trabalho, e a liberdade sindical, são pilares essenciais para uma sociedade justa e equitativa. Assim, é imperativo que as entidades esportivas estejam sujeitas às mesmas normas e regulamentações que protegem esses direitos em outros setores da economia.

Além disso, é fundamental reconhecer que o desporto também desempenha um papel significativo na promoção desses direitos. Ao garantir condições de trabalho dignas para os atletas e demais profissionais envolvidos, as entidades esportivas contribuem para a construção de um ambiente saudável e ético no esporte, incentivando a prática justa e a competição leal.

Dessa forma, a autonomia das entidades esportivas deve ser exercida de maneira responsável e em conformidade com os valores constitucionais e os direitos fundamentais do trabalho. Isso não apenas preserva a integridade do desporto, mas também fortalece a coesão social e a igualdade de oportunidades, criando um ambiente esportivo verdadeiramente inclusivo e respeitoso com todos os seus participantes.

Conclusão

O estudo oferece uma visão preliminar dos desafios enfrentados pelos trabalhadores-esportistas e apresenta uma abordagem para a promoção de ambientes de trabalho seguros e saudáveis para esses profissionais. Ao explorar não apenas as normativas internas, mas também os princípios constitucionais de dignidade, igualdade e proteção da saúde, este artigo destaca a importância de uma perspectiva integrada na formulação de políticas de segurança no trabalho para os trabalhadores-atletas.

Além disso, a análise do cenário internacional revela um panorama valioso, onde compromissos e tratados orientam os padrões globais de segurança no trabalho. A incorporação desses padrões no contexto nacional não apenas eleva os parâmetros de proteção dos trabalhadores-esportistas, mas também fortalece o compromisso global com a criação de ambientes laborais seguros em todo o mundo.

Nesse sentido, ao adotar estratégias que se baseiam não apenas em regulamentações internas, mas também em princípios fundamentais e padrões internacionais, os empregadores, governos e organizações esportivas podem criar um ambiente onde a integridade física e mental dos trabalhadores-atletas seja respeitada e protegida, e livre de discriminações de ordem de raça, de gênero, de atos de abuso e de violência.

Portanto, concluímos que a busca por um ambiente de trabalho seguro e saudável para os trabalhadores-esportistas requer uma abordagem abrangente, que integre normativas locais, princípios constitucionais e padrões internacionais. Somente por meio dessa sinergia entre regulamentações, valores fundamentais e compromissos globais é que será possível verdadeiramente garantir que os trabalhadores-atletas exerçam suas atividades de forma segura, preservando não apenas seu desempenho atlético, mas também sua dignidade e bem-estar.

Referências

BRATLAND-SANDA, S.; SUNDGOT-BORGEN, J. "Eating disorders in athletes: Overview of prevalence, risk factors and recommendations for prevention and treatment". *European Journal of Sport Science*, v. 13, n. 5, p. 499-508, set. 2013.

DELGADO, M. G.; DELGADO, G. N. "A Matriz do Trabalho na Constituição de 1988 e o Atleta Profissional de Futebol". *Revista LTr*, v. 76, n. 8, 2012.

FIFPRO WORLD PLAYER'S UNION. 2016 FIFPRO GLOBAL EMPLOYMENT REPORT. [s.l: s.n.]. Disponível em: <https://fifpro.org/reports/men-s-global-employment-report/>.

______. 2017 FIFPRO GLOBAL EMPLOYMENT REPORT: "Working Conditions in Professional Women's Football". [s.l: s.n.].

FISCHETTI, M. "Olympic Hurtfuls". *Scientific American*, v. 307, n. 2, p. 92-92, 17 jul. 2012.

GIORDANI, F. A. da M. P. "A especificidade do desporto no Direito do Trabalho — Algumas considerações". In: OLIVEIRA, L. A. P. de (Org.). *Direito do Trabalho e Desporto*. São Paulo: Quartier Latin, 2014. p. 109-130.

GOUTTEBARGE, V. *et al.* "Protective guidelines and mitigation strategies for hot conditions in professional football: starting 11 Hot Tips for consideration". *BMJ Open Sport & Exercise Medicine*, v. 9, n. 3, p. e001608, jul. 2023.

INTERNACIONAL LABOUR OFFICE, SECTORAL POLICIES DEPARTMENT. "Decent work in the world of sport". Genebra, 2019.

INTERNACIONAL LABOUR ORGANIZATION. "Points os Consensus (The Global Dialogue Forum on Decent Work in the World os Sport)". Genebra, 2020.

LIMA. F. A. O assédio moral no Desporto. In: OLIVEIRA, L. A. P. de (Ed.). *Direito do Trabalho e Desporto*. São Paulo: Quartier Latin, 2014. p. 89-108.

NASCIMENTO, A. M. *Curso de Direito do Trabalho*. 29. ed. São Paulo: Saraiva, 2014.

PANIZA, C. D. "Os atletas profissionais de futebol e o assédio moral no trabalho". *Revista de Direito do Trabalho — RDT*, 2011.

SOUTO MAIOR, J. L. "Relevância da identificação do atleta profissional como trabalhador". In: OLIVEIRA, L. A. P. de (Org.). *Direito do Trabalho e Desporto*. São Paulo: Quartier Latin, 2014. p. 161-178.

SOUZA, F. O. P. de. "Uma análise constitucional do art. 94 da Lei n. 9.615/98". In: OLIVEIRA, L. A. P. de (Org.). *Direito do Trabalho e Desporto*. São Paulo: Quartier Latin, 2014. p. 77-88.

Manipulação de Resultados e a Responsabilidade Trabalhista: Fórmula Efetiva Para a Ética Desportiva?

Alessandra Christine Bittencourt Ambrogi de Moura

Introdução

Após ano de Copa do Mundo, período que o assunto "futebol" foi o mais discutido em escala mundial, que uniu famílias, amigos e nações em prol de uma torcida comum, o ano de 2023 iniciou com o futebol brasileiro estampado nas grandes mídias, a notícia que noutra hora surgia como esperança e sorriso no rosto, hoje revela uma faceta do esporte longe da idealizada por Barão de Coubertin.

As recentes denúncias[1] de manipulação de resultados invadiram as páginas policiais e escancarou a crise ética enfrentada pelo liberalismo econômico exacerbado, que assolou o futebol e manchou a imagem do famigerado *fair play*.

Diante da temática, a autora questiona ao leitor, como introdução: estamos diante de uma falha do futebol? A sociedade brasileira está preparada para adentrar em aspectos estruturais, sociais e culturais que sustentam o esporte?

Ainda: Qual a repercussão da manipulação de resultados? Qual a reponsabilidade do atleta diante desses casos? A decisão da Justiça Desportiva pode repercutir nos contratos de trabalho?

---

(1) Denúncia do Ministério Público (MP) contra as 16 pessoas acusadas de manipulação em resultados de jogos. Disponível em: <https://g1.globo.com/go/goias/noticia/2023/05/10/jogadores-investigados-pelo-mp-por-manipulacao-no-futebol-veja-nomes-e-possiveis-penas-na-justica.ghtml>. Acesso em: 10 maio 2023, 11:52h.

Os questionamentos são vários, sustentados por diversos entendimentos jurídicos e sociais do tema, sobretudo diante de novos desdobramentos e repercussões dos dispositivos normativos e decisões da Justiça Desportiva quanto ao tema, que precisam ser conhecidos e analisados. E esse é o objeto do presente artigo.

Portanto, o reflexo da manipulação de resultados nos contratos de trabalho será analisado como base teórica para a resolução das questões levantadas, além dos princípios norteadores do Direito do Trabalho, as premissas do Direito Desportivo, e coleta de informações de livros, artigos, revistas, jornais, decisões judiciais e demais materiais científicos.

Destaca-se já de início que, embora o texto tenha como intuito trazer luz às interpretações do Direito Trabalhista Desportivo pautado nos direitos trabalhistas do atleta, não será objeto da presente investigação a análise dos tipos infracionais e os desdobramentos criminais da temática.

1. Manipulação de resultados: crise ética?

Barão de Coubertin, pedagogo e historiador francês, é responsável pela recriação dos Jogos Olímpicos da Era Moderna. Trouxe ao nosso tempo a ideia da antiga Grécia sobre o significado do Olimpismo, que buscava promover a vitória do esportista a si mesmo.

Os ideais olímpicos e a filosofia à maneira clássica destacam que as pessoas podem desenvolver valores humanos essenciais, universais e permanentes, equilibrando as qualidades do corpo, da vontade e da mente. Isso é possível porque o Olimpismo cria um modo de vida baseada na felicidade movida pela alegria do esforço, no valor educacional do bom exemplo e no respeito pelos princípios éticos, fundamentais e universais.

Desse modo, a intersecção do esporte com a cultura, ou o esporte como dimensão cultural, pode promover uma sociedade pacífica e preocupada com a preservação da dignidade humana, sendo certo que esta autora entende que a prática do esporte é um direito humano, e independentemente de sua manifestação — do lazer, da saúde, da educação e do trabalho — sobretudo, quando praticado com espírito olímpico, pauta-se na solidariedade e no *fair play*.

Na obra Ética a *Nicômaco*, Aristóteles destaca que a felicidade é um bem supremo, encontrado em ações virtuosas, em ações éticas, que afastam o homem das atividades viciosas. É o fim que todo ser humano busca, é a "obra de uma vida inteira".

A *areté* (virtude), para Aristóteles, é a expressão maior de integridade e identidade de uma pessoa, segundo a qual essa deve afastar-se das paixões (riqueza, honra, prazeres), já que o prazer torna a pessoa confusa, e caminhar segundo a razão para o meio justo, que é o equilíbrio, a temperança.

A ética kantiana, por sua vez, reside no indivíduo racional, que cria normas de obediência pelo respeito e autoimposição, que visam a se tornar lei sócios culturais. Para o filósofo, uma atitude ética é aquela movida por respeito à lei, e não ao temor da consequência da ação.

Emmanuel Kant, influenciado por Rousseau no que diz respeito à superação das ideias de perfeição do cosmos ou da religião no tocante à ética, analisa o humanismo como fundamento ético, gestando na ética moderna o que podemos conhecer hoje como direitos humanos.

No entanto, a ética kantiana, pautada no racional, pode se revelar egoísta, dissimuladora e manipuladora, como bem destaca Camila Castanhato:(2) "... podemos dizer que a ética kantiana do 'mais sábio' é que vale a teoria baconiana de que 'conhecimento é poder'", de modo que em tempos que se fala em ética de mercado, o liberalismo econômico tem influenciado o padrão de todas as demais áreas da vida, sobretudo da ética.

Nesse aspecto, ao falar de economia e esporte, devemos relembrar o que compreende o *fair play* e suas dimensões, citando João Tiago Lima,(3) que, relembrando os ensinamentos de Silvio Lima, diz que a fidelidade ou respeito pelas regras, colaboração perante o adversário, esforço volitivo permanente, e apagamento do indivíduo perante o grupo e do grupo perante o jogo, são todas premissas de um jogo limpo, que promove a lisura das competições desportivas, coração da ética desportiva.

Vistas as premissas éticas, importante analisar os princípios desportivos na legislação brasileira.

1.1. Princípios éticos desportivos

Os princípios gerais do Direito possuem como vetor axiológico a dignidade da pessoa humana, assim como os princípios originários do direito desportivo, além do respeito aos direitos humanos e a promoção da dignidade humana, têm como vetor o espírito olímpico que traz como tripé o *fair play*, a isonomia e a pró-competição.

---

(2) CASTANHATO, Camila. *Liberdade*. Tese de doutoramento apresentada na Pontifícia Universidade Católica de São Paulo em 2013. Repositório PUCSP. Disponível em: <https://repositorio.pucsp.br/bitstream/handle/6307/1/Camila%20Castanhato.pdf>. Acesso em: 28 maio 2023, p. 156.

(3) LIMA, João Tiago. *Ética e desporto profissional*. Considerações a partir da perspectiva filosófica de Sílvio Lima. Lisboa: PNED, 214. Disponível em: <https://dspace.uevora.pt/rdpc/bitstream/10174/13554/1/%C3%89tica%20e%20Desporto%20Profissional.pdf>. Acesso em: 28 maio 2023, p. 266: "Por outro lado, para Sílvio Lima, o desporto, na justa medida em que promove o *fair-play*, representa a negação total da guerra. Na verdade, a expressão inglesa do fair-play compreende quatro dimensões: 1) Fidelidade ou respeito pelas regras; 2) Apagamento do indivíduo perante o grupo e do grupo perante o Jogo. 3) Colaboração perante o adversário: o antagonista deve ser visto como colaborador, não como inimigo, no sentido em que, se ele não existisse, era a existência do próprio jogo que seria posta em causa. 4) Esforço volitivo permanente".

Segundo Rafael Fachada,(4) o Direito Desportivo nasce juntamente com o desporto, motivo por que ambos possuem os mesmos princípios que garantem e protegem um interesse comum.

O *Fair Play*, conhecido como jogo limpo, é mais do que respeito às regras, transmite respeito aos outros e ao espírito esportivo, eliminando fraudes, violências, discriminações e todos os males sociais que possam prejudicar o resultado democrático e limpo de uma competição.

Trata-se de conceitos éticos e morais que demonstram que o esporte existe no respeito a seu adversário e que a vitória é justamente seguir as regras, sem interferências externas ou internas dos agentes do esporte, para superar o adversário.

Em nível mundial, o Comitê Internacional do Fair Play, sediado na França com participação de membros da UNESCO, é responsável pela promoção do espírito esportivo em competições internacionais através de normatização ética no esporte, que vão além de regras disciplinares.

O Princípio da Isonomia, por sua vez, parte de aspectos da preparação dos atletas, desde o tratamento isonômico que garantem condições teórico desportivas ao iniciar a disputa até o evento como um todo. Esse princípio traz como norte a igualdade, a equidade e a justiça, que são valores morais e éticos, e sobretudo direitos humanos.

Por fim, o Princípio Pró-Competição tem como norte proteger a imprevisibilidade do resultado, validando a competição, mesmo após o fim da disputa, isso porque defende a continuidade das competições.

Esse princípio também tem forte incidência quando da análise, pela Justiça Desportiva, de infração disciplinar, para evitar que possíveis sanções disciplinares desportivas maculem o campeonato.

Notório é que os princípios específicos do Direito Desportivo citados são, em verdade, princípios éticos comuns da sociedade, que se traduziram em vetores para o bom andamento do esporte, já que este se desenvolve de maneira coletiva e inclusiva, haja vista seu fundamental papel de promoção da paz social.

O Decreto-lei n. 3.199/1941, primeira legislação desportiva do Brasil, criou o Conselho Nacional de Desportos, vinculado ao Ministério da Educação e Saúde, que possuía como atribuição fiscalizar a prática de desportos em âmbito nacional. Nesse período, o Estado intervinha em todos os setores do esporte, mesmo a legislação já reconhecendo a prática desportiva profissional.

---

(4) FACHADA, Rafael Terreiro. *Direito Desportivo:* Uma disciplina autônoma. Rio de Janeiro: Autografia, 2021. p. 74.

Foi com a Constituição Federal de 1988 que passou a vigorar o Princípio da Autonomia Desportiva, de modo que as entidades de administração do desporto e as entidades de prática desportiva passaram a ter autonomia na sua atividade, guiando-se pela Lei Pelé (Lei n. 9.815/1998) que instituiu normas gerais do desporto com fundamentos constitucionais do Estado Democrático de Direito. Nesse sentido, Mauricio Corrêa da Veiga:[(5)]

> "Muitas são as previsões que abordam princípios e valores éticos. Contudo, o único dispositivo da lei Pelé que fala explicitamente sobre o tema diz respeito aos deveres e obrigações do atleta. Neste sentido afirma o art. 35 que incumbe ao atleta exercitar a atividade desportiva profissional de acordo com as regras da respectiva modalidade desportiva e as normas que regem a disciplina e a ética desportivas."

Muito embora não haja uma legislação vasta acerca da ética desportiva, verifica-se que houve uma evolução legislativa na busca da integridade desportiva, através de ferramentas e políticas como *compliance* e governança.

No campo normativo, verifica-se que os Códigos de Ética das entidades de administração do desporto, assim como das entidades de prática desportiva, são ferramentas imprescindíveis para orientação das condutas éticas nas relações que envolvem o futebol, dentre elas a relação econômica e trabalhista.

Nesse aspecto, é possível verificar nos códigos de ética da FIFA, da UEFA, da CONMEBOL, da CBF e federações estaduais, normas que proíbam condutas que afrontam a integridade e as normas de *compliance* da instituição, assim como nos códigos disciplinares, das respectivas entidades, sanções disciplinares que chegam ao banimento do futebol para condutas indisciplinares, como é o caso da manipulação de resultado.

1.1.1. Manipulação de resultados

Infelizmente a prática de manipulação de resultados desportivo tem sido constatada em competições ao redor do mundo.

No futebol, especificamente, o Código de Ética da FIFA,[(6)] de 2023, na Subseção 4, traz previsão de combate ao suborno e corrupção, apropriação indébita e desvio de

(5) VEIGA, Mauricio de Figueiredo Corrêa. Ética no Desporto. In: *Temas intrigantes do Direito Desportivo*. Organizadores Francisco Alberto da Motta Peixoto Giordani, Manoel Francisco de Barros da Motta Peixoto Giordani. Campinas: Lacier, 2021. p. 174.

(6) FIFA, "Código de Ética": edição 2023, Disponível em: <https://digitalhub.fifa.com/m/4f048486c1f7293c/original/FIFA-Code-of-Ethics-2023.pdf>. Acesso em: 29 maio 2023.

verbas e manipulação do futebol, segundo o qual, as pessoas vinculadas ao Código estão proibidas de participar da manipulação de jogos e competições de futebol, devendo imediatamente comunicar ao Comitê de Ética qualquer abordagem relacionada com atividades e/ou informações direta ou indiretamente relacionadas à possível manipulação de uma partida ou competição de futebol, que será analisada pela câmara de inquérito e encaminhada à Comissão Disciplinar.

O Código disciplinar da FIFA,(7) que entrou em vigor em 2023 por sua vez, trata do assunto como "manipulação de jogos e competições de futebol" em seu art. 20, da Seção II, deixa claro que o tipo infracional pode acarretar punição tanto para atletas, árbitros, dirigentes, comissão técnica e entidades desportivas, que direta ou indiretamente, por ação ou omissão, de forma ilícita influencia ou manipula o curso, resultado ou qualquer outro aspecto de uma partida e/ou competição ou conspiração ou tentativas de fazê-lo por qualquer meio, devendo ser aplicada de pelo menos CHF 100.000, além da suspensão, e em casos graves, pode levar à proibição vitalícia de participar em qualquer atividade relacionada ao futebol.

Ainda, prevê que se um jogador ou funcionário se envolver no comportamento na manipulação de jogos e competições de futebol, o clube ou associação à qual o jogador ou funcionário pertencer, pode ser sancionado com a perda da partida em questão ou declarado inelegível para participar de uma competição diferente.

A normativa traz a importante responsabilidade das pessoas vinculadas à FIFA em cooperar plenamente com a entidade para combater a manipulação de jogos e competições de futebol.

Em âmbito nacional, o Estatuto do Torcedor(8) (Lei n. 10.671/2003) traz em seu art. 41-C, tipificação de fraude desportiva, sendo aquela que caracterizar a solicitação ou aceite de vantagem ou promessa de vantagem patrimonial, para si ou para outrem, através de ato ou omissão destinado a alterar ou falsear resultado de competição esportiva, levando à pena de reclusão de até 6 anos e multa.

Já o Código Brasileiro de Justiça Desportiva considera como infração disciplinar os atos de atuar de modo deliberado para prejudicar a equipe que defende e de influenciar

---

(7) FIFA, "Código Disciplinar": edição 2023, Disponível em: <https://digitalhub.fifa.com/m/59dca8ae619101cf/original/FIFA-Disciplinary-Code-2023.pdf>. Acesso em: 29 maio 2023.

(8) Art. 41-C. Solicitar ou aceitar, para si ou para outrem, vantagem ou promessa de vantagem patrimonial ou não patrimonial para qualquer ato ou omissão destinado a alterar ou falsear o resultado de competição esportiva ou evento a ela associado: *(Redação dada pela Lei n. 13.155, de 2015)* Pena – reclusão de 2 (dois) a 6 (seis) anos e multa. *(Incluído pela Lei n. 12.299, de 2010)*

o resultado de partida, contrariando a ética desportiva, previstos nos arts. 243[(9)] e 243-A,[(10)] respectivamente.

No caso de atuação deliberada para prejudicar a equipe que defende, se a violação tiver sido cometida mediante pagamento ou vantagem, a pena, além de multa de até cem mil reais, poderá chegar à suspensão de 720 dias, e eliminação no caso de reincidência, além de multa.

Enquanto no caso de atuação deliberada para influenciar o resultado de partida, o Código prevê multa de até cem mil reais e suspensão de 6 a 12 partidas, podendo chegar à suspensão pelo período de 12 a 24 partidas se a fraude atingir o resultado pretendido, se praticada por atleta, mesmo se suplente, treinador, médico ou membro da comissão técnica, ou pelo prazo de trezentos e sessenta a setecentos e vinte dias, se praticada por qualquer outra pessoa natural submetida ao Código, em ambos os casos se constatada a reincidência, a pena será de eliminação.

O código também traz dois outros tipos infracionais dirigidos a dar ou prometer qualquer vantagem a árbitro ou auxiliar de arbitragem, que pode punir, inclusive o intermediário, conforme art. 241 do CBJD,[(11)] bem como, dar ou prometer vantagem indevida a membro de entidade desportiva, dirigente, técnico, atleta ou qualquer pessoa natural sujeitas ao CBJD que, de qualquer modo, influencie o resultado de partida, prova ou equivalente, conforme art. 242 do CBJD.[(12)]

---

(9) Art. 243. Atuar, deliberadamente, de modo prejudicial à equipe que defende. – 56 – PENA: multa, de R$ 100,00 (cem reais) a R$ 100.000,00 (cem mil reais), e suspensão de cento e oitenta a trezentos e sessenta dias. (NR). § 1º Se a infração for cometida mediante pagamento ou promessa de qualquer vantagem, a pena será de suspensão de trezentos e sessenta a setecentos e vinte dias e eliminação no caso de reincidência, além de multa, de R$ 100,00 (cem reais) a R$ 100.000,00 (cem mil reais). (NR). § 2º O autor da promessa ou da vantagem será punido com pena de eliminação, além de multa, de R$ 100,00 (cem reais) a R$ 100.000,00 (cem mil reais). (NR).

(10) Art. 243-A. Atuar, de forma contrária à ética desportiva, com o fim de influenciar o resultado de partida, prova ou equivalente. (Incluído pela Resolução CNE n. 29 de 2009). PENA: multa, de R$ 100,00 (cem reais) a R$ 100.000,00 (cem mil reais), e suspensão de seis a doze partidas, provas ou equivalentes, se praticada por atleta, mesmo se suplente, treinador, médico ou membro da comissão técnica, ou pelo prazo de cento e oitenta a trezentos e sessenta dias, se praticada por qualquer outra pessoa natural submetida a este Código; no caso de reincidência, a pena será de eliminação. *(Incluído pela Resolução CNE n. 29 de 2009)*. Parágrafo único. Se do procedimento atingir-se o resultado pretendido, o órgão judicante poderá anular a partida, prova ou equivalente, e as penas serão de multa, de R$ 100,00 (cem reais) a R$ 100.000,00 (cem mil reais), e suspensão de doze a vinte e quatro partidas, provas ou equivalentes, se praticada por atleta, mesmo se suplente, treinador, médico ou membro da comissão técnica, ou pelo prazo de trezentos e sessenta a setecentos e vinte dias, se praticada por qualquer outra pessoa natural submetida a este Código; no caso de reincidência, a pena será de eliminação. *(Incluído pela Resolução CNE n. 29 de 2009)*

(11) Art. 241. Dar ou prometer qualquer vantagem a árbitro ou auxiliar de arbitragem para que influa no resultado da partida, prova ou equivalente. PENA: multa, de R$ 100,00 (cem reais) a R$ 100.000,00 (cem mil reais), e eliminação. (NR). Parágrafo único. Na mesma pena incorrerá: I – o intermediário; II – o árbitro e o auxiliar de arbitragem que aceitarem a vantagem.

(12) Art. 242. Dar ou prometer vantagem indevida a membro de entidade desportiva, dirigente, técnico, atleta ou qualquer pessoa natural mencionada no art. 1º, § 1º, VI, para que, de qualquer modo, influencie o resultado

Ainda, o Regimento Geral de Competições de 2023 da CBF prevê em seu art. 65[13] condutas que são proibidas a atletas, técnicos, membros de comissão técnica, dirigentes e membros da equipe de arbitragem e todos aqueles que, direta ou indiretamente, possam exercer influência no resultado das partidas, a fim de evitar a manipulação de resultados.

Apesar de todo o arcabouço normativo brasileiro prever as tipificações, não foram, ou talvez não seja suficiente, para evitar a ocorrência de atuar, deliberadamente, de modo prejudicial à equipe que defende, conforme decisão da 1ª Comissão do STJD em 29 de maio de 2023 no Processo n. 116/2023,[14] que levou à condenação de Marcos Vinicius

---

de partida, prova ou equivalente. (Redação dada pela Resolução CNE n. 29 de 2009). PENA: multa, de R$ 100,00 (cem reais) a R$ 100.000,00 (cem mil reais), e eliminação. Parágrafo único. Na mesma pena incorrerá o intermediário.

(13) Art. 65 – Com o objetivo de evitar a manipulação de resultado de partidas, ou a ocorrência de um fato ou eventos específicos no seu decurso, considerar-se-á conduta ilícita praticada por atletas, técnicos, membros de comissão técnica, dirigentes e membros da equipe de arbitragem e todos aqueles que, direta ou indiretamente, possam exercer influência no resultado das partidas, os seguintes comportamentos: I – apostar em si mesmo, ou permitir que alguém do seu convívio o faça, em seu oponente ou em partida de futebol; II – instruir, encorajar ou facilitar qualquer outra pessoa a apostar em partida de futebol da qual esteja participando ou possa exercer influência; III – assegurar a ocorrência de um acontecimento particular durante partida de futebol da qual esteja participando ou possa exercer influência, e que possa ser objeto de aposta ou pelo qual tenha recebido ou venha a receber qualquer recompensa; IV – dar ou receber qualquer pagamento ou outro benefício em circunstâncias que possam razoavelmente gerar descrédito para si mesmo ou para o futebol; V – compartilhar informação sensível, privilegiada ou interna que possa assegurar uma vantagem injusta e acarretar a obtenção de algum ganho financeiro ou seu uso para fins de aposta; VI – deixar de informar de imediato ao seu clube, Federação Estadual ou à competente autoridade desportiva, policial ou judiciária, qualquer ameaça ou suspeita de comportamento corrupto, como por exemplo no caso de alguém se aproximar para perguntar sobre manipulação de qualquer aspecto de uma partida ou mediante promessa de recompensa financeira ou favores em troca de informação sensível. Parágrafo único – Os clubes e Federações deverão auxiliar atletas, técnicos, membros de comissão técnica, dirigentes e membros de equipe de arbitragem que denunciarem quaisquer práticas ou tentativas de manipulação de resultados visando, nos termos da Lei n. 9.807/99, a sua inclusão em programas especiais de proteção a vítimas de ameaças ou testemunhas de crimes que estejam coagidas ou expostas à grave ameaça em razão de colaborarem com a investigação ou processo criminal. CBF. "Regulamento geral de competição – 2023". Disponível em: <https://conteudo.cbf.com.br/cdn/202302/20230214221219_73.pdf>. Acesso em: 29 maio 2023.

(14) PROCESSO N. 116/2023 – Jogo: Vila Nova (GO) X Sport (PE) – categoria profissional, realizado em 6 de novembro de 2022 – Campeonato Brasileiro – Série B/2022. Denunciados: Marcos Vinicius Alves Barreira, atleta profissional de futebol do Vila Nova/GO, incurso nos Arts. 191, III, 242, parágrafo único, 243, §§ 1º e 2º e 243-A, *caput* c/c 184, todos do CBJD; Gabriel Domingos de Moura, atleta profissional de futebol do Vila Nova/GO, incurso nos Arts. 191, III, 242, parágrafo único, 243, §§ 1º e 2º e 243-A, *caput* c/c 184, todos do CBJD. – AUDITOR RELATOR DR(A). MIGUEL ÂNGELO CANÇADO. RESULTADO: Marcos Vinicius Alves Barreira: Por unanimidade de votos, aplicar a pena de eliminação, mais multa de R$ 25.000,00 reais por infração ao art. 242 do CBJD, ficando abarcados os demais artigos descritos na denúncia, sendo eles os arts. 191, 242, 243 e 243-A, todos do CBJD. Funcionou em sua defesa, Dr. Odair Meneses. O denunciado prestou depoimento pessoal de forma virtual. Gabriel Domingos: Por unanimidade de votos, aplicar a pena de 720 dias de suspensão, mais multa de R$ 15.000,00 reais por infração ao Art. 243 § 1º do CBJD, ficando abarcados os demais artigos descritos na denúncia, sendo eles os arts. 191, 243, § 1º e 243-A, todos do CBJD, ficando absolvido quanto à imputação ao Art. 242 do CBJD. Funcionou em sua defesa, Dra. Luci Meirelles de Camargo, que requereu a Lavratura do Acórdão. O denunciado prestou depoimento pessoal de forma presencial. A procuradoria requereu a Lavratura do acórdão. Prestou depoimento testemunhal, o Sr. Hugo Jorge Bravo de Carvalho,

Alves Barreira em eliminação, mais multa de R$25.000,00 reais por infração ao art. 242 do CBJD, por unanimidade de votos, e o atleta Gabriel Domingos, também por unanimidade de votos, a pena de 720 dias de suspensão, mais multa de R$15.000,00 reais por infração ao art. 243 § 1º do CBJD.

Além, em março de 2023, a Sportradar(15) divulgou relatório sobre suspeitas de manipulação em eventos esportivos de todo o mundo em 2022. Segundo o relatório, o esporte com mais suspeitas de manipulação é o futebol, do qual aponta que 775 partidas são suspeitas de manipulação de resultados, sendo que 225 aconteceram na América do Sul e 152 foram disputados no Brasil, número 1 do *ranking* mundial.

Os números assustam, sobretudo quando verificamos que manipulação de resultados pode ser considerada a morte do futebol, ainda, a "Manipulação de Competições Crônica de uma morte quase anunciada do esporte!",(16) conforme bem intitulou Paulo M. Schmitt em seu texto que é uma cartilha para o assunto, divulgado no site da CBF.

Nessa mesma esteira, verificamos que a pena de eliminação pode ser considerada a morte para um atleta, que embora haja previsão da reabilitação,(17) esta somente poderá ser solicitada após, pelo menos, dois anos do trânsito em julgado da decisão da Justiça Desportiva.

2. Contrato de trabalho do atleta: exceção do direito ao trabalho?

A história da humanidade foi construída a partir do trabalho humano, o qual se apresentou sob diversas formas de manifestação no tempo e no espaço, e a questão social nasce justamente pelas condições degradantes dos trabalhadores explorados pelo capital que, no auge da Revolução Industrial, encontrava-se livre das armas da intervenção do

---

Presidente do Vila Nova/GO. Prestou depoimento testemunhal, o atleta Jean Francisco Martim Cândido. Prestou depoimento testemunhal, o atleta William Prado Camargo. Disponível em: <https://conteudo.cbf.com.br/cdn/202305/20230529175514_33.pdf>. Acesso em: 1º jun. 2023.

(15) SPORTRADAR. "Betting Corruption And Match-Fixing In 2022": A review by Sportradar Integrity Services. Disponível em: <https://sportradar.com/wp-content/uploads/2023/03/Betting-Corruption-And-Match-Fixing-In-2022-2.pdf>. Acesso em: 29 maio 2023.

(16) Disponível em: <https://conteudo.cbf.com.br/cdn/202201/20220113102932_401.pdf>. Acesso em: 29 maio 2023.

(17) Neste sentido, Art. 99. A pessoa natural que houver sofrido eliminação poderá pedir reabilitação ao órgão judicante que lhe impôs a pena definitiva, se decorridos mais de dois anos do trânsito em julgado da decisão, instruindo o pedido com a documentação que julgar conveniente e, obrigatoriamente, com a prova do pagamento dos emolumentos, com a prova do exercício de profissão ou de atividade escolar e com a declaração de, no mínimo, três pessoas vinculadas ao desporto, de notória idoneidade, que atestem plenamente as condições de reabilitação. (Redação dada pela Resolução CNE n. 29 de 2009). Parágrafo único. No caso de infrações por dopagem, observar-se-á o disposto no art. 244- A. (AC). Art. 100. Recebido o pedido, será dada vista à Procuradoria, pelo prazo de três dias, para emitir parecer, sendo o processo encaminhado ao Presidente do órgão judicante, que, sorteando relator, incluirá em pauta de julgamento. (Redação dada pela Resolução CNE n. 29 de 2009).

Estado, reforçando a mais-valia como recompensa da organização capitalista do modo de produção.

A Constituição Francesa de 1848 garantiu a "liberdade de trabalho e indústria", atendendo a um contexto de consolidação do capitalismo industrial e o surgimento das ideias socialistas. Essa consolidação culminou com a regulamentação estatal das relações trabalhistas, de modo que se entendeu por dever de o Estado criar meios que assegurassem a todos a chance de auferir os meios necessários para a sobrevivência. Após, a Constituição Mexicana e a Constituição de Weimer foram pioneiras a elevar à Carta Estatal direitos trabalhistas.

A Declaração Universal de Direitos Humanos entende que, além de assegurar a livre escolha do trabalho e o próprio direito ao trabalho, é dever do Estado promover a implementação de condições razoáveis para a realização do trabalho e adotar medidas de proteção do trabalhador contra o desemprego e o tratamento discriminatório, deixando claro que é através do trabalho que o homem consegue obter todos os demais direitos como moradia, alimentação, vestuário, lazer, educação, entre outros.

Sem adentrar outros meandros históricos, sociais, culturais, econômicos e políticos da constituição do trabalho, como um direito humano universal e indissociável dos demais direitos, consagrado pela Constituição Federal de 1988 como direito fundamental, inclusive para prover os demais direitos sociais, além de ser objetivo e fundamento da República Federativa do Brasil, sua proteção e preservação, em consonância com a livre-iniciativa, certo é que o atleta profissional é um trabalhador.

Mais que um trabalhador, o atleta profissional é um empregado e está sujeito subsidiariamente à Consolidação das Leis do Trabalho, conforme era disposto no § 4º, do art. 28 da Lei n. 9.615/1998, hoje regulamento pela recém-sancionada Lei Geral do Esporte,[18] justificando o porquê ser necessária a introdução histórica e normativa fundamentais do direito ao (do) trabalho e o resgate de seus princípios basilares.

Ademais, reforçando o entendimento da relação de trabalho, determina-se que a exploração e a gestão do desporto profissional constituem exercício de atividade econômica, e que a responsabilidade patrimonial do dirigente desportivo seja ele gestão de clube, liga ou de entidade de administração do desporto, independentemente da forma jurídica adotada pela entidade, abrange os bens particulares, que demonstra que estamos diante de um contrato de emprego, nos moldes do previsto nos arts. 2º e 3º da CLT.

---

(18) LEI N. 14.597, DE 14 DE JUNHO DE 2023. Dos Atletas Art. 72. A profissão de atleta é reconhecida e regulada por esta Lei, sem prejuízo das disposições não colidentes contidas na legislação vigente, no respectivo contrato de trabalho ou em acordos ou convenções coletivas. Parágrafo único. Considera-se atleta profissional o praticante de esporte de alto nível que se dedica à atividade esportiva de forma remunerada e permanente e que tem nessa atividade sua principal fonte de renda por meio do trabalho, independentemente da forma como recebe sua remuneração.

Ultrapassado o possível dilema da matéria, avançamos para verificar o poder das entidades desportivas perante o atleta de alto rendimento (profissional).

2.1. Contrato especial do atleta profissional (nível de excelência esportiva) x poder diretivo do empregador

Como citado anteriormente, as entidades de administração do desporto e as de prática desportiva possuem a prerrogativa e, em determinados casos, a obrigação, de instituir Código de Ética, normas de *compliance* e de integridade, isso porque possuem o poder de direção da entidade.

No entanto, quando falamos em clubes, entidade de prática desportiva profissional, a prerrogativa de *dirigir a prestação pessoal de serviços* encontra respaldo legal no art. 2º da CLT, que traz os poderes de organização (dirigir ou comandar), regulamentação, fiscalização (controlar) e disciplinar do trabalho do empregado.

Nesse sentido, o clube, ao alinhar a missão, objetivos e os valores às técnicas de gestão, aos padrões éticos, às metodologias de trabalho e aos processos internos, visando, sobretudo, à prevenção de riscos, identificação antecipadora de problemas, benefício reputacional, redução de custos e contingências, entre outros, exerce seu poder empregatício.

Para Mauricio Godinho Delgado, poder empregatício é o conjunto de prerrogativas, com respeito a direção, regulamentação, fiscalização e disciplinamento da economia interna à empresa e correspondente prestação de serviços, asseguradas pela ordem jurídica e tendencialmente concentrada na figura do empregador para exercício no contexto da relação de emprego.

O Direito do Trabalho, portanto, traz ao alcance do poder empregatício limitações legais, a fim de evitar a rigidez incompatível com qualquer processo de democratização do fenômeno infraempresarial de poder, e é exatamente nesse contexto que se suscita dúvida, se as penalidades de suspensão acima do previsto em lei, pena de multa pecuniária e eliminação, em casos de manipulação de resultado aplicados pela Justiça Desportiva, podem atingir o contrato trabalhista do atleta profissional.

A CLT, em seu art. 474, determina que a suspensão do empregado por mais de 30 dias consecutivos importa na rescisão injusta do contrato de trabalho, ou seja, o empregador não pode suspender por mais de 30 dias consecutivos seu empregado mesmo que constatada uma falta grave, sob pena de rescisão contratual por justa causa do empregador. No entanto, o art. 28, § 7º da Lei Pelé, permite a suspensão do atleta por até 90 dias, quando o atleta for impedido de atuar por evento de sua exclusiva responsabilidade, desvinculado da atuação desportiva e previamente ajustado no contrato de trabalho, com possibilidade de prorrogação automática pelo mesmo período.

Veja que nesse aspecto a lei especializada deixa claro que a suspensão somente é permitida quando haja responsabilidade exclusiva do atleta e que o ato que o impeça de exercer a atividade seja desvinculada da atuação desportiva, além de exigir previsão no contrato de trabalho.

De antemão, é imperioso ressaltar que a manipulação de resultados possui relação estrita com a atuação desportiva do atleta, de maneira que esta autora entende não ser aplicável o dispositivo em comento. Além do mais, caracterizada transgressão disciplinar do atleta, passível de suspensão contratual, o clube empregador, ao punir o atleta com suspensão, deve obedecer aos limites temporais da lei geral, ou seja, suspensão máxima de 30 dias, conforme art. 474 da CLT.

Ademais, é importante observar que a sanção aplicada pela Justiça Desportiva de suspensão por partidas não impede a apresentação do atleta nos demais deveres junto ao clube, como apresentação, treinamento, entre outros, isso porque os atletas devem não só se dedicar aos jogos, treinos, preparações, higidez física, mas também, em agir de acordo com a ética desportiva.

Outro aspecto importante do contrato de trabalho é a sanção pecuniária de multa, não admitida, em regra, como medida disciplinar válida aplicada ao empregado por contrariar o Princípio da Inteligibilidade Salarial, previsto no art. 462 da CLT.

No entanto, não raras vezes verificamos a sanção de multa ao atleta profissional, mas isso acontece porque o art. 48, III, da Lei Pelé, tratou como exceção essa possibilidade, que jamais poderá ser cumulada com outra penalidade pelo empregador, em razão do Princípio do "*non bis in idem*".

Sobre a temática, é importante ressaltar que eventuais penalidades do contrato de trabalho desportivo podem ser revistas no âmbito de competência da Justiça do Trabalho, isso porque, embora a Constituição Federal preveja o esgotamento da matéria disciplinar no âmbito da Justiça Desportiva,(19) esta não afasta o acesso à Justiça Especializada Trabalhista, por se tratar de questões relacionadas do contrato de trabalho, e no tocante à sanção aplicada pelo empregador, a matéria poderá ser analisada no que toca apenas à legalidade, e fundamento na razoabilidade e adequação, da penalidade aplicada em razão do poder disciplinar do empregador.

Especificamente quanto aos casos de manipulação de resultados, comprovada a atuação do atleta, em sede criminal com trânsito em julgado, o art. 482, d, da CLT prevê a demissão por justa causa por "condenação criminal do empregado, passada em julgado, e caso não tenha havido suspensão da execução da pena", sem mais discussões no âmbito trabalhista.

---

(19) Art. 217 da Constituição Federal.

No entanto, caso não haja condenação criminal do atleta pela fraude, não há consenso pela demissão por justa causa, havendo entendimento que somente a decisão disciplinar não é suficiente para comprovar a culpa na rescisão contratual por parte do empregado.

Agora, importante citar que o art. 482 da CLT traz outras hipóteses de demissão por justa causa, além da condenação criminal, em rol taxativo, como são os casos de conduta de improbidade, desídia no desempenho das respectivas funções e perda da habilitação ou dos requisitos estabelecidos em lei para o exercício da profissão, em decorrência de conduta dolosa do empregado, que acredita a autora ser cabível aos casos de manipulação comprovada de resultados. Na última hipótese citada, como exemplo de conduta faltosa do atleta, amoldar-se-ia, em uma simples subsunção do fato à norma, nos casos de pena de eliminação do atleta em sanção de julgamento em infrações disciplinares.

Mas se deve alertar: a rescisão contratual de justa causa é a modalidade mais penosa e grave do empregado, e esta deve ser considerada em último caso pelo empregador, em razão de observância obrigatória ao direito ao trabalho e do Princípio da Continuidade da Relação de Trabalho.[20] Isso porque há entendimento que, além da justa causa pela comprovada manipulação de resultados por parte do atleta, por exemplo, o clube empregador terá direito ao recebimento da cláusula indenizatória, já que esta é devida apenas pelo atleta que descumpre, rompe ou rescinde o contrato firmado com a entidade de prática desportiva.

Ainda, há quem sustente que o atleta ex-empregador infrator pode responder pelos danos causados a terceiros e à imagem do clube ex-empregador, pela sua conduta antiética, com respaldo nas regras gerais de responsabilidade civil, independentemente das responsabilizações trabalhistas e criminais. Nesse sentido, Mauricio Corrêa da Veiga:

> "Sem prejuízo das consequências criminais, desportivas e trabalhistas (demissão por justa causa), dentro das regras gerais de responsabilidade civil, todo aquele que causa prejuízo a outro, em decorrência de um ato ilícito por culpa ou dolo é obrigado a indenizar. Se o atleta deliberadamente altera o resultado de uma partida, o clube é prejudicado independente se o resultado desportivo for favorável a ele. A imagem do clube é o seu principal ativo, o elo com a sua torcida e permite que o clube receba recursos por patrocínio, transmissão de partidas, programas de sócio torcedor entre outros. Um clube envolvido em escândalo por ato de um atleta pode imediatamente sofrer prejuízo e isso é indenizável."[21]

(20) Determina que a ordem justrabalhista só pode cumprir satisfatoriamente o objetivo teleológico do Direito do Trabalho mediante a permanência do vínculo empregatício e com a integração do trabalhador na estrutura e dinâmica empresariais.

(21) Resposta à pergunta "Os clubes podem processar os atletas envolvidos em manipulação de resultados?" em entrevista concedida à lei em campo em 10.5.2023. Disponível em: <https://www.uol.com.br/esporte/

O questionamento que fica: será o empregado o único responsabilizado nos casos de manipulação de resultado? A parte mais fraca e mais assediada pelos consumidores apaixonados pelo esporte, da relação desportiva, é o único agente dessa fraude?

2.2. Manipulação de resultado e a responsabilidade do clube

Sem pretensão de esgotar o tema, até porque se verifica que a manipulação de resultados é apenas a consequência de diversas condutas, cuja origem e causa ainda não se mostram reveladas, importante analisar que a responsabilidade no combate à manipulação de resultados e preservação da ética desportiva abarca também as entidades de prática desportiva e de administração do desporto, como já foi entendido em julgado da Justiça Comum.(22)

Os normativos desportivos, como citado acima, trazem como agente infrator outras figuras além do atleta, e há entendimento que atribui responsabilidade disciplinar às entidades desportivas no caso de manipulação de resultados, que ganha destaque sobretudo quando patrocinadores de entidades de prática desportiva têm, como atividade principal econômica, apostas nos deslindes e resultados das competições e campeonatos desportivos.

Em entrevista recentemente concedida à Agência Brasil, Tiago Horta, ao comentar sobre a Lei n. 13.756/2018, que liberou a atuação das casas de apostas esportivas no Brasil, afirma que:(23)

> "A lei trouxe algumas situações interessantes. Por exemplo, na questão dos patrocínios ela abriu uma espécie de caixa de Pandora. Antes tínhamos alguns ensaios de algumas empresas que tentavam ingressar no esporte, anunciando na TV, com tentativas de anúncio em manga da camisa de um clube, mas tudo de forma discreta. Não se falava ainda que era um *site* de apostas, usavam outro tipo de nomenclatura. Mas, a partir de 2018, eles se sentiram à vontade para isso o que levou a que hoje, no futebol brasileiro

---

colunas/lei-em-campo/2023/05/10/clube-pode-demitir-e-processar-atleta-envolvido-em-manipulacao-de-resultado.htm?cmpid=copiaecola>. Acesso em: 30 maio 2023.

(22) Quando do julgamento, pelo Tribunal de Justiça de São Paulo, sobre o escândalo da "Máfia do Apito" em 2005, o tribunal havia entendido pela condenação da Federação Paulista de Futebol e da Confederação Brasileira de Futebol na indenização por danos morais coletivos por manipulação de resultados nos campeonatos brasileiro e paulista, que resultou pela anulação de 11 partidas. É certo que posteriormente o STJ decidiu em votação de 3 a 2 pela reforma da decisão do tribunal de justiça e absolveu as entidades de administração desportiva.

(23) Resposta à pergunta "em dezembro de 2018 foi publicada a Lei número 13.756, que liberou a atuação das casas de apostas esportivas no Brasil. Dessa data até hoje, como se constituiu o universo das apostas esportivas no Brasil?" em entrevista concedida à Agência Brasil em 10.5.2023. Disponível em: <https://agenciabrasil.ebc.com.br/esportes/noticia/2023-05/esquemas-de-manipulacao-tem-consequencias-arrasadoras-diz-pesquisador>. Acesso em: 30 maio 2023.

> praticamente todos os grandes clubes das Séries A e B tenham algum tipo de Patrocínio de sites de apostas. Os anúncios nas emissoras de TV também são muito presentes. Essa foi uma das principais consequências da falta de regulamentação."

Ainda, Tiago Horta traz como passos para evitar fraudes e infrações de manipulação de resultado, o estabelecimento de um sistema de integridade forte e punições exemplares para evitar o descrédito do esporte.

Importante fator para a prevenção, que deve ter investimento principalmente por parte das entidades desportivas, se dá na educação, na instrução social, psicológica e econômica junto aos atletas, dirigentes, árbitros, comissão técnica, organizadores, patrocinadores e todos aqueles envolvidos no deslinde do esporte, além do já existente monitoramento dos jogos e apostas por entidades de administração do esporte.

Voltando às questões trabalhistas, não sendo comprovada a atuação preventiva por parte das entidades de prática desportiva, entende a autora que a responsabilidade administrativa, econômica, social e trabalhista não pode recair tão somente no empregado, uma vez que o empregador deve exercer satisfatoriamente o seu poder fiscalizador.

Além do mais, todos os envolvidos com e no esporte devem ter enraizada a responsabilidade coletiva no dever à prevenção e combate às condutas antiéticas, isso porque o Princípio da Fraternidade nos exige equilibrar a liberdade econômica com a igualdade dos direitos humanos. Esses ditames são importantes, pois a ordem econômica, a livre-iniciativa e os direitos trabalhistas caminham irmanados em um bem comum, que é o respeito à dignidade humana.

3. Considerações finais

Muito embora a manipulação de resultado não seja uma novidade no futebol brasileiro,(24) este revela a crise ética pelo qual a sociedade vem enfrentando, e embora seja extremamente necessária a punição dos envolvidos, esta deve ser realizada de modo proporcional e equânime com as condutas individualizadas, a fim de punir o agente faltoso e reprimir todos os agentes do esporte.

No entanto, parece não ser essa a solução para tornar moralmente ética as condutas dos agentes do esporte, e a chegar unanimemente ao espírito olímpico pautado na ética.

(24) Cita-se como exemplo a "Máfia da loteria" em 1982, que segundo a denúncia contou com atletas, técnicos, dirigentes, empresários e ex-atletas, no total de 125 pessoas indiciadas pela Justiça e nenhuma restou presa. Outro exemplo foi a máfia do apito em 2005, que revelou estreita relação de árbitros de futebol com apostadores com o objetivo de manipular resultados para benefício financeiro na série A do Brasileirão, embora 2 árbitros tenham sido banidos da atividade do futebol, ninguém foi condenado criminalmente.

Afastar o esporte profissional da influência econômica e da ganância, além de utópico, mostra-se fora da realidade efetiva, pois a economia desportiva é pautada pelo liberalismo econômico em todas as suas pontas. O contrato de trabalho, personificação do direito social, é pautado pelo pagamento, pelo capitalismo e pela busca de melhores condições de vida para o atleta e sua família, em conformidade com a Constituição Econômica Cidadã.

Autorregulamentação é importante para a manutenção da integridade desportiva e, como citado, é a manifestação do poder regulamentador e fiscalizatório do clube empregador, assim como a justa causa, do poder disciplinar. Mas o esporte, como promotor da paz social, tem papel mais importe, o de educar, o de capacitar e o de transformar e desenvolver a pessoa, inclusive, diga-se principalmente, o esporte de alto rendimento.

Necessário que a sociedade deixe de lado a antiga concepção de bem-estar como produção material, utilização de critérios subjetivos de prazer e dor individual, para criar trabalho que passe a promover também valores éticos, estéticos e espirituais, baseados na cooperação, não na competição.

Necessário também que a Justiça, baseada no critério de eficiência, de orientação, de análise de custo/benefício de sua decisão judicial, acreditando na ética do mercado, saiba distinguir que esta não é a mesma ética do direito. Isso porque o compromisso econômico neoliberal se dá com a administração dos bens escassos e com o lucro, mas a ética do Direito é a concretização da dignidade humana.

Portanto, diante da crise ética e econômica que a manipulação de resultado causa, o Direito deve, como resposta, avançar em todas as suas frentes de combate, mas principalmente, também, dar um passo atrás e resgatar os valores humanos do esporte que levem à cooperação, à educação, à formação e ao desenvolvimento humano e social.

Referências

AQUINO, Tomás de. *Suma teológica*, volume V. São Paulo: Loyola, 2005.

BRASIL. *Constituição Federal.*

______. *Consolidação das Leis do Trabalho.*

______. *Lei n. 9.815/1998.*

______. *Lei n. 14.597/2023.*

CASTANHATO, Camila. *Liberdade.* Tese de doutoramento apresentada na Pontifícia Universidade Católica de São Paulo em 2013. Repositório PUCSP. Disponível em: <https://repositorio.pucsp.br/bitstream/handle/6307/1/Camila%20Castanhato.pdf>.

COMPARATO, Fabio Konder. *A afirmação histórica dos direitos humanos.* São Paulo: Saraiva, 2007.

FIFA. *Código Disciplinar*: edição 2023.

______. *Código de Ética Disciplinar*: edição 2023.

KANT, Immanuel. *A metafísica dos costumes*. Tradução, textos adicionais e notas de Edson Bini. Bauru: EDIPRO, 2008.

LIMA, João Tiago. *Ética e desporto profissional*. Considerações a partir da perspectiva filosófica de Sílvio Lima. Lisboa: PNED, 2014. Disponível em: <https://dspace.uevora.pt/rdpc/bitstream/10174/13554/1/%C3%89tica%20e%20Desporto%20Profissional.pdf>.

ONU. *Declaração Universal dos Direitos Humanos*.

ROUSSEAU, Jean-Jacques. *Discurso sobre a origem e os fundamentos da desigualdade entre os homens:* precedido de discurso sobre as ciências e as artes. Cronologia e introdução por Jacques Roger; tradução de Maria Ermantina de Almeida Prado Galvão. São Paulo: Martins Fontes, 1993.

SPORTRADAR. *Betting Corruption And Match-Fixing In 2022*: A review by Sportradar Integrity Services. Disponível em: <https://sportradar.com/wp-content/uploads/2023/03/Betting-Corruption-And-Match-Fixing-In-2022-2.pdf>.

______. *Agência Brasil em 10.5.2023*. Disponível em: <https://agenciabrasil.ebc.com.br/esportes/noticia/2023-05/esquemas-de-manipulacao-tem-consequencias-arrasadoras-diz-pesquisador>. Acesso em: 30 maio 2023.

______. *G1*. Denúncia do Ministério Público (MP) contra as 16 pessoas acusadas de manipulação em resultados de jogos. Disponível em: <https://g1.globo.com/go/goias/noticia/2023/05/10/jogadores-investigados-pelo-mp-por-manipulacao-no-futebol-veja-nomes-e-possiveis-penas-na-justica.ghtml>. Acesso em: 10 maio 2023.

______. *Lei em campo em 10.5.2023*. Disponível em: <https://www.uol.com.br/esporte/colunas/lei-em-campo/2023/05/10/clube-pode-demitir-e-processar-atleta-envolvido-em-manipulacao-de-resultado.htm?cmpid=copiaecola>. Acesso em: 30 maio 2023.

______. STJD. *PROCESSO N. 116/2023*. Disponível em: <https://conteudo.cbf.com.br/cdn/202305/20230529175514_33.pdf>. Acesso em: 1º jun. 2023.

Reflexos Trabalhistas da Manipulação De Resultados no Esporte

Ana Paula Pellegrina Lockmann

Introdução

Tema bastante polêmico, atual, e que certamente muito será discutido diz respeito às implicações trabalhistas decorrentes da manipulação de resultados no esporte.

A propósito, veio à tona mais um escândalo no esporte ligado a essa temática, estampado na mídia escrita e falada. Com efeito, a Operação "Penalidade Máxima", deflagrada pelo Ministério Público de Goiás, vem investigando um esquema de manipulação de resultados no futebol profissional.

Infelizmente, tal situação não se trata de novidade no esporte brasileiro. De se rememorar o escândalo de 2005, conhecido como a "máfia do apito", em que árbitros foram pagos para manipular resultados do campeonato brasileiro de futebol. Constatou-se que onze jogos foram manipulados, de modo que acabaram sendo anulados pela Justiça Desportiva, sendo disputados novamente.

O *modus operandi* de fraudes dessa natureza é bastante similar. Geralmente, alguma organização criminosa oferece valores expressivos para que atletas ou árbitros manipulem os jogos, de modo a provocar a ocorrência de lances específicos, como número de faltas, de cartão amarelo/vermelho, de escanteios, a fim de favorecer os criminosos em apostas realizadas sobre as estatísticas dos jogos.

São fatos gravíssimos que ameaçam a integridade do esporte e a imprevisibilidade dos resultados. Também geram implicações jurídicas que não se restringem à seara desportivo-administrativa, alcançando as mais diversas áreas, como a criminal e a trabalhista.

1. O problema da manipulação de resultados e o mercado de apostas esportivas

O fenômeno do esporte movimenta a paixão de multidões, une os povos, está presente na vida cotidiana, jornais, revistas, televisão, internet, nas conversas entre amigos etc. É um cenário atrativo à ação da lógica capitalista no mundo do esporte, inclusive do mercado de apostas esportivas, cujo faturamento anual é estimado em aproximadamente R$ 8 trilhões. Infelizmente, também atrai a atuação de criminosos.

O espetáculo desportivo é uma produção conjunta, cuja valorização econômica (patrocínio, publicidade, venda de ingressos e demais artigos esportivos) está ligada ao equilíbrio da disputa e à incerteza do resultado, fatores estes que geram o interesse e a emoção do público, e os quais se encontram ameaçados por ação de criminosos.

Nesse contexto, vale ressaltar que o Código de Ética da Confederação Brasileira de Futebol, o qual, a propósito, se aplica aos atletas, dispõe em seu art. 2º, inciso IV, que: "*A prática do futebol é incompatível com a manipulação de resultados entre os competidores*".

Nesse sentido, os arts. 15 e 19 revelam a preocupação na prevenção de ilícitos dessa natureza:

> Art. 15. É vedado oferecer, prometer, dar ou aceitar qualquer vantagem pecuniária indevida ou de outra índole para a execução ou omissão de ato relacionado às suas atividades.
>
> PARÁGRAFO ÚNICO. A Parte que tomar conhecimento do descrito no caput deste artigo deverá comunicar imediatamente à Comissão de Ética, sob pena de incorrer nas sanções dispostas neste Código.
>
> Art. 19. É proibido oferecer vantagem econômica com vistas a manipular o resultado de jogos ou de competições.

O atleta que participa da manipulação de resultados está sujeito a penalidade de natureza desportivo-administrativa, que pode chegar ao banimento do esporte em caso de reincidência, conforme previsto no art. 243-A do Código Brasileiro de Justiça Desportiva:

> Art. 243-A. Atuar, de forma contrária à ética desportiva, com o fim de influenciar o resultado de partida, prova ou equivalente.
>
> PENA: multa, de R$ 100,00 (cem reais) a R$ 100.000,00 (cem mil reais), e suspensão de seis a doze partidas, provas ou equivalentes, se praticada por atleta, mesmo se suplente, treinador, médico ou membro da comissão técnica, ou pelo prazo de cento e oitenta a trezentos e sessenta dias, se praticada por qualquer outra pessoa natural submetida a este Código; no caso de reincidência, a pena será de eliminação.
>
> Parágrafo único. Se do procedimento atingir-se o resultado pretendido, o órgão judicante poderá anular a partida, prova ou equivalente, e as penas serão de multa, de R$ 100,00 (cem reais) a R$ 100.000,00 (cem mil reais), e suspensão de doze a vinte e quatro partidas, provas ou equivalentes, se praticada por atleta, mesmo se suplente, treinador, médico ou membro da

comissão técnica, ou pelo prazo de trezentos e sessenta a setecentos e vinte dias, se praticada por qualquer outra pessoa natural submetida a este Código; no caso de reincidência, a pena será de eliminação.

A manipulação de resultados configura ilícito penal, com sanção de 2 a 6 anos de reclusão e multa, conforme já era previsto no art. 41-C a E do revogado Estatuto do Torcedor (Lei n. 10.671/03), e que atualmente encontra tipificação nos arts. 198 a 200 da Nova Lei Geral do Esporte (Lei n. 14.597/2023), contidos na Seção I ("Dos Crimes contra a Incerteza do Resultado Esportivo") do Capítulo V ("DOS CRIMES CONTRA A INTEGRIDADE E A PAZ NO ESPORTE"):

> Art. 198. Solicitar ou aceitar, para si ou para outrem, vantagem ou promessa de vantagem patrimonial ou não patrimonial para qualquer ato ou omissão destinado a alterar ou falsear o resultado de competição esportiva ou evento a ela associado:
>
> Pena – reclusão, de 2 (dois) a 6 (seis) anos, e multa.
>
> Art. 199. Dar ou prometer vantagem patrimonial ou não patrimonial com o fim de alterar ou falsear o resultado de competição esportiva ou evento a ela associado:
>
> Pena – reclusão, de 2 (dois) a 6 (seis) anos, e multa.
>
> Art. 200. Fraudar, por qualquer meio, ou contribuir para que se fraude, de qualquer forma, o resultado de competição esportiva ou evento a ela associado:
>
> Pena – reclusão, de 2 (dois) a 6 (seis) anos, e multa.

2. Repercussões trabalhistas ligadas à manipulação de resultados

Além de implicações administrativo-desportiva e penal, os ilícitos praticados por atletas também geram repercussões trabalhistas.

Nesse ponto, importante destacar que, por mais que as peculiaridades do esporte impinjam particularidades e especificidades aos contratos dos atletas com legislações específicas, não se pode olvidar que, na essência, trata-se de um trabalhador como qualquer outro, com direitos, deveres e obrigações.

Aliás, de se destacar que o contrato de trabalho é sinalagmático, ou seja, os deveres/obrigações são recíprocos entre as partes.

Quanto à agremiação desportiva, na condição de empregadora, além da obrigação em pagar os salários de seu atleta empregado, também possui o dever de oferecer as condições laborais necessárias e adequadas à participação do atleta nas competições, proporcionando treinos, suporte médico, dentre várias outras obrigações.

Nesse sentido é o que dispõe explicitamente o art. 34 da Lei n. 9.615/98 (Lei Pelé):

> Art. 34. São deveres da entidade de prática desportiva empregadora, em especial:
>
> I – registrar o contrato especial de trabalho desportivo do atleta profissional na entidade de administração da respectiva modalidade desportiva;
>
> II – proporcionar aos atletas profissionais as condições necessárias à participação nas competições desportivas, treinos e outras atividades preparatórias ou instrumentais;
>
> III – submeter os atletas profissionais aos exames médicos e clínicos necessários à prática desportiva.

A recente Lei n. 14.597, de 14 de junho de 2023, que instituiu a Nova Lei Geral do Esporte (e que, curiosamente, não revogou a Lei Pelé – questão que deixo de abordar, sob pena de se afastar do tema proposto neste artigo), não só manteve como aprimorou a aludida norma, conforme se verifica da redação de seu art. 84:

> Art. 84. São deveres da organização esportiva direcionada à prática esportiva profissional, em especial:
>
> I – registrar o atleta profissional na organização esportiva que regula a respectiva modalidade para fins de vínculo esportivo;
>
> II – proporcionar aos atletas profissionais as condições necessárias à participação nas competições esportivas, nos treinos e em outras atividades preparatórias ou instrumentais;
>
> III – submeter os atletas profissionais aos exames médicos e clínicos necessários à prática esportiva;
>
> IV – proporcionar condições de trabalho dignas aos demais profissionais esportivos que componham seus quadros ou que a ela prestem serviços, incluídos os treinadores e, quando pertinente, os árbitros;
>
> V – promover obrigatoriamente exames periódicos para avaliar a saúde dos atletas, nos termos da regulamentação;
>
> VI – contratar seguro de vida e de acidentes pessoais, com o objetivo de cobrir os riscos aos quais os atletas e os treinadores estão sujeitos, inclusive a organização esportiva que o convoque para seleção;
>
> VII – assegurar que a importância segurada garanta ao atleta profissional ou ao beneficiário por ele indicado no contrato de seguro o direito a indenização mínima correspondente ao valor anual da remuneração pactuada.

De outro giro, o atleta, como empregado, tem o dever principal de prestar a sua força de trabalho esportiva em favor do clube empregador, participando dos treinos, jogos, submetendo-se a exames e tratamentos médicos, pautar-se pela preservação de suas condições físicas e exercer o seu ofício esportivo em conformidade com as normas que regem a disciplina e (sobretudo, vale chamar a atenção) a ética desportivas.

Isso é o que estabelece expressamente o art. 35 da Lei Pelé:

> Art. 35. São deveres do atleta profissional, em especial:
>
> I – participar dos jogos, treinos, estágios e outras sessões preparatórias de competições com a aplicação e dedicação correspondentes às suas condições psicofísicas e técnicas;
>
> II – preservar as condições físicas que lhes permitam participar das competições desportivas, submetendo-se aos exames médicos e tratamentos clínicos necessários à prática desportiva;
>
> III – exercitar a atividade desportiva profissional de acordo com as regras da respectiva modalidade desportiva e as normas que regem a disciplina e a ética desportivas.

Mencionado dispositivo foi praticamente reproduzido no art. 74 da Nova Lei Geral do Esporte:

> Art. 74. São deveres do atleta profissional, em especial:
>
> I – participar dos jogos, dos treinos, dos estágios e de outras sessões preparatórias de competições com aplicação e dedicação correspondentes às suas condições psicofísicas e técnicas;
>
> II – preservar as condições físicas que lhe permitam participar das competições esportivas, submetendo-se às intervenções médicas e assistências especializadas necessárias à prática esportiva;
>
> III – exercitar a atividade esportiva profissional de acordo com as regras da respectiva modalidade esportiva e as normas que regem a disciplina e a ética esportivas.

O atleta também possui deveres gerais que são inerentes a todo empregado para com seu empregador, a exemplo dos deveres de obediência, diligência e fidelidade.

A obediência é um dever oriundo da subordinação, um dos elementos caracterizadores da relação de emprego, cabendo ao atleta observar as diretrizes e cumprir as ordens emanadas do clube empregador para a execução do contrato especial de trabalho desportivo.

A diligência é um dever que pode ser resumido no esforço necessário do atleta empregado em realizar suas tarefas com o devido cuidado e rendimento que a agremiação empregadora razoavelmente espera.

E a fidelidade é um dever ligado ao elemento ético da relação, cabendo ao atleta se pautar, no seu agir, pela honra e retidão de sua conduta, cumprindo fielmente as obrigações do contrato.

O descumprimento das obrigações inerentes ao contrato especial de trabalho desportivo pode gerar implicações jurídicas importantes.

Se o descumprimento ocorrer por parte do clube empregador, o atleta empregado pode exigir o seu correto cumprimento, ou até mesmo postular a rescisão indireta do contrato de trabalho, se ocorrer alguma das hipóteses previstas no art. 483 da CLT, *in verbis*:

> Art. 483 – O empregado poderá considerar rescindido o contrato e pleitear a devida indenização quando:
>
> *a)* forem exigidos serviços superiores às suas forças, defesos por lei, contrários aos bons costumes, ou alheios ao contrato;
>
> *b)* for tratado pelo empregador ou por seus superiores hierárquicos com rigor excessivo;
>
> *c)* correr perigo manifesto de mal considerável;
>
> *d)* não cumprir o empregador as obrigações do contrato;
>
> *e)* praticar o empregador ou seus prepostos, contra ele ou pessoas de sua família, ato lesivo da honra e boa fama;
>
> *f)* o empregador ou seus prepostos ofenderem-no fisicamente, salvo em caso de legítima defesa, própria ou de outrem;
>
> *g)* o empregador reduzir o seu trabalho, sendo este por peça ou tarefa, de forma a afetar sensivelmente a importância dos salários.

O inadimplemento salarial e o não recolhimento do FGTS e das contribuições previdenciárias são hipóteses expressamente previstas na Lei Pelé (art. 28, § 5º, III, e art. 31, §§ 1º e 2º) e na Nova Lei Geral do Esporte (art. 90, III, §§ 1º, 2º e 3º) que podem ensejar a rescisão do contrato por culpa do clube empregador. Esse cenário também dá ao atleta empregado o direito de postular a indenização prevista em cláusula compensatória desportiva.

Por outro lado, se o descumprimento contratual ocorrer por parte do atleta, o clube pode se valer de seu poder disciplinar para restabelecer o regular cumprimento do contrato.

O art. 48 da Lei Pelé elenca as sanções que podem ser aplicadas pelas entidades de administração do desporto e de prática desportiva, com o fim de manter a ordem desportiva e o respeito aos atos emanados de seus poderes internos:

> Art. 48. Com o objetivo de manter a ordem desportiva, o respeito aos atos emanados de seus poderes internos, poderão ser aplicadas, pelas entidades de administração do desporto e de prática desportiva, as seguintes sanções:
>
> I – advertência;
>
> II – censura escrita;
>
> III – multa;
>
> IV – suspensão;

V – desfiliação ou desvinculação.

§ 1º A aplicação das sanções previstas neste artigo não prescinde do processo administrativo no qual sejam assegurados o contraditório e a ampla defesa.

§ 2º As penalidades de que tratam os incisos IV e V deste artigo somente poderão ser aplicadas após decisão definitiva da Justiça Desportiva.

O dispositivo acima merece interpretação adequada, no sentido de que, em se tratando de relação trabalhista, o clube empregador pode aplicar as sanções de advertência, censura escrita, multa e suspensão, sem mais formalidades, ou seja, sem a necessidade de processo administrativo interno, pois decorre naturalmente do poder disciplinar inerente à figura do empregador. Compete à Justiça do Trabalho examinar eventuais abusos.

A sanção de desfiliação ou desvinculação diz respeito, logicamente, à relação estritamente desportiva entre o atleta ou o clube perante a entidade de administração de desporto, caso em que se exige o prévio processo administrativo como condição de julgamento das transgressões relativas à disciplina e às competições desportivas. Nessa hipótese, o julgamento compete à Justiça Desportiva.

O poder disciplinar do clube empregador tem natureza pedagógica. O objetivo central não é a mera punição, e sim ajustar a conduta do atleta empregado ao contexto da necessária relação sadia e do fiel cumprimento do contrato.

Um dos requisitos fundamentais ao exercício do poder disciplinar é a imediatidade entre o conhecimento do fato e a punição imposta, sendo certo que a ausência desse elemento configura o perdão tácito por parte do clube empregador.

Com efeito, é imprescindível a atualidade da punição, de forma a caracterizar-se o nexo de causa e efeito entre a falta cometida pelo atleta empregado e o exercício do direito de punir, pelo clube empregador, até mesmo para garantia da segurança das relações de trabalho, que ficaria absolutamente prejudicada se este último tivesse a prerrogativa de escolher o momento da punição.

O poder disciplinar deve ser exercido de forma proporcional, observando-se, outrossim, o critério da gradação das penas, o qual enfatiza o caráter pedagógico.

Vale transcrever, a respeito, a lição do eminente jurista e ministro do TST, Mauricio Godinho Delgado:

> "A doutrina e a jurisprudência elegem, ainda, o caráter pedagógico do exercício do poder disciplinar como importante critério informador da aplicação das penas no contexto empregatício. Considera-se fundamental que o poder punitivo seja exercido com a finalidade de ajustar o obreiro à sadia

> convivência laborativa, em um contexto de regras lícitas adotadas pela empresa. O objetivo central de tal poder não seria sancionar, punir, mas principalmente criar condições para a ressocialização obreira no universo empresarial. A punição deve ser encarada apenas como instrumento subordinado a esse objetivo maior, do mesmo modo que a exclusão do trabalhador do emprego deve ser tida como solução cabível somente em casos efetivamente justificáveis.
>
> É mecanismo de realização desse caráter pedagógico do exercício do poder disciplinar a gradação das penalidades. De fato, a adoção de medidas punitivas em escala crescente transmite ao obreiro a clara noção do desajuste de seu comportamento, permitindo o melhor alcance da sua ressocialização laborativa. A gradação favorece, pois, em geral, o sentido didático do exercício punitivo." (DELGADO, Maurício Godinho. *Curso de Direito do Trabalho*. 6. ed. São Paulo: LTr, 2007. p. 1.192)

Nesse contexto, tem-se que não se mostraria razoável nem proporcional a aplicação da pena de suspensão por conta de um ocasional e isolado atraso do atleta a um treino, situação que comportaria apenas uma advertência.

No entanto, sucessivos atrasos ou faltas podem ensejar, gradativamente, a aplicação das penas de advertência, censura escrita, suspensão, e assim subsequentemente.

De se chamar a atenção que, se o atleta cometer uma falta muito grave, é possível a aplicação da pena máxima, ainda que tenha sido a primeira transgressão cometida.

É vedada a aplicação de dupla punição pela mesma falta. Ao impor uma das penas possíveis, o clube empregador esgota o seu direito de punir o atleta pelo ato faltoso cometido, não sendo admissível a aplicação de uma segunda punição, pela mesma falta, em face do princípio do *non bis in idem*, que norteia o ordenamento jurídico pátrio.

Acrescente-se que tampouco é admissível a alteração da pena. Vale dizer, a partir do momento em que o clube empregador opta pela aplicação de uma determinada penalidade, não pode reavaliar para aplicar uma pena mais severa. A pena aplicada há que ser definitiva, encerrando a questão.

Nesse sentido, valho-me novamente da sábia e abalizada doutrina do ministro Mauricio Godinho Delgado:

> "O critério da singularidade da punição (ausência de duplicidade punitiva) concretiza o princípio clássico do non bis in idem no âmbito do poder disciplinar. Por tal critério, não pode o empregador aplicar mais de uma pena em função de uma única falta cometida. Mesmo que se trate de um grupo de faltas, mas tendo uma unidade em seu cometimento (ilustrativamente, o

empregado danifica uma máquina e, no mesmo instante, ofende sua chefia imediata), a punição tem de ser unitária.

Ao critério anterior (singularidade punitiva) associa-se, em geral, o critério da inalteração da punição. Para o Direito do Trabalho a punição perpetrada tem de ser definitiva, não podendo ser modificada. Ilustrativamente, se o empregador aplicou suspensão disciplinar e, em seguida, reavaliando a gravidade da falta cometida, conclui que ela, na verdade, inquestionavelmente justificaria uma ruptura contratual por justa causa obreira, já não mais poderá, validamente, aplicar a pena do art. 482, CLT, em virtude do critério da inalteração das punições perpetradas." (DELGADO, Maurício Godinho. *Curso de Direito do Trabalho*. 6. ed. São Paulo: LTr, 2007. p. 1.191)

Se o atleta cometer uma falta suficientemente grave, a ponto de fulminar a fidúcia da relação, muito tem se debatido se poderia ou não ensejar uma dispensa por justa causa.

Na Lei Pelé (Lei n. 9.615/98), não há previsão específica de rescisão contratual por justa causa do atleta, conforme pode se verificar da redação de seu art. 28, § 5º:

Art. 28. (...)

§ 5º O vínculo desportivo do atleta com a entidade de prática desportiva contratante constitui-se com o registro do contrato especial de trabalho desportivo na entidade de administração do desporto, tendo natureza acessória ao respectivo vínculo empregatício, dissolvendo-se, para todos os efeitos legais:

I – com o término da vigência do contrato ou o seu distrato;

II – com o pagamento da cláusula indenizatória desportiva ou da cláusula compensatória desportiva;

III – com a rescisão decorrente do inadimplemento salarial, de responsabilidade da entidade de prática desportiva empregadora, nos termos desta Lei;

IV – com a rescisão indireta, nas demais hipóteses previstas na legislação trabalhista; e

V – com a dispensa imotivada do atleta.

Igualmente é o que se percebe da redação do art. 90 da Nova Lei Geral do Esporte:

Art. 90. O vínculo de emprego e o vínculo esportivo do atleta profissional com a organização esportiva empregadora cessam para todos os efeitos legais com:

I – o término da vigência do contrato ou o seu distrato;

II – (VETADO);

III – a rescisão decorrente do inadimplemento salarial ou do contrato de direito de imagem a ele vinculado, de responsabilidade da organização esportiva empregadora, nos termos desta Lei;

IV – a rescisão indireta, nas demais hipóteses previstas na legislação trabalhista;

V – a dispensa imotivada do atleta.

Não obstante, o art. 28, § 4º, da Lei Pelé, bem como o art. 85 da Nova Lei Geral do Esporte estabelecem que as normas gerais da legislação trabalhista (no caso, a CLT) se aplicam subsidiariamente ao atleta profissional.

Nesse espeque, o art. 482 da CLT fixa as hipóteses ensejadoras da dispensa do empregado por justa causa:

Art. 482 – Constituem justa causa para rescisão do contrato de trabalho pelo empregador:

a) ato de improbidade;

b) incontinência de conduta ou mau procedimento;

c) negociação habitual por conta própria ou alheia sem permissão do empregador, e quando constituir ato de concorrência à empresa para a qual trabalha o empregado, ou for prejudicial ao serviço;

d) condenação criminal do empregado, passada em julgado, caso não tenha havido suspensão da execução da pena;

e) desídia no desempenho das respectivas funções;

f) embriaguez habitual ou em serviço;

g) violação de segredo da empresa;

h) ato de indisciplina ou de insubordinação;

i) abandono de emprego;

j) ato lesivo da honra ou da boa fama praticado no serviço contra qualquer pessoa, ou ofensas físicas, nas mesmas condições, salvo em caso de legítima defesa, própria ou de outrem;

k) ato lesivo da honra ou da boa fama ou ofensas físicas praticadas contra o empregador e superiores hierárquicos, salvo em caso de legítima defesa, própria ou de outrem;

l) prática constante de jogos de azar.

m) perda da habilitação ou dos requisitos estabelecidos em lei para o exercício da profissão, em decorrência de conduta dolosa do empregado.

Parágrafo único – Constitui igualmente justa causa para dispensa de empregado a prática, devidamente comprovada em inquérito administrativo, de atos atentatórios à segurança nacional.

No caso de atleta que pratica o ilícito de manipulação de resultados, não tenho dúvidas de que se trata de conduta gravíssima que leva à total quebra de fidúcia, e que enseja a dispensa por justa causa, por ato de improbidade (por revelar comportamento desonesto, com vistas a obter vantagem por meio de ilícito), nos termos do art. 482, alínea *"a"*, da CLT.

Por consequência, o atleta perde o direito de receber férias proporcionais, 13º salário proporcional, de sacar o FGTS e de se habilitar no programa do seguro-desemprego. Faz jus apenas ao saldo de salário, e de férias vencidas (se houver).

Alguns juristas defendem que o atleta dispensado por justa causa estaria sujeito a pagar, ao clube empregador, a cláusula indenizatória esportiva de que versa o art. 28 da Lei Pelé e o art. 86 da Nova Lei Geral do Esporte. Nesse sentido é o pensamento do ministro do TST, Alexandre Agra Belmonte, ao ponderar que: *"Se na transferência de um clube para o outro o primeiro tem direito a uma indenização por abandono de serviço, da mesma forma o clube também deveria ser indenizado se ocorrem um dos casos de despedida por justa causa previstos na CLT"*. E, arrematando, assinala que: *"Se o atleta deu causa ao término do contrato, ele tem que pagar a cláusula indenizatória, disciplinada no art. 28 da Lei Pelé"*.

Por derradeiro, de se alertar que, sendo a dispensa por justa causa a maior penalidade imposta pelo empregador ao empregado, há que existir prova inconteste do cometimento do ato faltoso, bem como que seja esse imputável ao trabalhador, e, ainda, que a falta seja suficientemente grave, de modo que impeça a permanência da relação de trabalho.

Acrescente-se que a conduta de improbidade é uma das mais graves, na medida em que repercute não apenas no âmbito profissional do atleta, mas diante de toda a comunidade em geral. Nessas condições, é ainda de maior rigor que haja prova robusta e insofismável acerca dos fatos e da autoria deles.

3. Considerações finais

Finalmente, vale salientar que se faz necessária a implementação de mecanismos eficazes, com o fim de garantir a transparência e integridade desportiva.

A propósito, a Nova Lei Geral do Esporte, em seu art. 59, elegeu a integridade desportiva como um dos princípios da gestão na área esportiva, explicitando que esse princípio se refere à adoção de medidas que evitem qualquer interferência indevida que possa afetar a incerteza do resultado esportivo, a igualdade e a integridade dos competidores.

Nesse mesmo contexto, de se enfatizar o quanto dispõe o art. 177 desse mesmo diploma legal:

> Art. 177. A prevenção e o combate à manipulação de resultados esportivos têm por objetivo afastar a possibilidade de conluio intencional, ato ou omissão que visem a alteração indevida do resultado ou do curso de competição esportiva, atentando contra a imprevisibilidade da competição, prova ou partida esportiva com vistas à obtenção de benefício indevido para si ou para outros.
>
> Parágrafo único. A administração pública federal estabelecerá parcerias com as organizações esportivas que administram e regulam a prática do esporte para promover mecanismos de

monitoramento das competições esportivas com vistas a possibilitar a prevenção e o combate à manipulação de resultados esportivos.

Igualmente relevante é a existência do marco regulatório sobre o mercado de apostas no Brasil.

Também se mostra por demais importante o desenvolvimento de programas de *compliance* no esporte, a fim de prevenir a prática de manipulação de resultados ou de qualquer outro ilícito no âmbito desportivo.

Ainda importante destacar que as iniciativas preventivas sejam direcionadas desde a categoria de base, por envolver jovens atletas que ainda não detêm maturidade suficiente para lidar com situações que envolvam propostas ilícitas de rápido e fácil enriquecimento, podendo arruinar as pretensas carreiras.

Enfim, iniciativas dessa natureza certamente trarão ao esporte brasileiro o que todos almejam: integridade e credibilidade!

Referências

AMADO, João Leal. Desporto, direito e trabalho: Uma reflexão sobre a especificidade do contrato de trabalho desportivo. In: BELMONTE, Alexandre Agra; VIEIRA DE MELLO, Luiz Philippe, CAPUTO BASTOS, Guilherme Augusto (Orgs. e Coords.). *Direito do Trabalho Desportivo:* os aspectos jurídicos da Lei Pelé frente às alterações da Lei n. 12.395/2011. São Paulo: LTr, 2013.

BELMONTE, Alexandre Agra. Poder disciplinar da entidade de prática desportiva e a Justiça do Trabalho. *Justiça & Cidadania*, 2013. Disponível em: <https://www.editorajc.com.br/poder-disciplinar-da-entidade-de-pratica-desportiva-e-a-justica-do-trabalho/#:~:text=O%20poder%20disciplinar%20da%20entidade,do%20fiel%20cumprimento%20do%20contrato>. Acesso em: 18 jul. 2023.

COCCETRONE, Gabriel. Trabalho de prevenção à manipulação de resultado no futebol começa na base. *Lei em Campo*, 2023. Disponível em: <https://leiemcampo.com.br/trabalho-de-prevencao-a-manipulacao-de-resultado-no-futebol-comeca-na-base/>. Acesso em: 18 jul. 2023.

DANI, Marcos Ulhoa. A justa causa praticada pelo jogador profissional de futebol e a sua tipificação. *Megajurídico*, 2016. Disponível em: <https://www.megajuridico.com/justa-causa-praticada-pelo-jogador-profissional-de-futebol-e-sua-tipificacao/>. Acesso em: 18 jul. 2023.

DELGADO, Maurício Godinho. *Curso de Direito do Trabalho*. 6. ed. São Paulo: LTr, 2007.

DOUGAN, Chris; MARCONDES, Rafael. Manipulação de resultados no Brasil: por uma ação imediata. *Lei em Campo*, 2023. Disponível em: <https://leiemcampo.com.br/manipulacao-de-resultados-no-brasil-por-uma-acao-imediata/>. Acesso em: 18 jul. 2023.

MARCHETTI, Felippe. Integridade esportiva e a manipulação de resultados no Brasil. *Lei em Campo*, 2023. Disponível em: <https://leiemcampo.com.br/integridade-esportiva-e-a-manipulacao-de-resultados-no-brasil/>. Acesso em: 18 jul. 2023.

MILANEZ, Bruno. *Compliance* esportivo: como prevenir a manipulação de resultados e apostas?. *Canal Ciências Criminais*, 2022. Disponível em: <https://canalcienciascriminais.com.br/compliance-esportivo-resultados-apostas/>. Acesso em: 18 jul. 2023.

Da Competência da Justiça do Trabalho para Discutir Punição de Atleta Profissional e o Direito Constitucional ao Trabalho

André Cremonesi
Carlos Augusto Marcondes de Oliveira Monteiro

Introdução

O presente texto tem como finalidade analisar o direito fundamental ao trabalho e as penalidades impostas aos atletas profissionais com a exclusão de competição esportiva, chamada de eliminação, bem como a competência da Justiça do Trabalho para analisar eventual ação que discuta tais punições.

Como admitir que um atleta seja punido com a restrição ao trabalho? Ser suprimido de um indivíduo o direito ao trabalho, é possível?

Podemos citar o caso conhecido da jogadora Tandara Caixeta. Primeiro, necessário esclarecer que o caso se encontra sob segredo de justiça. Por conta disso, as poucas informações são aquelas divulgadas pela imprensa escrita, mais precisamente as extraídas do *site UOL*. Nessa linha de raciocínio, alguns fundamentos aqui utilizados por nós podem estar em descompasso com fatos até hoje não mencionados, dado o decreto de segredo de justiça.

Contudo, utilizaremos esse caso para discutir a constitucionalidade da punição consistente no impedimento de trabalhar, e se a Justiça do Trabalho possui competência para analisar tais punições.

Nos idos do ano de 2021, um pouco antes do início das Olimpíadas em Tóquio, no Japão, o Brasil tomou conhecimento que a jogadora de vôlei Tandara Caixeta, que já se encontrava naquele país com as demais jogadoras selecionadas em preparação para o começo dos jogos olímpicos, foi informada de seu corte no referido evento, em decorrência de *doping* por conta de um teste ao qual foi submetida ainda no Brasil, pouco antes da viagem, que constatou a presença da substância proibida Ostarina.

Suspensa preventivamente, Tandara Caixeta retornou imediatamente ao Brasil e apresentou defesa perante o Tribunal de Justiça Desportiva Antidopagem, órgão responsável por julgá-la no âmbito desportivo.

As informações foram extraídas do *site UOL*, em 3 fev. 2023, da coluna de Demétrio Vecchioli,[1] que nos traz um histórico dos fatos, que serão considerados para tecermos alguns comentários no âmbito desportivo/jurídico, relembrando que o processo corre em segredo de justiça, o que impede uma análise mais profunda dos fatos ora desconhecidos por razões óbvias.

Para tanto, tomamos a liberdade de fazer tais comentários tanto no aspecto do direito material do trabalho, como no direito processual do trabalho.

1. A competência da Justiça do Trabalho para obter o retorno ao trabalho à luz da Constituição Federal

A primeira questão que surge é: Uma vez proposta ação perante o Poder Judiciário, a decisão da Justiça Desportiva fica suspensa, nula ou inválida?

Dispõe o art. 92, *caput*, da Constituição Federal de 1988:

> Art. 92. São órgãos do Poder Judiciário:
>
> Inciso I – o Supremo Tribunal Federal;
>
> Inciso I-A – o Conselho Nacional de Justiça;
>
> Inciso II – o Superior Tribunal de Justiça;
>
> Inciso II-A – o Tribunal Superior do Trabalho;
>
> Inciso III – os Tribunais Regionais Federais e Juízes Federais;
>
> Inciso IV – os Tribunais e Juízes do Trabalho;
>
> Inciso V – os Tribunais e Juízes Eleitorais;
>
> Inciso VI – os Tribunais e Juízes Militares;
>
> Inciso VII – os Tribunais e Juízes dos Estados e do Distrito Federal e Territórios.
>
> (...)

A despeito de a Justiça Desportiva não se encontrar abarcada no dispositivo constitucional supracitado, sustentamos que se trata de Poder Judiciário *sui generis* devidamente contemplado com a competência para julgar questões desportivas.

(1) Disponível em: <https://www.uol.com.br/esporte/colunas/olhar-olimpico/2023/02/03/justica-diz-que-tandara-beira-a-ma-fe-ao-culpar-farmacia-por-doping.htm>.

Ainda assim, a Lei n. 9.615/1998 assim preconiza no art. 52 e seus parágrafos:

> Art. 52. Os órgãos integrantes da Justiça Desportiva são autônomos e independentes das entidades de administração do desporto de cada sistema, compondo-se do Superior Tribunal de Justiça Desportiva, funcionando junto às entidades nacionais de administração do desporto; dos Tribunais de Justiça Desportiva, funcionando junto às entidades regionais da administração do desporto, e das Comissões Disciplinares, com competência para processar e julgar as questões previstas nos Códigos de Justiça Desportiva, sempre assegurados a ampla defesa e o contraditório. *(Redação dada pela Lei n. 9.981, de 2000)*
>
> § 1º Sem prejuízo do disposto neste artigo, as decisões finais dos Tribunais de Justiça Desportiva são impugnáveis nos termos gerais do direito, respeitados os pressupostos processuais estabelecidos nos §§ 1º e 2º do art. 217 da Constituição Federal.
>
> § 2º O recurso ao Poder Judiciário não prejudicará os efeitos desportivos validamente produzidos em consequência da decisão proferida pelos Tribunais de Justiça Desportiva.

Evidente, pois, que, mesmo não integrando o Poder Judiciário, à Justiça Desportiva foi conferido poder disciplinar sobre os atletas.

Nesse sentido, mesmo a jogadora Tandara Caixeta tendo buscado seus direitos perante a Justiça Comum Estadual, é certo que a decisão da Justiça Desportiva não foi suspensa, nula nem inválida.

Ao contrário, judicializado o litígio perante a Justiça Comum Estadual por parte da jogadora, foi mantida a punição de sua suspensão das atividades por quatro anos.

O princípio do acesso à justiça foi elevado à categoria de direito constitucional. É o que denominamos de direito de ação consagrado no art. 5º, inciso XXXV, *in verbis*:

> Art. 5º (...)
>
> XXXV – a lei não excluirá da apreciação do Poder Judiciário lesão ou ameaça a direito
>
> (...)

Assim, tem-se que nenhuma lei pode contemplar vedação ao direito de cada um acionar o Poder Judiciário. É o que se denomina como direito constitucional de ação, modernamente desvinculado do direito material.

Nesse sentido, incabível a possibilidade de discussão de qualquer litígio em instância administrativa, antes da propositura de ação judicial. A única exceção encontra-se prevista no art. 217, §§ 1º e 2º, da Lei Magna que assim preconiza:

> Art. 217. (...)
>
> § 1º O Poder Judiciário só admitirá ações relativas à disciplina e às competições desportivas após esgotarem-se as instâncias da justiça desportiva, reguladas em lei.

§ 2º A justiça desportiva terá o prazo máximo de sessenta dias, contados da instauração do processo, para proferir decisão final.

Tomamos a liberdade de sustentar aqui dois tipos diferentes de litígios, a saber:

a) os litígios exclusivamente desportivos de que trata o § 1º do art. 217 da Lei Maior como supracitado; e

b) os litígios que envolvam tanto a questão desportiva, como a questão trabalhista.

Preleciona o art. 114 e seu inciso I, da Lei Magna que:

Art. 114. Compete à Justiça do Trabalho processar e julgar: *(Redação dada pela Emenda Constitucional n. 45, de 2004)*

Inciso I – as ações oriundas da relação de trabalho, abrangidos os entes de direito público externo e da administração pública direta e indireta da União, dos Estados, do Distrito Federal e dos Municípios;

(...)

É certo que os atletas de vôlei, embora tenham semelhança quanto aos quatro elementos do contrato de trabalho nos moldes da Consolidação das Leis do Trabalho (habitualidade, pessoalidade, onerosidade e subordinação jurídica), em sua grande maioria não tem contrato de emprego assinado.

Nesse sentido, vejamos o contido no *site* <leiemcampo.com.br>[(2)] a respeito do tema, datado de 27.6.2019, escrito por Renan Lopes Martins:

> O atleta de vôlei é considerado profissional?
>
> Tudo bem, eu sei que você já está cansado de ouvir que as leis desportivas brasileiras foram criadas pensando, exclusivamente, no futebol.
>
> De fato, a maioria das leis desportivas brasileiras foi criada em épocas conturbadas no cenário do futebol brasileiro.
>
> Não podemos esquecer que, embora as leis formalmente não tenham nome no Brasil — mas sim numeração —, as duas últimas legislações gerais desportivas levam, informalmente, o nome de dois craques da história do futebol mundial: Zico (Lei n. 8.672/93) e Pelé (Lei n. 9.615/98, atual legislação em vigor).

(2) Disponível em: <https://leiemcampo.com.br/o-atleta-de-volei-e-considerado-profissional/>.

Mas não é que, em razão de todos esses fatos, devemos esquecer as outras modalidades, nem achar que as legislações desportivas brasileiras não são aplicáveis a elas.

Existem, sim, disposições legais que não são de observância obrigatória em outras modalidades que não o futebol; todavia, trata-se de exceção, não regra.

Dessa forma, nessa toada de trazermos a aplicação da Lex sportiva a outras modalidades, responderemos à pergunta feita no título deste artigo: o atleta de vôlei é considerado profissional?

Pois bem, atualmente, para ser considerado atleta profissional segundo a nossa legislação desportiva em vigor, é necessário que o atleta tenha um contrato formal de trabalho esportivo com uma entidade de prática esportiva, registrado na respectiva entidade de administração do esporte (art. 3º, § 1º, I, Lei Pelé).

Difícil? Simplifico:

O atleta de vôlei do time "A" precisa ter um contrato de trabalho com este registrado na Liga de Vôlei à qual o time "A" é filiado.

Mas não basta só isso, pois nada adianta o atleta ser considerado profissional se atua em uma liga que não é profissional (estranho? Calma que você já vai entender).

E é por essa razão que a Lei Pelé não nos deixa desamparado e considera profissional a modalidade que cumpra dois requisitos (*vide* art. 26, parágrafo único):

1. A) Competição promovida com o intuito de obter renda (venda de ingressos, patrocínios, transmissão onerosa do campeonato nos meios jornalísticos disponíveis, como rádio, TV, internet, etc.);

2. B) Existência de contrato de trabalho formal esportivo entre o atleta e o clube.

Pois bem, vamos falar na prática agora (o que também responderá à pergunta feita no início): no vôlei, nem todos os clubes cumprem os requisitos previstos na Lei Pelé.

Na verdade, embora as suas ligas, em sua maioria, tenham natureza econômica, com o viés de obter renda, os clubes filiados a essas ligas não registram os seus atletas, não mantendo assim, pelo menos formalmente, um Contrato Especial de Trabalho Desportivo.

A verdade é que na prática muitos clubes apenas pagam os atletas considerando-os como prestadores de serviços, ocasião em que esses atletas criam uma empresa em seu nome para receber o pagamento do clube, intitulado "verbas pela cessão do uso da imagem".

No vôlei, diferentemente do futebol, é muito comum os atletas pactuarem vínculos com os clubes apenas por temporada. Ou seja, a cada temporada decidem se irão renovar o vínculo, na teoria, de natureza civil, ou se irão partir para outro clube.

É também muito comum ajustarem a remuneração pela temporada inteira: ou seja, combinam com o clube, por exemplo, de receber R$ 1 milhão por uma temporada, dividido em, geralmente, dez parcelas mensais de R$ 100 mil.

Não dá para julgar nenhum dos lados: o cenário do vôlei é diferente do futebol, pois não envolve transferências milionárias (não há cessão de direitos econômicos dos atletas) e os clubes, em sua maioria, não têm recursos suficientes para registrar todos os atletas, sendo que os atletas, por necessitarem do rendimento para sobreviver, acabam se sujeitando a essa forma de ajustamento de remuneração.

Fato é que, falando juridicamente, muitos atletas do vôlei, insatisfeitos com essa forma de ajustar a remuneração, sem reconhecimento de direitos trabalhistas, decidiram ajuizar ação trabalhista cobrando dos clubes por todo o período em que por eles atuaram: verbas de natureza trabalhista e pagamentos de todos os direitos previstos na CLT e Constituição Federal.

Alguns perderam, mas muitos ganharam, pois a Justiça trabalhista não leva em conta somente o que foi ajustado contratualmente.

Explico: existe um princípio no Direito do Trabalho chamado Primazia da Realidade, que basicamente significa que prevalece a realidade dos fatos em detrimento de qualquer documento ou prova formal.

Ou seja, em que pese os atletas do vôlei em sua maioria não terem Contrato Especial de Trabalho Desportivo, não cumprindo assim os requisitos da Lei Pelé, sua atividade preenche facilmente os quatro requisitos para caracterizar uma relação de trabalho regida pela CLT: pessoalidade, onerosidade, subordinação e habitualidade.

Sem contar que, além de estarem configurados os requisitos para reconhecimento de vínculo trabalhista (previstos no art. 3º da CLT), estando evidente que as competições disputadas pelos atletas de vôlei têm cabal natureza lucrativa (vendendo ingressos, espaços publicitários ou direitos de transmissão), estarão preenchidos integralmente os requisitos do já mencionado art. 26 da Lei Pelé.

E é justamente dessa interpretação que os tribunais têm se socorrido para fazer prevalecer os direitos dos atletas do vôlei, reconhecendo assim o vínculo trabalhista com as entidades de prática esportiva.

Para ser sincero, embora os direitos dos atletas do vôlei tenham sido reconhecidos na Justiça do Trabalho, a situação atual não é a ideal.

Isso porque a Lei Pelé ainda considera, como vimos, o atleta profissional como aquele que tem um contrato de trabalho formal com entidade de prática esportiva registrado na entidade de administração do esporte à qual o clube é filiado.

E vamos combinar que na prática isso não acontece.

Sendo assim, a única forma de solucionarmos essa celeuma jurídica é aprovando o Projeto de Lei do Senado n. 68, de 2017, idealizado por Wladimyr Camargos e outros nobres juristas esportivos.

E aqui eu não faço campanha política, nem média com ninguém.

De fato, é porque, no art. 69 (do referido projeto de lei), a caracterização do atleta profissional está muito mais didática do que na lei atual.

Pelo projeto de lei, o atleta será considerado profissional se a modalidade em que disputa (profissionalmente estabelecida com regras jurídico-esportivas e com atletas de alto rendimento) for a sua principal fonte de renda. Ou seja, se de fato o atleta vive daquela modalidade para pagar as suas contas, não precisando mais que, para ser considerado profissional, tenha de ter um contrato formal e devidamente registrado.

A interpretação fica por conta de vocês:

> Art. 69. A profissão de atleta é reconhecida e regulada por esta Lei, sem prejuízo das disposições não colidentes contidas na legislação vigente, no respectivo contrato de trabalho ou em acordos ou convenções coletivas.
>
> Parágrafo único. Considera-se como atleta profissional o praticante de esporte de alto nível que se dedique à atividade esportiva de forma remunerada e permanente e que tenha nesta atividade sua principal fonte de renda por meio do trabalho, independentemente da forma como receba sua remuneração.

Enfim, enquanto isso não acontece, continuaremos a acompanhar as cenas dos próximos capítulos, que certamente se desdobrarão na Justiça trabalhista, pois atualmente é só por essa via que os atletas profissionais de vôlei poderão se socorrer para ter o vínculo trabalhista reconhecido — ou então que os clubes passem a registrar os seus atletas, embora este autor tenha conhecimento das dificuldades passadas pela maioria deles.

Desconhecemos se a jogadora Tandara matinha contrato de emprego nos moldes da Consolidação das Leis do Trabalho ou contrato de prestação de serviços nos moldes do Código Civil.

Supomos que a propositura de ação para anular a punição aplicada à jogadora Tandara Caixeta tenha ocorrido perante a Justiça Comum Estadual, talvez porque o contrato de trabalho celebrado entre ela e a sua agremiação tenha ocorrido nos moldes do Código Civil.

Contudo, esclarecemos, por oportuno, que dado o segredo de justiça decretado na Justiça Comum Estadual, desconhecemos se o objeto desse litígio é a cassação da decisão proferida pela Justiça Desportiva ou a responsabilização da farmácia que teria manipulado incorretamente o produto quando de sua elaboração ou outra hipótese qualquer.

Não olvidamos a controvérsia em torno da abrangência do art. 114, inciso I, do Texto Constitucional, mas com o devido respeito a opiniões contrárias (que representam a maioria), entendemos que a competência é da Justiça do Trabalho, independentemente se o contrato foi firmado ou não nos moldes da Consolidação das Leis do Trabalho.

Ainda, sobre o tema competência material, há uma outra pergunta. À luz do sistema constitucional vigente que insere o direito ao trabalho como direito social, seria possível a impetração de mandado de segurança perante a Justiça do Trabalho visando ao retorno ao trabalho?

Sobreleva mencionar que recentes decisões do Supremo Tribunal Federal e do Superior Tribunal de Justiça se inclinaram no sentido de afastar a competência material da Justiça do Trabalho em vários litígios (do que, *data maxima venia*, discordamos). Com isso, deixaram esses órgãos judiciários de aplicar a literalidade do art. 114, inciso I, da Carta Constitucional, já citada neste artigo.

Exemplo disso são os litígios que envolvem: a) servidores públicos estatutários (STF – ADI n. 3.395); b) servidores públicos celetistas quando se tratar de ato que envolva nulidade do concurso público (STF – RE n. 960.429); c) representantes comerciais autônomos (STF – RE n. 606.003); d) transportador autônomo de carga da Lei n. 11.442/2007 (ADC n. 48) ; e) autorização do trabalho de menores (STF – ADI n. 5.326); f) contribuições sindicais de servidores públicos (STJ – CC 147.784); g) contribuições previdenciárias de pedido declaratório de vínculo empregatício reconhecido na Justiça do Trabalho (Súmula Vinculante n. 53 do STF); h) complementação de aposentadoria mesmo que decorrente de contrato de trabalho por empresas públicas e sociedades de economia mista (STF – RE n. 1.265.549); i) entre consulado e funcionário brasileiro e também com cidadania portuguesa (STJ – CC 168.143); j) sucessão trabalhista de empregadores na recuperação judicial (STJ – CC 152.841 e CC 151.621); k) ação de cobrança ajuizada para processar e julgar litígios que envolvam honorários de profissionais liberais cobrados por advogados de suas clientes (STJ – Súmula n. 363) e l) destinação do depósito recursal de processo trabalhista de empresa em recuperação judicial (STJ – CC 162.769).

Essa é a tendência, portanto.

Nessa linha de raciocínio, se a interpretação for no sentido de que falece competência material à Justiça do Trabalho para apreciar e julgar o litígio da jogadora Tandara Caixeta, em que se pleiteia a anulação da punição pela via ordinária, por decorrência lógica a justiça especializada também não teria competência para apreciar mandado de segurança para cassar a decisão da Justiça Desportiva por ato de pretenso abuso de autoridade, ainda que o argumento fosse constitucional, de tratar o direito ao trabalho como tal.

Não afastamos, contudo, o direito da jogadora de, em tese, conseguir êxito mediante a impetração de *mandamus* perante a Justiça Comum Estadual, uma vez que a via ordinária pode se tornar morosa para um profissional que não poderia ficar tanto tempo parado em suas atividades desportivas.

Ainda, quanto a uma possível impetração de Mandado de Segurança, quer perante a Justiça Comum Estadual, quer perante a Justiça do Trabalho, pensamos que a autoridade coatora, *in casu*, seria o Tribunal de Justiça Desportiva Antidopagem.

Ressaltamos, mais uma vez, que não temos conhecimento de que tipo de contrato foi celebrado entre a jogadora e a sua agremiação, supondo ser de natureza civil, como também reiteramos nossa posição, contrária à maioria, de que a competência é da Justiça do Trabalho.

2. A possibilidade de exercer outra função relacionada a modalidade esportiva

Uma outra questão que surge é se poderia Tandara Caixeta, no futuro, voltar a jogar volei por alguma agremiação e ou mesmo se tornar técnica de vôlei?

Atualmente, a jogadora Tandara Caixeta está com 34 anos e meio de idade. Sua punição de suspensão a quatro anos se estenderá até julho de 2025.

Logicamente que, com 36 anos e meio ao final da punição que confirmou sua suspensão de quatro anos, ainda poderá a jogadora Tandara jogar vôlei em alto nível, se as condições físicas lhe permitirem a isso. A bem da verdade, nos dias atuais a medicina esportiva, a fisiologia, a nutrição, entre outras especialidades, tornam a carreira mais longeva.

Embora a citada jogadora tenha sofrido a punição em termos desportivos, resta forçoso reconhecer que não se trata de punição perpétua, nem mesmo no caso dela, que já estaria do meio para o final da carreira. Exemplo disso são outras jogadoras de vôlei com idade superior a 36 anos e que continuam ativas e com alto rendimento.

Por óbvio que a punição, embora rigorosa, não poderia ser perpétua, sobretudo se considerarmos o contido no art. 6º, *caput*, da Carta Constitucional, *in verbis*:

> Art. 6º São direitos sociais a educação, a saúde, a alimentação, o trabalho, a moradia, o transporte, o lazer, a segurança, a previdência social, a proteção à maternidade e à infância, a assistência aos desamparados, na forma desta Constituição. *(Redação dada pela Emenda Constitucional n. 90, de 2015)*
>
> (...)

A questão que surge é, durante o período de punição, pode a jogadora exercer outra função relacionada com a mesma modalidade esportiva ou até mesmo com outro esporte? Entendemos que não permitir que a jogadora pudesse participar mais de nenhuma competição desportiva seria clara e manifesta violação constitucional.

Registramos que o controle de dopagem previsto na Lei n. 9.615/98 não se traduz em punição como sinônimo de vingança promovida pelo legislador, mas sim para garantir disputas desportivas limpas e isonômicas.

O Código Brasileiro Antidopagem (Resoução 64, de 30 de dezembro de 2020), que trata do tema, veda a participação do atleta em competição ou atividade esportiva.

Entendemos que tal vedação deve ser restritiva, sendo possível o exercício da atividade como, por exemplo, de treinadora de atletas amadores ou atletas recreacionais, limitando-se a punição ao exercício de atividade de atleta profissional. Isso porque o direito ao trabalho é um direito fundamental de qualquer cidadão.

Estamos diante da discussão de um princípio constitucional.

A lesão ao princípio é indubitavelmente a mais grave das inconstitucionalidades porque sem princípio não há ordem constitucional e sem ordem constitucional não há garantia para as liberdades, cujo exercício somente se faz possível fora do reino do arbítrio e dos poderes absolutos.(3)

Robert Alexy(4) nos ensina que os princípios são normas de otimização. Isso em razão do fato de que os princípios permitem a sua aplicação indistintamente, uma vez que não se referem a situações específicas como ocorre com as regras.

---

(3) Disponível em: <https://leiemcampo.com.br/o-atleta-de-volei-e-considerado-profissional/>.

(4) *Idem.*

Nesse sentido, a distinção, de natureza lógica, proposta por Ronald Dworkin,(5) entre princípios e regras, revela que aqueles são dotados de uma importância que estas não possuem. Para Dworkin, as regras são aplicáveis da maneira "tudo ou nada", porque uma vez apresentados os fatos, ou serão válidas e o conteúdo nelas previsto deverá ser aplicado, ou não serão válidas, em nada contribuindo para a solução do caso.

Ou seja, uma regra é aplicada em detrimento de outra e vice-versa, de forma que se autoexcluam, enquanto que os princípios coexistem entre si, podendo ser aplicada "a força relativa de cada um"(6) nas situações específicas.

Willis Santiago Guerra Filho assim distingue regras de princípios: "Regras e princípios distinguem-se: a) quanto à sua estrutura lógica e deontológica, pela circunstância de as primeiras vincularem-se a fatos hipotéticos (Tatbestande) específicos, um determinado funtor ou operador normativo ("proibido", "obrigatório", "permitido"), enquanto aqueles outros — os princípios — não se reportam a nenhum fato particular, e transmitem uma prescrição programática genérica, para ser realizada na medida do jurídico e faticamente possível".(7)

Lafayette Pozzoli escreve que "Nessa trajetória, o intérprete, ao examinar o complexo normativo, deve, em primeiro lugar, identificar os princípios e, a partir deles, caminhar em direção às normas jurídicas mais particulares. O princípio jurídico adquire foros de uma norma jurídica qualificada, visto que tem âmbito de validade maior e orienta a atuação de outras normas, inclusive as de nível constitucional".(8)

Assim, a norma em sentido amplo abrangeria, além das normas em sentido estrito, os princípios.

Essa função dos princípios não tem autonomia, mas atua como comando jurídico instigador, tendo ao final uma função normativa concorrente.

E, essa função normativa deve ser analisada conjuntamente, sendo que, havendo "choque" entre dois princípios, tal é aparente, já que um não pode prevalecer em detrimento do outro, mas sim devem ser cotejados e aplicados na perspectiva da proporcionalidade, para a solução do caso concreto, sem que nenhum deles seja aniquilado ou deixado completamente de lado.

Ao contrário das regras, os princípios não se excluem, mas sim um prevalecerá sobre o outro, na dimensão de peso que cada um possui no caso concreto, cedendo um princípio para que o outro permaneça.(9)

---

(5) Disponível em: <https://leiemcampo.com.br/o-atleta-de-volei-e-considerado-profissional/>.

(6) *Idem.*

(7) *Idem.*

(8) *Idem.*

(9) *Idem.*

Robert Alexy[(10)] fundamenta tal afirmação ao exemplificar que, segundo um princípio, algo pode ser proibido e, para outro, permitido, indicando aparente contradição, isto é, cada um dos princípios acaba limitando a possibilidade jurídica de cumprimento do outro. Uma vez incidindo ambos em um mesmo caso concreto, aplica-se relação de precedência condicionada, em que um princípio retrocede para que outro prevaleça, devendo-se indicar as razões da decisão.

Resolve-se a colisão de princípios com base nas ponderações de bens e na proporcionalidade, pois são critérios que permitem mensurar o valor dos bens envolvidos e, bem assim, decidir qual irá prevalecer no caso concreto.[(11)]

Segundo Wilson Steinmetz, adotando a teoria de Alexy: "Os princípios, como mandamentos de otimização, são normas que ordenam que algo seja realizado na maior medida possível, de acordo com as possibilidades fáticas e jurídicas. As possibilidades fáticas são determinadas pelas máximas da adequação e da necessidade e as possibilidades jurídicas, pela máxima da proporcionalidade em sentido estrito — esta última é o mandamento de ponderação propriamente dito. Há uma co-implicação entre princípios e máxima da proporcionalidade: os princípios exigem a máxima da proporcionalidade — de modo especial a máxima da proporcionalidade em sentido estrito (a ponderação) — para que se solucionem as colisões de princípios *in concreto* e a máxima da proporcionalidade determina o grau de otimização (realizabilidade ou satisfação) dos princípios *in concreto.* Adequação (*Geeignetheit*), necessidade (*Erforderlichkeit*) e proporcionalidade em sentido estrito (*Verhältnismässigkeit im engeren Sinne*) são os elementos constitutivos daquilo que na dogmática e na jurisprudência constitucionais contemporâneas — de matriz germânica — chama-se princípio da proporcionalidade[(12)] (*Verhältnismässigkeitsgrundsatz*)".[(13)]

Assim, tem-se que a proporcionalidade é tomada de caráter tríplice, qual seja, a adequação, a necessidade e a proporcionalidade em sentido estrito, que à ponderação propriamente dita.

A proporcionalidade em sentido estrito é um mandado de otimização e corresponde à possibilidade jurídica, enquanto a necessidade e a adequação, também mandados de otimização, correspondem à possibilidade fática ou real.[(14)]

Em suma, conclui Wilson Steinmetz que "o princípio da proporcionalidade ordena que a relação entre o fim que se pretende alcançar ou promover e o meio utilizado deve ser adequada, necessária e proporcionada".[(15)]

---

(10) Disponível em: <https://leiemcampo.com.br/o-atleta-de-volei-e-considerado-profissional/>.

(11) *Idem.*

(12) *Idem.*

(13) *Idem.*

(14) *Idem.*

(15) *Idem.*

Wilson Steinmetz nos ensina ainda que, por fim, como elemento constitutivo da teoria dos princípios de Alexy, tem-se o chamado "Precedências *prima facie*", em que, "se, de um lado, não é possível a estruturação de um sistema (uma ordem hierárquica) abstrato(a) de precedências entre princípios — dada a idêntica hierarquia *in abstrato* dos princípios não é possível justificar relações de precedência incondicionadas (absolutas ou definitivas) — de outro lado, é possível estabelecer condições (gerais) de precedência *prima facie*, com o objetivo de criar uma certa ordem — uma 'ordem fraca'— no campo dos princípios".(16)

Explica o mencionado autor que "As precedências *prima facie* não contêm determinações definitivas em favor de um princípio (*e.g.*, P1) — e precisamente por isso são determinações *prima facie* e determinadas de "precedências *prima facie*" ou "prioridades *prima facie*" —, contudo estabelecem um ônus de argumentação para a precedência do outro princípio (e.g., P2) no caso concreto. Assim, uma precedência *prima facie* constitui uma carga de argumentação contra o outro princípio. De um lado, essas tendências não estabelecem determinações definitivas; de outro, exigem o cumprimento ou a satisfação de um ônus de argumentação para serem afastadas. Isso significa que em um caso concreto de colisão entre os princípios da liberdade de informação e da proteção da personalidade, a despeito da precedência *prima facie* em favor da liberdade de informação — "informação atual sobre um delito grave" —, se os argumentos em favor da precedência do princípio (oposto) da proteção da personalidade forem mais fortes, então aquela precedência *prima facie* deve ser afastada porque se cumpriu com o ônus da argumentação. Dizendo de outro modo, uma precedência geral *prima facie* estabelecida em favor de um princípio P1 ante um princípio P2 pode ser afastada se os argumentos (leia-se: condições de precedência condicionada) em favor da precedência P2 forem mais fortes".(17)

Dessa forma, tem-se que o trabalho possui caráter alimentar e está diretamente relacionado com a dignidade da pessoa humana.

Por isso que o trabalho, ao lado da família, é o que uma pessoa tem de mais valioso, inclusive merecendo atenção do Papa João Paulo II, que editou a Encíclica "LABOREM EXERCENS", na qual vem nos mostrar "o trabalho como chave social dos problemas sociais".

Para o Papa "... mediante o trabalho, o homem não somente transforma a natureza, adaptando-se às suas próprias necessidades, mas também se realiza a si mesmo como homem e até, em certo sentido, se torna mais homem".

Em relação à família, o trabalho é apresentado da seguinte maneira pelo Papa, na referida encíclica: "Assim, o trabalho e a laboriosidade condicionam também o processar-se da

(16) Disponível em: <https://leiemcampo.com.br/o-atleta-de-volei-e-considerado-profissional/>.

(17) *Idem.*

educação na família, precisamente pela razão de que cada um se torna homem mediante o trabalho... Com efeito, a família é, ao mesmo tempo, uma comunidade tornada possível pelo trabalho e a primeira escola interna de trabalho para todos e cada um dos homens".

Por esse motivo, entendemos que a limitação para exercer o ofício decorrente de punição desportiva deve ser restritiva a atividades profissionais, sendo permitido ao cidadão o exercido de qualquer outro trabalho lícito, ainda que em funções correlatas.

3. Considerações finais

Em suma, nos casos de punições aplicadas por Tribunais de Justiça Desportiva, a propositura de ação visando à reversão perante a Justiça Comum Estadual ou mesmo perante a Justiça do Trabalho, conforme o caso, não suspende, anula o invalida a decisão.

Entendemos que a partir da EC n. 45/04 a competência é da Justiça do Trabalho, independentemente da natureza do contrato firmado com o atleta, se nos moldes do Código Civil ou da CLT.

E, por fim, não vislumbramos nenhum óbice para que o jogador punido, como ocorreu com a jogadora Tandara Caixeta, exerça outra atividade não profissional, ainda que tenha relação com a modalidade esportiva da qual exercia profissionalmente, em prol do princípio da dignidade humana e do direito ao trabalho, consagrados pelo texto constitucional.

Referências

ALEXY, Robert. *Teoría de los derechos fundamentales*. Cidade do México: Distribuciones Fontamara, 2002.

CAMPANELLI, Luciana Amicucci. *Poderes instrutórios do juiz e a isonomia processual*. São Paulo: Juarez de Oliveira, 2006.

DWORKIN, Ronald. *Levando os direitos a sério*. São Paulo: Martins Fontes, 2007.

POZZOLI, Lafayette. *Maritan e o Direito*. São Paulo: Loyola, 2001.

STEINMETZ, Wilson. *A vinculação dos particulares a direitos fundamentais*. São Paulo: Melhoramentos, 2004.

Plano Especial de Pagamento Trabalhista — "PEPT" — Uma Alternativa para Gestão dos Passivos Trabalhistas

Carlos Eduardo Oliveira Dias

Talita Garcez

1. Introdução

Sinônimo de paixão nacional, o futebol é um esporte com enorme relevância cultural e importância social no Brasil. Além dessa condição popular, social e de entretenimento, o futebol tem relevância econômica e é permeado, culturalmente, pelos desafios do alto endividamento, dificuldades na captação de recursos e, consequentemente, imagem e credibilidade comprometidas com a falta de profissionalização e de melhora da capacidade administrativa por parte dos gestores.

O futebol no Brasil movimenta bilhões de reais por ano, mas com o alto endividamento dos clubes, e na expectativa de se ter uma equipe profissional competitiva sobrevivente nesse ambiente, o mercado vem mostrando a necessidade da implementação de medidas de tratamento do passivo e aprimoramento na gestão das agremiações.

Um dos vetores essenciais do endividamento crônico dos clubes é o passivo trabalhista. Com um alto grau de rotatividade de atletas, multas contratuais elevadas, para preservação dos interesses dos próprios clubes e as já citadas dificuldades na gestão financeira, existe uma profusão de ações na Justiça do Trabalho, muitas delas em valores astronômicos, que resultam em execuções forçadas, com a consequente constrição patrimonial.

Sucessivas penhoras de arrecadação, bloqueios de ativos financeiros e, sobretudo, de valores destinados ao repasse por parte das entidades organizadoras de competições são fatos recorrentes na vida dos clubes, especialmente os de médio e pequeno porte, o que resulta na inviabilização do seu funcionamento, pois qualquer dessas medidas naturalmente compromete a manutenção regular das suas atividades. Como um clube de futebol poderia sobreviver se, com a penhora de suas receitas, não tivesse recursos para colocar sua equipe em campo?

A gestão de dezenas e muitas vezes centenas de processos de uma forma desordenada é complexa, pois cada juiz adota uma medida e em momentos distintos. Logo, sem um planejamento, fica praticamente inviável a solução dessas demandas não unificadas.

A transformação, aprimoramento e desenvolvimento de um setor econômico depende da implementação de ferramentas adequadas, afinal, não seria possível incremento econômico e organizacional por meio do saudosismo e da inércia. Tendo como base esse raciocínio, o futebol brasileiro deve utilizar ferramentas jurídicas, administrativas e financeiras que possibilitem a profissionalização do esporte e o equacionamento do seu passivo.

Nesse texto, pretendemos abordar algumas das possibilidades de reestruturação financeira dos clubes de futebol, especialmente a partir das medidas de unificação das execuções trabalhistas, de modo que se assegure o regular funcionamento das entidades desportivas.

2. O regramento sobre os clubes de futebol: breve contextualização

Há algum tempo, as mudanças legislativas têm tentado estabelecer uma mudança cultural e ética, em um segmento complexo, no qual gestões amadoras são proeminentes.

Nesse sentido, a Lei n. 9.615/98 foi inovadora, na época, ao prever, em seu art. 2º, que a exploração e a gestão do desporto profissional constituem exercício de atividade econômica, fixando os princípios a serem observados. Assim, as entidades desportivas estariam sujeitas à observância dos princípios da transparência financeira e administrativa; da moralidade na gestão desportiva e da responsabilidade social de seus dirigentes.

A Lei n. 13.155/2015 estabeleceu o Programa de Modernização da Gestão e Responsabilidade Fiscal do Futebol Brasileiro — PROFUT, prevendo princípios e práticas de responsabilidade fiscal e financeira e de gestão transparente e democrática para entidades desportivas profissionais de futebol, afigurando-se como um passo inicial no comprometimento de melhor gestão e responsabilidade decorrente do aumento no endividamento e do descumprimento de obrigações trabalhistas, dentre outras.

Em 2021, a Lei n. 14.193/2021 instituiu a Sociedade Anônima do Futebol, e trouxe consigo disposições sobre normas de constituição, governança, controle e transparência, meios de financiamento da atividade futebolística, tratamento dos passivos das entidades de práticas desportivas e regime tributário específico.

A atual e controvertida Lei Geral do Esporte (Lei n. 14.597/2023) repetiu o constante na Lei n. 9.615, dispondo, em seu art. 2º, parágrafo único, a sujeição do esporte aos princípios da transparência financeira e administrativa e a conformidade com as leis e os regulamentos externos e internos; da moralidade na gestão esportiva; da responsabilidade social de seus dirigentes.

Em que pese a evolução normativa do tema, o cenário que ainda permeia parcela significativa dos clubes de futebol brasileiros é de falta de capacitação e comprometimento com o respeito aos direitos trabalhistas e, via de consequência, gerando dívidas exorbitantes.

3. Reunião de execuções

O instituto da reunião de execuções é uma prática recorrente em sede jurisdicional trabalhista, mas a sua base normativa é apenas referencial. O art. 28 da Lei n. 6.830 (Lei de Execuções Fiscais) estabelece que "*o Juiz, a requerimento das partes, poderá, por conveniência da unidade da garantia da execução, ordenar a reunião de processos contra o mesmo devedor*". Não havia, no entanto, nenhuma regra explicitando a forma e o procedimento para a adoção dessas medidas, o que ficava a cargo de cada magistrado, a partir do caso concreto. De forma complementar à LEF, o art. 780 do CPC também dispõe a respeito:

> "Art. 780. O exequente pode cumular várias execuções, ainda que fundadas em títulos diferentes, quando o executado for o mesmo e desde que para todas elas seja competente o mesmo juízo e idêntico o procedimento."

Essas disposições são aplicáveis no âmbito da execução trabalhista, diante da aplicação subsidiária dos preceitos que regem a execução fiscal (art. 889 da CLT), bem como das normas do direito processual comum (arts. 15 do CPC e 769 da CLT).

Como forma de manter o espetáculo preservando a entidade de prática desportiva, e para cumprir com a efetividade do processo, satisfazendo o direito violado, desde 2007 o Tribunal Regional do Trabalho do Rio de Janeiro, de forma pioneira, regulamentou o ato de execução concentrada no Provimento Conjunto 1/2007. Posteriormente, foi seguida pelos TRTs da Bahia, Santa Catarina, Minas Gerais e Campinas, que também editaram normativa prevendo execução concentrada.

Na época, verificava-se a capacidade de pagamento do clube, sem haver prejuízo em relação à sua atividade, com um percentual sobre a arrecadação das bilheterias, estabelecendo-se o prazo máximo de pagamento em 10 anos.

Em suma, a reunião de processos em fase de execução contra clubes de futebol consistia na centralização dos processos em uma determinada vara, normalmente a do processo mais antigo em execução, e com as habilitações de crédito tal vara se responsabilizava por adotar as providências necessárias à quitação das execuções de acordo com o prazo e percentual de receita estabelecido.

A Lei n. 13.155/2015, em seu art. 50, autorizou que os Tribunais Regionais do Trabalho instaurassem Regime Centralizado de Execução (Ato Trabalhista) para as entidades desportivas profissionais.

Em 2018, a Corregedoria-Geral da Justiça do Trabalho (CGJT) editou o Provimento 1/CGJT, a fim de regulamentar a padronização do Procedimento de Reunião de Execuções (PRE) no âmbito da Justiça do Trabalho.(1) Em dezembro de 2019, esse provimento foi incorporado à Consolidação dos Provimentos da CGJT(2) (arts. 148 e seguintes), sendo a redação alterada em agosto de 2022, pelo Provimento 1/CGJT.(3) Na ocasião, sob o comando do ministro Guilherme Augusto Caputo Bastos, a Corregedoria--Geral fez algumas adaptações no procedimento, estabeleceu o prazo de até seis anos para o pagamento de dívidas trabalhistas de clubes de futebol constituídos como associação e, ainda, criou o Regime Centralizado de Execução destinado às entidades de prática desportiva definidas nos incisos I e II do § 1º do art. 1º da Lei n. 14.193/2021, e que tenham dado origem à constituição de Sociedade Anônima de Futebol. Nesse sentido, a Lei n. 14.193/21 prevê que os clubes antecessores à SAF podem quitar suas obrigações junto aos credores, pelo concurso de credores, por intermédio do Regime Centralizado de Execuções com pagamento no prazo de seis anos, prorrogáveis por mais quatro.

Por fim, o Provimento 4/CGJT, de 26 de setembro de 2023, revogou a Consolidação anterior e a substituiu por uma nova, tratando do tema central deste trabalho nos arts. 154 a 177.(4)

Embora seja um instituto previsto em norma legal, como mencionado, o instituto da reunião de execuções carece de mais regulamentação procedimental e conceitual. Teori Albino Zavascki leciona que cumular execuções "*significa promover, numa única relação processual, medidas executivas tendentes à satisfação coativa de duas ou mais prestações correspondentes a distintas obrigações*".(5)

A reunião de execuções em face de um devedor comum é um procedimento que vem ganhando espaço na jurisdição executiva trabalhista, em razão da otimização do processo executivo, na medida em que os atos executórios são praticados uma única vez, valendo para todos os processos reunidos. Com esse mecanismo processual de gestão das execuções, permite-se conferir concretude aos princípios da razoável duração do processo, celeridade e eficiência processual, e por fim, da isonomia entre os credores, tudo nos termos dos arts. 5º, LXXVIII da Constituição Federal e 7º do CPC.

---

(1) Disponível em: <https://juslaboris.tst.jus.br/handle/20.500.12178/124870>.

(2) Disponível em: < https://juslaboris.tst.jus.br/handle/20.500.12178/166690>.

(3) Disponível em: < https://juslaboris.tst.jus.br/handle/20.500.12178/204961>.

(4) Disponível em: < https://juslaboris.tst.jus.br/handle/20.500.12178/221460>.

(5) ZAVASCKI, Teori Albino. *Comentários ao Código de Processo Civil*. São Paulo: Revista dos Tribunais, 2020. p. 92.

Dada a sua relevância, o procedimento de reunião de execuções atualmente possui tratamento institucionalizado pela Justiça do Trabalho, encontrando-se regulamentado na já citada Consolidação dos Provimentos da Corregedoria-Geral da Justiça do Trabalho. Ali, há a descrição detalhada sobre qual o procedimento a ser adotado para a reunião de execuções do mesmo devedor, o que é feito sob três formatos:

I – Plano Especial de Pagamento Trabalhista – PEPT, cujo objetivo é o pagamento parcelado do débito reunido;

II – Regime Centralizado de Execução – RCE, instituído pela Lei n. 14.193/2021 (Lei da Sociedade Anônima do Futebol – SAF); e

III – Regime Especial de Execução Forçada – REEF, voltado para os atos de execução forçada, inclusive de expropriação do patrimônio dos devedores em prol da coletividade dos credores.

4. Plano Especial de Pagamento Trabalhista — PEPT para as associações desportivas

A Corregedoria-Geral da Justiça do Trabalho publicou, em agosto de 2022, o Provimento CGJT n. 1, alterando os termos da Seção X, do Capítulo VI, da Consolidação dos Provimentos da CGJT, e, dentre outras providências, passou a reconhecer a função social da empresa e das entidades de prática desportiva, bem como a necessidade de sua preservação como fontes de emprego, renda, lazer, entretenimento e cultura. Com isso, viabilizou que as entidades desportivas apresentassem plano de pagamento do débito trabalhista, respeitado o prazo máximo de seis anos para a quitação integral da dívida, desde que atendidos os requisitos e critérios da regulamentação.

Anteriormente, o prazo máximo previsto na norma era de três anos (art. 151, II, da Consolidação dos Provimentos da Corregedoria-Geral da Justiça do Trabalho, em sua versão de 2019). A significativa ampliação veio no sentido de auxiliar as entidades no processo de sua recuperação econômica.

O Plano Especial de Pagamento Trabalhista – PEPT tem por escopo o pagamento parcelado da dívida consolidada trabalhista do devedor. A atual Consolidação estabelece seus requisitos no art. 159 e, dentre eles, a apresentação do plano de pagamento, de balanço assinado por contador, de renúncia a toda e qualquer impugnação ou recurso, uma garantia em valor superior à dívida parcelada, além da discriminação dos débitos em execução.

Assim, o Plano Especial de Pagamento Trabalhista tem como objetivo centralizar, arrecadar e distribuir os valores devidos pelos executados por intermédio de um plano financeiro que englobe a dívida total consolidada, incluída a estimativa de juros e de correção monetária até seu integral cumprimento, podendo o pagamento ser fixado em período e montante variáveis, respeitado o prazo máximo de seis anos para os clubes constituídos em forma de associação quitarem sua dívida.

O PEPT, portanto, consiste em uma espécie de juízo singular de credores, pelo qual toda a atividade executiva é atraída e concentrada em um processo-piloto, e conduzida por um único órgão jurisdicional. Os créditos são habilitados no Plano para permitir um pagamento parcelado, de forma consentânea com as necessidades do devedor, mas atendendo a uma universalidade de credores. Nas execuções de dívidas com múltiplos credores, e com patrimônio limitado do devedor, há uma espécie de "corrida" para que se consiga receber o crédito. Se o devedor possui um imóvel de alto valor, p.ex., há dificuldades orgânicas de se realizar a penhora para garantia de créditos pequenos. Outrossim, a satisfação de créditos muito inferiores ao valor da avaliação sempre se condiciona à ocorrência de alienação judicial do bem para a correspondente divisão, mas isso irá favorecer aos que obtiveram a constrição mais cedo.[6] Ocorre que, se o valor do bem não for suficiente para quitar todas as dívidas, somente alguns dos credores receberão, e outros tantos ficarão sem receber.

Cenário ainda mais sensível é aquele no qual um ou mais créditos com penhora preferencial é alto, como é comum ocorrer com clubes de futebol, em razão dos valores contratuais de atletas e treinadores. Se, p.ex., um bem é penhorado para satisfazer um crédito de R$ 1.000.000,00, o recebimento prévio desse valor impede o pagamento de créditos inferiores, prejudicando uma série de credores, muitas vezes em condições econômicas precárias.

Ainda no contexto dos clubes de futebol, esse gravame é amplificado quando as ordens de penhora recaem sobre os valores de arrecadação das bilheterias, créditos junto a entidades promotoras de competições, créditos de patrocinadores e de transmissão dos jogos e ativos financeiros em contas bancárias. Se tivermos a penhora de qualquer desses direitos para satisfação de um crédito elevado, corre-se o risco de, com o pagamento de um único credor, além de serem prejudicados os demais, também serem afetadas as obrigações recorrentes do clube, com os salários dos trabalhadores com contratos vigentes e despesas de manutenção da atividade esportiva. Com isso, há um prejuízo latente ao prosseguimento do funcionamento da instituição, como virtual perecimento dos seus recursos e colocando em risco sua sobrevivência.[7]

(6) Nesse sentido, o art. 797, do CPC – Ressalvado o caso de insolvência do devedor, em que tem lugar o concurso universal, realiza-se a execução no interesse do exequente que adquire, pela penhora, o direito de preferência sobre os bens penhorados. Parágrafo único. Recaindo mais de uma penhora sobre o mesmo bem, cada exequente conservará o seu título de preferência.

(7) É fato conhecido no meio futebolístico que o rebaixamento de um clube para divisões inferiores acarreta perda significativa de arrecadação, especialmente as cotas de patrocínio e de transmissão, além das parcelas devidas pelas entidades promotoras dos eventos

A existência de um procedimento especial que permita o pagamento parcelado das dívidas é de fundamental importância para que não haja comprometimento da atividade do clube. Ao mesmo tempo, cria um mecanismo que assegura aos credores o efetivo recebimento dos seus créditos, ainda que de forma parcelada, mas com o devido incremento de juros e correção monetária, não os sujeitando a vê-los perecido com eventual insolvência do devedor.

O pedido de instauração do PEPT referente a débitos de processos em fase de execução definitiva, em curso no âmbito de um único Tribunal Regional, deverá ser apresentado ao Corregedor Regional respectivo, e havendo processos na jurisdição de mais de um Tribunal Regional, deverá ser apresentado ao Corregedor do Tribunal Regional com maior número de processos em fase de execução definitiva. A decisão de admissibilidade do PEPT sempre deve ser fundamentada e deve ser proferida pelo Órgão Especial, onde houver, ou pelo Tribunal Pleno. Essa exigência, de que a apreciação e aprovação do plano seja feita pelo colegiado, não constitui meramente uma exigência burocrática, mas um meio de se assegurar o efetivo cumprimento dos requisitos para o processamento do PEPT, sem riscos de que haja alguma prática ilícita.(8)

Após aprovação do Plano, e enquanto o clube cumprir os pagamentos, ficam suspensas as medidas constritivas em face da entidade esportiva, importante medida que visa à possibilidade do cumprimento e pagamento do plano pelos devedores.

Quando da regulamentação do tema, especialmente quanto ao prazo de pagamento, muitos críticos se posicionaram no sentido de que a medida constituía uma ferramenta que poderia ocasionar a perpetuação das demandas e favorecer a ineficácia da prestação jurisdicional.

Com as devidas vênias, há que se ponderar que, embora a execução deva ser realizada no interesse do exequente (art. 797, do CPC), também é verdade que, quando por vários meios o credor puder promover a execução, o juiz mandará que se faça pelo modo menos gravoso para o executado (art. 805 do CPC). E, em muitas das vezes, não há, outros meios para se satisfazer a execução, principalmente pelo interesse público investido na preservação da atividade desportiva.

Tal procedimento consiste em uma importante ferramenta disponível aos clubes devedores que, embora sem condições para cumprir pontualmente seu passivo, estarão capacitados a fazê-lo mediante concessão de prazo e com a reunião dos credores, sem inviabilizar a continuidade da atividade desportiva, e sem precisar passar por nenhuma transformação, como por exemplo, a constituição de SAF ou adoção de medidas mais drásticas como a recuperação judicial.

---

(8) Um fato lamentável envolve essa temática. O STJ está apurando a conduta de quatro desembargadores do TRT do Rio de Janeiro, acusados de atuar irregularmente em planos especiais de pagamento, mediante recebimento de vantagens (<https://www.conjur.com.br/2022-fev-17/stj-recebe-denuncia-quatro-desembargadores-trt-rj>). Essa é uma das razões pelas quais hoje se tem a necessidade imperativa de que o tema seja deliberado pelo colegiado.

5. Distinção do PEPT e da recuperação judicial

O Plano Especial de Pagamento Trabalhista – PEPT, como seu próprio nome indica, tem por escopo o pagamento parcelado da dívida consolidada trabalhista, enquanto na recuperação judicial, segundo dispõe o art. 49 da Lei n. 11.101/2005, estão sujeitos todos os créditos existentes na data do pedido, ainda que não vencidos.

Logo, de plano, a principal diferença entre os institutos é a especificidade do PEPT para tratamento de dívidas oriundas de processos em execução trabalhista, embora ambos visem à superação da situação de crise econômico-financeira do devedor, a fim de permitir a manutenção da fonte produtora, do emprego dos trabalhadores e dos interesses dos credores, promovendo, assim, a preservação da entidade desportiva, sua função social e o estímulo à atividade econômica.

Quanto ao prazo, a Consolidação dos Provimentos da Corregedoria-Geral da Justiça do Trabalho prevê que o pagamento das dívidas poderá ser feito em até 6 anos, porém, como já dito, o próprio plano já deve prever a estimativa de juros e de correção monetária até seu integral cumprimento.

Já a lei Lei n. 11.101/2005 dispõe que o plano de recuperação judicial não poderá prever prazo superior a 1 ano para pagamento dos créditos derivados da legislação do trabalho ou decorrentes de acidentes de trabalho vencidos até a data do pedido de recuperação judicial. Esse prazo pode ser estendido para até 2 anos, se, cumulativamente: (1) o plano contar com garantias julgadas suficientes pelo juiz; (2) houver aprovação dos credores trabalhistas (maioria simples presente na Assembleia-Geral de Credores); e, (3) houver garantia da integralidade do pagamento dos créditos trabalhistas. Ainda a título de prazos, o § 1º do art. 54 da LREF, prevê que o plano não poderá prever prazo superior a 30 dias para o pagamento, até o limite de 5 salários-mínimos por trabalhador, dos créditos de natureza estritamente salarial vencidos nos 3 meses anteriores ao pedido de recuperação judicial.

Na recuperação judicial é feita a nomeação de um administrador judicial, que, dentre outras atribuições, fiscaliza as atividades do devedor e o cumprimento do plano de recuperação judicial, podendo requerer a falência no caso de descumprimento de obrigação assumida no plano de recuperação. De igual forma tem poderes especiais o Comitê de Credores, situação essa que não existe no PEPT. Conforme explicado, a aprovação do plano de pagamento trabalhista é feita pelo Órgão Especial ou Pleno do Tribunal Regional em que tramita, enquanto na recuperação judicial é feito pela Assembleia-Geral de Credores.

A Consolidação dos Provimentos da Corregedoria-Geral da Justiça do Trabalho prevê no § 3º, do art. 160 que "O inadimplemento de quaisquer das condições estabelecidas implicará a revogação do PEPT, a proibição de obter novo plano pelo prazo de 2 (dois) anos e a instauração de REEF contra o devedor".[(9)] Já o indeferimento do pedido não tem consequência, prosseguindo-se regularmente as execuções em seu estado originário.

Em contrapartida, a não aprovação ou o descumprimento do plano de recuperação judicial implica a decretação da falência do devedor. Dessa forma, embora a recuperação judicial também seja uma ferramenta disponível para os clubes de futebol se reestruturarem, o risco jurídico pelo manejo equivocado é avassalador, podendo acarretar sua falência.

O tema ainda é novo, e a previsão da recuperação judicial para os clubes advém da Lei da SAF, aprovada em 2021. Portanto, ainda não sabemos as consequências reais e os seus impactos concretos. Por outro lado, diversos clubes já tiveram deferida a execução concentrada e o processamento dos seus PEPTs.

6. *Fair play* financeiro

O *fair play* financeiro foi introduzido pela UEFA em 2013, como medida de disciplina financeira, na qual os clubes não podem gastar mais do que ganham e precisam demonstrar a regularidade, dentre outras, fiscal e trabalhista, sob pena de sanções que podem chegar à exclusão da agremiação.

No Brasil, o tema é bastante debatido, mas ainda carece de regulamentação específica. A Lei Geral do Esporte trouxe, em seu art. 36, que somente serão beneficiadas com repasses de recursos públicos federais da administração direta e indireta e de valores provenientes de concursos de prognósticos e de loterias, as organizações de prática esportiva que cumprirem os requisitos preconizados no próprio texto. Dentre esses requisitos, estão: a) possuir viabilidade e autonomia financeiras, segundo demonstrações constantes de seus últimos balanços, bem como por declaração para esse fim firmada por seu dirigente máximo; b) estarem em situação regular com suas obrigações fiscais e trabalhistas, mediante a expedição das respectivas certidões negativas, ou, na hipótese de refinanciamento, da respectiva certidão positiva com efeitos de negativa; c) serem transparentes na gestão, inclusive quanto aos dados econômicos e financeiros, contratos, patrocinadores, direitos de imagem, propriedade intelectual e quaisquer outros aspectos de gestão.

A Federação Paulista de Futebol, de forma visionária e pioneira, prevê no atual Regulamento Geral de Competições que:

> "Art. 35 – Os Clubes ficarão obrigados a cumprir toda e qualquer norma sobre fair play financeiro e trabalhista, que estabeleçam requisitos e responsabilidades, visando o saneamento fiscal e financeiro, sob pena de sofrerem as pertinentes penalidades desportivas.

---

(9) REEF seria o Regime Especial de Execução Forçada, previsto na mesma Consolidação.

Parágrafo único – O cumprimento estrito de tais normas pelo Clube, com a adoção de padrões gerenciais que resguardem o equilíbrio econômico-financeiro e competitivo das equipes, é condição essencial para assegurar-lhes o direito de participação nas Competições, bem como, a manutenção dos pontos e classificação conquistados."[(10)]

Não bastasse, como forma de incentivar a boa gestão, a Federação Paulista de Futebol premia seus clubes anualmente no Programa de Excelência em que analisa diversos quesitos, dentre eles Gestão e Finanças, dividindo em três categorias e com premiação em renda.

Medidas como essa são de suma importância para que os clubes se disciplinem e fiquem motivados em adotar medidas para, com o tempo, ter uma vida financeira e gestão saudável.

Nesse contexto, e para atuar em conformidade com essa política, diversas entidades esportivas já se utilizaram de medidas de execução concentrada para quitar seu passivo trabalhista. O Flamengo levou seis anos para cumprir um plano semelhante ao de execução concentrada, no qual pagou aproximadamente R$ 130 milhões em dívidas, relacionadas a mais de 650 ações trabalhistas.

O Botafogo (RJ) e o Vasco da Gama pagaram parte do seu passivo por intermédio da concentração de execuções, porém em dado momento ambos deixaram de cumprir com o parcelamento e perderam os benefícios concedidos pelo parcelamento.

A Associação Portuguesa de Desportos de São Paulo tem uma concentração de execuções em andamento, e o clube destina mensalmente parte do seu faturamento e tem seu estádio ofertado como garantia da quitação.

O Botafogo de Ribeirão Preto, desde de 2017, aderiu ao Regime Centralizado de Execução (RCE) com pagamento de parcelas mensais.[(11)]

A Associação Atlética Internacional (Inter de Limeira) possuiu uma espécie de Execução Concentrada, no qual tem parte de suas receitas de bilheteria e de cotas de transmissão penhoradas e depositadas em um processo "piloto", no qual é feito o rateio entre os seus credores.

Em setembro de 2023, a Ponte Preta teve aprovado perante o Órgão Especial do TRT 15 o PEPT já no atual formato de plano de pagamento no prazo de seis anos, mediante depósitos mensais.

---

(10) Disponível em: <https://futebolpaulista.com.br/Repositorio/Competicao/Regulamento/1178/1178_638173245789245825.pdf>.

(11) O RCE do Botafogo foi realizado com base no Provimento GP-CR 2/2016, do TRT da 15ª Região. Disponível em: <https://trt15.jus.br/legislacao/normas-institucionais/provimentos/provimento-gp-cr-no-0022016>.

Essas experiências mostram que o uso do PEPT tem sido um instrumento de grande importância para o cumprimento das regras da FIFA e, sobretudo, para satisfazer os créditos trabalhistas sem que haja prejuízo aos credores, que terão diante de si uma forma eficaz, ainda que postergada, para receber seus direitos.

7. Conclusão

Estamos vivenciando no futebol um momento de transformação, muitos acreditando que devem aderir a um modelo jurídico interno meramente focado no aspecto comercial, influenciado por modismo ou percepção de "mágica" ou "salvação" — como o que tem acontecido com a nova da Sociedade Anônima (SAF). Afinal, sob o prisma de organização dotada de função social e *status* de "paixão nacional", é importante ressaltar que o modelo associativo não é necessariamente a raiz do problema, mas existe a necessidade de implementação de uma gestão responsável e comprometida com seu passivo.

A utilização dos modelos de pagamento do passivo trabalhista por intermédio da execução, no caso atual o PEPT para os clubes constituídos como associações, torna possível alcançar resultados de forma rápida e eficiente ao permitir tratamento isonômico dos credores, privilegiando o interesse coletivo sobre o individual, realizando a execução no interesse do credor e de modo menos gravoso ao devedor.

Nessa senda, a transformação cultural e da mentalidade dos gestores é o maior desafio a ser ultrapassado e tem uma importância maior do que qualquer alteração jurídica interna por possibilitar a sustentabilidade das associações no esporte.

Portanto, vislumbramos que com a implementação de medidas de planejamento e tratamento do passivo do clube, pode ser um bom início e norteador na profissionalização da gestão de um clube constituído como associação, melhorando sua credibilidade e atraindo oportunidades na indústria do futebol e entretenimento.

Referências

ALMEIDA, Amador Paes de. *Curso de falência e recuperação de empresa*. 23. ed. São Paulo: Saraiva, 2007.

GUIMARÃES, Rafael; CALCINI, Ricardo; JAMBERG, Richard Wilson. *Execução trabalhista na prática*. Leme: Mizuno, 2021.

LOCKMANN, Ana Paula Pellegrina. "Ato das execuções concentradas: bom para o atleta, bom para o clube e bom para a justiça". In: GIORDANI, Francisco Alberto da Motta Peixoto; GIORDANI, Manoel Francisco de Barros da Motta Peixoto (Coords.). *Direito desportivo:* aspectos penais e trabalhistas atuais. São Paulo: LTr, 2017. p. 9-14.

MOURA, Alessandra Christine Bittencourt Ambrogi. "Ética, governança e conformidade no esporte". In: ZAINAGHI Domingos S. (org). *Direito Desportivo*. Leme: Mizuno, 2022.

TRIBUNAL REGIONAL DO TRABALHO DA 1ª REGIÃO. "Flamento conclui pagamentos do plano especial de execução". Disponível em: <https://trt1.jus.br/ultimas-noticias/-/asset_

publisher/IpQvDk7pXBme/content/flamengo-conclui-pagamentos-do-plano-especial-de-execucao/21078>.Acesso em: 1º out. 2023.

TRIBUNAL REGIONAL DO TRABALHO DA 15ª REGIÃO. "Regime centralizado: divisão de execução transforma trajetória do Botafogo Futebol Clube". Disponível em: <https://trt15.jus.br/noticia/2021/regime-centralizado-divisao-de-execucao-transforma-trajetoria-do-botafogo-futebol>. Acesso em: 2 out. 2023.

ZAVASCKI, Teori Albino. *Comentários ao Código de Processo Civil.* v. 12. São Paulo: Revista dos Tribunais, 2020.

Revisitando o Direito de Greve

Domingos Sávio Zainaghi

Agradecimentos

Agradeço aos coordenadores desta obra pelo convite para dela participar, sobretudo por se tratar de uma justa homenagem a dois grandes e saudosos amigos, os ministros Pedro Paulo Teixeira Manus e Walmir Oliveira da Costa. O primeiro, amigo de quase três décadas, com o qual convivi em muitos eventos, bancas de exames de mestrado e doutorado, frequentávamos um a casa do outro, e viajamos algumas vezes para eventos acadêmicos no exterior. Quanto ao segundo, o conheci em 2003, quando era juiz no Tribunal Regional do Trabalho da 8ª Região, sediado em Belém, e dali nasceu uma amizade, que não tinha tanta constância em razão da distância, já que vivo em São Paulo e o Dr. Walmir era de Belém e depois, em função do cargo de ministro do Tribunal Superior do Trabalho, passou a residir em Brasília. Ambos eram meus confrades na Academia Nacional de Direito Desportivo e o Professor Pedro Manus também era meu confrade na Academia Paulista de Direito. Este despretensioso trabalho é uma singelíssima homenagem a esses dois grandes juslaboralistas e seres humanos ímpares quanto ao caráter, ética e respeito ao próximo.

1. Aspectos históricos

As Constituições de 1824 e a de 1891 nada dispuseram sobre a greve.

Com a República, a greve não foi tratada como crime, pois o Estado Liberal não a proibia, mais muitas vezes, atos de greve eram reprimidos pelo governo.

Em 1932, a Lei n. 38, que tratava da Segurança Nacional, considerava a greve como crime.

A Constituição de 1934 também foi omissa quanto à greve.

Já a Carta de 1937, em plena ditadura do Estado Novo, foi incisiva ao proibir a greve:

> Art. 139 – A greve e o *lock-out* são declaradas recursos anti-sociais nocivos ao trabalho e ao capital e incompatíveis com os superiores interesses da produção nacional.

Em 1938, o Decreto-lei n. 431 (também sobre Segurança Nacional), considerava crime incitar funcionários públicos à greve.

O Código Penal de 1940 previa punição para os atos decorrentes de greve.

A própria CLT, quando de sua promulgação, em 1943, previa penalidades na ocorrência de paralisação do trabalho sem autorização do tribunal trabalhista.

A Constituição promulgada em 1946 assegurou o direito de greve, prevendo sua regulamentação por lei.

Inicialmente, a greve foi regulada por um decreto anterior à Constituição de 1946 (Decreto n. 9.070/46).

Em 1964, foi promulgada a Lei n. 4.330, de 3 de junho, em pleno regime militar. Essa lei tinha um mecanismo muito complicado para que a greve fosse deflagrada, sendo conhecida como "Lei Antigreve".

A Constituição de 1967 assegurou a greve aos trabalhadores do setor privado, proibindo-a nos serviços públicos e atividades essenciais.

No campo infraconstitucional, o Decreto-lei n. 1.632, de 4 de agosto de 1968, proibiu a greve nos serviços públicos e atividades essenciais e de interesse da segurança nacional; a Lei n. 6.185 proibiu a greve aos empregados celetistas do setor público.

A Constituição de 1988 reconhece de forma plena o exercício do direito de greve.

> Art. 9º É assegurado o direito de greve, competindo aos trabalhadores decidir sobre a oportunidade de exercê-lo e sobre os interesses que devam por meio dele defender.

Em 1989, foi sancionada a Lei n. 7.783/85, de 28 de junho, que regula o exercício do direito de greve no setor privado.

Os principais pontos da "lei de greve" são:

– O sindicato da categoria é o sujeito ativo da greve;

– A greve só poderá ser deflagrada depois de frustrada a negociação coletiva;

– Não se poderá deflagrar greve durante a vigência de convenção ou acordo coletivo (salvo para cobrar o cumprimento de cláusula ou condição destes, ou seja, motivada pela superveniência de fato novo ou acontecimento imprevisto);

– Estabelece condições para as greves nos serviços ou atividades essências;

– Autoriza o Poder Público a prestar os serviços indispensáveis;

– Declara a suspensão dos Contratos de Trabalho durante a greve;

– Prevê punições para o abuso do direito de greve;

– Declara taxativamente quais são os serviços ou atividades essenciais, e

– Proíbe o locaute.

A Lei n. 7.783/89 tem cumprido bem sua finalidade, apesar de ser pouco utilizada, uma vez ser reduzido o número de greves no setor privado nos últimos anos.

Os procedimentos para a deflagração da greve são bem mais simples do que os previstos na Lei n. 4.330/64.

A Lei n. 7.783/89 prevê a tentativa de negociação ou possibilidade de arbitragem, a convocação de assembleia geral pelo sindicato, a definição, nessa assembleia, das reinvidicações da categoria, o pré-aviso da greve à entidade patronal ou aos empregadores interessados (72 horas nas atividades essenciais e 48 horas nas demais).

2. Greve nos serviços de transportes públicos

Um setor que vem exercendo o direito de greve com mais frequência é o dos transportes públicos, ou seja, trabalhadores de metrôs e ônibus, em vários locais do Brasil.

Os serviços públicos de transportes são, nos dizeres da Lei n. 7.783/89, serviços essenciais. No art. 10, V, e no art. 11, da mesma lei, destaca-se que é permitida a greve nesse setor, desde que os sindicatos, os empregadores e os trabalhadores fiquem obrigados, de comum acordo, a garantir, durante a greve, a prestação dos serviços indispensáveis ao atendimento das necessidades inadiáveis da comunidade.

E o parágrafo único do art. 11 define o que são necessidades inadiáveis: "*São necessidades inadiáveis, da comunidade aquelas que, não atendidas, coloquem em perigo iminente a sobrevivência, a saúde ou a segurança da população*".

Desde o início da vigência dessa lei, fizemos críticas à colocação dos transportes públicos como serviços essenciais, no sentido de que sua não prestação atenderia uma necessidade inadiável.

Todos que dependem de transporte coletivo, ou pelo menos a esmagadora maioria, utilizam-no para atividades importantes de sua vida, como para trabalhar, estudar, ir a hospitais e consultas médicas, e uma ínfima parcela da população o utiliza para passeios ou atividades sem nenhuma urgência.

Pelos dizeres do art. 11, os atores ali mencionados devem atender às necessidades inadiáveis da comunidade.

Portanto, seria o serviço prestado para, digamos, 90% das pessoas, ou seja, não existiria greve.

É um equívoco a manutenção dos transportes coletivos no rol dos serviços essenciais, o que, e a realidade nos confirma, são colocados 30% da frota de ônibus ou trens, o que não consegue atender a grande maioria da população, e o que vemos são depredações de veículos, transportes clandestinos (colocando em risco a segurança das pessoas), brigas entre as pessoas que querem ir trabalhar ou voltar para casa após um longo dia de trabalho.

Urge tratar a greve nos transportes coletivos públicos de outra maneira.

3. Greve nos serviços públicos

Tormentoso é o problema da greve nos serviços públicos, a qual, como vimos, é permitida pela Constituição da República, mas que até o momento não foi regulamentada.

A Constituição da República, quando de sua promulgação, declarava em seu art. 37, VII, que lei completar regulamentaria a greve no serviço público.

Atualmente, o mesmo dispositivo constitucional determinou que lei específica deverá regulamentar a greve.

Em razão da mora "*legislatoris*", sustenta-se que a greve no serviço público está proibida enquanto não vier a lei regulamentadora.

Ocorre que nos últimos anos as greves no serviço público têm se intensificado, havendo mais essas do que as dos trabalhadores da iniciativa privada.

Portanto, temos, nos dizeres do saudoso ministro José Luciano de Castilho, do Tribunal Superior do Trabalho, uma situação kafkiana quanto às greves no serviço público.

O servidor público, segundo a Constituição, pode sindicalizar-se e pode fazer greve, ocorre que o servidor público não tem direito à negociação coletiva.

A greve, que a Constituição permite, depende de lei regulamentadora, o que faz concluir-se que enquanto esta não vier, o servidor não pode fazer greve.

Na realidade, como já salientando, os servidores públicos fazem greve, negociam com o Estado e, pior, quando chegam a um acordo, este é realizado na forma de uma lei!

A greve no setor privado causa transtorno para o empregador, mas no serviço público esse transtorno é suportado pela população que fica sem serviços importantes, pois afinal, o serviço público é instituído para servir o cidadão.

E como não tem um empregador que necessita que sua empresa funcione normalmente, este busca atender ou pelo menos abrir diálogo com os trabalhadores para o encerramento da greve.

Portanto, urge que o Congresso Nacional enfrente de uma vez o problema da greve no serviço público, discutindo, votando e decretando uma lei que regulamente o art. 37, VIII, da Constituição da República.

Enquanto isso não ocorre, o Supremo Tribunal Federal vem ao longo dos anos decidindo que a Lei n. 7.783/89 deve ser aplicada aos serviços públicos, mas longe ainda de dar um posicionamento mais decisivo quanto ao problema.

O Contrato Desportivo do Atleta de *MMA* à Luz do Direito Trabalhista Brasileiro

Elthon José Gusmão da Costa
Maria Luísa Borba da Costa

Introdução

A paisagem do *MMA* (*Mixed Martial Arts*) ou Artes Marciais Mistas em português, cresceu e, com isso, as questões legais atinentes ao esporte aumentaram. O *UFC*, maior liga esportiva de *MMA* do mundo, foi vendida ao grupo *WME-IMG* por US$ 4 bilhões de dólares em 2016. Um negócio extremamente lucrativo, diga-se de passagem, considerando que os antigos donos haviam adquirido os direitos da liga por "míseros" US$ 2 milhões de dólares em 1999. A conclusão, grosso modo, é a de que o esporte, que evoluiu do Vale Tudo, deixou de ser uma forma de se definir qual a arte mais eficiente para se transformar numa forma de trabalho para os envolvidos diretamente no show.

Conforme asseveram Vargas e Carvalho (2016), a despeito de o Brasil ainda não ter feito o mesmo, vários países já acolheram o *MMA* como uma prática desportiva, constituindo Entidades de Administração do Desporto da Modalidade, sendo o caso da Alemanha, Áustria, Bélgica, Canadá, Dinamarca, EUA, Estônia, Finlândia, França, entre outros.

Uma vez que o esporte já tem envergadura suficiente para se autossustentar por seu próprio ecossistema (TV, fãs, patrocínios, *streams* de internet e mídias sociais), a pergunta a se fazer é: considerando o princípio da primazia da realidade, o atleta de *MMA* é prestador de serviço ou empregado?

1. Modalidades de contratos de atletas de *MMA*

Nos eventos de MMA, a organização (como *UFC, Bellator, PFL, LFA* etc.) contrata os atletas, geralmente por meio de algum intermediário como agentes esportivos (ou agências esportivas profissionais) ou *managers* (gestores de carreira ou empresários), e pactuam um contrato com um determinado número de lutas ou de tempo.

Os tipos de contratos são os seguintes:

— Contrato por meio de representação legal:

Nessa condição, a relação do promotor é diretamente intermediada pelo representante legal do atleta que, por sua vez, também deverá ser pessoa jurídica (ter empresa registrada). Muitas agências esportivas internacionais que cuidavam de outras modalidades passaram a olhar com mais atenção ao *MMA* e cuidar da carreira de atletas do esporte, tornando-se seus representantes legais, muito embora a grande maioria não assine diretamente o contrato do atleta com o evento. Esse modelo de contrato é o menos utilizado pelos atletas. Eles preferem assinar diretamente com a organização esportiva.

— Contrato de prestação de serviços:

O contrato é feito diretamente com o atleta, que atua, em tese, como prestador de serviços do evento, sendo contratado para uma ou mais apresentações. O contrato celebrado pode ser identificado como contrato de prestação de serviços e trata-se de contrato de adesão, haja vista a impossibilidade de se discutirem suas cláusulas.

No Código Civil, os artigos que tratam dessa modalidade de contrato, arts. 593 a 609, estipulam que esses contratos serão regidos pelo CC se não houver sujeição às leis trabalhistas ou lei especial.

O art. 86 da nova Lei Geral do Esporte define a questão do atleta profissional em relação à sua relação de emprego com a organização, e, no § 9º do mesmo artigo, encontram-se os eventuais impedimentos da configuração do vínculo de emprego:

LEI N. 14.597, DE 14 DE JUNHO DE 2023

Art. 86. O atleta profissional poderá manter relação de emprego com organização que se dedique à prática esportiva, com remuneração pactuada em contrato especial de trabalho esportivo, escrito e com prazo determinado, cuja vigência não poderá ser inferior a 3 (três) meses nem superior a 5 (cinco) anos, firmado com a respectiva organização esportiva, do qual deverá constar, obrigatoriamente:

(...)

§ 9º Não constituirá nem gerará vínculo de emprego a remuneração eventual de atleta de qualquer modalidade por participação em prova ou partida, inclusive as premiações por resultado alcançado, concedidas eventualmente e em razão de desempenho superior ao ordinariamente esperado no exercício de suas atividades, bem como a percepção de auxílios na forma de bolsas ou de remuneração não permanente por meio de patrocínios ou direito sobre a exploração comercial de sua imagem.

Destarte, o atleta de *MMA* que visa participar de uma competição seria enquadrado no referido artigo, motivado pela questão do contrato de natureza civil. Fica claro então que não se pode configurar vínculo com um atleta que lute apenas em um único evento avulso.

Cinge a controvérsia justamente sobre quantas competições seriam permitidas para que esse contrato não ferisse o espírito da lei, configurando-se então o vínculo empregatício.

2. O princípio da primazia da realidade acerca do contrato do atleta de *MMA*

O desporto, para alguns, envolve o lazer e o divertimento. Porém, para outros, trata-se de forma de subsistência. Sobre o tema, assim dispõe Mello Filho[1] (1986, p. 26):

> "o desporto é uma atividade que impregna a cultura moderna e ávida quotidiana como um dos pontos de referência e convergência do *modus vivendi* do brasileiro. Como atividade o desporto tem uma complexa natureza, pois, é paixão para os espectadores, divertimento para os que o praticam como lazer, profissão para os que o disputam como competição, negócio para os particulares que o exploram e obrigação/investimento para o Estado". (Grifo meu)

A controvérsia em relação ao desporto de *MMA* paira sobre a quantidade de vezes que um atleta é convocado a disputar o mesmo evento, pois é sabido que os atletas de *MMA*, de modo geral, são contratados para disputar várias edições do mesmo evento, não se tratando o contrato de uma única competição esportiva.

A luta se torna a própria subsistência do atleta, e, sem que ocorra alguma edição do evento que o contratou, este está preso sem poder exercer sua atividade em um evento diferente, muitas vezes rival da promoção contratante do lutador, a exemplo do *UFC*. Sequer se cogita um lutador do *UFC* lutar no *Bellator* depois de alguns meses sem que o contrato desse atleta tenha se encerrado e ele já tenha assinado com o novo evento.

A exclusividade é tamanha que muitas vezes é evidenciada na própria promoção do evento o fato que este detém determinado atleta em seu plantel, o que acaba por motivar os fãs a assinarem os serviços de transmissão para assistirem seus lutadores favoritos em seus respectivos eventos, auferindo a organização lucros apenas com a imagem do lutador, muito antes de ele sequer ter lutado.

(1) MELLO FILHO, Álvaro. *Direito Desportivo atual*. Rio de Janeiro: Forense, 1986, p. 26.

Importante ressaltar que, hoje, o nível de envolvimento dos atletas de *MMA* é o mesmo dos atletas de futebol, quando se trata de preparação física, sendo que o atleta de *MMA* não deixa de ser lutador em seu dia a dia, assim como o atleta de futebol. O atleta de *MMA* deve estar sempre em forma, em vista da possibilidade de ser convocado para a luta. Preso a um contrato com a sua organização, deve aguardar o chamado para competir.

Não se vislumbra, por exemplo, a hipótese de o jogador Neymar se preparar para jogar pelo Al-Hilal e de repente aparecer na escalação do seu antigo clube, o PSG. Dessa forma, não faz sentido que ambos, atleta de *MMA* e atleta de futebol, tenham regimes de contratação diferentes, uma vez que os dois atuam no desporto de alto rendimento, daí decorrendo a insegurança jurídica na questão do atleta de *MMA*.

Portanto, o que se busca comprovar é que o atleta de *MMA*, na verdade, poderia ser configurado, a depender do contrato, como um funcionário do evento e não um prestador de serviços, tomando-se por base o princípio da primazia da realidade.

A incidência do princípio da primazia da realidade pode ser observada no art. 442 da Consolidação das Leis do Trabalho, que estabelece que: "*contrato individual de trabalho é o acordo tácito ou expresso, correspondente à relação de emprego*". Já o Código Civil brasileiro, no art. 112, consagra o princípio da primazia da realidade ao estabelecer que: "*nas declarações de vontade se atenderá mais à intenção nelas consubstanciadas do que ao sentido literal da linguagem*". Dessa feita, entende-se que o princípio da primazia da realidade foi idealizado em prol do trabalhador com o objetivo de fazer valer a realidade acima de qualquer documento, assim evitando acordos fraudulentos que venham a prejudicar a parte hipossuficiente da relação e desvalorizar sua mão de obra. Ainda sobre o art. 442 da CLT, Silva[(2)] (2022, p. 312) assevera que:

> "ao dizer que o contrato de trabalho é a relação de emprego, o legislador lembra que, apesar de se tratar, em princípio, de um negócio jurídico inspirado no Código Civil ("contratos"), pode surgir também de modo espontâneo, informal e sem que as partes tenham previamente ajustado as condições exatas, pois o direito do trabalho capta muto mais a realidade do que a forma ("relação", que, para esta finalidade, é expressão equivalente ao consagrado vocábulo "vínculo").

Outrossim, muito embora as ligas esportivas de *MMA* estejam protegidas com base no art. 86, § 9º da Lei n. 14.597/2023 na confecção dos contratos dos atletas, no momento em que a empresa contratante vincula o atleta a um contrato com mais de uma competição, ou seja, mais de uma luta, este deixa de ter qualquer tipo de autonomia,

---

(2) SILVA, Homero Batista da. *CLT comentada*. 4. ed. rev. atual. e aum. São Paulo: Thomson Reuters, 2022. p. 312.

acrescentando que a maioria das ligas sequer permite que ele lute por outra liga concorrente, características essas que tornam o contrato mais próximo de um contrato de trabalho do que de um contrato de prestação de serviços, uma vez que a intenção da organização esportiva, usando-se como prisma o supracitado art. 112 do CC, é a de vincular o atleta ao evento de maneira contínua, ainda que por número de lutas ou por tempo determinados.

Importante esclarecer que no *MMA*, os eventos, como o *UFC*, promovem as suas próprias lutas e também atribuem os cinturões nas diversas categorias que possuem.

Diferentemente do boxe, em que os combates individuais são organizados um de cada vez por diferentes promotores, os lutadores de *MMA* pertencem a promotores específicos, tais como o *UFC* e seus rivais, que prendem os atletas através de cláusulas contratuais de exclusividade.

De modo geral, um contrato no *MMA* brasileiro obedece ao seguinte formato: o atleta assina por um par de lutas no período de 12 doze meses um contrato cível de adesão.

Ainda conforme o modelo, a promoção contratante paga ao atleta uma bolsa de participação para cada luta, podendo o atleta receber um bônus em caso de vitória, contando, às vezes, com uma ajuda de custo por parte do evento para cobrir suas despesas de preparação.

O contrato, geralmente, também prevê que o atleta não pode participar de nenhum outro evento dentro do Brasil que envolva lutas sem autorização expressa do evento contratante, havendo previsão de multa em caso de desobediência, sendo essa a questionável cláusula de exclusividade.

Pela legislação brasileira, a exclusividade geralmente não é requisito para que se configure o vínculo empregatício. No entanto, é possível se exigir a exclusividade do empregado, quando pensamos que o trabalho do empregado é indispensável na atividade do seu contratante — fazendo com que a exclusividade esteja presente na maioria dos contratos de trabalho, ainda que não seja um requisito propriamente dito.

Porém, se a relação é de natureza cível, como aplicar um elemento de exclusividade sem contrapartida, como salários e demais verbas trabalhistas?

Ocorre que a presença desse requisito da exclusividade nos contratos de atletas de *MMA* gera presunção de subordinação.

Ora, se o atleta não tem o poder de decidir para quem deve executar determinada atividade em determinado momento, significa que não possui autonomia de desempenho e, portanto, pode ser discutido um possível vínculo de emprego.

3. A presença dos requisitos da relação de emprego no contrato de *MMA*

Os requisitos para caracterização do vínculo trabalhista, e consequentemente da relação de emprego, se encontram presentes nos arts. 2º e 3º da Consolidação das Leis do Trabalho, *in verbis*:

> "Art. 2º Considera-se empregador a empresa, individual ou coletiva, que, assumindo os riscos da atividade econômica, admite, assalaria e dirige a prestação pessoal de serviço.
>
> Art. 3º Considera-se empregado toda pessoa física que prestar serviços de natureza não eventual a empregador, sob a dependência deste e mediante salário."

Dessa forma, sempre que preenchidos os requisitos da relação de emprego, deverão ser aplicadas as normas previstas na CLT.

Não há o que se questionar no que tange ao fato de a organização esportiva de *MMA* admitir e dirigir a prestação pessoal de serviços do atleta, e fato de o lutador receber uma bolsa quando da apresentação para a luta não impede a configuração do vínculo empregatício, mormente porque o lutador já é considerado atleta profissional pela nova Lei Geral do Esporte, independentemente da forma como receba seus rendimentos, bastando que a atividade seja sua principal fonte de renda, se não, vejamos:

> LEI N. 14.597, DE 14 DE JUNHO DE 2023
>
> Art. 72. A profissão de atleta é reconhecida e regulada por esta Lei, sem prejuízo das disposições não colidentes contidas na legislação vigente, no respectivo contrato de trabalho ou em acordos ou convenções coletivas.
>
> Parágrafo único. Considera-se atleta profissional o praticante de esporte de alto nível que se dedica à atividade esportiva de forma remunerada e permanente e que tem nessa atividade sua principal fonte de renda por meio do trabalho, *independentemente da forma como recebe sua remuneração*. (Grifo meu)

Fica claro então que o recebimento de bolsa não descaracterizaria o provável vínculo do atleta com o evento.

Cabe aqui uma explicação mais detida sobre cada requisito do art. 3º da CLT, que prevê os requisitos para a caracterização do vínculo trabalhista:

Subordinação:

Para a configuração da subordinação, há a necessidade da existência das figuras de empregador e empregado, sendo necessário que haja um controle de horários, imposição de regras, ordens etc.

O atleta de *MMA*, sob contrato de organização esportiva, deve obedecer aos comandos dos donos do evento, sendo obrigado a se apresentar em determinado dia e hora marcados tanto para a promoção do combate, quanto para pesagem e luta em si. O atleta deve obedecer a um código de conduta (como exemplo, o *UFC Fighter Conduct of Police*)(3) definido pelo empregador.

O atleta também se encontra à disposição dos patrões mesmo em treinamento sem estar com luta marcada, já que sua profissão exige treino contínuo como forma de manter o alto rendimento, sem dizer que não é incomum muitos atletas serem chamados para "salvar" o evento quando alguém deixa de lutar por algum problema pessoal, seja falta de visto para viajar internacionalmente ou por questões de saúde. Nesses casos, alguns atletas são obrigados a perder peso para lutar em suas categorias com menos de 2 semanas de antecedência do evento, muitos tendo que perder mais de 10kg nesse pequeno espaço de tempo. Sobre o tempo de preparação em que o atleta se encontra à disposição do evento aguardando lutas, a CLT, em seu art. 4º, preconiza que:

> "Considera-se como de serviço efetivo o período em que o empregado esteja à disposição do empregador, aguardando ou executando ordens, salvo disposição especial expressamente consignada."

Ademais, o lutador também é obrigado a utilizar, quando das exposições a fotos em mídias sociais e na apresentação para a luta, a marca de roupa oficial do evento, isso no caso do *UFC*, uma vez que esse é o "uniforme de trabalho" da companhia. A negativa em fazê-lo resulta em punição financeira para o lutador.

Destarte, devido ao comportamento da companhia, há de se considerar que o atleta de *MMA* se encontra subordinado ao seu contratante.

Habitualidade (não eventualidade):

A identificação do instituto da habitualidade na relação empregatícia exige que o empregado não possa ir trabalhar somente quando desejar. A não eventualidade necessária para configurar a relação empregatícia demanda que o trabalho prestado tenha caráter de permanência, ainda que por um curto período determinado ou que ocorra o fracionamento da prestação do serviço. A atuação do trabalhador deve estar inserida também na dinâmica normal da empresa.

Pois bem, tratando-se de atleta de *MMA* contratado por organização esportiva da mesma modalidade, não há dúvidas de que a atuação do trabalhador está inserida na dinâmica normal da empresa, uma vez que a finalidade da companhia é a promoção de lutas para o entretenimento e o atleta, por sua vez, luta, ainda que de maneira fracionada, acrescentando-se o fato de que o lutador treina praticamente todos os dias e se mantém em forma para ser chamado a integrar alguma edição do evento, como já mencionado.

---

(3) "UFC Fighter Conduct Policy". CANADIAN MMA Law Blog. Site, 2017. Disponível em: <https://canadianmmalawblog.files.wordpress.com/2013/04/ufc-code-of-conduct.pdf. Acesso em: 16 jun. 2023.

Ademais, o lutador geralmente assina um contrato de múltiplas lutas, o que acaba por configurar a habitualidade, uma vez que ele fica vinculando durante um tempo específico ao evento e não pode se apresentar em outro concorrente nesse interregno.

Falando mais especificamente dos atletas vinculados ao *UFC* quanto à questão da eventualidade, assim dispõe o art. 1º do contrato[(4)]do referido evento:

"ARTICLE I

GRANT OF PROMOTIONAL RIGHTS

The Fighter hereby grants to ZUFFA the exclusive unrestricted worldwide right to secure, promote, arrange and present any and all mixed martial arts contests (individually, a "Bout" and collectively, the "Bouts") *to be engaged in by Fighter during the Term (as defined herein) and any Extension Term (as defined herein), including all rights to stage each Bout and to sell tickets of admission thereto (the "Promotional Rights") and to exploit the Ancillary Rights (as defined herein) to each Bout in all media, now known or hereafter devised throughout the world in perpetuity."*[(5)] (Grifo meu)

Como se vê, no contrato consta a previsão de realização de mais de uma luta do atleta sob a tutela da *ZUFFA* (entidade que controla o *UFC*), o que se enquadra no conceito de não eventualidade disposto na CLT, ferindo-se a previsão do art. 86, § 9º da Lei n. 14.597/2023, conforme entendimento extraído do trecho destacado do artigo do contrato em questão (*individually, a "Bout" and collectively, the "Bouts"*).

Dessa forma, não restam dúvidas de que o requisito da habitualidade se encontra presente no contrato entre atleta de *MMA* e evento esportivo de *MMA*.

Onerosidade:

Caracteriza-se por existir na relação uma contraprestação em dinheiro. Dessa maneira, o empregado dá a força de trabalho e o empregador fornece o pagamento do salário. A forma de pagamento do salário é irrelevante para a configuração da onerosidade. Assim, o empregado pode receber salário fixo, variável, por comissão e percentagem ou mesmo *in natura*. Em todas as hipóteses, se o empregado receber contraprestação pelo trabalho prestado, estará configurada a onerosidade.

---

(4) SNOWDEN, Jonathan. "The Business of Fighting: A Look Inside the UFC's Top-Secret Fighter Contract". Bleacher Report, 14 mai. 2013. Disponível em: <https://bleacherreport.com/articles/1516575-the-business-of-fighting-a-look-inside-the-ufcs-top-secret-fighter-contract>. Acesso em: 16 jun. 2023.

(5) O lutador, por meio deste, concede à ZUFFA o direito universal irrestrito exclusivo de garantir, promover, organizar e apresentar todos e quaisquer concursos de artes marciais mistas (*individualmente, um "Enfrentamento" e coletivamente, os "Enfrentamentos"*) a serem realizados pelo lutador durante o prazo (conforme definido neste documento) e qualquer termo de extensão (conforme definido neste documento), incluindo todos os direitos de organizar cada combate e vender ingressos de admissão (os "direitos promocionais") e explorar os direitos auxiliares (conforme definidos neste documento) para cada combate em todos os meios de comunicação, agora conhecidos ou no futuro inventados em todo o mundo em perpetuidade". (Tradução livre)

No contrato de prestação de serviços no *MMA*, o atleta, após o pagamento da "bolsa", fornece recibo ao promotor com a declaração de "Autônomo" no verso para fins fiscais ou simplesmente um RPA (Recibo de Pagamento a Autônomo). Isso ocorre como maneira de o promotor do evento burlar a configuração da relação de emprego, já que pagamento a título de "salário" fatalmente enquadraria a relação nas premissas do art. 2º da CLT. Já na modalidade de contrato por meio de representante legal, o pagamento do atleta se dá mediante a apresentação de uma nota de serviços prestados por parte de seu representante. Mesmo assim, os valores são tramitados via depósito bancário para que o extrato sirva como comprovante fiscal para ambas as partes.

Dessa forma, comprovando-se ser onerosa a prestação de serviços, configurado está o requisito da onerosidade no contrato do atleta de *MMA*.

Pessoalidade:

O critério da pessoalidade define que o empregado não poderá ser substituído por ninguém nas atribuições das suas funções. Isto é, sempre será ele o encarregado a realizar aquela tarefa para a qual foi contratado, não sendo possível a substituição por outra pessoa. A contratação do profissional deve decorrer de suas qualidades profissionais, como conhecimentos técnicos.

Os atletas no *MMA* adquiriram o *status* de estrelas. Sua imagem, como já mencionado, agrega valor aos eventos com os quais eles mantêm contrato. São feitos comerciais e licenciados produtos com a imagem do atleta. Sendo os lutadores verdadeiros ídolos da sociedade, muitos são mais conhecidos até pelo seu "nome de guerra", como é o caso do lutador Antônio Rodrigo Nogueira, o famoso "Minotauro". O que dizer então do lendário Anderson Silva, o "*Spider*", ou os não menos famosos "*Shogun*" (Maurício Rua) e "*The Dragon*" (Lyoto Machida)? Esses nomes hoje são marcas comercializáveis e os rostos são inconfundíveis, bem como suas técnicas no exercício do mister são inquestionáveis, portanto, não há como se fazerem substituir por terceiros quando da convocação para a luta.

A respeito desse tema, segue trecho do contrato do *UFC* que trata dos "direitos conexos" ("*ancillary rights*") do lutador:

"ARTICLE II

GRANT OF ANCILLARY RIGHTS

2. Fighter hereby grants to ZUFFA the exclusive worldwide right to use, display, disseminate, edit, reproduce, print, publish and make any other use of the name, sobriquet, image, likeness, voice, persona, signature, and biographical material of Fighter and all persons associated with Fighter (collectively, the "Identity"), in any medium in connection with advertising, marketing, exploiting and promoting the UFC brand and each Bout and the exploitation of all rights pertaining thereto as provided herein and all rights to each Bout electronic and other (the "Ancillary Rights" and, collectively with the Promotional Rights, the "Rights").

(...)

2.3 The Rights include the following:

a. The right to receive and retain all site fees, live-gate ticket and other revenues, subscription revenues, advertising fees, sponsorship fees, and the like.

b. All media, including, but not limited to, motion picture, radio, television (which term whenever referred to herein shall include, without limitation, live or delayed, interactive, home or theater, over--the-air broadcast, pay, pay-per-view, satellite, closed circuit, cable, subscription, Video On Demand, Near Video On Demand, Subscription Video On Demand, multi-point, master antenna, or other), telephone, wireless, computer, CD-ROM, DVD, any and all Internet applications (including, without limitation, netcasting, podcasting, direct download, streamed webcasting, internet channels (e.g., Youtube) or any other form of digital media download or web syndication), films and tapes for exhibition in any and all media and all gauges, including but not limited to video and audio cassettes and disks, home video and computer games, arcade video games, hand-held versions of video games, video slot machines, photographs (including raw footage, out-takes and negatives), merchandising and program rights, in connection with or based upon the UFC brand, the Bouts or activities pertaining to the Bouts, including but not limited to, training, interviews, press conferences, weigh-ins and behind-the-scenes footage for the Bouts (the "Pre-Bout Events"), post-fight interviews and press conferences (the "Post-Bout Events") and any parts thereof on a commercial, sustaining, theatrical or other basis, and by any and all means, methods and devices whatsoever, now existing or hereafter devised.

c. The right to sell, assign, lease, license, sublease, use or otherwise dispose of any and all of the Rights and the results of the exercise thereof, and to authorize, license and grant the right to exercise any of the Rights and to retain the proceeds therefrom."[6]

---

(6) "ARTIGO II
CONCESSÃO DE DIREITOS CONEXOS
2. O lutador concede à *ZUFFA* o direito universal exclusivo de usar, exibir, divulgar, editar, reproduzir, imprimir, publicar e fazer qualquer outro uso do nome, alcunha, imagem, semelhança, voz, personalidade, assinatura e material biográfico de lutador e todas as pessoas associadas ao lutador (coletivamente, a "Identidade"), em qualquer meio em conexão com publicidade, marketing, exploração e promoção da marca *UFC* e cada combate e a exploração de todos os direitos pertinentes conforme previstos neste documento e todos os direitos de cada combate eletrônico e outro (os "direitos conexos" e, coletivamente com os direitos promocionais, os "direitos").
(..)
2.3 Os direitos incluem o seguinte:
a. O direito de receber e reter todas as taxas do site, ingressos ao vivo e outras receitas, receitas de assinatura, taxas de publicidade, taxas de patrocínio e similares.
b. Todos os meios de comunicação, incluindo, mas não se limitando a, cinema, rádio, televisão (cujo termo sempre que referido neste documento deve incluir, sem limitação, ao vivo ou atrasado, interativo, doméstico ou de teatro, transmissão pelo ar, pagamento, pagamento por visualização, satélite, circuito fechado, cabo, assinatura, *Video On Demand, Near Video On Demand, Subscription Video On Demand,* multiponto, antena mestre ou outro), telefone, wireless, computador, CD-ROM, DVD, todos e quaisquer aplicativos de Internet (incluindo, sem limitação, *netcasting, podcasting,* download direto, *webcasting* transmitido, canais de internet (por exemplo, *Youtube*) ou qualquer outra forma de download de mídia digital ou distribuição na web), filmes e fitas para exibição em todo e qualquer mídia e todos os medidores, incluindo, mas não se limitando a, cassetes e discos de vídeo e áudio, jogos de computador e vídeo doméstico, videogames de arcade, versões portáteis de videogames, máquinas caça-níqueis de vídeo, fotografias (incluindo imagens brutas, tomadas e negativos), *merchandising* e direitos de programas, em conexão com ou com base na marca *UFC*, as lutas ou atividades

Como se depreende da análise do artigo do referido documento, fica claro que o critério de pessoalidade está presente no contrato de lutadores do *UFC*, uma vez que existe a clara previsão de liberação de uso da imagem do lutador, tratando-se então de direitos conexos, configurando tanto direito de arena como também direito de imagem, já que há previsão de uso da imagem do lutador durante o espetáculo desportivo como também fora do contexto da partida disputada.

Em relação aos direitos mencionados, a Constituição Federal de 1988 institui sua proteção em seu art. 5º como garantia fundamental:

> XXVIII – são assegurados, nos termos da lei:
>
> *a)* a proteção às participações individuais em obras coletivas e à reprodução da imagem e voz humanas, inclusive nas atividades desportivas;

Conforme preconiza Camilo (2016, p. 62), um evento de *MMA* também é um espetáculo, onde o atleta encarna um personagem ilusório, adotando comportamentos que o ilustram, buscando o fascínio do espectador, que se deixa levar pela crença de que há uma realidade sendo ali representada.

Caracteriza-se, assim, o critério da pessoalidade, entendendo-se que não pode ser outra pessoa a prestar o serviço, por, obviamente, não ter a mesma imagem.

A pessoalidade é instituto do vínculo empregatício presente na contratação de atleta de *MMA*, pois sua imagem não pode ser substituída por terceiro, sendo única de cada lutador.

4. Conclusão: o contrato do atleta de *MMA* seria um contrato de trabalho intermitente?

O contrato discutido *in casu*, analisado à luz da legislação trabalhista brasileira, contendo previsão de múltiplas lutas e cláusula de exclusividade, se enquadraria nos moldes do contrato de trabalho intermitente, de acordo com o art. 443 da CLT, se não, vejamos:

> Consolidação da Leis do Trabalho
>
> Art. 443. O contrato individual de trabalho poderá ser acordado tácita ou expressamente, verbalmente ou por escrito, por prazo determinado ou indeterminado, ou para prestação de trabalho intermitente. *(Redação dada pela Lei n. 13.467, de 2017)*

---

relacionadas às lutas, incluindo, mas não se limitando a treinamento, entrevistas, coletivas de imprensa, pesagens e filmagens dos bastidores das lutas (os "eventos pré-luta"), entrevistas pós-luta e coletivas de imprensa (os "eventos pós-luta") e quaisquer partes desses em uma base comercial, de sustentação, teatral ou outra, e por todos e quaisquer meios, métodos e dispositivos, agora existentes ou futuramente concebidos.

c. O direito de vender, ceder, arrendar, licenciar, subarrendar, usar ou de outra forma dispor de todos e quaisquer direitos e os resultados do seu exercício, e autorizar, licenciar e conceder o direito de exercer qualquer um dos direitos e reter o produto daí resultante.

> **§ 3º Considera-se como intermitente o contrato de trabalho no qual a prestação de serviços, com subordinação, não é contínua, ocorrendo com alternância de períodos de prestação de serviços e de inatividade, determinados em horas, dias ou meses, independentemente do tipo de atividade do empregado e do empregador, exceto para os aeronautas, regidos por legislação própria.** *(Incluído pela Lei n. 13.467, de 2017)* (Grifo meu)
>
> A intermitência na prestação do serviço, que é o requisito caracterizador dessa modalidade de contrato de trabalho, traz ao intérprete uma situação *sui generis* quando se observam os requisitos do vínculo empregatício estampados no art. 3º da CLT, já que o requisito habitualidade não é exigido nessa modalidade contratual.

Destarte, poder-se-ia entender o contrato de trabalho intermitente como modalidade de contrato de trabalho individual na qual estão presentes todos os requisitos do vínculo empregatício, enquadrando-se no modelo apresentado neste breve estudo.

É necessário reforçar, nessa ocasião, a exceção da habitualidade nos contratos intermitentes e sua identificação na relação atleta da luta/evento, uma vez que a prestação de serviços ocorre com alternância a períodos de inatividade, que é justamente o que permeia a vida do atleta da luta, ora treinando para um evento (ou estando à disposição do promotor para uma eventual chamada em cima da hora), ora se recuperando de lesões, sendo esses seus momentos de inatividade, pois não está efetivamente lutando no evento.

Logo, fica claro que, caso o contrato de atleta de *MMA* ultrapasse uma quantidade maior que uma luta com um evento específico contratante, estaria configurado o vínculo empregatício, tendo em vista o princípio da primazia da realidade, isso sempre que o atleta preencher os requisitos elencados no presente texto.

Assim, seria interessante uma revisão geral dos contratos entre lutadores de *MMA* e eventos da modalidade perante a legislação brasileira, para fins de avaliação dessa questão, tendo em vista a possível precarização da relação entre atleta e evento.

Referências

BLANES, Diego Ortiz. *MMA, una historia de exito:* El mejor deporte del mundo. EUA: Createspace Independent Publishing Platform, 2017.

CABEZON, Ricardo de Moraes. *Direito de arena:* os aspectos civis dos participantes de atividades desportivas. Leme: Mizuno, 2021.

CAMILO, Juliana Aparecida de Oliveira. *Afinal, quem são os lutadores de MMA (Mixed Martial Arts).* Manaus: OMP, 2016.

COSTA, Elthon José Gusmão da. *Aspectos jurídicos do desporto MMA.* Leme: Mizuno, 2023.

CRUZ, Eduardo. "Dez lições contratuais do UFC". *O Globo*, 21 out. 2016. Disponível em: <https://blogs.oglobo.globo.com/mma/post/dez-licoes-contratuais-do-ufc.html>. Acesso em: 16 jun. 2023.

CRUZ, Jason J. *Mixed Martial Arts and the Law:* Disputes, suits and legal issues. North Carolina: McFarland & Company, Inc., Publishers, 2020.

GENTRY III, Clyde. *No holds barred:* the complete history of mixed martial arts in America. Illinois: Triumph Books, 2011.

JENNINGS, L. A. *Mixed martial arts:* a history of ancient fighting sports to the UFC. United Kingdom: The Rowman & Littlefield Publishing Group, Inc, 2021. 226p. ISBN 9781538141953.

LEMOS, Maria Cecília de Almeida Moreira. *O dano existencial nas relações de trabalho intermitentes:* reflexões na perspectiva do direito fundamental ao trabalho digno. São Paulo: LTr, 2020.

RAMOS, Rafael Teixeira. *Curso de Direito do Trabalho Desportivo:* As relações especiais de trabalho do esporte, 2. ed. Salvador: JusPodivm, 2022.

ROSIGNOLI, Mariana; RODRIGUES, Sérgio Santos. *Manual de Direito Desportivo.* 3. ed. São Paulo: LTr, 2021.

SILVA, Homero Batista da. *CLT comentada.* 4. ed. rev. atual. e aum. São Paulo: Thomson Reuters, 2022.

SNOWDEN, Jonathan. *Total MMA:* inside ultimate fighting. Canada: ECW Press, 2008.

VARGAS, Angelo Luis de Souza; CARVALHO, Pedro Guedes de. *Gladiadores da pós-modernidade*: Um estudo sócio-jurídico sobre os eventos de MMA. Rio de Janeiro: Autografia, 2016.

VEIGA, Maurício de Figueiredo Corrêa da. *Manual de Direito do Trabalho Desportivo:* atualizado com a Lei n. 13.467/2017 e com a Lei n. 54/2017, de Portugal, 4. ed. São Paulo: LTr, 2022.

Rescisão Indireta do Contrato de Trabalho do Atleta Profissional. *Habeas Corpus*. Lei Geral do Esporte. A Celeuma Continua...

Fabrício Trindade de Sousa

Introdução

A especialização de atividades, profissões e/ou tarefas é notória. Trata-se de fenômeno irreversível e salutar para o convívio social. No campo do Direito, carrega em si a necessidade de uma legislação também especializada, atenta às particularidades e especificidades distintivas de cada profissão, sob pena de ser ignorada pelas relações sociais vigentes, uma vez que uma ordem normativa perde sua validade quando a realidade não mais corresponde a ela.(1)

No âmbito desportivo tal especificidade é inerente à cada atividade, sendo que não apenas as competições, mas as rotinas de treinos e demais obrigações dos atletas profissionais, observam as peculiaridades de cada modalidade. Nesse particular, Francisco Alberto da Motta Peixoto Giordani(2) destaca que, não obstante o esforço do legislador, é praticamente impossível abarcar as mais variadas situações que o cotidiano laboral pode apresentar.

---

(1) KELSEN, Hans. *Teoria Geral do Direito e do Estado*. 3. ed. São Paulo: Martins Fontes, 1998. p. 176. Tradução Luiz Carlos Borges.

(2) *"De todo modo, o que quero expressar é que, no campo (palavra que cai como luva ao tema ora tratado) do direito desportivo (aqui, mais especificamente, o futebol), ainda que se reconheça o esforço do legislador, em regular a relação atleta/clube, e o contrato de trabalho que a ambos une, fica difícil, impraticável mesmo, por meio, apenas e exclusivamente da respeitante lei, legislar, e de modo abrangente, abarcar as mais variadas situações que o cotidiano pode apresentar, todas originadas da relação que se vem de referir".* GIORDANI, Francisco Alberto da Motta Peixoto. *Estudos de Direito Material e Processual do Trabalho*. São Paulo: LTr, 2013. p. 247.

O art. 31 da Lei n. 9.615/98 (Lei Pelé) autorizava a rescisão indireta do contrato de trabalho pelo atleta profissional quando caracterizada mora salarial (abrangendo FGTS, férias, 13º salário, gratificação, prêmios e demais verbas inclusas no contrato de trabalho) ou de contrato de imagem, igual ou superior a três meses.

A Lei n. 14.597/23, denominada Lei Geral do Esporte, em seu art. 90, § 1º, reduziu para dois meses o período moratório que autoriza a rescisão indireta do contrato de trabalho.

Na prática, não obstante de fácil caracterização a mora salarial, bastando, por exemplo, a apresentação do extrato do FGTS, com a indicação da ausência de pagamento em período igual ou superior a três meses, antes da edição da Lei n. 14.597/23, o atleta profissional só conseguia efetivar a rescisão indireta mediante o ajuizamento de reclamação trabalhista.

Tratando-se de ação judicial, diversos são os cenários possíveis, tanto de concessão de tutela antecipada, como de indeferimento. Sendo a carreira do atleta notoriamente curta, somados aos manifestos prejuízos decorrentes da suspensão dos treinamentos e participações em competições, é razoável que o atleta busque todos os meios legais/processuais cabíveis para rescindir seu contrato de trabalho.

Nesse cenário, em abril de 2012 o Tribunal Superior do Trabalho concedeu *habeas corpus* ao jogador Oscar dos Santos Emboaba Júnior.

Desde então, inúmeros *habeas corpus* foram concedidos, até que o entendimento da SBDI-II do TST foi alterado, afastando o cabimento de tal remédio processual em casos dessa natureza.

O debate jurídico subsiste, mormente em face da natureza da matéria comportar análise pelo Supremo Tribunal Federal.

Esse texto, sem nenhuma pretensão de exaurir o tema, trará reflexões sobre *habeas corpus* impetrados em reclamações trabalhistas que discutem rescisão indireta do contrato de trabalho, à luz da jurisprudência e da Lei Geral do Esporte.

1. Rescisão indireta do contrato de trabalho. Eficácia do exercício do direito pelo atleta profissional. Lei Pelé *x* Lei Geral do Esporte.

Tal como destacado linhas acima, a rescisão indireta era disciplinada pelo art. 31 da Lei n. 9.615/98. Por relevante, destaca-se o teor do dispositivo:

> Art. 31. A entidade de prática desportiva empregadora que estiver com pagamento de salário ou de contrato de direito de imagem de atleta profissional em atraso, no todo ou em parte, por período igual ou superior a três meses, **terá o contrato especial de trabalho desportivo daquele atleta rescindido, ficando o atleta livre para transferir-se para qualquer outra entidade de prática desportiva de mesma modalidade, nacional ou internacional, e exigir a cláusula compensatória desportiva e os haveres devidos.**

§ 1º São entendidos como salário, para efeitos do previsto no caput, o abono de férias, o décimo terceiro salário, as gratificações, os prêmios e demais verbas inclusas no contrato de trabalho.

§ 2º A mora contumaz será considerada também pelo não recolhimento do FGTS e das contribuições previdenciárias.

§ 5º O atleta com contrato especial de trabalho desportivo rescindido na forma do *caput* **fica autorizado a transferir-se para outra entidade de prática desportiva**, inclusive da mesma divisão, independentemente do número de partidas das quais tenha participado na competição, bem como a disputar a competição que estiver em andamento por ocasião da rescisão contratual. (Grifamos)

O preceito legal é mandatório em reconhecer a rescisão contratual e autorizar a transferência do atleta. Não obstante tais constatações, na prática, o atleta não conseguia efetivar seu direito junto às Entidades de Administração do Desporto, que só encerravam o vínculo desportivo, permitindo a efetivação da transferência e formalização de novo vínculo, em cumprimento de decisão judicial.

Desse cenário, somado ao indeferimento de antecipação de tutela na reclamação trabalhista, bem como exauridas as ferramentas processuais ordinárias, inclusive em segundo grau de jurisdição, surge a concepção do *habeas corpus* para efetivação do direito do atleta, conforme é possível aferir da seguinte ementa:

AGRAVO REGIMENTAL INTERPOSTO CONTRA DECISÃO DA RELATORA QUE DEFERIU O PEDIDO LIMINAR EM SEDE DE *HABEAS CORPUS*. JOGADOR DE FUTEBOL. DIREITO À LIBERDADE DO TRABALHO. RESCISÃO INDIRETA. VERIFICAÇÃO DA OCORRÊNCIA, EM JUÍZO PERFUNCTÓRIO, DA FUMAÇA DO BOM DIREITO E DO PERIGO DA DEMORA. 1 – Agravo regimental interposto pelo Esporte Clube Internacional de Lajes-SC contra a decisão monocrática desta relatora que deferiu o pedido liminar em *habeas corpus* para autorizar o paciente, Marcelo dos Santos, a exercer livremente a profissão de atleta de futebol, participando de jogos e treinamentos em qualquer localidade e para qualquer empregador, conforme sua livre escolha. 2 – Constatação do cabimento de *habeas corpus* na Justiça do Trabalho, ainda que não atrelado às hipóteses de prisão civil e depositário infiel, para abranger não apenas a tutela da liberdade de locomoção, mas também toda e qualquer matéria afeta à atividade jurisdicional trabalhista. 3 – Exame do caso concreto se deu em sede de liminar, cujo juízo próprio é perfunctório e exige apenas o concurso dos requisitos da aparência do bom direito e do perigo da demora. Não se procede à análise percuciente acerca da rescisão indireta, a qual deve ser objeto na seara própria em sede da reclamação trabalhista. 4 – Relativamente ao *fumus boni iuris*, permanece plausível o fato de o paciente encontrar-se impedido de exercer a função de jogador de futebol no clube que lhe interessa, em suposta inobservância aos arts. 1º, II e IV, 5º, XIII, 6º e 7º da Constituição Federal. 5 – No tocante ao *periculum in mora*, tem-se que manter por tempo indeterminado o paciente vinculado ao empregador sobre o qual impôs a pecha de mau cumpridor das obrigações trabalhistas, até porque a própria reclamação trabalhista deve durar longos anos, ofende o direito de liberdade de locomoção, consubstanciado no livre exercício da profissão em qualquer localidade e para qualquer clube de futebol que acaso tenha interesse na sua contratação. 6 – Não fosse só isso, a hipótese reclamava medida urgente, pois está em debate questão que envolve o exercício de profissão de curta duração – jogador de futebol – e cujo atleta já tem 41 anos de idade, não sendo crível entender que estaria no auge, mas sim que se encontra em fim de carreira.

7 – Precedentes. Agravo regimental conhecido e não provido. (AgR-HC-5451-88.2017.5.00.0000, Subseção II Especializada em Dissídios Individuais, relª. Ministra Delaide Miranda Arantes, *DEJT* 10.08.2017) (Grifamos)

A essência da decisão encontraria amparo na preservação do *direito de liberdade de locomoção, consubstanciado no livre exercício da profissão em qualquer localidade e para qualquer clube de futebol que acaso tenha interesse na sua contratação.*

Respeitando o entendimento exarado no acórdão e os que dele comungam, não há, absolutamente, restrição de liberdade. Há, efetivamente, receio do atleta, e do clube que o contrata, em eventual resultado negativo na demanda judicial.

O atleta não está impedido de se transferir ou trabalhar para outro clube, mas se o fizer e a rescisão indireta não for reconhecida judicialmente, clube e atleta serão devedores solidários do valor estipulado na cláusula indenizatória.

Com renovada ressalva aos que comungam do entendimento exarado na decisão, houve uma distorção do *leading case* envolvendo o atleta Oscar, citado linhas acima. Naquele caso, efetivamente, houve uma determinação judicial de restabelecimento do vínculo desportivo com o antigo clube, impactando na liberdade do atleta de escolher para qual clube/empregador desejaria ofertar seus. Destaco o seguinte trecho decisório:

> Logo, **a determinação judicial de restabelecimento de vínculo desportivo — acessório ao vínculo de emprego — proferida em reclamação trabalhista ajuizada pelo trabalhador em face de suposta rescisão indireta**, além de afrontar os princípios basilares do nosso Direito, mostra-se totalmente incongruente, na medida em que agrava a situação jurídica daquele que submeteu sua demanda ao Poder Judiciário e excede os limites da lide, impondo comando judicial incompatível com a pretensão inicial. Note-se, nesse sentido, que, de acordo com a sentença prolatada na reclamação trabalhista retromencionada, não houve reconvenção por parte do empregador SÃO PAULO FUTEBOL CLUBE a justificar, em tese, esse tipo de determinação.
>
> Desse modo, a possibilidade de o empregado rescindir unilateralmente o seu contrato de trabalho, independentemente da configuração de justa causa do empregador, **decorre da autonomia da vontade e de sua liberdade fundamental de escolha, não podendo ser tolhida sequer por decisão judicial**.
>
> Em contrapartida, em virtude da natureza sinalagmática de qualquer relação de trabalho, submete-se o trabalhador que denuncia o contrato de trabalho à respectiva cominação prevista em lei, que, no caso específico do paciente, está disciplinada no art. 28, § 3º, da Lei n. 9.615/98, o qual

> estipula o pagamento de cláusula penal livremente acordada pelas partes para as hipóteses de descumprimento, rompimento ou rescisão unilateral do contrato de trabalho do atleta profissional.
>
> Noto, nesse ponto, que o próprio *caput* do art. 28 da Lei n. 9.615/98, ao prever a pactuação de cláusula penal para hipóteses de rescisão unilateral do contrato de trabalho, autoriza ao atleta profissional se desligar da entidade desportiva a que vinculado mediante a contraprestação pecuniária previamente acordada.
>
> Acrescento que a cláusula penal é uma compensação pecuniária pela rescisão unilateral do contrato e não uma condição essencial para tanto, sob pena de inviabilizar o distrato nos casos em que fixada em valores elevados, tolhendo do empregado de suas liberdades fundamentais enquanto vigente o contrato de trabalho.
>
> Logo, rescindido unilateralmente pelo atleta profissional o contrato de trabalho, surge, para ele, a obrigação de pagar a respectiva cláusula penal, somente. **O inadimplemento desta obrigação de pagar, por sua vez, não autoriza à entidade desportiva prejudicada cobrar do devedor a prestação pessoal de serviços.**
>
> Dito isso, tenho, em primeira análise, que a decisão judicial que determina o restabelecimento obrigatório do vínculo desportivo com o SÃO PAULO FUTEBOL CLUBE, em contrariedade à vontade do trabalhador, cerceia o seu direito fundamental de exercício da profissão, razão pela qual concedo a liminar em *habeas corpus* para autorizar o paciente a exercer livremente a sua profissão, participando de jogos e treinamentos em qualquer localidade e para qualquer empregador, conforme sua livre escolha.

Essa diferença é nodal e de relevância indiscutível. Não se pode confundir decisões que indeferem pedidos de antecipação de tutela, abrangendo rescisão indireta do contrato de trabalho, com decisões que determinam em qual clube o atleta irá jogar. Na primeira hipótese o atleta permanece com seu direito de buscar outros clubes, enquanto na segunda não.

Talvez por isso a jurisprudência da SBDI-II do TST foi alterada, não mais autorizando que o *habeas corpus* seja ajuizado em tais hipóteses. Pela adequação do que se pretende ilustrar da distorção da utilização do remédio heroico, destaca-se o seguinte trecho decisório, da lavra do ministro Douglas Alencar Rodrigues, nos autos HCCiv — 1000399-84.2023.5.00.0000:

> [...] Requer seja revogada "a decisão de tutela provisória do Juiz Titular da 2ª Vara do Trabalho de Campinas – SP – Dr. ANDRE LUIZ MENEZES AZEVEDO SETTE, Processo Originário n 0010541-51.2023.5.15.0032, em 18.4.2023 (ID 7cf44e3), determinando que seja decretada a rescisão

indireta de seu contrato de trabalho com o clube reclamado, por violação ao art. 31, da Lei Pelé, e 483, d, da CLT, determinando o M.M. Juízo, por consequência, o imediato distrato laboral, do paciente DANRLEY ULISSES PAULO DUBOIS FEITOSA, ficando o reclamante livre para exercer, livremente, a sua profissão, e buscar imediatamente o exercício de sua atividade profissional (fl. 17).

Assim resumida a espécie, passo ao exame da pretensão, não vislumbrando como conferir trânsito ao presente *habeas corpus*.

No direito brasileiro, com exceção do período situado entre 1891 e 1926, quando da consagração da denominada "doutrina brasileira do *habeas corpus*", a defesa das liberdades públicas fundamentais não ligadas à liberdade física de locomoção (o direito de ir e vir ou permanecer) — entre as quais a de exercício de qualquer trabalho, ofício ou profissão, atendidas as qualificações profissionais que a lei estabelecer (art. 5º, XIII, da CF) — não se legitima pela via do *habeas corpus*, instrumento que compõe a "jurisdição constitucional das liberdades" e que tem por objeto único e exclusivo a supressão da ameaça de violência ou coação na liberdade de locomoção de qualquer pessoa, por ilegalidade ou abuso de poder (CF, art. 5º, LXVIII).

A defesa da liberdade de exercício profissional nessas hipóteses, à luz dos parâmetros constitucionais e legais, está assegurada amplamente pelas vias ordinárias de acesso à Justiça (CF, art. 5º, XXXV, da CF), inclusive com a possibilidade de dedução de tutelas provisórias de urgência de natureza cautelar e/ou antecipatória (CPC, art. 300 e seguintes) e, eventualmente, com a possibilidade de impugnação autônoma às decisões produzidas nesse âmbito específico de cognição de urgência (Súmula n. 414 do TST c/c a OJ n. 92 da SBDI-II/TST).

No caso dos autos, não me parece que o Paciente esteja sofrendo violência ou ameaça de violência ou coação em sua liberdade de locomoção, por ilegalidade ou abuso de poder.

Ora, conforme noticiado nos autos, a rescisão indireta do contrato de trabalho, pleiteada pelo Paciente, está sendo discutida na reclamação trabalhista em curso no TRT da 15ª Região (0010541-51.2023.5.15.0032), tendo sido impetrado, também, o mandado de segurança n. 040489-37.2023.5.15.0000 (fls. 19/22).

Cumpre lembrar que o trabalhador pode interpor os recursos previstos na ordem jurídica, com possibilidade de requerimento de tutelas de urgência, inclusive em mandado de segurança, para o fim de obter a rescisão liminar do contrato de trabalho.

Não se pode admitir, *data venia*, o desvirtuamento do *habeas corpus*, ação constitucional que não tutela a liberdade de contratação e que não pode ser manejada para burlar o juízo natural ou como atalho para alcançar com maior celeridade órgãos judicantes de superior hierarquia na organização judiciária. [...] (Grifamos)

E esse entendimento reflete a atual, iterativa e notória jurisprudência da SBDI-II do TST:

DIREITO DO TRABALHO. CONTRATO EM QUE PREVISTA CLÁUSULA DE NÃO CONCORRÊNCIA. DEVER DE ABSTENÇÃO. JURIDICIDADE. *HABEAS CORPUS*. TUTELA DA LIBERDADE DE EXERCÍCIO PROFISSIONAL. MATÉRIA AFETA AO ÂMBITO COGNITIVO DO(S) JUÍZOS(S) NATURAL(IS). AUSÊNCIA DE RESTRIÇÃO À LIBERDADE DE LOCOMOÇÃO. INADEQUAÇÃO DA VIA ELEITA. EXTINÇÃO DO PROCESSO SEM RESOLUÇÃO DO MÉRITO. No direito brasileiro, com exceção do período situado entre 1891 e 1926, quando da consagração da denominada "doutrina brasileira do *habeas*

> *corpus*", a defesa das liberdades públicas fundamentais não ligadas à liberdade física de locomoção (o direito de ir e vir ou permanecer) – entre as quais a de exercício de qualquer trabalho, ofício ou profissão, atendidas as qualificações profissionais que a lei estabelecer (art. 5º, XIII, da CF) — não se legitima pela via do *habeas corpus*, instrumento que compõe a "jurisdição constitucional das liberdades" e que tem por objeto único e exclusivo a supressão da ameaça de violência ou coação na liberdade de locomoção de qualquer pessoa, por ilegalidade ou abuso de poder (CF, art. 5º, LXVIII). Nesse contexto, a questão da juridicidade ou mesmo da constitucionalidade das denominadas cláusulas contratuais trabalhistas de não concorrência — com as quais se introduzem deveres de abstenção aos trabalhadores, com compensações econômicas equivalentes, durante determinados períodos ou circunstâncias, após extintos os contratos de trabalho — não pode ser objeto de exame na ação constitucional de *habeas corpus*. A defesa da liberdade de exercício profissional nessas hipóteses, à luz dos parâmetros constitucionais e legais, está assegurada amplamente pelas vias ordinárias de acesso à Justiça (CF, art. 5º, XXXV, da CF), inclusive com a possibilidade de dedução de tutelas provisórias de urgência de natureza cautelar e/ou antecipatória (CPC, art. 300 e ss) e, eventualmente, com a possibilidade de impugnação autônoma às decisões produzidas nesse âmbito específico de cognição de urgência (Súmula n. 414 do TST c/c a OJ 92 da SBDI-II/TST). No caso dos autos, o debate jurídico acerca da cláusula de não concorrência está sendo travado nos autos da reclamação trabalhista proposta pelo Paciente em face de sua ex-empregadora, sobrevindo a impetração de segurança perante o TRT da 2ª Região, no qual praticado o ato supostamente coator, que foi inclusive alvejado via agravo interno (CPC, art. 1.021). Logo, a questão jurídica que anima a presente impetração é objeto de discussão regular perante os juízos naturais competentes (CF, art. 5º, LIII) e sem qualquer afronta ao devido processo legal (CF, art. 5º, LIV). A inadequação do *habeas corpus* para a defesa do bem jurídico "liberdade ao trabalho" é manifesta, na linha da jurisprudência pacífica de todos os tribunais superiores e do STF. *Habeas corpus* não admitido. Processo extinto sem resolução do mérito. (HCCiv-1000288-08.2020.5.00.0000, Subseção II Especializada em Dissídios Individuais, relator Ministro Douglas Alencar Rodrigues, *DEJT* 23.10.2020).

> *HABEAS CORPUS*. ATLETA PROFISSIONAL. LIBERAÇÃO PARA EXERCÍCIO EM OUTRA AGREMIAÇÃO ESPORTIVA. AUSÊNCIA DE AMEAÇA À LIBERDADE DE LOCOMOÇÃO PRIMÁRIA. DESCABIMENTO DO REMÉDIO HEROICO. O cabimento do *"habeas corpus"* é questão que já gerou acirrado debate nessa SBDI-2/TST. Com efeito, nos autos do HC – 1000678-46.2018.5.00.0000, prevaleceu a tese proposta pelo eminente Ministro Alexandre Luiz Ramos, secundada pela douta maioria dessa SBDI-2/TST, no sentido de que "o habeas corpus tem cabimento restrito à defesa da liberdade de locomoção primária, assim entendida como o direito de ir, vir e permanecer". Na espécie, porém, o direito à liberdade de locomoção é abordado de forma apenas secundária, representado pela prerrogativa individual do trabalhador de prestar serviços para quem e onde bem entender. Desse modo, deve ser denegada a ordem. Ressalva de entendimento da Relatora. Agravo regimental conhecido e provido para extinguir o "writ" sem resolução de mérito, na forma do art. 485, IV, do CPC. Liminar anteriormente concedida revogada. (HCCiv-1000049-09.2017.5.00.0000, Subseção II Especializada em Dissídios Individuais, relatora Ministra Maria Helena Mallmann, DEJT 29.3.2019)

E esse entendimento foi extraído da interpretação de precedentes do STF sobre os limites do *habeas corpus*. Nesse sentido:

> Recurso ordinário em *habeas corpus*. Processual Penal. Suspeição. Sucessivas decisões judiciais desfavoráveis ao recorrente. Parcialidade do magistrado. Reconhecimento em sede de *habeas corpus*. Inadmissibilidade. Precedentes. Questão deveras controvertida. Decisões proferidas

no exercício independente da atividade jurisdicional. Escolha justificada de uma interpretação possível. Faculdade de sua impugnação por recurso ou ação autônoma. Impossibilidade de se confundir quebra de imparcialidade com decisões contrárias aos interesses do réu. Precedente. Perquirição do suposto ânimo persecutório do magistrado. Necessidade de revolvimento de material fático-probatório. Via inadequada. Recurso não provido. 1. A pretensão do recorrente de glosar atos judiciais que contrariaram seus interesses, para deles se extrair a suspeição do magistrado, colide com pacífica jurisprudência do Supremo Tribunal Federal no sentido de que o *habeas corpus* não constitui a via idônea para essa discussão. Precedentes. 2. A via própria é a exceção de suspeição, na qual se admite a produção de provas, inclusive testemunhal (art. 98, CPP). Trata-se, portanto, de um incidente de ampla cognição probatória. 3. Na espécie, o recorrente opôs exceção de suspeição do magistrado de primeiro grau, que não a reconheceu, vindo o Tribunal Regional Federal da 4ª Região a rejeitá-la. 4. A alegada quebra do dever de imparcialidade, por razões não declaradas pelo magistrado e supostamente diversas das subjacentes à real motivação de suas decisões, é deveras controvertida, uma vez que se trata de decisões motivadas, proferidas no exercício independente da atividade jurisdicional e impugnáveis por recurso ou ação autônoma. 5. Decisão judicial em que se justifique a escolha de uma interpretação possível não é apta, por si só, a gerar a suspeição de seu prolator, e sua revisão pelas instâncias superiores não significa que o magistrado tenha atuado de forma direcionada a prejudicar o recorrente. 6. Com efeito, "não se pode considerar um Magistrado suspeito por decidir de acordo com tese jurídica que considera correta, pois se estaria atingindo o exercício da atividade jurisdicional (RHC n. 127.256/SP-AgR, Segunda Turma, relator o Ministro Gilmar Mendes, *DJe* de 10.3.16). 7. Outrossim, a quebra do dever de imparcialidade não se confunde com decisão contrária aos interesses do réu. 8. Para se concluir de forma diversa, seria mister o revolvimento do conjunto fático-probatório, a fim de se perquirir o suposto ânimo persecutório do magistrado em desfavor do recorrente, o que é inviável na estreita via do *habeas corpus*. Precedentes. 9. Recurso não provido. (STF- RHC 131544/PR, relator Ministro Dias Toffoli, 2ª Turma, *DJe-159* DIVULG 29.07.2016 PUBLIC 1º.8.2016)

A distorção na utilização do *habeas corpus*, porém, é de fácil compreensão e redunda na resistência, injustificada, das entidades de administração do desporto em cumprir a legislação então vigente, exigindo dos atletas que acionem o Poder Judiciário.

Não se olvida que a rescisão indireta do contrato de trabalho redunda em efeitos financeiros vultuosos e desportivos relevantes, mas há alternativas que poderiam ser implantadas pelas entidades de administração do desporto, conferindo eficácia ao direito dos atletas, sem prejuízo do contraditório e da ampla defesa pelos clubes.

Sob essa égide, não encontramos aparente dificuldade ou ilegalidade em estabelecer procedimento interno para efetivação da rescisão indireta solicitada pelo atleta. Para tal, o atleta protocolaria na entidade a prova da mora salarial que autorizaria a pretensão rescisória. O clube empregador seria notificado e poderia apresentar a prova do pagamento regular e/ou tempestivo das alegadas parcelas inadimplentes. Ato contínuo, diante das provas, seria efetivada ou não a rescisão indireta.

Frise-se, a comprovação de pagamento tempestivo não demanda debate jurídico ou dilação probatória além da análise de recibos e comprovante de depósitos.

Salvo alguma fraude documental, a análise seria rápida e lastreada em dados objetivos. Eventuais discussões sobre a decisão administrativa poderiam ser judicializadas, com os efeitos financeiros respectivos, mas sem impossibilitar a transferência do atleta.

Ainda que assim não se entenda, alternativamente, não seria exagero implementar, no âmbito da Câmara Nacional de Resolução de Disputas/CBF (CNRD), procedimento próprio para tal fim, de tramitação prioritária e urgente, sepultando quaisquer discussões sobre a observância da ampla defesa e do contraditório.

Guilherme Augusto Caputo Bastos alerta que o universo desportivo, em sua acepção profissional, empresarial e competitiva, avança progressivamente na sociedade contemporânea, evidenciando a necessidade de se promover a adequação da lei às exigências específicas do ramo, de modo a eliminar os entraves e a fomentar o desenvolvimento das atividades relacionadas.(3)

As relações de trabalho no esporte são singulares. Marcos Ulhoa Dani,(4) valendo-se do magistério de João Leal Amado, destaca que o regime jurídico do contrato de trabalho desportivo deve equilibrar a tutela do trabalho e a tutela do jogo, para que haja a promoção dos interesses do trabalhador e a preservação do interesse da competição, sendo essa particularidade a "causa mista" do contrato desportivo.

Não obstante essas premissas, é certo que a Lei n. 14.597/2023, Lei Geral do Esporte, operou modificações no tema que podem redundar na inevitável exclusividade de judicialização da controvérsia, sem atentar para as especificidades do contrato de trabalho especial desportivo.

Para melhor compreensão do que ora se coloca, destaca-se o teor do art. 90 da referida legislação, no tema de interesse:

> Art. 90. O vínculo de emprego e o vínculo esportivo do atleta profissional com a organização esportiva empregadora cessam para todos os efeitos legais com:
>
> [...]
>
> **§ 1º É hipótese de rescisão indireta do contrato especial de trabalho esportivo** a inadimplência da organização esportiva empregadora com as obrigações contratuais referentes à remuneração do atleta profissional ou ao contrato de direito de imagem, por período igual ou superior a 2 (dois) meses, ficando o atleta livre para transferir-se a qualquer outra organização esportiva, nacional ou estrangeira, e exigir a cláusula compensatória esportiva e os haveres devidos.
>
> § 2º Consideram-se salário, para efeitos da remuneração prevista no § 1º deste artigo, o abono de férias, o décimo terceiro salário, as gratificações e as demais verbas inclusas no contrato de trabalho.

---

(3) BASTOS, Guilherme Augusto Caputo. *Direito Desportivo*. Brasília: Editora Alumnus, 2018. p. 39.

(4) DANI, Marco Ulhoa. *Transferências e registros de atletas profissionais de futebol:* responsabilidade e direitos. São Paulo: LTr, 2016. p. 44.

§ 3º Caracteriza também mora contumaz o não recolhimento do FGTS e das contribuições previdenciárias.

§ 4º O atleta com contrato especial de trabalho esportivo rescindido na forma do § 1º deste artigo fica autorizado a transferir-se para outra organização esportiva, independentemente do número de partidas das quais tenha participado na competição, bem como a disputar a competição que estiver em andamento por ocasião da rescisão contratual, respeitada a data-limite de inscrições prevista nos regulamentos de cada modalidade esportiva.

Não obstante aparentemente singela, a nova legislação afastou o reconhecimento imediato da rescisão indireta, afirmando tratar-se de hipótese, que por sua essência demanda verificação para confirmação respectiva.

No mesmo diapasão o § 4º, que condiciona a confirmação da hipótese e efetiva rescisão contratual para conferir ao atleta o direito de transferir-se para outra organização esportiva.

Entretanto, mesmo diante de tal alteração legislativa, subsistiria a sugestão inerente à CNRD, exposta linhas acima.

A dificuldade decorre da ausência de previsão legal, demandando além da iniciativa da CNRD (no sentido de criar um procedimento específico, sem prejuízo de já analisar o tema com base no seu regulamento/estatuto vigente), cláusula expressa nos contratos especiais de trabalho desportivo.

Falhou o legislador, respeitosamente, em não promover alteração legislativa que conferisse eficácia à rescisão indireta do contrato especial de trabalho desportivo do atleta profissional.

Considerações finais

O cumprimento das obrigações trabalhistas pelo clube empregador não decorre de mera imposição legal, mas de observância de princípios basilares da Constituição Federal, entre eles, sem prejuízo de outros, o da dignidade da pessoa humana e dos valores sociais do trabalho e da livre-iniciativa.

Não se olvida que intercorrências eventuais possam redundar em também eventuais atrasos, sem que isso impacte na subsistência do atleta e de seus familiares.

Entretanto, o inadimplemento contumaz das obrigações trabalhistas merecia maior atenção do legislador, não só em face da dignidade do atleta, mas em benefício de todos os *players* que orbitam a prática esportiva profissional.

Bastaria um comando legal mais efetivo, conferindo ao atleta autonomia e efetividade na rescisão contratual indireta, cabendo ao mesmo atleta e ao eventual novo clube contratante, avaliar os riscos de sua iniciativa, mormente em face da cláusula indenizatória prevista no contrato anterior.

A omissão legislativa é grave, entretanto, não autoriza distorcer os meios próprios para a efetivação do bem da vida perseguido. Controvérsia inerente à rescisão indireta do contrato de trabalho não comporta *habeas corpus*, cabendo ao atleta e sua assessoria avaliarem os riscos envolvidos em ação judicial abrangendo o tema, sem prejuízo da tentativa de submissão à CNRD, em sendo a hipótese.

É certo, porém, que tal entendimento aqui defendido encontra substanciosa e qualificada resistência, bem como permanecem sendo ajuizados *habeas corpus*, podendo redundar na alteração da jurisprudência do TST. A celeuma continua...

Referências

BASTOS, Guilherme Augusto Caputo. *Direito Desportivo.* Brasília: Editora Alumnus, 2018. 367p.

DANI, Marco Ulhoa. *Transferências e registros de atletas profissionais de futebol*: responsabilidade e direitos. São Paulo: LTr, 2016. 110 p.

GIORDANI, Francisco Alberto da Motta Peixoto. *Estudos de Direito Material e Processual do Trabalho.* São Paulo: LTr, 2013. 277 p.

KELSEN, Hans. *Teoria Geral do Direito e do Estado.* 3. ed. São Paulo: Martins Fontes, 1998. 635 p. Tradução Luiz Carlos Borges.

Da Garantia dos Direitos Sociais do Trabalhador Esportivo na Lei Geral do Esporte, sob a Ótica do Atleta Profissional

Filipe Orsolini Pinto de Souza

Introdução

Em 14 de junho de 2023 foi sancionada a Lei n. 14.597, que "institui a Lei Geral do Esporte",[(1)] com a proposta de ser uma carta abrangente sobre o desporto nacional, compilando diferentes diplomas normativos que se acumularam ao longo dos anos para tratar de tão relevante fenômeno social.

A introdução de uma nova lei no ordenamento jurídico fomenta o debate sobre os erros e acertos do legislador e, sobretudo, exige que todos os envolvidos direta e indiretamente com o fenômeno social objeto de regulação se dediquem a compreender os impactos das novas regras no cotidiano.

Dentre os inúmeros temas abrangidos pela Lei Geral do Esporte, destaca-se o Capítulo II, intitulado "*Das Relações de Trabalho no Esporte*", assunto que é sempre objeto de bastante debate, especialmente sob a ótica das relações trabalhistas entre atletas profissionais e organizações esportivas.

Quando a Lei n. 14.597/23 ainda era o PLS n. 68/2017, Ricardo Georges Affonso Miguel anunciava relevante ajuste que seria feito pelo então esperado novo texto legal, especificamente sobre o conceito de atleta profissional, em comparação com a Lei n. 9.615, de 24 de março de 1998,[(2)] denominada "Lei Pelé" ou "Lei Geral do Desporto".

---

(1) BRASIL. *Nova Lei Geral do Esporte*. Brasília/DF. Disponível em: <http://www.planalto.gov.br/ccivil_03/_ato2023-2026/2023/lei/L14597.htm>. Acesso em: 20 jun. 2023.

(2) *Idem*.

De toda sorte, a Lei Geral do Desporto só considera o atleta como profissional no caso de existir um contrato especial de trabalho desportivo (art. 3º, § 1º, inciso I). Já o PLS n. 68/2017 (art. 69, parágrafo único) trata como profissional qualquer atleta que retire o seu sustento principal da prática esportiva.(3)

A noção de atleta profissional trazida pela Lei n. 9.615/98 era relacionada à existência de contrato especial de trabalho desportivo, ainda que a sua existência pudesse ser reconhecida somente por decisão judicial, quando não formalizado ao tempo da contratação, mas presentes os elementos caracterizadores do vínculo empregatício.

Por outro lado, atletas que inequivocamente tinham a prática desportiva como seu trabalho e fonte de sustento, mas pelas peculiaridades da modalidade, muitas vezes individuais, não preenchiam os requisitos do vínculo empregatício, não seriam considerados profissionais pelas diretrizes da Lei n. 9.615/98, como exemplifica Guilherme Augusto Caputo Bastos:

> Para ilustrar essa realidade, revela-se que, de acordo com o ordenamento jurídico-desportivo pátrio, o atleta de alto rendimento Gustavo Kuerten não pode ser considerado profissional, em virtude da não celebração de um contrato especial de trabalho.(4)

O tenista Gustavo Kuerten, o Guga, mencionado na transcrição, brasileiro tricampeão do prestigiado "Aberto da França", conhecido como Roland-Garros, era um atleta que fazia do tênis a sua profissão, entretanto, pela dinâmica da modalidade, não era contratado por um clube, como acontece no futebol. Ao contrário, o atleta de tênis, por si, é responsável pela montagem e remuneração de sua equipe, incluindo técnico, preparador físico, fisioterapeuta, nutricionista e outros profissionais que lhe darão suporte para as sessões preparatórias, para os treinamentos e para a disputa das partidas. Justamente por não ter a sua prática desportiva caracterizada como empregatícia, o tenista Guga não seria considerado um atleta profissional, pelo enquadramento da Lei n. 9.615/98. Como ensinam Cristiano Caús e Marcelo Góes, isso era um contrassenso:

> Ao regular a diferença entre amadorismo e profissionalismo, o legislador infraconstitucional não corrigiu equívoco histórico que vem desde as primeiras leis desportivas nacionais. Esse erro, que se refere à equiparação entre

(3) MIGUEL, Ricardo George Affonso. *O enquadramento jurídico do esporte eletrônico*. São Paulo: Quartier Latin, 2019. p. 42.

(4) BASTOS, Guilherme Augusto Caputo. *Direito Desportivo*. Belo Horizonte: Casa da Educação Física, 2018. p. 55-56.

> *profissional* e *empregado*, teve, no passado, justificativa, mas necessita ser urgentemente corrigido, pois tem impedido ainda maior avanço do desporto nacional.[5]

Com a Lei Geral do Esporte, o problema ilustrado na pessoa de Gustavo Kuerten deixa de existir, pois o conceito de atleta profissional passa a ser desvinculado da existência do vínculo empregatício, para que seja lastreado na acepção da palavra. De acordo com o Dicionário Houaiss da Língua Portuguesa,[6] "*profissional*" é o "*que dá caráter de profissão à (um modo de ser), seja por praticá-lo sistematicamente, seja por auferir lucros dele (...) que ou aquele que exerce por profissão determinada atividade*". De acordo com o mesmo dicionário, o vocábulo "*profissão*" é o "*trabalho que uma pessoa faz para obter os recursos necessários à sua subsistência e à de seus dependentes*".

Nesse contexto, para adequar a noção de atleta profissional à realidade, considerando-se a diversidade de modalidades e a especificidade de cada uma delas, como o exemplo do tênis, a Lei Geral do Esporte esclarece:

> Art. 72. A profissão de atleta é reconhecida e regulada por esta Lei, sem prejuízo das disposições não colidentes contidas na legislação vigente, no respectivo contrato de trabalho ou em acordos ou convenções coletivas.
>
> Parágrafo único. Considera-se atleta profissional o praticante de esporte de alto nível que se dedica à atividade esportiva de forma remunerada e permanente e que tem nessa atividade sua principal fonte de renda por meio do trabalho, independentemente da forma como recebe sua remuneração.

Como o atleta profissional não necessariamente praticará a sua modalidade com a presença dos requisitos exigidos para o reconhecimento do vínculo empregatício, o art. 82 da Lei Geral do Esporte fez questão de reforçar que essa "*não é a única forma de caracterização da atividade profissional do atleta*".

Ao mesmo tempo em que desvinculou o conceito de atleta profissional do vínculo de emprego, o art. 70 da Lei Geral do Esporte se ocupou de fixar como premissas para a construção das relações de trabalho no esporte o "*primado da proteção do trabalho*" e a "*garantia dos direitos sociais do trabalhador*".

Quando se trata de relações de trabalho, no esporte ou em qualquer outra atividade econômica, naturalmente que o "*primado da proteção do trabalho*" e a "*garantia dos direitos sociais do trabalhador*" devem ser respeitados, entretanto a Lei Geral do Esporte

---

(5) CAÚS, Cristiano; GÓES, Marcelo. *Direito aplicado à gestão de esportes*. São Paulo: Trevisan Editora, 2013. p. 61.

(6) HOUAISS, Antônio; VILLAR, Mauro de Salles (Resp.). *Dicionário Houaiss da Língua Portuguesa*. Antônio Houaiss e Mauro de Salles Villar, elaborado no Instituto Antônio Houaiss de Lexicografia e Banco de Dados da Língua Portuguesa S/C LTDA. Rio de Janeiro: Objetiva, 2001. p. 2.306.

optou por ser expressa, para não deixar dúvida, no sentido de que atletas e organizações esportivas são tutelados pelas regras trabalhistas gerais, constitucionais e infraconstitucionais.

Ao serem estabelecidos o "*primado da proteção do trabalho*" e a "*garantia dos direitos sociais do trabalhador*" como premissas para o regramento das relações de trabalho no esporte, parece oportuno que o intérprete tenha a compreensão do seu significado no ordenamento jurídico para a adequada aplicação no cotidiano do esporte. Esporte, aliás, que não compreende somente o futebol, mas todas as modalidades, assim como os atletas profissionais conceituados pela Lei Geral do Esporte não são apenas os atletas de futebol de campo masculino, mas todos os atletas que fazem do esporte a sua profissão em qualquer modalidade.

Neste artigo será analisada a garantia dos direitos sociais do trabalhador esportivo, sob a ótica do atleta, como premissa das relações de trabalho no esporte, especialmente as relações econômicas advindas da prática esportiva, utilizando-se o método do diálogo das fontes, passando pela análise dos valores sociais do trabalho e da valorização do trabalho humano na Constituição Federal.

1. O método do diálogo das fontes nas relações de trabalho no esporte

O art. 72, parágrafo único, da Lei Geral do Esporte, ao trazer o conceito de atleta profissional desvinculado do vínculo de emprego, superou um problema identificado na Lei Pelé, que reconhecia o profissionalismo somente nos casos em que estivessem presentes os requisitos exigidos pelo art. 3º da CLT.

Com a Lei Geral do Esporte, a tenista Beatriz Haddad Maia e o surfista Gabriel Medina, para mencionar dois expoentes do esporte brasileiro por ocasião da redação deste artigo, passam a ser considerados atletas profissionais, pois se dedicam à prática esportiva "*de forma remunerada e permanente*" e nela possuem a "*sua principal fonte de renda por meio do trabalho*", ainda que recebam a sua remuneração de premiações e patrocínios, sem formalização ou existência de vínculo empregatício, de acordo com a dinâmica preponderante das suas modalidades.

Para ratificar a ampliação do conceito de atleta profissional, não mais restrito aos casos de vínculo empregatício, o art. 82 da Lei Geral do Esporte reforçou:

> Art. 82. A atividade assalariada não é a única forma de caracterização da profissionalização do atleta, do treinador e do árbitro esportivo, sendo possível também definir como profissional quem é remunerado por meio de contratos de natureza cível, vedada a sua participação como sócio ou acionista da organização esportiva.

É importante reforçar o sentido do dispositivo acima transcrito para não deixar qualquer dúvida: a partir da Lei Geral do Esporte, um tenista ou um surfista, que "*é remunerado por meio de contratos de natureza cível*", passa a ser considerado, legalmente, atleta profissional.

Evidentemente que essa amplitude oferecida pela legislação esportiva atual não afasta a incidência das regras trabalhistas. Em outras palavras, o reconhecimento de que são atletas profissionais mesmo aqueles que não preenchem os requisitos caracterizadores do vínculo empregatício não permite que todo e qualquer atleta profissional seja contratado "*por meio de contratos de natureza cível*", especificamente quando prestar serviços nos moldes do art. 3º da CLT.(7)

Com o objetivo de não deixar margem de interpretação no sentido de que todos os atletas profissionais podem ser contratados "*por meio de contratos de natureza cível*", embora isso pareça óbvio, o legislador optou pela cautela e deixou expresso, na Lei Geral do Esporte, ao inaugurar o Capítulo II, denominado "Das Relações de Trabalho no Esporte", que

> Art. 70. No nível da excelência esportiva, as relações econômicas que advêm da prática do esporte devem basear-se nas premissas do desenvolvimento social e econômico e no primado da proteção do trabalho, da garantia dos direitos sociais do trabalhador esportivo e da valorização da organização esportiva empregadora.

Não obstante sejam profissionais mesmo os atletas que não preenchem os requisitos exigidos para a caracterização do vínculo empregatício, ao se tratar da "*excelência esportiva*", as premissas para as relações econômicas advindas da prática do esporte "*devem basear-se nas premissas do desenvolvimento social e no primado da proteção do trabalho, da garantia dos direitos sociais do trabalhador esportivo e da valorização da organização esportiva empregadora*". Isso significa, portanto, que todas as diretrizes dos direitos sociais do trabalho e, naturalmente, da legislação trabalhista, constitucional e infraconstitucional, devem ser observadas e aplicadas nas relações entre atletas profissionais e organizações esportivas empregadoras, especialmente quando estiverem presentes os requisitos exigidos para a caracterização do vínculo empregatício, que é um direito garantido pelo inciso I do art. 7º da Constituição Federal:

> Art. 7º São direitos dos trabalhadores urbanos e rurais, além de outros que visem à melhoria de sua condição social:
>
> I – relação de emprego protegida contra despedida arbitrária ou sem justa causa, nos termos de lei complementar, que preverá indenização compensatória, dentre outros direitos;

Ainda que não houvesse o texto do art. 70 da Lei Geral do Esporte, naturalmente que os direitos sociais dos trabalhadores esportivos seriam de observância obrigatória nas relações de trabalho no esporte, entretanto a sua presença no texto legal reforça a proposição no contexto do método do diálogo das fontes.

---

(7) Art. 3º – Considera-se empregado toda pessoa física que prestar serviços de natureza não eventual a empregador, sob a dependência deste e mediante salário.

Parágrafo único – Não haverá distinções relativas à espécie de emprego e à condição de trabalhador, nem entre o trabalho intelectual, técnico e manual.

Concebido por Erik Jayme, o método do diálogo das fontes é abordado por Cláudia Lima Marques, que explica:

> Erik Jayme, em seu Curso Geral de Haia de 1995, ensinava que, em face do atual "pluralismo pós-moderno" de um direito com fontes legislativas plúrimas, ressurge a necessidade de coordenação entre as leis no mesmo ordenamento, como exigência para um sistema jurídico eficiente e justo (*Identité Culturelle et intégration:* le droit Internationale privé postmoderne, Recueil des Cours, II, p. 60 e 251 e ss.).
>
> O uso da expressão do mestre, "diálogo das fontes", é uma tentativa de expressar a necessidade de uma aplicação coerente das leis de direito privado, coexistentes no sistema. É a denominada "coerência derivada ou restaurada" (cohérence deriveé ou restaurée), que, em um momento posterior à descodificação, à tópica e à microrrecodificação, procura uma eficiência não só hierárquica, mas funcional do sistema plural e complexo de nosso direito contemporâneo, a evitar a "antinomia", a "incompatibilidade" ou a "não coerência".[8]

A aplicabilidade da legislação constitucional e infraconstitucional trabalhista às relações de trabalho no esporte, pela expressa previsão do art. 70 da Lei Geral do Esporte, no contexto do método do diálogo das fontes, torna-se ainda mais relevante por se tratar de direitos humanos fundamentais e, sobre isso, explica Renato Rua de Almeida, partindo das lições de Cláudia Lima Marques:

Como afirma Cláudia Lima Marques, "o método do diálogo das fontes é valorativo e inovador: promove sempre os direitos do sujeito mais fraco e seus direitos fundamentais" e mais "trata-se de uma visão atualizada e coerente do antigamente "conflito de leis no tempo", e neste sentido serve a toda teoria geral do direito. O intérprete pode dela se utilizar, não só no Direito do Consumidor, mas sempre que estiver presente um sujeito com direitos fundamentais ou em jogo valores constitucionais, pois fornece um caminho, um instrumento metodológico seguro e útil, a seguir".

> Ora, da mesma forma como o diálogo das fontes é utilizado na promoção dos direitos do consumidor, tema da especialidade de Cláudia Lima Marques, ele pode e deve ser também utilizado na promoção do trabalhador — em razão de sua dignidade como pessoa humana — e de seus direitos fundamentais.

(8) BENJAMIN, Antônio Herman V.; BESSA, Leonardo Roscoe; MARQUES, Cláudia Lima. *Diálogo das fontes*. 5. ed., rev., atual. e ampl. São Paulo: Editora Revista dos Tribunais, 2013. p. 122.

É de se dizer, assim, que o método do diálogo das fontes vem complementar a teoria da eficácia dos direitos fundamentais, em especial a eficácia horizontal dos direitos fundamentas e mais especificamente a eficácia horizontal dos direitos fundamentais nas relações de trabalho, objeto de nossa presente reflexão.(9)

Se o texto da Lei Geral do Esporte fixa como premissa a observância da legislação constitucional e infraconstitucional trabalhista, evidentemente que a atividade interpretativa deve se pautar por esse conjunto de princípios e regras ao aplicar o direito, especialmente para definir a natureza das relações de trabalho no esporte, com o objetivo de promover a Constituição, como adverte Amauri Mascaro Nascimento:

> O ato interpretativo pressupõe uma relação entre normas integrantes do ordenamento jurídico e nesse sentido é possível falar em *interpretação sistemática*, que é o enlace entre a norma tomada para a aplicação e outras normas do sistema visando a estabelecer uma conexão entre todas para do conjunto resultar uma conclusão mais próxima da vontade da lei. Nesse ponto procura-se não apenas o que a norma escolhida declara, mas o que ela representa no quadro normativo com as demais normas, sempre sob o comando da Constituição.(10)

Dentro do ordenamento jurídico pátrio, não há que se falar em Direito do Trabalho sem abordar a Constituição Federal e a CLT, portanto a Lei Geral do Esporte, ao tratar das relações do trabalho no esporte, não pode ser analisada isoladamente, como se fosse a única fonte de regulação e disciplina da matéria. Sem prejuízo das peculiaridades e das especificidades compatíveis com a Constituição Federal, as relações do trabalho no esporte devem respeito e observância ao conteúdo do Direito do Trabalho brasileiro, construído a partir de sólidos alicerces constitucionais.

2. Dos valores sociais do trabalho e da valorização do trabalho humano na Constituição Federal

Quando o art. 70 da Lei Geral do Esporte estabelece que as relações de trabalho no esporte "*devem basear-se nas premissas do desenvolvimento social e econômico e no primado da proteção do trabalho, da garantia dos direitos sociais do trabalhador esportivo e da valorização da organização esportiva empregadora*", promove imediata relação com os "*valores sociais*

(9) ALMEIDA, Renato Rua de. "Diálogo das fontes e eficácia dos direitos fundamentais: síntese para uma nova hermenêutica das relações de trabalho". In: RUA, Ricardo Rua de (Coord.) e CALVO, Adriana (assistente de coordenação). *A aplicação da teoria do diálogo das fontes no direito do trabalho*. São Paulo: LTr, 2015. p. 160.

(10) NASCIMENTO, Amauri Mascaro. *Curso de Direito do Trabalho:* história e teoria geral do Direito do Trabalho: relações individuais e coletivas do trabalho, 25. ed. São Paulo: Saraiva, 2010. p. 475.

do trabalho", no contexto do método do diálogo das fontes, que constitui fundamento da República Federativa do Brasil, de acordo com o seguinte dispositivo da Constituição Federal:

> Art. 1º A República Federativa do Brasil, formada pela união indissolúvel dos Estados e Municípios e do Distrito Federal, constitui-se em Estado Democrático de Direito e tem como fundamentos:
>
> I – a soberania;
>
> II – a cidadania;
>
> III – a dignidade da pessoa humana;
>
> IV – os valores sociais do trabalho e da livre-iniciativa;
>
> V – o pluralismo político.
>
> Parágrafo único. Todo o poder emana do povo, que o exerce por meio de representantes eleitos ou diretamente, nos termos desta Constituição.(11)

Interessante notar que o art. 70 da Lei Geral do Esporte utiliza a expressão "*relações econômicas*" advindas da prática do esporte ao se referir às premissas do desenvolvimento social e econômico, do primado da proteção do trabalho, da garantia dos direitos sociais do trabalhador esportivo e da valorização da organização esportiva empregadora, o que remete ao art. 170 da Constituição Federal, responsável por estabelecer os princípios gerais da atividade econômica. No referido dispositivo se encontra a expressão "*valorização do trabalho humano*", em atenção aos "*valores sociais do trabalho*", que constituem fundamento da República Federativa do Brasil:

> Art. 170. A ordem econômica, fundada na valorização do trabalho humano e na livre-iniciativa, tem por fim assegurar a todos existência digna, conforme os ditames da justiça social, observados os seguintes princípios:

Apesar de o art. 1º, III, da Constituição Federal utilizar a expressão "*valores sociais do trabalho*", enquanto o art. 170 da Constituição Federal contempla a "*valorização do trabalho humano*", ambos promovem a mesma diretriz, como ensinam Luiz Alberto David Araújo e Vidal Serrano Nunes Júnior, ao tratarem dos fundamentos da República Federativa do Brasil:

> A valorização social do trabalho e a livre-iniciativa, indicados igualmente como fundamento da nossa ordem econômica pelo art. 170, indicam que não só o Brasil adota o sistema capitalista, calcado na liberdade de empreendimento,

(11) BRASIL. *Constituição Federal*. Brasília/DF. Disponível em: <https://www.planalto.gov.br/ccivil_03/leis/l9615consol.htm>. Acesso em: 20 jun. 2023.

> como que um dos papéis de regulação do sistema econômico atribuído ao Estado é o de valorizar o trabalho, promovendo, portanto, a sua proteção, quer em relação ao empregador, quer em relação a vicissitudes econômico-sociais.(12)

Não se pode olvidar que a coincidência dos referidos dispositivos constitucionais se verifica pela menção ao trabalho, mas, igualmente, à livre-iniciativa. No art. 1º, IV, da Constituição Federal, são definidos como fundamento da República Federativa do Brasil *"os valores sociais do trabalho e a livre-iniciativa"*, enquanto o art. 170 da Constituição Federal assevera que a ordem econômica é fundada *"na valorização do trabalho humano e na livre-iniciativa"*. Oportuno, então, afirmar que o trabalho há de ser priorizado em relação a todos os demais valores do capitalismo, que se extraem da expressão "livre-iniciativa", como explica José Afonso da Silva:

> A Constituição declara que a ordem econômica é fundada na *valorização do trabalho humano* e na iniciativa privada. Que significa isso? Em primeiro lugar quer dizer precisamente que a Constituição consagra uma economia de mercado, de natureza capitalista, pois a *iniciativa privada* é um princípio básico da ordem capitalista. Em segundo lugar significa que, embora capitalista, a ordem econômica dá prioridade aos valores do trabalho humano sobre todos os demais valores da economia de mercado. Conquanto se trate de declaração de princípio, essa prioridade tem o sentido de orientar a intervenção do Estado, na economia, a fim de fazer valer os valores sociais do trabalho que, ao lado da iniciativa privada, constituem o fundamento não só da ordem econômica, mas da própria República Federativa do Brasil (art. 1º, IV).(13)

Com o objetivo de compreender a importância dos direitos sociais do trabalhador esportivo mencionados no art. 70 da Lei Geral do Esporte e, portanto, a sua imperiosa observância no que diz respeito às relações de trabalho no esporte, é oportuno discorrer sobre a importância dos *"valores sociais do trabalho"* para o nosso sistema jurídico e para a estruturação do Brasil.

Se os *"valores sociais do trabalho"* inauguram o texto constitucional, na condição de fundamento da República Federativa do Brasil, todo o nosso sistema jurídico deve ser

---

(12) ARAÚJO, Luiz Alberto David; NUNES JÚNIOR, Vidal Serrano. *Curso de direito constitucional.* 23. ed., rev. e atual. Santana de Parnaíba: Manole, 2021. p. 127-128.

(13) SILVA, José Afonso da. *Curso de direito constitucional positivo.* São Paulo: Malheiros, 2003. p. 764.

balizado por essa diretriz, conferindo-se à Constituição Federal a importância que lhe é inerente, como explica Celso Antônio Bandeira de Mello:

> Além disso, a Constituição não é um mero feixe de leis, igual a qualquer outro corpo de normas. A Constituição, sabidamente, é um corpo de normas qualificado pela posição altaneira, suprema, que ocupa no conjunto normativo. É a Lei das Leis. É a Lei Máxima, à qual todas as demais se subordinam e na qual todas se fundam. É a lei de mais alta hierarquia. É a lei fundante. É a fonte de todo o Direito. É a matriz última da validade de qualquer ato jurídico.(14)

A construção de todo o ordenamento jurídico brasileiro, incluindo a atividade jurisdicional, deve se pautar pela "*valorização do trabalho humano*" e, por isso, é possível identificar a sua presença em outros elementos do próprio texto constitucional, para além da indicação dos fundamentos da República Federativa do Brasil e dos princípios gerais da atividade econômica, como explica Paulo Henrique Tavares da Silva:

> A valorização do trabalho humano encontra realização no texto constitucional numa tríade de elementos: a) a busca do pleno emprego (art. 170, VIII); b) a seguridade social (arts. 194 a 204); c) o estabelecimento de um amplo conjunto de normas protetivas ao emprego (art. 7º).(15)

A escolha do constituinte ao posicionar os "*valores sociais do trabalho*" e a "*valorização do trabalho humano*" juntamente com a "*livre-iniciativa*", o que se observa tanto no art. 1º, IV, quanto no art. 170, "*caput*", da Constituição Federal, tem o condão de impedir qualquer cogitação de que os interesses econômicos encontrem espaço de progressão sem os limites da justiça social, como esclarecem André Ramos Tavares e Marina Faraco Lacerda Gama:

> Não é possível cogitar de iniciativa econômica sem valorização do trabalho humano. Assim como a valorização do trabalho humano relaciona-se diretamente à livre iniciativa, inclusive e especialmente, à iniciativa econômica do capital privado. O que o art. 170 determina, em um sentido mais prático, é que não pode haver legitimidade da ação humana na econômica que desconsidere ou ignore o valor do trabalho humano, quer dizer, que subjugue o trabalho do Homem a interesses econômicos que colocam em risco, que

(14) MELLO, Celso Antônio Bandeira de. *Eficácia das normas constitucionais e direitos sociais*. 1. ed., 2. tir. São Paulo: Malheiros, 2010. p. 12.

(15) SILVA, Paulo Henrique Tavares da. *A valorização do trabalho como princípio constitucional da Ordem Econômica Brasileira*. Curitiba: Juruá, 2003. p. 110.

> o transformem em objeto ou mero instrumento de trabalho. Não é só. A valorização do trabalho humano assume, além da perspectiva de qualificar a ação humana na economia brasileira, uma dimensão transformadora, típica da Constituição de 1988.[16]

Justamente no contexto de não se cogitar a livre-iniciativa sem as balizas trazidas pela "*valorização do trabalho humano*", é importante lembrar que a atividade econômica está diante de uma efetiva prescrição que é condição de legitimidade do sistema, como aborda Tércio Sampaio Ferraz Júnior:

> Já no caso da "valorização do trabalho humano", o acento está na "valorização", portanto num ato de apreciar e fazer realizar o que se considera bom: o trabalho humano. A "valorização do trabalho humano", como fundamento, é, assim, prospectiva, é modo de conformar a realização da atividade econômica.
>
> Sublinhe-se que a Constituição não funda a Ordem *no* trabalho humano, mas na *sua valorização*. O trabalho, afinal, é uma contingência humana, que compõe seu modo de ser. É base, nesse sentido, da atividade econômica, da produção de bens e do seu comércio. Mas uma coisa é ser base na *economia*, outra, da *ordem econômica*. Ordem constitucional é instauração normativa, é organização e regulação, é modo de conceber e normatizar a concepção. Sendo a valorização do trabalho humano fundamento dessa ordem, o que se determina é que, sem aquele fundamento poderá ainda haver economia, trabalho, produção, atividade econômica, mas não será a ordem proclamada como legítima pela Constituição.
>
> Na "valorização do trabalho humano" repousa uma parte da legitimidade da ordem econômica, construída, então, sobre um empenho, constante e permanente, de promover o trabalho humano.[17]

Nas relações de trabalho no esporte, especialmente nas relações econômicas advindas da prática esportiva no âmbito da excelência esportiva, devem ser observadas as diretrizes trazidas pelo texto constitucional, desde os fundamentos da República Federativa do Brasil, até os princípios gerais da atividade econômica, que são os "*valores sociais do trabalho*" e a "*valorização do trabalho humano*", como norteadores da livre-iniciativa, que constituem critério de legitimidade de todos os atos praticados.

---

(16) GAMA, Marina Faraco Lacerda; TAVARES, André Ramos. *O STF e a Constituição Econômica; casos e funções*. Curitiba: InterSaberes, 2022. p. 33.

(17) FERRAZ JÚNIOR, Tércio Sampaio. "Valorização do trabalho humano — CF art. 170". In: NUSDEO, Fábio (Coord.). *A ordem econômica constitucional*. São Paulo: Thomson Reuters Brasil, 2019. p. 80.

3. Da garantia dos direitos sociais do trabalhador esportivo na lei geral do esporte, sob a ótica do atleta profissional

Pelo método do diálogo das fontes, quando o art. 70 da Lei Geral do Esporte prescreve que as relações de trabalho no esporte, especialmente as relações econômicas advindas da prática esportiva no âmbito da excelência esportiva, "*devem basear-se nas premissas do desenvolvimento social e econômico e no primado da proteção do trabalho, da garantia dos direitos sociais do trabalhador esportivo e da valorização da organização esportiva empregadora*", é inequívoca a conclusão de que devem ser observados e respeitados os direitos sociais do trabalho, que encontram fundamento nos arts. 6º e 7º da Constituição Federal, como leciona FERRAZ JÚNIOR (2019, p. 87-88):

> A Constituição, que, no art. 6º, enumera os "direitos sociais" e, dentre eles, o direito ao trabalho, completando, no art. 7º, esses direitos com o elenco dos direitos do trabalhador, que são direitos sociais específicos. Em termos de valorização do trabalho humano, todos esses direitos, embora alinhados pela ótica do econômico como integrantes do sistema produtivo, ressalvam o sentido social da sobrevivência humana, do valor da sobrevivência, com seus mínimos necessários, inclusive suas possibilidades de resistência aos imperativos das necessidades econômicas, como é o caso da greve.(18)

Não se pode olvidar, sob pena de relativizar a sua importância, que os direitos sociais são direitos humanos fundamentais. Ainda que a doutrina possa trazer debates sobre a sua geração ou dimensão, é preciso ter a sólida premissa da natureza jurídica dos direitos sociais. Ao tratar sobre o assunto, Walter Claudius Rothenburg adverte que a expressão "direitos sociais" trazida pela Constituição Federal não pode dissociá-los da condição de direitos humanos fundamentais:

> A Constituição Brasileira consagra expressamente direitos sociais, porém não autoriza estabelecer uma distinção de regime jurídico em relação aos demais direitos fundamentais. Os direitos sociais são, portanto, direitos fundamentais e apresentam-se como "regras de reconhecimento constitucional", dotadas de superioridade normativa e aptas a aferir a constitucionalidade das demais normas jurídicas (controle de constitucionalidade). Nessa medida, não se justifica — senão pelo uso corrente da expressão — a qualificação de direitos sociais.(19)

---

(18) *Op. cit.*, p. 87.88.

(19) ROTHENBURG, Walter Claudius. *Direitos sociais são direitos fundamentais:* Simples assim. Salvador: JusPodivm, 2021. p. 41.

Parece bastante apropriado o desiderato de não criar distinções entre os direitos humanos fundamentais, evitando-se qualquer equívoco interpretativo que possa excluir os direitos sociais da sua abrangência, entretanto não se pode ignorar a duradoura existência da teoria das gerações dos direitos humanos fundamentais.

De acordo com Silvio Beltramelli Neto, a noção de gerações dos direitos humanos fundamentais, pela etimologia do vocábulo, pode prejudicar a sua correta compreensão e efetividade, basicamente pela "*falsa ideia de sobreposição*", pela "*falsa ideia de hierarquia*" e pela "*falsa ideia de compartimentação*".[20] Não se pode conceber que as gerações dos direitos humanos fundamentais foram sobrepostas ou substituídas entre si, como não se pode admitir que existam direitos humanos fundamentais hierarquicamente superiores a outros e, finalmente, não seria produtivo aceitar que cada direito humano fundamental fosse limitado a aspectos de somente uma geração. Justamente para não incorrer nas armadilhas do vocábulo "gerações", constata BELTRAMELLI NETO (2021, p. 90-91):

> Em virtude das críticas ferrenhas à Teoria das Gerações é que se percebe, atualmente, uma predileção de parte da doutrina especializada pelo uso da expressão "dimensões" em substituição a "gerações", de modo a escapar às mencionadas falsas percepções, buscando-se destacar, a bem de sua concretização, que os direitos humanos são decorrentes de um processo de acumulação, interrelacionados e interdependentes, tal como preceitua o já citado art. 5º da Declaração e Programa de Ação de Viena de 1993 — documento internacional firmado por ocasião da II Conferência Mundial de Direitos Humanos.[21]

A adequada compreensão dos direitos humanos fundamentais, para superar qualquer interpretação indevida que tenha origem na etimologia do vocábulo "gerações", é trazida por Alessandra Gotti, ao afirmar que "*os direitos humanos compõem, assim, uma unidade indivisível, interdependente e inter-relacionada, capaz de conjugar o catálogo de direitos civis e políticos com o catálogo de direitos sociais, econômicos e culturais*".[22]

O significado dos direitos humanos fundamentais contribui para o entendimento da relevância dos direitos sociais, notadamente por sua relação com o princípio da dignidade da pessoa humana. De acordo com BELTRAMELLI NETO (2021, p. 35), "*os diferentes pontos de vista sobre o significado, o conteúdo e a finalidade dos direitos humanos, convergem quanto a apresentar como seu eixo central a proteção da dignidade da pessoa humana*".[23]

---

(20) BELTRAMELLI NETO, Silvio. *Curso de Direitos Humanos*. 6. ed. São Paulo: Atlas, 2021. p. 90.

(21) *Ibidem*, p. 90-91.

(22) GOTTI, Alessandra. *Direitos Sociais:* fundamentos, regime jurídico, implementação e aferição de resultados. São Paulo: Saraiva, 2012. p. 17.

(23) *Ibidem*, p. 35.

Ao prescrever que as relações de trabalho no esporte devem se basear na premissa da garantia dos direitos sociais do trabalhador esportivo, o legislador promove os direitos humanos fundamentais, que se destinam à proteção da dignidade da pessoa humana. Sobre a dignidade da pessoa humana, Paulo Sérgio Feuz esclarece que "*o Brasil adotou a dignidade da pessoa humana não só como fundamento que rege a e estrutura o Estado Democrático de Direito, mas também como verdadeira fonte de interpretação, paradigma do que se pretende no plano do direito positivo*".[24]

Justamente por ser elemento da dignidade da pessoa humana, na condição de direitos humanos fundamentais, os direitos sociais do trabalhador esportivo, especialmente dos atletas, devem ser garantidos nas relações de trabalho no esporte, como expressamente prescrito pelo art. 70 da Lei Geral do Esporte.

Nesse sentido, o art. 7º da Constituição Federal deve ser a base do estudo das relações de trabalho no esporte, sem prejuízo da observância da legislação infraconstitucional geral e especial aplicável à espécie, desde que, naturalmente, alinhadas com o texto constitucional.

Como exemplo da garantia dos direitos sociais do trabalhador esportivo, especificamente dos atletas, o art. 7º, I, da Constituição Federal prevê o direito à relação de emprego. A análise da existência da relação de emprego, por sua vez, encontra definição legal no art. 3º da CLT, que deverá ser utilizado quando for necessário verificar se um atleta tem vínculo empregatício com a organização esportiva empregadora, com o objetivo de garantir os seus direitos sociais, notadamente quando não houver a formalização do contrato especial de trabalho esportivo.

Nesse contexto das premissas fixadas pelo art. 70 da Lei Geral do Esporte, especialmente a garantia dos direitos sociais do trabalhador esportivo, a Justiça do Trabalho manterá o protagonismo no exercício da sua competência de processar e julgar as ações oriundas das relações de trabalho, de acordo com o art. 114 da Constituição Federal.

4. Conclusão

A Lei n. 14.597, de 14 de junho de 2023, que "*institui a Lei Geral do Esporte*", buscou reparar as críticas direcionadas à Lei n. 9.615, de 24 de março de 1998, que "*institui normas gerais sobre desporto*", entre outros pontos, no que diz respeito ao conceito de atleta profissional.

Com uma definição clara e um conceito abrangente, aquele que se dedica à prática de esporte de alto nível, de forma remunerada e permanente, tendo nessa atividade a sua principal fonte de renda por meio do trabalho, será considerado atleta profissional,

(24) FEUZ, Paulo Sérgio. "O Esporte como um dos elementos da dignidade da pessoa humana no Estado Democrático de Direito". In: VARGAS, Ângelo (Org.). *Direito desportivo:* diversidade e complexidade. Belo Horizonte: Casa da Educação Física, 2018. p. 103.

independentemente de como receba a sua remuneração. De futebolistas a tenistas, de basquetebolistas a judocas, de voleibolistas a surfistas, todos podem ser considerados atletas profissionais, desde que preencham os requisitos do art. 72, parágrafo único, da Lei Geral do Esporte.

A ampliação do conceito de atleta profissional, que independe da forma como recebe a sua remuneração, não constitui salvo-conduto para que os atletas profissionais celebrem os contratos relacionados à sua atividade de qualquer forma, sem nenhuma baliza jurídica.

Pelo método do diálogo das fontes, o art. 70 da Lei Geral do Esporte fixa as premissas sobre as quais devem ser construídas as relações de trabalho no esporte, especialmente as relações econômicas advindas da prática esportiva no âmbito da excelência esportiva, destacando, entre outros, a garantia dos direitos sociais do trabalhador esportivo.

Ao definir a garantia dos direitos sociais do trabalhador esportivo como premissa das relações de trabalho no esporte, principalmente as relações econômicas advindas da prática esportiva no âmbito da excelência esportiva, evidentemente que o legislador infraconstitucional cumpriu o seu dever de promover e respeitar a Constituição Federal, que fixa os "*valores sociais do trabalho*" como fundamento da República Federativa do Brasil (art. 1º, IV) e a "*valorização do trabalho humano*" como princípio geral da atividade econômica (art. 170, "*caput*").

Para a promoção dos referidos pilares constitucionais dos "*valores sociais do trabalho*" e da "*valorização do trabalho humano*", é necessário que as relações de trabalho no esporte sejam construídas com base nos ditames do art. 7º da Constituição Federal, que exige a aplicação sistêmica da legislação infraconstitucional geral, como a CLT, e a legislação infraconstitucional especial, como a Lei Geral do Esporte, propriamente, tendo a Justiça do Trabalho como protagonista no exercício da sua competência de processar e julgar as ações oriundas das relações de trabalho.

Referências

ALMEIDA, Renato Rua de. "Diálogo das fontes e eficácia dos direitos fundamentais: síntese para uma nova hermenêutica das relações de trabalho". In: RUA, Ricardo Rua de (Coord. e CALVO, Adriana (assistente de coordenação). *A aplicação da teoria do diálogo das fontes no direito do trabalho*. São Paulo: LTr, 2015.

ARAÚJO, Luiz Alberto David; NUNES JÚNIOR, Vidal Serrano. *Curso de Direito Constitucional*. 23. ed., rev. e atual. Santana de Parnaíba: Manole, 2021.

BASTOS, Guilherme Augusto Caputo. *Direito Desportivo*. Belo Horizonte: Casa da Educação Física, 2018.

BELTRAMELLI NETO, Silvio. *Curso de Direitos Humanos*. 6. ed. São Paulo: Atlas, 2021.

BENJAMIN, Antônio Herman V.; BESSA, Leonardo Roscoe; MARQUES, Cláudia Lima. *Diálogo das fontes*. 5. ed., rev., atual. e ampl. São Paulo: Editora Revista dos Tribunais, 2013.

BRASIL. *Constituição da República Federativa do Brasil 1988*. Disponível em: <http://www.planalto.gov.br/ccivil_03/constituicao/constituicao.htm>. Acesso em: 21 jun. 2022.

______. *Nova Lei Geral do Esporte*. Brasília/DF. Disponível em: <http://www.planalto.gov.br/ccivil_03/_ato2023-2026/2023/lei/L14597.htm>. Acesso em: 20 jun. 2023.

______. *Lei Geral do Desporto*. Brasília/DF. Disponível em: <https://www.planalto.gov.br/ccivil_03/leis/l9615consol.htm>. Acesso em: 20 jun. 2023.

CAÚS, Cristiano; GÓES, Marcelo. *Direito aplicado à gestão de esportes*. São Paulo: Trevisan Editora, 2013.

FERRAZ JÚNIOR, Tércio Sampaio. "Valorização do trabalho humano — CF art. 170". In: NUSDEO, Fábio (Coord.). *A ordem econômica constitucional*. São Paulo: Thomson Reuters Brasil, 2019.

FEUZ, Paulo Sérgio. "O esporte como um dos elementos da dignidade da pessoa humana no Estado Democrático de Direito". In: VARGAS, Ângelo (Org.). *Direito Desportivo:* diversidade e complexidade. Belo Horizonte: Casa da Educação Física, 2018.

GAMA, Marina Faraco Lacerda; TAVARES, André Ramos. *O STF e a Constituição Econômica;* casos e funções. Curitiba: InterSaberes, 2022.

GOTTI, Alessandra. *Direitos Sociais:* fundamentos, regime jurídico, implementação e aferição de resultados. São Paulo: Saraiva, 2012.

HOUAISS, Antônio; VILLAR, Mauro de Salles (Resp.). *Dicionário Houaiss da Língua Portuguesa*. Antônio Houaiss e Mauro de Salles Villar, elaborado no Instituto Antônio Houaiss de Lexicografia e Banco de Dados da Língua Portuguesa S/C LTDA. Rio de Janeiro: Objetiva, 2001.

MELLO, Celso Antônio Bandeira de. *Eficácia das normas constitucionais e direitos sociais*. 1. ed., 2. tir. São Paulo: Malheiros, 2010.

MIGUEL, Ricardo George Affonso. *O enquadramento jurídico do esporte eletrônico*. São Paulo: Quartier Latin, 2019.

NASCIMENTO, Amauri Mascaro. *Curso de Direito do Trabalho:* história e teoria geral do direito do trabalho: relações individuais e coletivas do trabalho. 25. ed. São Paulo: Saraiva, 2010.

ROTHENBURG, Walter Claudius. *Direitos sociais são direitos fundamentais:* simples assim. Salvador: JusPodivm. 2021.

SILVA, José Afonso da. *Curso de Direito Constitucional*. 22. ed. São Paulo: Malheiros, 2003.

SILVA, Paulo Henrique Tavares da. *A valorização do trabalho como princípio constitucional da Ordem Econômica Brasileira*. Curitiba: Juruá, 2003.

Atos Discriminatórios nas Praças Esportivas e as Respectivas Disposições da Lei n. 14.597/2023

Firmino Alves Lima

Introdução

Temos vivido uma contínua e progressiva situação de atos discriminatórios em praças esportivas de modo geral em todo o mundo, especialmente em partidas de futebol, mas não somente nessa modalidade. Não é recente o problema, mas o panorama atual é cada vez mais aterrorizante.

O caso mais grave verificado atualmente é o que envolve o atleta Vinícius José Paixão de Oliveira Júnior, conhecido popularmente como *Vini Jr.*, atleta do Real Madrid e que vem sofrendo sistemática e inaceitável perseguição racista por onde atua pelo seu clube na Espanha. No mesmo país, o atleta de basquetebol Yago Mateus dos Santos, conhecido como *Yago*, ao atuar pelo *Ratiopharm Ulm*, clube de basquete da Alemanha, sofreu o mesmo tipo de insulto explícito de cunho racista, também na Espanha, em uma partida contra o *Joventut Badalona*, uma equipe catalã, o que foi claramente registrado pelas imagens de TV. Ambos foram chamados de "macaco" e outros insultos alusivos à sua cor da pele. Curiosamente, eles atuam com alta *performance*, inclusive selecionados pelas equipes nacionais brasileiras.

Ofensas discriminatórias não são novidade, porém, o crescimento de tais manifestações em praças esportivas tem assustado a todos, promovendo um incrível e injustificável retrocesso na proteção da dignidade humana pelo meio da discriminação explícita.

Não são verificados somente atos discriminatórios racistas, mas também misóginos, homofóbicos e transfóbicos no mesmo ritmo, inclusive no Brasil, como uma tenebrosa onda global de tratamentos degradantes dirigidos a seres humanos que não possuem a mesma etnia, a mesma cor de pele, a mesma orientação sexual ou a mesma religião, bem como qualquer outro fator de diversidade.

Em 16 de junho de 2023, uma partida entre Estados Unidos e México, pela Liga das Nações da CONCACAF, em Las Vegas, nos Estados Unidos, foi marcada por extrema violência entre os atletas e gerou 4 expulsões. Porém, gritos homofóbicos da torcida mexicana eram dirigidos ao goleiro dos Estados Unidos nas cobranças de tiros de meta.(1) O árbitro Iván Barton da partida aplicou o protocolo da FIFA para situações de discriminação,(2) em seu primeiro passo, interrompendo a partida e, solicitando pelos sistemas de som e das telas informativas, a cessação de tais práticas. Porém, uma vez não cessadas, o árbitro veio por encerrar a partida na forma do segundo passo do referido protocolo.

O mesmo atleta Vini Jr., perseguido pelas torcidas com atos inomináveis, dentro e fora das praças esportivas, é o atleta da última temporada que mais sofreu faltas nas principais ligas europeias, segundo os números do *MisterChip*, perfil espanhol especializado em estatísticas.(3) Coincidência por ser um atacante e estar mais sujeito à violência em campo? Porém, as mesmas ligas possuem tantos outros atacantes de alto nível atuando que não possuem o mesmo índice, o que somente faz crescer uma ideia de perseguição do referido atleta por parte de seus próprios colegas.

Não bastasse isso, em uma partida que manifestações racistas de torcedores foram explícitas, e o árbitro acionou o primeiro passo do protocolo da FIFA, ocorreu uma situação de rixa entre os atletas, e após ter revidado uma violenta agressão de um dos atletas da equipe adversária, Vini Jr. acabou sendo expulso. A edição da agressão foi claramente manipulada pelos árbitros do VAR para ser exibida ao árbitro de campo, deixando de demonstrar a primeira agressão que o atleta sofreu, em nítido prejuízo, incorrendo na suspensão dos árbitros e revisão da punição em campo.(4) Como se vê, a discriminação contra o nosso querido atleta parte de todos os lados, torcidas, atletas e até árbitros, ou seja, todo o ambiente esportivo milita contra os atletas, em verdadeira perseguição por tal chaga, que acaba sendo potencializada pelas emoções que o esporte produz no ser humano.

Importante, para tais situações, apontar a situação da discriminação inconsciente tão bem mencionada pelo jurista Charles R. Lawrence III. O referido autor norte-americano afirma que todo e qualquer comportamento humano está permeado de racismo,

---

(1) ESPN Brasil. Estados Unidos x México é encerrado antes do fim por reincidência de gritos homofóbicos. Disponível em: <https://www.espn.com.br/futebol/artigo/_/id/12199214/estados-unidos-mexico-encerrado-antes-fim-reincidencia-gritos-homofobicos>. Acesso em: 23 jun. 2023.

(2) FIFA. *Fédération Internationale de Football Association.* Diversity and Anti-Discrimination at FIFA. Zurich. Switzerland. Disponível em: <https://digitalhub.fifa.com/m/4c1bcf79012d52cc/original/arn2ylavxd26pnn2l83i-pdf.pdf>. Acesso em: 23 jun. 2023.

(3) UOL. Futebol. Vini Jr. é o jogador que mais sofre faltas nas grandes ligas. Disponível em: <https://www.uol.com.br/esporte/futebol/ultimas-noticias/2023/02/06/vini-jr-e-o-jogador-que-mais-sofre-faltas-nas-grandes-ligas-neymar-e-2.htm>. Acesso em: 23.6.2023.

(4) TNT Sports. Federação anula expulsão de Vini Jr. e vai fechar setor do estádio do Valencia. Disponível em: <https://tntsports.com.br/melhorfuteboldomundo/Federacao-anula-expulsao-de-Vini-Jr.-e-vai-fechar-setor-do-estadio-do-Valencia-20230523-0012.html>. Acesso em: 23 jun. 2023.

na maior parte inconsciente, uma vez que criado dentro do ambiente que cercou a sua formação.[5] O referido autor aponta que as decisões empresariais, e mesmo as decisões judiciais, acabam de alguma forma sendo permeadas pelo racismo inconsciente, baseadas em uma descrição freudiana das ações e reações humanas envolvendo esse tema.[6] Por outro lado, Martinho Neves Miranda revela que a cultura opressora do esporte foi incorporada no inconsciente coletivo, no sentido de que certas condutas abusivas são comuns, próprias mesmo do labor no esporte,[7] aqui voltadas para as condutas discriminatórias internas, mas com repercussões externas.

Uma pessoa de um grupo majoritário, em um momento de descontrolada raiva ou de excessiva euforia, situação muito comum na prática desportiva, sejam atletas, técnicos, dirigentes, torcedores e árbitros, pode desencadear práticas discriminatórias. Neles, toda a emoção do esporte transfere a direção da conduta humana para uma parte da atividade cerebral que libera toda a carga cultural e de valores passada pela sociedade a respeito de um determinado grupo social, ao longo de tantos anos inconscientemente acumulada, sem os freios impostos pela racionalidade humana. Facilmente ela acaba se convertendo em uma forma de ato discriminatório contra outro ser humano, especialmente se for integrante de um grupo minoritário, resultando em situações inaceitáveis a todos os participantes da prática desportiva.

As punições disciplinares do desporto são aplicadas pela respectiva autoridade administrativa da modalidade do evento, dentro de sua autonomia constitucionalmente reconhecida pelo art. 217 da Constituição Federal de 1988. Porém, a gravidade da situação enseja também participação do Estado ao intervir dentro dos seus limites, visando coibir tais práticas, inclusive como um dos objetivos da República Federativa do Brasil constante do inciso IV do art. 3º da mesma Constituição Federal.

É dentro desse contexto que se passa a comentar a recente publicação da Lei n. 14.597, que institui a Lei Geral do Esporte, sancionada em 14.6.2023, e caracterizada por um elevado número de vetos por parte do presidente da República dentro de seu poder estabelecido pelo § 1º do art. 66 da Constituição Federal. Tais vetos transformaram a referida norma em uma "colcha de retalhos" posto que, ao desfigurar diversos dispositivos legais, alguns efetivamente necessários, bem como outros que desafiam a autonomia aferida pela norma constitucional do art. 217, irá gerar instabilidade e insegurança jurídica. Elas podem ocorrer seja na apreciação do veto e potenciais inconstitucionalidades, ou mesmo quando vetou a revogação de normas esportivas anteriormente vigentes, como a própria Lei n. 9.615/98 que era o diploma que instituiu normas gerais sobre o desporto, e a Lei n. 11.438/2006 que dispõe sobre incentivos e benefícios para fomentar as atividades de caráter desportivo e dá outras providências. O argumento do presidente da República

(5) LAWRENCE III, Charles R. "The id, the ego, and equal protection: reckoning with unconscious racism". *Stanford Law Review*, n. 39, p. 322, jan. 1987.

(6) *Ibidem*, p. 324.

(7) *Ibidem*, p. 420.

foi de que a adoção da nova Lei não poderia deixar lacunas jurídicas após os vetos na mensagem de veto encaminhada ao Congresso Nacional.

Assim, no tema em que o texto se propõe a discutir, deverá ocorrer uma interpretação sistemática e conjunta do novo diploma, com as razões de veto e as normas legais e disciplinares então vigentes, o que torna um exercício bem difícil, mas que o texto se propõe a enfrentar.

1. Aspectos fundamentais da Lei n. 14.597 que envolvem a questão discriminatória na prática esportiva e nas praças esportivas

1.1. Aspectos gerais

A Lei n. 14.597 é um texto extenso. São 218 artigos dispostos em quatro títulos sem uma *Lei Geral do Esporte* e que cria o Sistema Nacional do Esporte (SINESP) e o Sistema Nacional de Informações e Indicadores Esportivos (SNIIE), além de tratar da ordem econômica esportiva, a integridade esportiva e o Plano Nacional pela Cultura e Paz no Esporte.

Álvaro Melo Filho defende que o Direito Desportivo é uma ciência jurídica autônoma, com características próprias e peculiaridades que o distinguem de outros ramos da ciência jurídica.[8] A atividade esportiva possui características destacadas dentro das relações humanas, assim permeia todos os ramos do direito, com o poder de exigir um tratamento jurídico diferenciado. Ela estabelece a democratização e inclusão como alguns dos seus princípios fundamentais regentes de diversas normas disciplinares e administrativas. A Lei n. 9.615/98, em seu art. 2º, III, estabelecia como princípio da ordem esportiva o princípio da democratização, que garantia condições de acesso às atividades desportivas, sem quaisquer distinções ou formas de discriminação,[9] o que acabou não se reproduzindo, lamentavelmente.

A proibição da discriminação é um dos pilares da ordem internacional desportiva, constando em diversos estatutos esportivos internacionais, especialmente como princípio geral do olimpismo no preâmbulo da respectiva carta[10] e dos estatutos da FIFA.[11]

(8) MELO FILHO, Álvaro. *Lei Pelé:* comentários à Lei n. 9.615/98. Brasília: Brasília Jurídica, 1998. p.16.

(9) BRASIL. *Lei n. 9.615/98.* Legislação. Palácio do Planalto – Presidência da República. Disponível em: <http://www.planalto.gov.br/ccivil_03/leis/L9615Compilada.htm>. Acesso em: 20 maio 2016.

(10) INTERNATIONAL OLYMPIC COMITEE. Olympic Charter. 17.7.2020. Disponível em: <https://stillmed.olympic.org/media/Document%20Library/OlympicOrg/General/EN-Olympic-Charter.pdf#_ga=2.248657799.1871592072.1592319729-1875299761.1583814696>. Acesso em: 21.06.2023. *Fundamental Principles of Olympism. 4. The practice of sport is a human right. Every individual must have the possibility of practising sport, without discrimination of any kind and in the Olympic spirit, which requires mutual understanding with a spirit of friendship, solidarity and fair play.*

(11) FIFA. *Fédération Internationale de Football Association*. Disponível em: <https://digitalhub.fifa.com/m/3815fa68bd9f4ad8/original/FIFA_Statutes_2022-EN.pdf>. Acesso em: 21 jun. 2023. *4.1. Discrimination of any kind against a country, private person or group of people on account of race, skin colour, ethnic, national or social*

No caso específico da entidade máxima do futebol, a proibição da discriminação é absolutamente expressa, inclusive com a previsão de punição ou expulsão da entidade. Rafael Teixeira Ramos também considera a existência de um princípio da não discriminação desportiva como um princípio que pretende a postergação universal de quaisquer tipologias racistas ou de exclusão humana.(12) É muito importante frisar tais aspectos, pois eles irão balizar o olhar sobre o novo texto e os problemas atualmente vivenciados nas praças desportivas.

Somente o Capítulo II, quando trata do Sistema Nacional do Esporte e do Sistema Nacional de Informações e Indicadores Esportivos (SNIIE), vem a definir como seus objetivos, especialmente no caso em tela em seu inciso XVII, a erradicação ou a redução das "manifestações antiesportivas", como a violência, a corrupção, o racismo, a xenofobia, a homofobia, o sexismo e qualquer outra forma de discriminação, bem como o uso de substâncias ilegais e os métodos tipificáveis como dopagem.(13)

Contudo, o SINESP não tem como um dos seus princípios a proibição da discriminação, tal qual ele assume a destacada importância nos documentos internacionais do esporte anteriormente mencionados, o que também se vislumbra como postura que pode reduzir sua importância no contexto geral do esporte, em total divórcio do direito desportivo. É importante frisar que não há como pensar que o princípio da proibição da discriminação de qualquer espécie possa ser relativizado ou flexibilizado por conta da especificidade esportiva, uma vez que a essência do próprio direito desportivo também a assimila com tal natureza e com inegável intensidade. Lamenta-se tal atitude do legislador, pois a sua desconsideração como princípio fundamental do esporte, tampouco do Sistema Nacional do Desporto, é inaceitável.

Esse comportamento da norma também acaba sendo sintomático na mensagem de veto do Exmo. Sr. Presidente da República, ao vetar os §§ 2º e 3º do art. 1º, para afastar a aplicação da lei alinhada com os atos internacionais que o país tenha aderido, não substituindo as normas internas e transnacionais das organizações esportivas; bem como a interpretação à luz da Carta Olímpica e da Carta Internacional da Educação Física e do Esporte adotada pela Conferência Geral da Organização das Nações Unidas para a Educação, a Ciência e a Cultura (UNESCO).(14) O fundamento dos vetos em questão

---

origin, gender, disability, language, religion, political opinion or any other opinion, wealth, birth or any other status, sexual orientation or any Other reason is strictly prohibited and punishable by suspension or expulsion.

(12) RAMOS, Rafael Teixeira. *Direito Desportivo Trabalhista* — A fluência do ordenamento do desporto na relação laboral desportiva e seus poderes disciplinares. São Paulo: Quartier Latin, 2010. p. 64.

(13) BRASIL. Palácio do Planalto. *Lei n. 14.597, de 14 de junho de 2023*. Disponível em: <http://www.planalto.gov.br/ccivil_03/_ato2023-2026/2023/lei/L14597.htm>. Acesso em: 21 jun. 2023.

(14) BRASIL. Palácio do Planalto. Legislação. *Mensagem de veto n. 273 ao Projeto de Lei n. 68 de 2017*. Disponível em: <http://www.planalto.gov.br/ccivil_03/_ato2023-2026/2023/Msg/Vep/VEP-0273-23.htm>. Acesso em: 21 jun. 2023.

foi a possibilidade de submissão da legislação brasileira às normas internas das organizações esportivas e por inobservância da organização do Estado conforme art. 1º da Constituição Federal de 1988. Poderá haver uma acirrada discussão sobre o não alinhamento do veto com o princípio da autonomia desportiva estabelecido no inciso I do art. 217 da carta política e do princípio da especificidade desportiva. Certamente, esse será um assunto bastante polêmico do novo diploma, ensejando intensos debates. Já não bastasse isso, o contexto do veto se torna polêmico em face do aspecto de que o § 1º do art. 1º da Lei n. 9.615/98, dispõe que *A prática desportiva formal é regulada por normas nacionais e internacionais e pelas regras de prática desportiva de cada modalidade, aceitas pelas respectivas entidades nacionais de administração do desporto.*[15] A polêmica reside no fato de que um dos vetos do Exmo. Sr. Presidente da República foi exatamente a revogação da Lei n. 9.615/98, sob o argumento de que *a proposição legislativa contraria o interesse público porque, na medida em que foram solicitados todos os vetos acima justificados, há necessidade de manutenção da Lei n. 9.615, de 24 de março de 1998, para que não haja lacuna jurídica no arcabouço normativo do direito ao esporte.* Ou seja, assim, neste aspecto, a previsão da Lei n. 9.615/98 permanece em vigor, salvo se houver superação do veto pelo Congresso Nacional como dispõe o processo legislativo estabelecido em nossa Constituição Federal.

1.2. Aspectos específicos

O primeiro aspecto a ser analisado, talvez o mais triste, é o veto à criação da Autoridade Nacional para Prevenção e Combate à Violência e à Discriminação no Esporte (ANESPORTE), entidade prevista pelo novo diploma em seus arts. 182 e 183, sob o argumento de que a sua criação *afronta prerrogativa do Poder Executivo de decidir autonomamente sobre sua organização além de permitir ensejar situações de conflito de interesse, uma vez que parte de seus membros seriam de entidades que poderiam, inclusive, sofrer sanções decorrentes da atuação do órgão colegiado.* Trata-se de um argumento discutível, mormente quando uma questão formal prejudica completamente o sentido da existência de uma autoridade específica para tais temas, capaz de estabelecer uma política de segurança e paz nas praças esportivas. A autoridade prevista, e vetada, teria inclusive poderes para tratar de temas complexos como eventos de alto risco, e dar sentido a um regulamento sancionatório com penas pecuniárias previstas na norma, entre outros temas.

A proposição vetada assim afirmava que:

> "Art. 182. É criada, no âmbito do Ministério do Esporte, a Autoridade Nacional para Prevenção e Combate à Violência e à Discriminação no Esporte (Anesporte), com o objetivo de formular e executar políticas públicas contra a violência, o racismo, a xenofobia e a intolerância no esporte."

---

(15) BRASIL. Palácio do Planalto. Legislação. *Lei n. 9.615, de 24 de março de 1998*. Disponível em: <https://www.planalto.gov.br/ccivil_03/leis/l9615consol.htm>. Acesso em: 21 jun. 2023.

A proposta original do Projeto de Lei n. 1.825/2022 (n. anterior PLS n. 68/2017) tinha a intenção de criar essa autoridade nacional para os objetivos previstos na lei aprovada, ou seja, *formular e executar políticas públicas contra a violência, o racismo, a xenofobia e a intolerância no esporte*, que seria integrada por até 11 membros que representem paritariamente o poder público e a sociedade civil organizada na área do esporte, inclusive as organizações esportivas privadas de diferentes modalidades e as entidades representativas de torcedores. A crítica ao veto é impedir a existência de uma autoridade nesse sentido, que seria extremamente salutar para tentar coibir a crescente onda de violência física e moral existente no nosso país e no exterior, tal qual já apontado, se transformando em um problema global.

A ideia de uma autoridade responsável para prevenção e combate da violência e a discriminação existe em outros países. O Reino Unido é um país onde a violência entre torcedores é um grave fenômeno com lamentáveis resultados. A "tragédia de Heysel",(16) episódio em que torcedores ingleses do Liverpool causaram a morte de 39 torcedores da Juventus de Turim, na final da Copa dos Campeões europeus em 1985, no estádio da capital belga, é um evento marcante e, associado a tantos outros com vítimas fatais, levou o governo britânico a tomar um conjunto de medidas duras, além das punições esportivas que os times ingleses receberam da União Europeia de Associações de Futebol (UEFA), com o banimento de seus torneios por cinco anos.

O governo britânico, além de uma lei muito rígida de punição de torcedores violentos, aplicável a britânicos internamente ou no exterior, possui uma unidade policial destinada a tratar dos problemas de violência no futebol que é a *United Kingdom Football Policing Unit*(17) (UKFPU) (Unidade de policiamento do futebol no Reino Unido) que está inserido no órgão governamental de assuntos internos e o *National Police Chiefs Council Football Lead* (NPCC) (líder do futebol no Conselho Nacional de Chefes de Polícia). Essa ação conjunta e dedicada se esforça para reduzir a violência, o comportamento antissocial e a desordem em eventos de futebol envolvendo times de futebol do Reino Unido. A autoridade acima cumpre as ordens de banimento de torcedores emitidas pelo Poder Judiciário britânico, inclusive com a apreensão de passaportes, prisões e a consultoria, assistência e treinamento de policiais para atuação em eventos futebolísticos. Também a referida autoridade reúne, avalia e distribui informações para todos aqueles que necessitam, garantindo que ações apropriadas sejam tomadas e o *feedback* seja dado para todas as informações e inteligência relevantes, além de coordenar os desdobramentos da polícia no exterior quando as equipes inglesas ou galesas participam de jogos fora do Reino Unido. Trata-se de uma força policial com ampla autonomia para atuar e,

(16) WIKIPEDIA. Tragedia de Heysel. Disponível em: <https://pt.wikipedia.org/wiki/Trag%C3%A9dia_de_Heysel>. Acesso em: 23 jun. 2023.

(17) UNITED KINGDOM. United Kingdom Football Policing Unit. Disponível em: <https://www.gov.uk/government/groups/united-kingdom-football-policing-unit-ukfpu>. Acesso em: 23 jun. 2023.

principalmente, analisar, coordenar e orientar sobre situações de violência no futebol. Os resultados obtidos com essa autoridade, ao aplicar o conjunto de normas contra a violência, são bastante significativos, reduzindo em muito, ou até mesmo banindo os episódios de violência de torcedores britânicos tanto no Reino Unido como no exterior.[18]

Na Itália, o Decreto-lei n. 162 de 17 de agosto de 2005, depois transformado na Lei n. 210 de 17 de outubro de 2005, instituiu o Observatório Nacional de Manifestações Esportivas. Trata-se de um órgão governamental de prevenção e combate à violência e à intolerância, e que tem por atribuições monitorar esses fenômenos, examinar os problemas dos eventos e atribuir-lhes graus de risco, aprovar as diretrizes do regulamento de uso para a segurança de instalações desportivas, promover ações coordenadas para a prevenção da violência e da intolerância no esporte, definir as medidas a serem tomadas para garantir a segurança e publicar um relatório anual sobre a evolução dos fenômenos de violência e intolerância nos esportes.[19]

É bem claro notar que tais entidades não somente cuidam de práticas repressivas, mas sim, de prevenção e estratégias coordenadas para enfrentarem o problema.

O veto da criação de uma autoridade pela Lei n. 14.597, além de ir na contramão dos países que enfrentam graves problemas de violência e discriminação no futebol, não se encaixou adequadamente ao texto sancionado, pois o art. 147 afirma que os responsáveis da organização de um evento esportivo devem apresentar à Anesporte os laudos técnicos expedidos pelos órgãos e pelas autoridades competentes pela vistoria das condições de segurança das arenas esportivas a serem utilizadas na competição, o que ficou sem sentido pelo veto da criação da própria autoridade a qual se refere.

O que é mais grave é a acefalia provocada pelo veto para a coordenação de uma política de combate à violência e à discriminação no esporte preconizada pelo capítulo III, do título III, dedicado à integridade esportiva e da cultura de paz no esporte, como obrigação do poder público, através de um plano nacional nesse sentido. Caberia à autoridade auxiliar e coordenar o cumprimento de diversas disposições da nova Lei sobre proteção do torcedor, da segurança nas praças esportivas e o combate à discriminação, como previsto no art. 158, IV, ao proibir o porte ou ostentação de cartazes, bandeiras símbolos ou outros sinais com mensagens ofensivas, ou entoar cânticos que atentem contra a dignidade da pessoa humana, especialmente de caráter racista, homofóbico, sexista ou xenófobo. O último dispositivo mencionado já era previsto na Lei n. 10.671/2003[20]

---

(18) GLOBO G1. *Leis e tecnologia são armas inglesas para evitar violência entre torcidas.* Disponível em: <https://g1.globo.com/sao-paulo/noticia/2012/04/lei-e-tecnologia-sao-armas-inglesas-para-evitar-violencia-entre-torcidas.html>. Acesso em: 22 jun. 2023.

(19) ITALIA. Normattiva. *Decreto-lei n. 162, de 17 de agosto de 2005.* Disponível em: <https://www.normattiva.it/uri-res/N2Ls?urn:nir:stato:decreto-%20%20%20%20%20%20%20%20%20%20%20legge:2005;162>. Acesso em: 23 jun. 2023.

(20) BRASIL. Palácio do Planalto. *Lei n. 10.671, de 15 de março de 2003.* Disponível em: <https://www.planalto.gov.br/ccivil_03/leis/2003/l10.671.htm>. Acesso em: 23 jun. 2023.

(*Estatuto do Torcedor*), incisos IV e V do art. 13-A (com redação dada pela Lei n. 12.299, de 2010), porém eram delegados às autoridades públicas e privadas envolvidas na organização do evento, e que parece não ter sido tão eficaz assim, diante dos resultados pouco animadores, restando as normas disciplinares da FIFA como dispositivos mais eficazes. Além disso, caberia à referida autoridade monitorar a execução do Plano Nacional pela Cultura de Paz no Esporte e enviar relatórios trimestrais ao CNE, segundo o inciso II, § 1º, do art. 182, norma esta que restou vetada, incorrendo na ausência de uma coordenação de ações e difusão de práticas de um plano nacional de combate à violência, que tem como diretriz a promoção da cultura de paz no esporte (inciso III, do art. 181).

Realmente, esse veto parece ter retirado todo o sentido de normas que preveem uma ampla política de eliminação de violência e discriminação decorrente do esporte, pois delega indefinidamente tais incumbências para autoridades administrativas do desporto, policiais e judiciárias, retirando o sentido de uma atuação coordenada e, portanto, mais eficaz, como visto em outros países. Tanto a proteção do torcedor, como dos atletas e demais atores do esporte, tal qual a referida lei preconizou, restou muito corroída, o que se lamenta muito, pois tal proteção pode se tornar "lei que não pegou", tal qual se refere ao jargão popular de normas que não dispõem de instrumentos capazes de assegurar sua plena eficácia.

Além disso, é desperdiçada a chance de ser realizada uma avaliação prévia da situação do evento, a constituição de um sistema de inteligência capaz de localizar antecipadamente ou mesmo de identificar potenciais autores de práticas de violência e discriminação. O veto presidencial deixou de lado o eixo preventivo previsto na própria norma, prevalecendo a atitude reativa, o que longe está de ser a ideal. Seria de relativa eficácia, preponderantemente pedagógica, adotar sanções punitivas após o fato ter ocorrido, por ser absolutamente necessária a ação preventiva dentro da política da própria lei, e onde se consolida, no art. 179, a obrigação dos atores do evento esportivo promoverem e manterem a paz no esporte. O próprio Plano Nacional pela Cultura de Paz no Esporte, conforme o art. 181, parágrafo único, inciso I, prevê a adoção de medidas preventivas e educativas direcionadas ao controle dos atos de violência relacionados ao esporte. Mas sem uma autoridade especificamente constituída para coordenar tais ações, não será a melhor escolha delegar aos órgãos repressivos para elaborar essa política de prevenção.

Faltou também incorporar à política de prevenção de violência e discriminação, o conceito de transversalidade. Esse conceito foi inicialmente adotado pela União Europeia em todas as suas normas contra a discriminação feminina no trabalho.[21]

---

(21) TORRENTE GARI, Susana. "Hay um derecho comunitario sobre la igualdad y no discriminación por razon de sexo? La Directiva 2002/73, de 23 de septiembre". *Revista del Ministerio de Trabajo y Asuntos Sociales*, n. 47, p. 191-192, 2003. Disponível em: <www.mtas.es/publica/revista/numeros/47/Leg02.pdf>. Acesso em: 15 nov. 2004, p. 192.

A ideia comunitária europeia foi no sentido de que o combate à discriminação deve prestar atenção a todas as circunstâncias envolvidas, incluindo a primeira discussão sobre a *transversalidade* ou seja, a integração da igualdade de oportunidades em todas as políticas gerais desenvolvidas pela comunidade europeia.(22) Assim, verifica-se a existência de um princípio antidiscriminatório que é a atuação conjunta e coordenada de todos os atores sociais no combate à discriminação. Ele se baseia na necessidade de estabelecer a necessidade de ações que não sejam compartimentadas, mas que tenham apoio em todas as esferas e campos sociais possíveis. Portanto, um mecanismo isolado tem reduzida chance de obter sucesso na sua empreitada, ao prescindir de uma política antidiscriminatória mais ampla possível.

O veto da agência prevista deixou de fomentar um diálogo social e uma melhor consciência dos problemas discriminatórios em geral, servindo-se da troca de informações e aprimoramento social no seu combate. Restou perdida a oportunidade de utilização desse conceito na Lei n. 13.497 assim como, por conta dos vetos acima apontados, reunindo contextos que cisalharam todo o arcabouço necessário para combater a violência e a discriminação nos eventos esportivos.

Outra situação que causa espanto é que, efetuado quase que totalmente o veto ao art. 183 da referida lei, manteve-se isoladamente o seu parágrafo 2º, que imputa às torcidas organizadas a punição de impedir seu comparecimento a eventos esportivos pelo prazo de até cinco anos quando cometer os atos de violência e discriminação ali descritos dentro ou fora da praça esportiva. Os atos externos foram previstos nos três incisos do art. 184, que seria a invasão de local de treinamento; confronto, ou induzimento ou auxílio a confronto entre torcedores; e ilícitos praticados contra todos os atores do evento esportivo mesmo quando não atuam na competição ou estão diretamente envolvidos com o evento.

O primeiro ponto a ser abordado é que o dispositivo ficou praticamente ilhado dentro do sistema de promoção da cultura de paz no esporte, por ser uma norma essencialmente repressiva, não parecendo a melhor estratégia legislativa atribuir-lhe a unicidade normativa para combater o problema da violência e da discriminação.

O segundo aspecto, e talvez o mais delicado, é que as normas repressivas acima descritas se voltam contra torcidas organizadas assim definidas no § 2º do art. 178, como também a seus associados e membros, mesmo que em local ou data distintos dos relativos à competição esportiva. Ao que parece, o legislador optou pela monopolização das torcidas organizadas para responderem pelos atos violentos e discriminatórios, entre eles o banimento temporário para a prática de atos de violência e, principalmente, de discriminação, sendo elas de caráter facultativo para a caracterização de torcedor (§ 1º do art. 178 da lei). Muitos casos como os anteriormente apontados envolvendo racismo

(22) *Id., loc. cit.*

explícito ocorridos na Espanha e mesmo aqui no Brasil, partiram de torcedores ou grupo de torcedores não organizados. É até curioso notar que, nas diversas situações previstas no art. 158, que trata da condição de acesso e permanência e até mesmo da retirada do espectador do recinto esportivo, sem prejuízo de sanções administrativas e até penais, elas deixam claro que a previsão do inciso IV sobre atos discriminatórios típicos estariam relacionados a um ou mais espectadores, e não a organizações de torcidas. Não há harmonização entre as normas repressivas, ora dirigidas exclusivamente a torcidas organizadas, ora dirigidas a um ou mais espectadores, o que leva a uma perda de um sentido lógico para a promoção da cultura de paz no esporte.

Importante notar também que o § 5º do art. 178 aponta para as torcidas organizadas a responsabilidade civil objetiva e solidária por danos causados dentro da praça ou nas suas imediações e trajetos, danos esses não explicitamente demonstrados como danos patrimoniais ou extrapatrimoniais, porém em sentido genérico. Da mesma forma que, anteriormente explicitado, tais danos, sejam eles patrimoniais e, principalmente, danos extrapatrimoniais ocorridos na praça esportiva, suas imediações e seu trajeto, podem ocorrer por ação isolada de torcedor ou torcedores não organizados. Tal situação também acontece com significativa frequência, especialmente nas práticas discriminatórias descritas pela norma e nos casos mais recentes. Ou seja, a norma do art. 186 se aplica genericamente a torcedores, grupo de torcedores ou torcidas organizadas, promovendo o legislador uma incerteza que pode dar azo a interpretações distintas, o que seria evitado caso houvesse tratamento isonômico.

As punições por atos de violência e discriminação devem ser aplicadas igualitariamente de forma isolada ou conjunta, seja em forma de torcida organizada ou não, tal qual se encontra disposto no art. 179[(23)], podendo tal distinção para uns e para outros, fomentar desvios de caracterização no sentido de obter um abrandamento de punições. Não parece que o legislador, assim como o próprio veto presidencial, fora feliz nas hipóteses punitivas, o que torna menos eficaz ainda o combate ao problema.

1.3. As repressões legais e administrativas do esporte contra a discriminação

Verificadas as condições legislativas estarem defasadas e/ou desorganizadas por conta das opções legislativas e do veto presidencial, tudo leva a crer que as normas antidiscriminatórias das entidades de administração do esporte venham a ser mais eficazes para prevenirem ou punirem práticas discriminatórias dentro do ambiente esportivo. Tais sanções acabam sendo mais efetivas para a entidade de prática desportiva por conta da brevidade de sua aplicação, bem como influir diretamente com a própria essência da

(23) BRASIL. Palácio do Planalto. *Idem, ibidem*. É obrigação do poder público em todos os níveis, das organizações esportivas, dos torcedores e dos espectadores de eventos esportivos promover e manter a paz no esporte. Parágrafo único. Os promotores de eventos esportivos, assim considerados todos os envolvidos na organização da referida atividade, respondem pela prevenção da violência nos eventos que promovam.

atividade esportiva, causando transtornos muito mais significativos para as entidades de prática desportiva que as sanções legislativas a elas dirigidas, bem como a dirigentes e torcedores, organizados ou não. Já esses últimos, têm contra sua pessoa sanções civis e penais significativas, que serão apreciadas e aplicadas pelos órgãos competentes.

No caso da prática discriminatória de racismo que, infelizmente, tem se tornado a mais comum, temos dispositivos legislativos mais severos. A previsão criminal esportiva está na recentíssima Lei n. 14.532/2023 que adicionou o art. 2º-A na Lei n. 7.716/89, onde a injúria em razão de raça, cor, etnia ou procedência nacional pode ser punida com reclusão de 2 a 5 anos, além da proibição de frequência em tais eventos por três anos. Já para outras situações discriminatórias, a punição é aquela prevista no agravante de outras motivações discriminatórias como religião, idosos, crianças e adolescentes e deficientes, com sanção mais branda, pela pena de reclusão de um a três anos.

Já o art. 201 da Lei n. 14.597 é claro em apontar que a promoção de tumulto, prática ou incitação de violência, ou mesmo invasão de locais restritos aos árbitros ou competidores, porte de instrumentos para a prática de violência, ou mesmo participar em briga de torcidas, seja na praça desportiva, num raio de 5.000 metros da praça ou no trajeto de ida para a praça, terá a pena de reclusão de 1 a 2 anos e multa. Essa pena de reclusão pode ser convertida para proibição de comparecimento próximo ou na praça desportiva de 3 meses a 3 anos, conforme a gravidade da prática e a situação pessoal do agente. Caso essa proibição de comparecimento seja desrespeitada, voltará a ser aplicada a pena de reclusão. No entanto, o parágrafo 7º do referido artigo aponta que as penalidades serão aplicadas em dobro quando se tratar de casos de racismo no esporte brasileiro ou de infrações cometidas contra as mulheres. É uma pena compatível com a gravidade do bem jurídico atacado, a dignidade da pessoa humana, porém, o referido artigo poderia ter tipo penal específico e mais detalhado sobre a tipificação das práticas discriminatórias.

Na seara cível, a questão já foi tratada anteriormente, mas cabe aqui apontar a situação de dano moral, evidente e incontestável em situações discriminatórias. Ele caracteriza-se pelo constrangimento, vergonha, humilhação, medo ou exposição indevida mas, principalmente, o trato do ofendido como pessoa inferior às demais, solapando a sua dignidade. A reparação por danos morais, no caso, independe de prova mas, a reparação patrimonial pode existir, desde que seja demonstrada, sendo o ponto mais delicado a atribuição de responsabilidade (torcedor, torcedores, torcida organizada, entidade de prática desportiva, entre outros).

A responsabilização de atos individuais de discriminação tem sido cada dia mais eficiente com a ajuda da tecnologia. No caso do atleta Aranha então do Santos Futebol Clube, que foi explicitamente vítima de injúria racial tal qual os casos do Vini Jr. e Yago, uma das torcedoras foi facilmente identificada e que se livrou da pena restritiva da sua liberdade por um acordo judicial.

No âmbito da administração do esporte, a situação é bem diferente em termos de sanções, havendo um rol bastante variado, não menos incisivo, mas dirigidas aos atletas e entidades de prática desportiva. O Código Brasileiro de Justiça Desportiva, conforme a Resolução 29 do Conselho Nacional do Esporte, aprovado em 10 de dezembro de 2009, exige do clube mandante a plena garantia e segurança para sua realização, bem como a punição do mandante por tais atos como desordens na sua praça de desporto (arts. 211 e 213), com punição de multa e punição de perda de mando de campo de uma a dez partidas ou provas.

A conduta discriminatória tem uma norma específica no art. 243-G do referido diploma que prevê como infração à ética desportiva a prática de ato discriminatório, desdenhoso ou ultrajante, relacionado a preconceito em razão de origem étnica, raça, sexo, cor, idade, condição de pessoa idosa ou portadora de deficiência. Tal ato enseja diversas punições como suspensão do atleta praticante, mesmo suplente, treinador, médico ou membro da comissão técnica com suspensão de cinco a dez partidas. Já no caso de qualquer outra pessoa natural submetida ao referido código, caberá a suspensão de cento e vinte a trezentos e sessenta dias além de multa de até R$ 100.000,00.

Já, a ocorrência simultânea dos mesmos atos acima apontados por considerável número de pessoas vinculadas a uma entidade de prática desportiva, provoca desde a perda de pontos da partida, prova ou equivalente, em caso de vitória, independentemente do seu resultado, agravado pela pena dobrada em caso de reincidência e, caso não haja atribuição de pontos pelo regulamento da competição, a entidade de prática desportiva será excluída da competição, torneio ou equivalente.

As multas previstas no referido artigo podem ser aplicadas à entidade de prática desportiva cuja torcida praticar atos discriminatórios e os torcedores identificados ficarão proibidos de ingressar na praça esportiva pelo prazo mínimo de setecentos e vinte dias.

Sendo a infração considerada de natureza de extrema gravidade, a autoridade disciplinar da entidade administrativa do esporte pode ainda aplicar as penas de perda de pontos, perda de mando do campo, ou exclusão de campeonato ou torneio. Nesse aspecto particular, a diferenciação de prática discriminatória para prática discriminatória de extrema gravidade é lastimável, posto que a prática discriminatória em si já é ato de extrema gravidade, não havendo prática discriminatória maior ou menor. Os seus resultados poderão ser diferenciados, mas a prática em si é uma das mais graves violações de direitos humanos que pode ocorrer. Certamente, a proibição de discriminação é uma norma que possui um *status* diferenciado dentro do direito internacional e interno, com uma posição de destaque, motivo pelo qual a sua violação é uma das mais graves formas de atentado contra a dignidade humana, possuindo um caráter acessório para efetivação de todos os demais direitos humanos.[(24)] Portanto, fica a sugestão para um novo Código

(24) LIMA, Firmino Alves. *Teoria da discriminação nas relações de trabalho*. Rio de Janeiro: Elsivier, 2010. p. 83.

Brasileiro de Justiça Desportiva, a exclusão dessa indesejável e inexplicável diferenciação entre as condutas discriminatórias.

No âmbito da FIFA, a prática discriminatória tem previsão expressa no código disciplinar e ético da entidade[25] no art. 15, onde a discriminação é expressamente proibida com uma tipificação ampla assim estipulada:

> Qualquer pessoa que ofenda a dignidade e a integridade de um país, de uma pessoa ou grupo de pessoas através de palavras ou ações desdenhosas, discriminatórias ou depreciativas por conta de raça, cor da pele, etnia, nacionalidade, origem, gênero, deficiência, orientação sexual, idioma, religião, política ou qualquer outra opinião, riqueza, nascimento ou qualquer outro *status* ou qualquer outro motivo será punido com uma suspensão de pelo menos dez jogos ou período específico, ou qualquer outra medida disciplinar apropriada.

Também aponta o referido regulamento que se uma ou mais associações ou clubes, engajados no comportamento acima, poderão sofrer, na primeira ofensa a limitação parcial ou total do uso do campo e uma multa de, no mínimo, 20.000 francos suíços. Na reincidência, diante da situação do caso, a implantação de planos de prevenção, multa, a perda dos pontos, uma ou mais partidas com portões fechados, proibição de uso de um estádio ou parte dele, expulsão da competição ou mesmo o descenso do clube ou associação. Há a possibilidade de flexibilização da punição caso a entidade de prática desportiva tome, conjuntamente com a FIFA, medidas que possam evitar a ocorrência futura da prática, com plano a ser aprovado pela entidade mundial, além de diversas outras interessantes medidas preventivas, o que acabou faltando na Lei n. 14.597/23.

A Federação Internacional de Basquete (FIBA) possui um regramento sobre discriminação extremamente interessante,[26] pois conjuga a prática discriminatória e outros meios discriminatórios, como o assédio ou abuso, de forma bastante detalhada e voltada na proteção de diversos grupos minoritários. O ponto básico da prevenção à discriminação é aspecto que a proteção contra a discriminação também é uma forma de manter um ambiente saudável e agradável. Além disso, ela tipifica e proíbe diversas condutas discriminatórias descritas de modo específico como *bullying*, *hazing*, homofobia, abuso sexual, psicológico, assédio sexual, entre outros comportamentos discriminatórios.

As punições contra as ofensas são muito variadas, pois são 19 tipos de sanções, destacando-se um aviso, multa, suspensão de jogos ou de direção, eliminação do atleta para o esporte, proibição de venda de ingressos, anulação de jogo, perda de pontos, jogo com portões fechados, perda de mando de jogo, perda de benefícios financeiros, proibição de

---

(25) FÉDERATION INTERNATIONALE DE FOOTBALL ASSOCIATION. *FIFA Disciplinary Code*. 2003 edition. Zurich, Switzerland. Disponível em: <https://digitalhub.fifa.com/m/59dca8ae619101cf/original/FIFA-Disciplinary-Code-2023.pdf>. Acesso em: 22 jun. 2023.

(26) FIBA. *Fiba Internal Regulations*. Book 1. General Provisions. Disponível em: <https://www.fiba.basketball/internal-regulations/book1/general-provisions.pdf>. Acesso em: 22 jun. 2023.

registro de novos jogadores, exclusão de competição em andamento como também competições futuras, perda de título ou prêmio, perda de licença, prestação de serviços para a comunidade do basquete, reembolso de despesas, podendo ser adotadas uma ou mais medidas conjuntamente. Ou seja, há uma grande variedade de tipos discriminatórios aliados às mais variadas sanções, em uma norma bastante moderna sobre o tema, com conceitos precisos de diversas condutas discriminatórias específicas.

Ou seja, são medidas complementares às medidas civis e penais, bem mais amplo que o nosso Código Brasileiro de Justiça Desportiva, justificadas pela gravidade do ato discriminatório. Outro ponto importante da referida norma é que a motivação da discriminação é ilimitada, como a doutrina antidiscriminatória tem reconhecido, e conforme as previsões do inciso IV do art. 3º da nossa Constituição.

O maior problema das sanções esportivas é a falta de critério para sua aplicação, ou, em muitos casos, o abrandamento de sanções de tal modo que acaba por tornar a conduta discriminatória praticamente impune. No caso do atleta Celsinho, do Londrina Esporte Clube, que denunciou uma gravíssima ofensa racial perpetrada por um dirigente que o chamou de "macaco", levou ao Brusque uma condenação da perda de 3 pontos, mas o STJD reformou a decisão e os pontos lhe foram devolvidos, restando a multa, a pena de apenas um mando de jogo e suspensão do dirigente ofensor por 360 dias.(27) Há de se convir que, com todo o respeito ao Superior Tribunal de Justiça Desportiva, a pena foi extremamente branda, incompatível com a gravidade da situação. Maurício de Figueiredo Corrêa da Veiga critica a decisão, considerando-a tímida,(28) pois tais situações são absolutamente inaceitáveis e devem ser punidas com extremo rigor.

No caso do atleta Vini Jr. acima relatado desencadeou uma reação muito dura de diversos segmentos da sociedade, inclusive envolvendo o governo brasileiro. No entanto, a pena contra a equipe da torcida ofensora foi de interdição de metade do estádio por cinco jogos e multa, bem como o afastamento dos árbitros de revisão, abrandada em grau recursal para uma punição de três jogos e redução da multa pela metade. Como se vê, foram penalidades brandas demais pela entidade administrativa do desporto naquele país, para atos conjugados de tanta gravidade, o que somente fomenta sua repetição em outros eventos, certamente. A severidade da punição é elemento pedagógico e coercitivo para que isso não mais ocorra.

Outro caso de gravíssima discriminação mal reprimida foi aquela sofrida pelo atleta Tinga, atuando pelo Cruzeiro Esporte Clube, em uma partida da Copa Libertadores de 2014 contra a equipe peruana do Real Garcilaso no estádio daquela equipe

---

(27) GAZETA ESPORTIVA. Brusque recupera os três pontos perdidos por conta do caso de racismo contra Celsinho. Disponível em: <https://www.gazetaesportiva.com/times/londrina/brusque-recupera-os-tres-pontos-perdidos-por-conta-do-caso-de-racismo-contra-celsinho/>. Acesso em: 23 jun. 2023.

(28) VEIGA. Maurício de Figueiredo Corrêa da Veiga. *Temas atuais de Direito Desportivo*. São Paulo: LTr, 2015. p. 95.

em Huncayo. A situação foi muito grave pois quando o atleta ingressou no campo no segundo tempo, a cada vez que tocava na bola os torcedores faziam barulhos e gestos típicos de macaco.[(29)] Como a situação foi registrada pela televisão, o caso envolveu até os presidentes do Brasil e daquele país em uma situação extremamente rumorosa e lastimável, talvez um dos mais graves que já tenha sido visto em termos de racismo no futebol. A pena aplicada pela Confederação Sul-Americana de Futebol (Conmebol) foi uma multa de doze mil dólares norte-americanos e somente a interdição do estádio em caso de reincidência. A punição, com a devida vênia à entidade administrativa sul-americana, foi vergonhosa, quase um insulto à vítima e um estímulo a práticas desse naipe. Não adianta a previsão de normas extremamente severas se não são aplicadas com a devida energia. Talvez essa leniência das entidades de administração do desporto em face de tais práticas tornem as normas esportivas muito bonitas na aparência, mas inexistentes na prática.

2. Conclusão

Uma gravíssima situação que é a prática discriminatória não vem sendo combatida como deveria ser, talvez, por tal motivo, tais episódios se tornam mais recorrentes e intensos. A proibição da discriminação é um dos mais importantes marcos civilizatórios do nosso tempo, porém, no esporte, fomentados pelo calor e a paixão pela competição, elas ocorrem de forma muito visível e crescente, com grande negligência das entidades organizadoras e praticantes do esporte. A aplicação de penas muito leves, em alguns casos verdadeiramente ridículas, não são compatíveis com o bem que se pretenda proteger, o respeito à dignidade humana e sua igualdade com respeito à diversidade.

A Lei n. 14.597 teria resultados mais esperançosos se fosse mais bem elaborada, dotada de maior sistematicidade, eficácia e proporcionalidade adequada. No entanto, os aspectos anteriormente apresentados foram significativamente agravados pelos vetos da Presidência da República, que não somente abrandou seus efeitos repressivos, como também gerou uma enorme balbúrdia legislativa que dependerá muito dos profissionais do Direito Desportivo, para que atinja um patamar sustentável de aplicabilidade e de segurança jurídica sobre esse delicado tema.

A par disso, o meteórico progresso da tecnologia de informação facilita, e muito, a identificação dos praticantes de tais atos, como câmeras de alta definição, tecnologia de reconhecimento facial e a existência de uma base de dados acessível sobre tais práticas. Esse apoio é fundamental para evitar que mais práticas discriminatórias ocorram, em face da eliminação do senso de impunidade. As práticas detectadas são aquelas visíveis, mas existem muitas outras que são imperceptíveis, apuráveis somente com um estudo sistemático e estatístico de diversos fatores.

---

(29) GLOBO ESPORTE. Cruzeiro. Conmebol muita R. Garcilaso por atos racistas contra Tinga na Libertadores. Disponível em: <https://globoesporte.globo.com/futebol/times/cruzeiro/noticia/2014/03/conmebol-multa-real-garcilaso-por-atos-racistas-tinga-na-libertadores.html>. Acesso em: 23 jun. 2023.

Não há como aceitar que, em plena terceira década do século XXI, existam graves e massivas práticas discriminatórias nas praças desportivas ou em torno delas, exatamente por conta do indevido tratamento dado ao tema pelos legisladores e administradores do esporte. Este é uma das atividades humanas mais belas, voltada à construção de um mundo melhor e mais saudável, onde a proibição da discriminação é um dos seus mais importantes princípios.

Compliance no Desporto

Francisco Alberto da Motta Peixoto Giordani

Para os menos avisados...

"A humanidade é constituída por uma massa humana desejosa (inconscientemente) de corromper e estragar tudo, principalmente a existência — mesmo que seja a própria. É por essa razão que os pesquisadores falam que a humanidade solta é perigosa, porém, de nada adianta organizar um sistema às vezes violento de repressão (como nas ditaduras), pois essa atitude impede que se veja o motivo de tanta devastação. Estou dizendo que o único caminho para impedir a destruição deste planeta é o conhecimento de tal corrupção. [...] Se eu minto, se não falo a verdade, ou me omito, estou me corrompendo, e quanto mais ajo assim, mais e mais deterioro a mente, o corpo e o meio ambiente em que vivo. [...] Você quer ser admirado desde a infância, passando pela adolescência, mocidade, maturidade, e chegando à velhice dotado de uma 'aura' de homem esperto? Seja então bem corrupto, deteriorado e decomposto — mas sempre usando uma enorme máscara de credibilidade. Você será sempre detestado e todos irão com prazer ao seu enterro — mas deixará uma aura de corrupção que jamais lhe será tirada."(1)

---

(1) "A corrupção dá muita glória e principalmente o perecimento total (Psicofísico) – Extraído do livro: *A libertação pelo conhecimento*, de Norberto Keppe", *apud* Revista *O Pensamento*, ano 107, n. 2, mar./abr. 2015, p. 11.

O *compliance* está no ar![(2)] Por isso, não será um exagero e/ou equívoco asseverar que o *compliance* está na moda! A respeito, assim se expressa Giovani Agostini Saavedra[(3)]: "Compliance *virou moda. Não é exagero. De fato, essa área nova do conhecimento está se desenvolvendo a passos largos no Brasil. Porém, em que pese* Compliance *exista no Brasil desde a década de noventa, somente nos últimos dois anos ele passou a chamar a atenção da vida acadêmica e do mundo empresarial de forma mais consistente*".

Por muitas vozes, isso é asseverado como um alívio e/ou renovada esperança de que abusos inomináveis, ligados à corrupção, estejam, no sentido inverso, fora de moda, projetados para longe do cotidiano brasileiro, com o auxílio, dentre outros, do braço forte e da penetrante visão do *compliance*, o qual se tornaria/torna, portanto, de observância e prática indispensável!

Disse "projetado para longe"? Certamente que uma tal afirmação pode provocar incontidos acessos de riso/incredulidade, por parte de espíritos que entendem que a corrupção é algo crônico e indissoluvelmente ligado/incrustado no dia a dia de nosso País, como se em nossa terra, pelos mais diversos motivos, tivesse a corrupção nascido e encontrado solo fértil para o mais robusto e amplo desenvolvimento, a ponto de tornar inútil/ingênuo qualquer tentame de extirpá-la de nossos campos, da nossa vida, vaticinando que é eterna sua presença, tão arraigada e bem acolhida que sempre foi entre nós, afinal, não é pacífico e sempre alardeado o espírito acolhedor/hospitaleiro do brasileiro?

Realmente, o espírito acolhedor/hospitaleiro que nos caracteriza esteve/está presente na calorosa recepção dada à corrupção, fazendo-a sentir-se tão à vontade, que

(2) Recorro a essa forma de me expressar, por reputar interessante e bem colocada a explicação dada pelo famoso costureiro Christian Dior, para esclarecer por que, apesar dos cuidados dos costureiros, na criação, em sigilo, de novos modelos, há semelhanças entre as diversas criações; disse ele então: "*Mudar de silhueta, para o costureiro, é uma questão delicada. Ele tem de separar o que 'ainda agrada' daquilo que 'não agrada mais' e do que 'em breve agradará'. A moda nova está aí, nessa encruzilhada do mapa da ternura, e em mais nenhuma outra parte. Se fosse assim, como vocês explicariam o fato de que os costureiros, todos criando em sigilo absoluto, tenham tantos pontos em comum a cada estação? Há uma mensagem da moda no ar. E se nos dermos ao trabalho de procurar, ela aparece, se não como óbvia, ao menos como explícita*". Christian Dior, *Conferências escritas por Christian Dior para a Sorbonne, 1955-1957*, Martins Fontes, 2011. p. 19-21 (há uma foto de um desenho à p. 20, por isso que "pula" da página 19 para a 21). Assim não está se dando, hodiernamente, com o *compliance*, cabendo-nos, a todos, ver que as condutas reprováveis não agradam mais, e o que já agrada, o que está no ar e mais ainda agradará, quanto mais observado e for se densificando, uma conduta, uma postura/programa de integridade? E a respeito do vocábulo integridade esclarece Diogo Oliveira Guia, em nota de rodapé de n. 31, de artigo de sua lavra, que: "*A palavra integridade evoluiu do adjectivo em latim 'integritate', querendo significar 'o facto de estar intacto, na totalidade; o todo; solidez (de espírito), estado são; inocência, honestidade, probidade; castidade, virtude; pureza, correcção (de linguagem)' – Dicionário Etimológico da Língua Portuguesa, de José Pedro Machado, Livros Horizonte (2003)*", Diogo Oliveira Guia, "Apostas desportivas online – Regime jurídico do jogo online (RJO) & Manipulação de competições desportivas". *Revista de Direito do Desporto*, n. 1, AAFDL Editora, janeiro-abril/2019, p. 11.

(3) SAAVEDRA, Giovani Agostini. "Panorama do *compliance* no Brasil: Avanços e novidades". In: NOHARA, Irene Patrícia; PEREIRA, Flávio de Leão Bastos (Coords.). *Governança,* compliance *e cidadania*. São Paulo: Thomson Reuters Brasil, 2018. p. 36.

vicejou e se desenvolveu solidamente em nossos prados, mas não se pode, por conta disso, tê-la como algo já incrustado, de forma indelével, no espírito do brasileiro, o que traduziria/traduz uma visão reducionista, resignada e, no limite, tíbia/conformada com a corrupção, quase a justificando/naturalizando, como prática, embora não elevada, em verdade censurável, mas tolerada!

Como disse o afamado Boris Fausto, acreditar na eternidade da corrupção em nosso País, invocando-se diversos argumentos para isso, e sem considerar inúmeros outros, gera que: "*Uma decorrência dessa perspectiva é o fatalismo que tende a acompanhá-la. Se esse e outros problemas graves do País estão inscritos no seu DNA, as possibilidades de superá-los seriam remotas, na melhor das hipóteses*".(4)

Bem é de ver que, semelhante sentir, leva a um olhar brando, resignado, que naturaliza a corrupção, como se fosse algo inseparável do brasileiro! Monto praça, entretanto, na convicção de que isso não é assim, o brasileiro não se "notabiliza"/diferencia por um tal modo de ver a corrupção, isso não está no nosso DNA, sendo, isso sim, consequência de vicissitudes históricas — e não só sua, mas do nosso continente, visto sempre como fonte de riquezas, a serem extraídas/exploradas/levadas, sem quaisquer limites e/ou preocupações, e não como moradia de almas, de seres vivos, com menoscabo/desprezo e mesmo extermínio de culturas que tinham outra visão de mundo e que respeitavam, a seu modo, determinados e diferentes valores que foram sufocados —, e com o passar do tempo, novos ares, nem tão puros de pensamento e objetivos, atingiram nossos céus, da América do Sul, fazendo com que muitos de nossos maiores, como se deu, em maior ou menor medida em todo orbe, se curvassem a outros interesses, não recomendáveis, reprováveis mesmo, em que as vantagens pessoais contavam (*rectius*: contam) mais do que um comportamento probo e com atenção/respeito/consideração ao próximo: o importante passou então a ser "se sair bem! Lucrar", os meios, se legítimos ou não, isso não importava/importa! Tanto que leis, em diversos países, tidos como mais desenvolvidos inclusive, e tratados internacionais visando ao combate, duro/severo e sem tréguas, à corrupção foram publicados, existem e são, na adoção e práticas de políticas sociais, dentre tantas outras, concertados; para "reforçar" o quanto venho de asseverar, de muito valor o que a seguir se reproduz: "*Inegavelmente a corrupção tem marcado a história da humanidade e comprometido, através dos tempos, a aplicação e a evolução do que se pode compreender como crescimento sustentável que exista de maneira pulverizada e em benefício de todas as esferas da vida humana.*

[...]

Com a Globalização econômica acirrada, principalmente nas últimas décadas do Século passado, a questão da corrupção tomou monta mundial, fazendo com que

(4) FAUSTO, Boris. "A corrupção na perspectiva histórica". *O Estado de S. Paulo*, 19 jul. 2009, p. 42.

seus efeitos — atos de corrupção praticados em um determinado País/Estado — se estendem [sic] *a diversos Estados colocando em cheque a legitimidade de governos e pondo em risco a segurança de todo sistema financeiro e econômico mundial, como se viu na crise provocada pelo escândalo subprime.*

[...]

A corrupção, deste modo, se constitui num fenômeno social que tem efeitos funestos sobre a Sociedade em geral. Quando sistêmica e não combatida, ela se impõe como um 'imposto a ser pago' tanto pelos agentes privados quanto pelos públicos na administração e no governo em geral, no comércio internacional, no recolhimento de impostos, dentre tantas outras.

Para combater os funestos aspectos da corrupção, nos últimos anos — diga-se, principalmente, a partir dos anos finais da primeira década do Século atual — medidas têm sido adotadas em nível mundial para assegurar que o mundo não seja novamente submergido numa grave crise devido à falta de ética e do comprometimento de corporações que tendo suas vistas entorpecidas pelo acúmulo de capital, abandonam a prática da boa governança seguindo os preceitos legais e as regras estabelecidas ao seu ramo de atuação que objetivam um ganho maior, pulverizado, e que garante a sua própria subsistência.

Assim, seguindo o preceituado no 10º Princípio do Pacto Global das Nações Unidas, as corporações mundiais têm sido levadas a implantação de programas de integridade — diga-se, Programa de Compliance *— que coordena ações, numa efetiva melhora nas relações entre as empresas, governos e a sociedade civil no combate a corrupção e no seguimento das regras legais estabelecidas.*"(5)(6)

---

(5) TOMAZ, Roberto Epifanio. "O que é *compliance*? Histórico, conceito e objetivos". In: TOMAZ, Roberto Epifanio (Org.). *Descomplicando o compliance*. São Paulo: Tirant lo Blanch, 2018. p.19-21.

(6) Por seu turno e nessa linha, afirma Irene Patrícia Nohara: "*As ações no sentido de intensificar os mecanismos de combate à corrupção no Brasil são reflexos dos compromissos internacionais assumidos pelo país em convenções assinadas e incorporadas ao cenário nacional por meio de Decretos Presidenciais.*

São convenções que contribuíram para fortalecer as medidas de combate à corrupção: (1) a Convenção sobre o Combate da Corrupção de Funcionários Públicos Estrangeiros em Transações Internacionais da OCDE (Organização para a Cooperação e Desenvolvimento Econômico), concluída em Paris no dia 17 de dezembro de 1997, ratificada em 24 de agosto de 2000 e promulgada pelo Decreto n. 3.678, de 30 de novembro de 2000; (2) a Convenção Interamericana contra a Corrupção, aprovada no âmbito da OEA (Organização dos Estados Americanos), firmada no dia 29 de março de 1996, em Caracas, e promulgada no Brasil pelo Decreto n. 4.410, de 7 de outubro de 2002; e (3) a Convenção das Nações Unidas contra a Corrupção, adotada pela Assembleia Geral das Nações Unidas, assinada pelo Brasil em 9 de dezembro de 2003 e promulgada pelo Decreto n. 5.687, de 31 de janeiro de 2006.

[...]

Com o paulatino comprometimento internacional, o Brasil caminhou, portanto, rumo à criação de uma Lei Anticorrupção no Brasil, qual seja: a Lei n. 12.846/2013, regulamentada pelo Decreto n. 8.420, de 18 de março de 2015. Diferentemente da Lei de Improbidade Administrativa (Lei n. 8.429/1992), que se volta a punir o sujeito ativo ou o terceiro que induza ou concorra para o ato de improbidade, a Lei Anticorrupção, que pode ser considerada

Também como reforço (ou consolo?), vale a transcrição do seguinte excerto: "*Aliás, nesse ponto deve-se ressaltar que não se trata apenas de questão exclusivamente brasileira, pois também outros países, inclusive desenvolvidos, criaram leis mais rígidas de combate à corrupção a partir de escândalos noticiados na mídia e que expuseram inúmeros agentes e integrantes de organizações em suas fraudes...*".(7)(8)

---

também um ganho significativo ao Sistema Brasileiro de Combate à Corrupção, aborda atos contra a administração praticados por pessoas jurídicas, daí porque também é conhecida como Lei Anticorrupção Empresarial.

A Lei foi inspirada na percepção da necessidade de se conjugar esforços não apenas do governo, mas sobretudo das empresas, para que houvesse a formação de um ambiente de integridade no relacionamento entre público e particular. Foi diploma em parte inspirado na existência do Foreign Corrupt Practices Act — FCPA dos Estados Unidos, de 1977, após as emendas do ano de 1998, em que as disposições antissuborno passaram a ser direcionadas a empresas e pessoas estrangeiras que causarem, direta ou por meio de seus agentes, ato de promoção de pagamento de corrupção dentro do território dos Estados Unidos". NOHARA, Irene Patrícia. "Lei Anticorrupção empresarial e *compliance*: um programa de *compliance* efetivo e cultura de integridade". In: NOHARA, Irene Patrícia; PEREIRA, Flávio de Leão Bastos (Coords.). *Governança,* compliance *e cidadania*. São Paulo: RT/Thomson Reuters Brasil, 2018. p. 23-24. Vale, outrossim, no ponto, ver das palavras de Flavia Safadi Ubaldo: "*A celebração desses compromissos internacionais corrobora o argumento de que a corrupção não é um problema local, mas sim mundial*". UBALDO, Flavia Safadi. "Lei Anticorrupção: a importância do programa de *compliance* no cenário atual". In: PORTO, Vinicius; MARQUES, Jader (Orgs.) *O* compliance *como instrumento de prevenção e combate à corrupção*. Porto Alegre: Livraria do Advogado, 2017. p. 120.

(7) NOHARA, Irene Patrícia. "Lei Anticorrupção empresarial e *compliance*: Programa de *compliance* efetivo e cultura de integridade". In: NOHARA, Irene Patrícia; PEREIRA, Flávio de Leão Bastos (Coords.). *Governança,* compliance *e cidadania*. São Paulo: Thomson Reuters Brasil, 2018. p. 32-33.

(8) Ainda na linha do reforço (ou consolo?), de salientar que a Roma antiga se deparou e teve de enfrentar esse mal: "*Como ficou patente, a periodização por nós adoptada demonstra de que forma o problema da corrupção foi encarado em Roma, e que procedimentos característicos, normas, mecanismos e instrumentos próprios estiveram na base daquilo a que chamamos Direito Romano da Corrupção.*

Assim, sabemos que a luta contra a corrupção em Roma se inicia com a criação de tribunais ad hoc, *na discricionariedade do Senado, sem intenção de punir os infratores e fazendo-os apenas repetir o indevidamente obtido.*

Com a lex Calpurnia *estabeleceu-se o primeiro tribunal permanente, perante um júri, para o crime de* repetundae, *configurando a base legal sobre a qual se viriam elaborar as posteriores medidas de combate à corrupção, embora mantendo a natureza privada, pelo processo e pela sanção atribuída.*

O período que se seguiu, até às leges de César Augusto, é um período de grande intensidade legislativa, em que os vários comportamentos que consubstanciavam corrupção, no sentido amplo, que temos vindo a adoptar, adquiriram natureza criminal, sendo-lhes atribuídas penas, mais ou menos severas, alterando-se o procedimento em tribunal, e definindo-se por lei que tipo de comportamentos correspondiam a esses ilícitos (a saber: repetundae, ambitus, peculatus e falsum*). Podemos, assim, encontrar neste período de final da* res publica, *antecedentes de um verdadeiro princípio da legalidade.*

Esta tendência acaba por se inverter com o início do período imperial, que caracterizámos como 'fuga à tipicidade', embora se persista no combate à corrupção, alargando ao máximo os tipos e as categorias de crimen.

Note-se que a evolução de um 'Direito da Corrupção' antecede e acompanha a evolução do próprio Direito Penal Romano, apontando-se algumas das alterações na forma de lidar, processar e reagir a actos de corrupção como momentos no desenvolvimento (e autonomização) de autênticas normas de Direito penal, e um afastamento do Direito civil, que ainda hoje influencia o Direito privado por todo o mundo ocidental". MACHADO, Miguel da Câmara. *Meios de combate à corrupção no Direito Romano e na atualidade* — um regresso ao futuro. Lisboa: AAFDL Editora, 2018. p. 61; de indagar, seria/é lícito duvidar do quanto os antigos romanos tiveram de problemas com a corrupção, a qual desde sempre provoca preocupações e estragos em diferentes sociedades, em diversas épocas, bem atualmente inclusive?

O que há, ao fim e ao cabo, é que a ganância, a vontade de se sair bem, de tirar vantagem de outro, de explorar, de lucrar, de poder, de mandar, de dominar, faz com que alguns espíritos, desde sempre, recorram a meios menores, desonrosos, à corrupção, ignorando os males que isso pode produzir (*rectius*: produz);[9] a corrupção não é, enfim, marca de um ou outro país e/ou povo, ela encontra campo para medrar em qualquer país e entre qualquer povo, embora, de acordo com certas condições, acabe por incidir, de forma mais acentuada, aqui ou acolá, o que se verifica mais em países menos desenvolvidos, por uma longa série de motivos que não cabe aqui tentar desfiar mais, pois o que está em sua essência são sentimentos/fraquezas do espírito humano, ao que se agrega, mais acentuadamente, em dadas épocas, determinadas visões do mundo e dos negócios, das relações entre os homens e entre empresas, chego mesmo a pensar que seja possível uma relação entre corrupção e valor que se confere à pessoa humana e sua dignidade, sendo inversamente proporcional: quanto menos valor se confere à pessoa humana, maior o campo que se desenha à atuação da corrupção, é dizer: menos peso à dignidade da pessoa humana, maior peso (podendo chegar à mórbida obesidade) da corrupção!

Há, destarte, que mudar a mentalidade, o modo de ver dos que agasalham em sua mente aqueles sentimentos apontados nas linhas transatas, e fazê-los enxergar a responsabilidade que carrega todo homem para com o outro, a alteridade, a convicção de que o humano de cada qual só se realiza no humano do outro (o *ubuntu* africano), e que a corrupção, ao provocar vantagens indevidas/ilícitas, deixa atrás de si um rastro de infrações/sofrimentos/injustiças/desequilíbrios que, se num primeiro e visível momento atingem as empresas, em visão maior, mais alargada, social e humana, corta rente as possibilidades de um viver melhor e mais digno das pessoas ligadas às empresas prejudicadas e, não raro, a toda uma coletividade, com a qual cada uma das empresas prejudicadas se relaciona!

De há um tempo já, esse olhar começa a ser mais penetrante, mais agudo, pois se entende que a corrupção prejudica as empresas que agem corretamente, que seguem as normas que lhe cabem observar, e daí decorrem vantagens indevidas/ilícitas para as que se valem da corrupção, e que isso prejudica não só o mercado[10] (o que não é pouco, ao reverso, é para lá de muito, atento ao valor/peso/influência que o mercado possui no orbe nos dias atuais), mas também as empresas cumpridoras de suas obrigações, bem como

(9) Talvez o fruto do medo de existir e do fracasso, em algumas mentes, também levem a que se aceite a corrupção, é algo que outras áreas poderão melhor estabelecer...

(10) Argutamente, já foi observado e explica muito do interesse pelo *compliance*, que: "*Respeitar e cumprir a Lei são formas de assegurar a competição nos mercados, afastando-se as práticas anticompetitivas e de corrupção que distorcem o funcionamento do mercado e geram ineficiência, comprometendo o desenvolvimento socioeconomico. O mercado competitivo é, portanto, eficiente, promotor da equidade e do bem-estar social*". BAGNOLI, Vicente. "A efetividade do *compliance* para o combate à corrupção". In: NOHARA, Irene Patrícia; PERFEIRA, Flávio de Leão Bastos (Coords.). *Governança,* compliance *e cidadania.* São Paulo: RT/Thomson Reuters Brasil, 2018. p. 78.

todos os que com elas se relacionam, cujos efeitos se estendem à sociedade, o que, obviamente, como uma sociedade existe por conta e em função das pessoas que a compõem, se dá em prejuízo dessas mesmas pessoas, situação que, conquanto ainda a passos meio vagarosos, mas passando para mais rápidos e decididos, não se aceita mais, por conta da responsabilidade que as empresas possuem no mundo hodierno, como já referido, não valendo mais ter como objetivo único o lucro e o retorno aos seus titulares, sendo imperioso atuem em conformidade com as normas, princípios e valores que norteiam a sociedade em que se inserem, daí leis, contra lavagem de dinheiro/capitais e leis anticorrupção, no Brasil as Leis ns. 9.613/1998 e 12.846/2013(11), e o Decreto n. 11.129/2022, de 12.07.2022, que altera sua regulamentação, e os tratados internacionais celebrados com esse fim, em relação aos quais o compliance avulta em relevância, para a consecução dos objetivos então visados. Vale lembrar que "*a corrupção passou a ser mais facilmente detectada na atualidade, o que gera na empresa a necessidade de estabelecer um sistema de integridade corporativa que tem por missão articular as seguintes áreas: auditoria, compliance, controles internos, ética empresarial e gestão de riscos*"(12).

Em verdade, ainda que se tenha que o "pontapé" inicial para que o Brasil adotasse, de maneira mais efetiva, medidas anticorrupção tenha vindo, o que já foi mencionado nas linhas transatas, de tratados internacionais dos quais o nosso País é signatário, o que leva e empresta consistência ao argumento de que tal não teria se dado por pensamentos mais sociais e elevados, há considerar que, conquanto isso não seja falso, havia já, entre nós, um sentimento de repulsa à corrupção, entre os homens comuns, em cujo seio, como é palmar, não estavam os que se beneficiavam do produto da corrupção, segmentos cujos componentes, como em outras plagas também existiam/existem, como também já aqui observado, têm outros menores e abomináveis interesses e objetivos que interditam quaisquer considerações/preocupações para com o próximo, com a sociedade e com o País!

O *compliance*, como disse, é fundamental para que os fins perseguidos com as iniciativas visando conter a corrupção conheçam êxito, bem assim a excelência, lisura e transparência na condução das mais variadas atividades, o que, fácil perceber, inclui o desporto, suas entidades de administração e as de prática esportiva.

---

(11) "*A Lei Anticorrupção foi promulgada em 1º de agosto de 2013, quando o Brasil se viu pressionado externamente a aplicar os tratados internacionais contra a corrupção dos quais é signatário e internamente diante das investigações em 2013 desencadeadas com as construções para a Copa do Mundo*", UBALDO, Flavia Safadi. "Lei Anticorrupção: a importância do programa de compliance no cenário atual". In: PORTO, Vinicius; MARQUES, Jader (Orgs.). *O* compliance *como instrumento de prevenção e combate à corrupção.* Porto Alegre: Livraria do Advogado, 2017. p. 122.

(12) NOHARA, Irene Patrícia. "Lei Anticorrupção empresarial e *compliance*: Programa de *compliance* efetivo e cultura de integridade". NOHARA, Irene Patrícia; PEREIRA, Flávio de Leão Bastos (Coords.). *Governança,* compliance *e cidadania*. São Paulo: Thomson Reuters Brasil, 2018. p. 25.

Sob certo aspecto, vejo que o *compliance* também pode atuar/atua realmente em auxílio ao Estado, socorre-o mesmo, para que este consiga, melhor e mais largamente, cumprir suas múltiplas funções/atribuições, já que, de tão complexos o mundo atual e as relações travadas entre as pessoas/as relações empresariais, o mundo dos negócios, um Estado, "sozinho", sem o apoio e maior comprometimento da sociedade como um todo, mas de certos setores/segmentos mais especificamente, já não mais dá conta de olhá-las devidamente, de ver se as disposições legais estão sendo, efetiva e adequadamente cumpridas/observadas, se o "jogo limpo" das inúmeras atividades/negócios concertados em seus domínios seguem as pertinentes legislações e caso não estejam sendo, de exigir o seu cumprimento; assim visto, o *compliance* não deixa de ser um melancólico reconhecimento de que não há um efetivo cumprimento da legislação posta pelo Estado,[(13)],[(14)] mas também um radioso e decisivo motivo a iluminar a esperança, não mais a convicção de que comece a ser integralmente cumprida (*rectius*: venha a sê-lo efetivamente!), para o que, desde logo, "conspira" a própria etimologia do vocábulo *compliance*.[(15)] Não se desconhece

---

(13) *"A existência da Lei [Anticorrupção], por si só, já é sintoma de falha estatal: inexistindo a eficiência concreta no combate à corrupção, através da aplicação das leis – sobretudo as penais – já existentes, veio mais uma norma que facilita a punição estatal".* PASOLD JÚNIOR, Cesar Luiz. "Corrupção: um dos pilares da insegurança jurídica no desenvolvimento empresarial nacional". In: PORTO, Vinicius; MARQUES, Jader (Orgs.). *O* compliance *como instrumento de prevenção e combate à corrupção.* Porto Alegre: Livraria do Advogado, 2017. p. 102.

(14) *Empresas, associações e sindicatos são fundamentais para a criação de um ambiente íntegro e competitivo. A compreensão de que a responsabilidade pela criação desse ambiente era apenas do Estado está hoje ultrapassada. Há um reconhecimento internacional de que a atuação das empresas e de outros agentes privados também é essencial para o desenvolvimento de mercados livres de más práticas, como a corrupção de autoridades públicas e formação de cartéis. Programas de* compliance *são instrumentos relevantes nesse contexto, pois permitem que agentes econômicos contribuam para o combate à corrupção e ao abuso do poder econômico".* UBALDO, Flavia Safadi. "Lei Anticorrupção: a importância do programa de *compliance* no cenário atual". In: PORTO, Vinicius; MARQUES, Jader Marques (Orgs.). *O* compliance *como instrumento de prevenção e combate à corrupção.* Porto Alegre: Livraria do Advogado, 2017. p. 121-122.

(15) *"A palavra* compliance *vem do verbo inglês* 'to comply', *que significa 'cumprir, executar, satisfazer, realizar o que foi imposto, assim,* compliance *é estar em conformidade, consiste no dever de cumprir e fazer cumprir regulamentos internos e externos impostos às atividades de determinada instituição".* BARBOSA, Narciso Fernandes. "A Importância do *compliance* na campanha eleitoral". In: PORTO, Vinicius; MARQUES, Jader Marques (Orgs.). *O* compliance *como instrumento de prevenção e combate à corrupção.* Porto Alegre: Livraria do Advogado, 2017. p. 24. Ainda: *"A etimologia da palavra* compliance *deriva do verbo inglês* to comply, *que significa cumprir, executar, obedecer, observas, satisfazer o que lhe foi imposto. Sendo assim,* compliance *é o dever de cumprir, de estar em conformidade e fazer cumprir leis, diretrizes, regulamentos internos e externos, buscando mitigar o risco atrelado à reputação e o risco legal/regulatório".* LIMA, Danielle Pinheiro Diógenes. "A evolução do *compliance*: de sistema de gestão empresarial a instituto jurídico". In: ARAUJO, Raul; NOBRE JUNIOR, Edilson Pereira; CARRÁ, Bruno Leonardo Câmara. *Estudos sobre a administração pública e o combate à corrupção:* Desafios em torno da Lei n. 12.846/2013. Conselho da Justiça Federal, Centro de Estudos Judiciários, 2018. p. 61. Fábio Ramazzini Bechara e Samara Schuch Bueno expõem que: *"A palavra* compliance *tem origem da expressão inglesa* to comply with, *que significa 'agir de acordo com' a lei, normas, regulamentos e políticas internas de uma empresa. Portanto, uma política de* compliance *está diretamente relacionada com a construção de uma cultura empresarial ética e de conformidade, capaz de estimular todos os integrantes da organização a se comportarem corretamente, moralizando as práticas comerciais e cumprindo regras de forma habitual e natural".* BECHARA, Fábio Ramazzini; BUENO, Samara Schuch. "Programas de *compliance*: Compartilhamento de informações entre investigação privada e oficial". In: NOHARA, Irene Patrícia; PEREIRA, Flávio de Leão Bastos (Coords.). *Governança,* compliance *e cidadania.* São Paulo: RT/Thomson Reuters Brasil, 2018. p. 159-160.

que os ventos que o trazem, dizem que *compliance* é mais do que o mero cumprimento das leis, é a atuação/vontade de fazer melhor, buscando excelência/transparência e também perseguindo princípios e valores para além do cumprimento de leis,(16) desenho esse que não invalida, *permissa venia*, o asserto feito, de que, à raiz de seu surgimento, depois aperfeiçoado, até para levar a que fosse aceito de forma mais justificada, entusiasmada mesmo, tornando isso mais natural, estaria/está a deficiente observância do quadro de leis pertinentes, desrespeitado pelos que pretendessem/pretendem tirar proveitos/vantagens assim agindo, é dizer, em desacordo com a legislação existente e prejudicando outros, que não se comportariam dessa maneira censurável, o que afetaria/afeta as relações humanas/relações empresariais/os negócios feitos, com evidentes prejuízos à sociedade, como um todo. Claro está que essa visão não tira o mérito, nem a utilidade/necessidade e forte entusiasmo e adesão pelo *compliance*, mas apenas, e isso não é pouco, ao reverso, arranca das suas verdadeiras origem e finalidade, o que, como sempre se dá quando melhor se conhece com o que se lida, propicia/propiciará um mais adequado/proveitoso/fecundo manejo de suas potencialidades, que aqui não se deixa de reconhecer e enaltecer, ou não?

Nesse sentido, bem observa Flavia Safadi Ubaldo: "*Um programa de* compliance *visa a estabelecer mecanismos e procedimentos que tornem o cumprimento da legislação parte da cultura corporativa. Ele não pretende, no entanto, eliminar completamente a chance de ocorrência de um ilícito, mas sim minimizar as possibilidades de que ele ocorra, e criar ferramentas para que a empresa rapidamente identifique sua ocorrência e lide da forma mais adequada possível com o problema*"(17).

---

(16) Roberto Epifanio Tomaz explana que: "*A abordagem etimológica conduz a origem do termo* compliance *ao verbo inglês* to comply *que significa, basicamente, agir de acordo com um comando ou uma regra, obediência a uma ação determinada. Segundo o Dicionário Inglês Oxford o verbo* to comply *deriva de termos utilizados no final do século XVI como do italiano* complire, *catalão* complir, *espanhol* cumplir, *do latim* complere *'encher, atender', mais tarde toando sentido de 'cumprir os requisitos de cortesia, obedecer'.*

A origem etimológica aponta, portanto, ao termo compliance *o sentido de realização de uma ação que siga determinado comando ou ordem. Ocorre, entretanto, que o ato de realizar uma ação de acordo com um determinado comando ou em obediência a uma determinada ordem não a liga, necessariamente, ao sentido ético ou legal, por essa razão o termo* compliance *teve que evoluir ao seu significado corporativo ou institucional que acabou por se tornar o significado mais usual.*

Corporativamente compliance *passou a identificar as ações, atitudes tomadas pela corporação, que são realizadas de acordo com as regras, éticas, legais e procedimentais, estabelecidas pela regulação de suas atividades, tornando-se, portanto, sinônimo de postura correta na condução dos negócios.*

Esta postura se exterioriza pela corporação com a efetiva implantação de um programa de compliance *de caráter ativo na condução de todos os relacionamentos, consultivo na prática de cada ação, permanente e independente que basicamente prevê a adoção de um conjunto de ações que fundamentalmente procurarão prevenir, detectar e eliminar práticas e desvios de condutas realizadas por colaboradores, terceiros, enfim todos os stakeholders*". TOMAZ, Roberto Epifanio. "O que é *compliance*? Histórico, conceitos e objetivos". In: TOMAZ, Roberto Epifanio (Org.). *Descomplicando o* compliance. São Paulo: Tirant Lo Blanch, 2018. p. 25.

(17) UBALDO, Flavia Safadi. "Lei Anticorrupção: a importância do programa de *compliance* no cenário atual". In: PORTO, Vinicius; MARQUES, Jader (Orgs.). *O* compliance *como instrumento de prevenção e combate à corrupção.* Porto Alegre: Livraria do Advogado, 2017. p. 121.

Destarte, o *compliance* pode ser visualizado/tem como objetivo, um fazer bem e fazer direito.

Claro que esse fazer bem e fazer direito o aproxima/identifica, com o *fair play* (aqui pontuo que, em parágrafo anterior, referi ao "jogo limpo" das inúmeras atividades/negócios) em visão clássica, porquanto, como já superiormente dito por Eduardo Caminati Anders e Guilherme Teno Castilho Missali: "*A mensagem que se objetiva transmitir com o* compliance *é direta: cumprir as leis é o certo a se fazer, na esteira do '*compliance *importa'. Tal é a síntese. Aos agentes cabe zelar pelo jogo limpo/justo (*fair play*), vez que estarão se autobeneficiando com essa postura*",[(18)] o que passa pela observação/consideração de que se há de "caminhar", atentando para que os passos dados em direção das atividades/comportamentos/negócios realizados em sociedade sejam-no com o devido/indeclinável cumprimento e respeito às regras estabelecidas/vigentes.[(19)]

Além do *fair play*, o *compliance* em muito se aproxima da visão e do papel da Igreja no mundo de desporto (o que, para nosso estudo tem particular interesse, já que voltado ao *compliance* no desporto!), como acentuado pelo Papa Francisco, em sua mensagem ao Dicastério para os Leigos, a Família e a Vida, por ocasião da publicação da obra "Dar o melhor de si", ocasião em que afirmou o Santo Padre:

> *"Recebi com alegria a notícia da publicação do documento Dar o melhor de si, sobre a perspectiva cristã do desporto e a pessoa humana, que o Dicastério para os Leigos, a Família e a Vida preparou com o objetivo de salientar o papel da Igreja no mundo do desporto, e de como este pode ser um meio de encontro, de formação, de missão e de santificação.*
>
> *O desporto é um lugar de encontro em que as pessoas de todos os níveis e condições sociais se unem para alcançar um objetivo comum. Numa cultura dominada pelo individualismo e pelo descarte das gerações mais jovens e dos mais idosos, o desporto é um âmbito privilegiado em torno do qual as pessoas se encontram sem distinção de raça, sexo, religião ou ideologia, e onde podemos experimentar a alegria de competir para alcançar juntos uma meta, fazendo parte de uma equipa em que o êxito ou a derrota são partilhados e superados; isto ajuda-nos a pôr de parte a ideia de conquistar sozinho um objetivo, centrando-se em si mesmo. A necessidade do outro envolve não apenas os colegas de equipa, mas também o*

---

(18) ANDERS, Eduardo Caminati; MISSALI, Guilherme Teno Castilho. "*Compliance* antitruste e anticorrupção: Moldura Geral". In: ROSSETTI, Maristela Abla; PITTA, André Grüspun (Coords.). *Governança corporativa* — Avanços e retrocessos. São Paulo: Quartier Latin, 2017. p. 226.

(19) Aqui não se discutirão/abordarão as possíveis variações no conceito clássico de *fair play*, que as mudanças provocadas por interesses profissionais e econômicos/financeiros trouxeram ao desporto, quanto a isso, seja consentido remeter a Francisco Alberto da Motta Peixoto Giordani, "Fair play: Perda de pontos e descenso". *Revista da Academia Nacional de Direito Desportivo*, ano 2, n. 3, jan./jun. 2017, p. 53 e ss.

treinador, os adeptos, a família, em suma, todas as pessoas que com a sua entrega e dedicação tornam possível chegar a 'dar o melhor de si'. Tudo isto torna o desporto num catalisador de experiências de comunidade, de família humana. Quando um pai brinca ou joga com o seu filho, quando os jovens jogam juntos no parque ou na escola, quando o atleta ou desportista celebra a vitória com os seus adeptos, em todas estas situações é possível ver o valor do desporto como lugar de união e encontro entre as pessoas. Os grandes objetivos, tanto no desporto como na vida, conseguem-se juntos, como equipa!"(não há destaques no original).[20]

Que santas palavras e reflexão! Ia até justificar a transcrição ter sido "meio" longa, mas o que nela se contém, os santos ensinamentos que passa, a luz que traz, falam por si, nada mais havendo explicar quanto à sua reprodução aqui!

É preciso ver, mas enxergando, que um programa de *compliance*, tal qual o desporto, na lição do Papa Francisco, mas no seu "campo de jogo", deve, também,

— "*ser um lugar de encontro*", a empresa;

— envolvendo "*pessoas de todos os níveis e condições sociais*", que "*se unem para alcançar um objetivo comum*", no caso, todos os de uma empresa e de uma organização esportiva, da mais alta jerarquia, que hão de observá-lo rigorosamente e fazê-lo observar, pois não se concebe um *compliance* cosmético ou de fachada, ao mais humilde trabalhador, passando pelos fornecedores, prestadores de serviços, representantes e todos os que com ela contratam e que com ela se envolvem de alguma maneira;

— "*numa cultura dominada pelo individualismo*", o que, de per si, já provoca/causa conflitos de interesses, muitas vezes dos gestores contra os da empresa e/ou da organização esportiva, devendo estes últimos prevalecer, e entre os vários setores e almas da empresa e/ou da organização esportiva, que deverão atuar pensando/objetivando os interesses da empresa e/ou da organização esportiva, o que passa pelo atendimento das normas legais a serem observadas e pelos valores que a empresa possui e quer manter, o que leva a que tenha seu Código de Conduta e Ética, que bem defina o que se espera seja (*rectius*: deve ser) atendido/cumprido por cada qual, o que, com as adaptações devidas, também cabe quanto à organização esportiva;

— "*a necessidade do outro*" e que "*envolve não apenas os colegas de equipa, mas também o treinador, os adeptos, a família, em suma, todas as pessoas que com a sua entrega e dedicação tornam possível chegar a 'dar o melhor de si*'", o que reforça o quão imprescindível o envolvimento de todos quantos com a empresa e/ou da organização esportiva se relacionam, numa engrenagem que só funcionará efetivamente, com

(20) Dicastério para os leigos, a Família e a Vida, "Dar o melhor de si — documento sobre a perspectiva cristã do desporto e da pessoa humana", Paulinas Editora, Portugal, 2018. p. 3-4.

a união então decorrente, levando a uma "*entrega e dedicação*" que "*tornam possível chegar*" cada um "*a 'dar o melhor de si'*";

— "*em todas essas situações é possível ver o valor do desporto como lugar de união e encontro entre pessoas*", ou seja, havendo o propósito comum de fazer o que é certo, "*jogar o jogo limpo*", priorizando o legítimo interesse da empresa e/ou da organização esportiva, o envolvimento de todos, levando a uma "*entrega e dedicação*", que possibilitem "*dar o melhor de si*", para que esse propósito seja atingido, fará/tornará a empresa e/ou a organização esportiva "*lugar de união e encontro de pessoas*"; fazendo ver, por fim, que

— "*os grandes objetivos, tanto no desporto como na vida*", na empresa e na organização esportiva também, "*conseguem-se juntos, como equipa!*".

Todavia, o que se busca com o *compliance* deve ser tido como indo muito mais além do que intensa fiscalização/vigilância, é dizer, que não se reduza, sua prática e fins, a mera e aguda vigilância, sob pena de se transformar em uma versão dos tempos mais atuais e/ou uma nova espécie de panoptismo, um "panoptismo das relações humanas/das relações empresariais/dos negócios", o que, conquanto, em certa medida, diz, sim, com seus desideratos, não pode ser sua função única, sob pena de amesquinhar suas funções/objetivos maiores.(21)

Registro que, ao falar em panoptismo, aqui, não o faço com um sabor acre, e sim como mera constatação, até porque, no cenário moderno, "rico" em possibilidades de

(21) Tratando da sociedade de vigilância e abordando o panóptico de Bentham, dilucida o grande pensador francês Michel Foucault: "*O Panóptico de Bentham é a figura arquitetural dessa composição. O princípio é conhecido: na periferia uma construção em anel; no centro, uma torre; esta é vazada de largas janelas que se abrem sobre a face interna do anel; a construção periférica é dividida em celas, cada uma atravessando toda a espessura da construção: elas têm duas janelas, uma para o interior, correspondendo às janelas da torre; outra dá para o exterior, permite que a luz atravesse a cela de lado a lado. Basta então colocar um vigia na torre central, e em cada cela trancar um louco, um doente, um condenado, um operário ou um escolar. Pelo efeito da contraluz, pode-se perceber da torre, recortando-se exatamente sobre a claridade, as pequenas silhuetas cativas nas celas da periferia. Tantas jaulas, tantos pequenos teatros, em que cada ator está sozinho, perfeitamente individualizado e constantemente visível. O dispositivo panóptico organiza unidades espaciais que permitem ver sem parar e reconhecer imediatamente. Em suma, o princípio da masmorra é invertido; ou antes, de suas três funções — trancar, privar de luz e esconder — só se conserva a primeira e suprimem-se as outras duas. A plena luz e o olhar de um vigia captam melhor que a sombra, que finalmente protegia. A visibilidade é uma armadilha*". FOUCAULT, Michel. *Vigiar e punir*. 27. ed. Petrópolis: Vozes, p. 165-166, valendo acrescentar que, prosseguindo, afirma o eminente pensador que:

"*O Panóptico é uma máquina maravilhosa que, a partir dos desejos mais diversos, fabrica efeitos homogêneos de poder.*

Uma sujeição real nasce mecanicamente de uma relação fictícia. De modo que não é necessário recorrer à força para obrigar o condenado ao bom comportamento, o louco à calma, o operário ao trabalho, o escolar à aplicação, o doente à observância das receitas", bem como que "*É polivalente em suas aplicações: serve para emendar os prisioneiros, mas também para cuidar dos doentes, instruir os escolares, guardar os loucos, fiscalizar os operários, fazer trabalhar os mendigos e ociosos*". Idem. Ibidem, p. 167 e 170, respectivamente.

prática de ilícitos, para o que, aliás, a mente humana, quando quis, sempre foi prodigiosa, talvez ou mesmo certamente, seja/é o *compliance* uma das maneiras válidas/eficazes/valiosas e com grandes possibilidades de, se realmente (*rectius*: com sinceridade de propósitos) praticado, com o envolvimento de todos dentro de uma empresa/instituição (aqui, por óbvio, a organização esportiva), se não extinguir, ao menos minimizar, em grande medida, a verificação de condutas contrárias ao ordenamento jurídico, e também à ética.

De fato, nos dias que correm — e com que velocidade! — percebe-se e/ou se vê erguer uma pletora de normas, necessidade que se explica, em boa medida, pela crescente complexidade das relações sociais/empresariais/dos negócios, por todos os cantos e setores/segmentos, muitas das quais, como se sabe, voltadas/dirigidas para as empresas (aqui, entidades de organização esportiva), e cujo descumprimento pode gerar sérias consequências em diversas áreas, sendo que, para evitá-las, com o devido respeito às disposições legais, inegável o valor/utilidade de um *compliance*, desde que, sempre vale insistir, praticado de modo efetivo/sincero, com vistas à melhor maneira de agir (e não apenas uma mera fiscalização, o que não significa que essa seja dispensável, mas sim que insuficiente e ineficiente, podendo mesmo, em dadas situações, descaracterizar um *compliance*, indo muito além do que, razoavelmente, se poderia/pode esperar/admitir), mas com sabor de vida e/ou qualidade humana e não só na aparência, o que passa pelo respeito à dignidade da pessoa humana e seus direitos fundamentais, que sua adoção não pode magoar/ignorar, sendo inadmissível algo apenas de fachada/cosmético, visando "driblar" e/ou "suavizar" o peso das consequências decorrentes da prática de algum reprovável/inadmissível/intolerável abuso em sua utilização.

É dizer, necessária uma postura proativa, que não se contenta/não se limita/não se reduz/ não se satisfaz com vigilância/fiscalização: conquanto faça parte do "processo", não pode "ficar só nisso", porquanto, então, não iria além de uma forma "disfarçada" (ou nem tanto) de controle de pessoas, somente! Há existir, é imperioso que exista, o espírito, sincero e por convicção, "de dar o melhor de si", o que é bem diferente de fazer para vigiar/fiscalizar ou porque vigiado/fiscalizado!

Como já referido em alguns momentos deste singelo estudo e é extremamente fácil de inferir, o *compliance* pode ser/efetivamente é, da máxima importância para o esporte, no nosso País então, já que:

> *"O esporte, em especial o futebol, está enraizado no DNA do brasileiro e faz parte da cultura nacional, impregnando-se no dia a dia do povo, na música, na literatura, no cinema e nas artes em geral."*[22]

(22) MONFARDINI, Fernando. "Compliance no Futebol". *Drible de Letra*, RJ, 2018. p. 17.

Mas, ao tempo em que é assim e por ser assim, ou seja, pela paixão que suscita, o desporto e especificamente o futebol, no mundo em que vivemos, não poderia/não pode/não tem como ficar alheio/distante/"fora" do campo/do olhar/do interesse de uma parte, fundamental, desse mesmo mundo: a que diz com os negócios, daí já ter sido observado que: "*O Desporto em geral, mas principalmente o futebol, é um segmento da economia que o Brasil não pode deixar inerte. É paixão, emoção, mas também é negócio*".(23)

Quantas são as vozes, autorizadas, que, em alto e bom tom, rogando/querendo se fazer ouvidas/se possível, bem ouvidas, insistem nas necessidades e vantagens da adoção do *compliance* no esporte, atentas tanto ao modo de gestão de várias das entidades de administração do esporte e das entidades de organização esportiva, que enxergam ainda não terem alcançado o grau de profissionalismo que deveriam já ter atingido/estarem praticando, e que muito beneficiariam/beneficiarão adotando-o, seja quanto ao preciso e maior/mais amplo/efetivo controle do que se passa em seus domínios, não apenas no sentido menor de pura fiscalização de pessoas, mas com as vistas voltadas para algo mais elevado, é dizer, procurando a melhor e mais salutar/competente maneira de cuidar/enfrentar e resolver as mais variadas situações/problemas que se apresentam em seus cotidianos, podendo ser citadas, à guisa de exemplo, questões atinentes aos campeonatos e resultados, com o escopo de que sejam evitadas/desencorajadas manobras extracampo, e mesmo dúvidas quanto a isso, tão fáceis de povoar/medrar no imaginário popular, dos aficionados pelo esporte, mesmo que na prática não se verifiquem, o que, de qualquer modo, poderia/pode afetar a credibilidade de uma competição, e como se não desconhece, sem credibilidade, não há competição que se sustente/mantenha direitos de transmissão/comercialização de jogos, valores de transferências de atletas, patrocínios, que podem ser dura e substancialmente afetados se o conceito e a imagem de uma organização esportiva forem atingidas, por algo que possa arranhá-las/denegri-las, os direitos e garantias dos e para os torcedores, responsabilização dos dirigentes/responsáveis, dentre outros! Sempre em busca de transparência, "otimização" (palavra tão a gosto de certos segmentos da sociedade) e excelência da gestão, de umas e de outras.

Muito consistentemente, observa o preclaro Mauricio de Figueiredo Corrêa da Veiga, um dos grandes nomes do Direito Esportivo pátrio, que "*A implementação de normas de* compliance *é uma realidade e um caminho sem volta. Para as entidades de práticas desportivas, inúmeros são os benefícios que esta nova modalidade de administração pode trazer*",(24) sentir do qual não destoa, ao reverso, já que singra pelas mesmas águas, o também afamado Gustavo Lopes, ao vaticinar:(25) "*O* compliance *e a integridade são ainda novidade*

(23) MASSON, Aloisio. *"É salutar a implantação de programas efetivos de compliance no desporto". Revista Consultor Jurídico*, 11 mar. 2015. Disponível em: <www.conjur.com.br>. Acesso em: mar. 2019.

(24) VEIGA, Maurício de Figueiredo Corrêa da. "Aplicação de regras de Compliance no Desporto". Disponível em: <ibdd.com.br>. Acesso em: mar. 2019.

(25) LOPES, Gustavo. "*Compliance* e integridade também na gestão esportiva". Disponível em: <www.itatiaia.com.br/blog/gustavo-lopes>. Acesso em: mar. 2019.

no mundo corporativo e, mais ainda, na gestão esportiva, mas trata-se de um caminho sem volta e quem não se adaptar a essa nova realidade estará fadado à derrota".

Como disse no início deste singelo estudo, o *compliance* está no ar, está na moda, sendo que estudiosos de escol têm-no como extremamente relevante para a maior transparência/lisura/excelência da gestão no desporto, que é o que agora está em foco, o que leva ao seu acolhimento; vamos, todos, então, acolhê-lo! Mãos à obra, digo, *compliance* é a obra!

Referências

Aloisio Masson. "É salutar a implantação de programas efetivos de *compliance* no desporto", Revista *Consultor Jurídico*, 11 mar. 2015. Disponícvel em: <www.conjur.com.br>. Acesso em: mar. 2019.

Boris Fausto, "A corrupção na perspectiva histórica". *O Estado de S. Paulo*, 19 jul. 2009.

Cesar Luiz Pasold Júnior. "Corrupção: um dos pilares da insegurança jurídica no desenvolvimento empresarial nacional". In: Vinicius Porto e Jader Marques (Orgs.). *O* Compliance *Como Instrumento de Prevenção e Combate à Corrupção*. Livraria do Advogado, 2017.

Christian Dior. *Conferências escritas por Christian Dior para a Sorbonne, 1955-1957*. Martins Fontes, 2011.

Danielle Pinheiro Diógenes Lima. "A Evolução do *Compliance*: de Sistema de Gestão Empresarial a Instituto Jurídico". In: Raul Araujo, Edilson Pereira Nobre Junior e Bruno Leonardo Câmara Carrá (Orgs.). *Estudos Sobre a Administração Pública e o Combate Corrupção:* Desafios em Torno da Lei n. 12.846/2013. Conselho da Justiça Federal, Centro de Estudos Judiciários, 2018.

Diogo Oliveira Guia, "Apostas Desportivas *Online* — Regime Jurídico do Jogo *Online* (RJO) & Manipulação de Competições Desportivas", *Revista de Direito do Desporto*, n. 01, AAFDL Editora, jan./abr. 2019.

Eduardo Caminati Anders; Guilherme Teno Castilho Missali, "*Compliance* Antitruste e Anticorrupção: Moldura Geral", In: Maristela Abla Rossetti e André Gruspun Pitta (Coords.). *Governança Corporativa* — Avanços e Retrocessos. Quartier Latin, 2017.

Flavia Safadi Ubaldo, "Lei Anticorrupção: a importância do programa de *compliance* no cenário atual". In: Vinicius Porto e Jader Marques (Orgs.). *O* Compliance *Como Instrumento de Prevenção e Combate à Corrupção*. Livraria do Advogado, 2017.

Francisco Alberto da Motta Peixoto Giordani. "*Fair Play*: Perda de Pontos e Descenso". *Revista da Academia Nacional de Direito Desportivo*, ano 02, n. 03, jan./jun. 2017.

Giovani Agostini Saavedra. "Panorama do Compliance no Brasil: Avanços e Novidades". In: Irene Patrícia Nohara e Flávio de Leão Bastos Pereira (Coords.). *Governança,* Compliance *e Cidadania*. Thomson Reuters Brasil, 2018.

Gustavo Lopes. "*Compliance* e integridade também na gestão esportiva". Disponívcel em: <www.itatiaia.com.br/blog/gustavo-lopes>. Acesso em: mar.2019.

Irene Patrícia Nohara "Lei Anticorrupção Empresarial e *Compliance*: um Programa de Compliance Efetivo e Cultura de Integridade". In: Irene Patrícia Nohara e Flávio de leão Bastos Pereira (Coords.). *Governança, Compliance e Cidadania*. RT/Thomson Reuters Brasil, 2018.

Maurício de Figueiredo Corrêa da Veiga. "Aplicação de regras de *Compliance* no Desporto". Disponívcel em: <ibdd.com.br>. Acesso em: mar. 2019.

Miguel da Câmara Machado. *Meios de Combate à Corrupção no Direito Romano e na Actualidade* — um regresso ao futuro. AAFDL Editora, 2018.

Narciso Fernandes Barbosa. "A Importância do *Compliance* na Camanha Eleitoral". In: Vinicius Porto e Jader Marques (Orgs.). *O* Compliance *Como Instrumento de Prevenção e Combate à Corrupção*. Livraria do Advogado, 2017.

Papa Francisco. Dicastério para os leigos, a Família e a Vida. "Dar o melhor de si — documento sobre a perspectiva cristã do desporto e da pessoa humana". Paulinas Editora, Portugal, 2018.

Revista *O Pensamento*, ano 107, n. 2, mar./abr. 2015, p. 11.

Roberto Epifanio Tomaz. "O que é *Compliance*? Histórico, Conceito e Objetivos. In: Roberto Epifanio Tomaz (Org.). *Descomplicando o* Compliance. Tirant lo Blanch, 2018.

Vicente Bagnoli. "A Efetividade do *Compliance* para o Combate à Corrupção". In: Irene Patrícia Nohara e Flávio de Leão Bastos Pereira (Coords.). *Governança,* Compliance *e Cidadania*. RT/ Thomson Reuters Brasil, 2018.

Direito Coletivo do Trabalho e o Desporto

Guilherme Tavares Martorelli

Introdução

O Direito Coletivo do Trabalho tem o condão de regular as relações profissionais, porém não de maneira individual como o próprio nome indica, mas sim entre as organizações coletivas de empregados (sindicatos de empregados), estes representando a categoria profissional que lhes cabe e organizações coletivas profissionais ou diretamente os empregadores (federações patronais, sindicatos patronais ou empresas/clubes/SAFs), para que sejam moldados os direitos e deveres existentes nessa relação.

De acordo com o 8º, III, da Constituição Federal, a associação profissional ou sindical é livre, e a entidade Sindical cabe a prerrogativa judicial e/ou administrativa de representar a categoria ou o trabalhador individual no que lhe couber. Porém, de extrema importância sinalizar, desde já, a hipossuficiência do trabalhador na negociação individualizada, assim cabe a entidade sindical a representação coletiva, maneira esta de tornar o debate mais justo, uma vez que nessa discussão deixa de existir a hipossuficiência do trabalhador, que faz com que em via de regra a negociação individualizada seja ineficaz ao trabalhador. Assim, buscou a Constituição uma maneira de igualar as condições negociais ao trazer a figura da entidade sindical para que pudéssemos avançar em termos de um melhor ambiente dentro da relação laboral para os envolvidos.

A figura do direito desportivo coletivo surge no mundo em 1898 na Inglaterra, berço do futebol moderno, e no Brasil, em 1947, quando se deu a fundação do Sindicato de Atletas Profissionais do Estado de São Paulo.

Ainda, globalmente falando, em 1965 fundou-se a FIFPro, Sindicato Internacional de Atletas de Futebol que na época foi uma junção de Sindicatos de Atletas Europeus que pleiteavam melhores condições profissionais aos seus atletas, e que hoje tal representação já se expande para países de outros continentes, nas negociações entre FIFPro e FIFA.

Neste artigo, abordaremos toda a sistemática sobre o Direito Coletivo dentro dos meandros do Direito Desportivo.

1. O que é Direito Coletivo do Trabalho e sua função no desporto

O Direito Coletivo do Trabalho é um conjunto de regras e princípios que baseiam as relações coletivas de trabalho.

Ele existe para regulamentar o direito de diversas pessoas que tenham algum interesse em comum, e que, via de regra, se dá pela representação sindical, tanto do lado dos trabalhadores como do lado dos empregadores. Porém, também existe a possibilidade de negociação de um grupo de trabalhadores com um empregador.

Já os sindicatos se dedicam a disciplinar tais interesses coletivos e têm também uma função cada vez mais importante no cotidiano de criar normas regentes que guiam os próprios grupos e que indicarão os direitos e obrigações que vigerão os contratos individuais de trabalho desse grupo e/ou categoria profissional.

Em nossa normativa, o fundamento jurídico por detrás do Direito Coletivo é de natureza constitucional, que surgiu na Constituição de 1988 e que determina a liberdade de associação para fins lícitos, porém sem esquecer das Convenções ratificadas pelo Estado Brasileiro e demais normativas federais.

Ainda, há quem reconheça tal ramo do direito como direito sindical ou corporativo, como uma veia do Direito Laboral.

Dentro da esfera desportiva, o Direito Coletivo do Trabalho vem na mesma linha de tentar solucionar problemas dos trabalhadores-atletas em vinculação à sua condição de hipossuficiência perante os clubes, empresas, federações ou confederações.

Busca-se, desde os primórdios da organização esportiva moderna — lê-se aqui esporte moderno denominado como o surgimento de atividades esportivas e corporais, que surgiu na Europa no século XVIII, para que não se confunda com a modernidade de E-Sports, entre outras modalidades atuais — a defesa dos direitos dos trabalhadores-atletas e uma melhor possibilidade de desempenho de suas funções esportivas, porém como trabalhador, que presta um serviço para um empregador, seja ele entidade sem fins de lucro ou não, mas que deve ser o responsável pela assunção do risco da atividade econômica.

Por vezes, esquece-se que o atleta de alto rendimento, principalmente o atleta de futebol profissional, antes de ser atleta é um trabalhador que tem direitos e obrigações como qualquer outro trabalhador, que tem direito ao recebimento de um salário em contrapartida das funções desempenhadas em prol de um clube, que tem direito a férias, muito mais importante ainda que outros trabalhadores, por desempenhar um função diretamente ligada ao esforço físico, direito a 13º salário, ao descanso semanal remunerado, a horas extras (quando fizer jus a elas), de adicional noturno e indenizações por acidentes vinculados à sua profissão.

É muito comum que as pessoas, de maneira genérica, entendam que um metalúrgico tenha direito a se afastar das suas atividades laborais quando, ao desempenhar suas funções venha a sofrer um acidente, o que infelizmente é comum na profissão, mas que um atleta profissional de futebol não tenha o mesmo direito quando acaba por sofrer uma lesão em uma partida de futebol.

Ou ainda, que um guarda noturno tenha direito a receber um adicional por desempenhar sua atividade laboral no período juridicamente considerado "noturno", mesmo que seja especificidade de sua função, mas um atleta profissional de futebol, ao ser "obrigado" a atuar em uma partida no mesmo horário noturno não tenha direito a receber o adicional previsto na nossa Carta Magna, em seu art. 7º:

> Art. 7º São direitos dos trabalhadores urbanos e rurais, além de outros que visem à melhoria de sua condição social:
>
> IX – remuneração do trabalho noturno superior à do diurno;

E ainda o próprio Judiciário se utiliza da mesma base para considerar lícito ao guarda noturno, pela especificidade de sua profissão o direito a receber o adicional, mas não pela especificidade do trabalho do atleta profissional de futebol, vejamos:

> (...) ATLETA PROFISSIONAL. ADICIONAL NOTURNO. AUSÊNCIA DE PREVISÃO LEGAL E CONTRATUAL. Não se olvida que o art. 28, 4º, da Lei n. 12.395/2011, estatui que os preceitos gerais da legislação trabalhista são aplicáveis ao atleta profissional. Todavia, ressalvaram-se as disposições especiais contidas na Lei Pelé, em especial, aquelas listadas nos incisos do mencionado dispositivo legal. O legislador, então, apenas fixou o módulo de 44h semanais, sem, contudo, fazer qualquer limitação de jornada ou discorrer sobre a jornada noturna. Ora, se não fosse para estabelecer apenas o direito à limitação de 44h por semana, não haveria qualquer razão para a previsão do art. 28, 4º, III, da Lei n. 12.395/2011, porquanto tal limite máximo já é o ordinário para todos os demais empregados. Lição comezinha de hermenêutica ensina que a lei não contém palavras inúteis. Assim, a previsão de jornada com limite de 44h, como peculiaridade dos contratos dos atletas profissionais, somente pode ser interpretada como verdadeiro silêncio eloquente quanto à inexistência do direito à percepção do adicional noturno. Ocorre que o atleta profissional é contratado para desempenhar as atividades que, costumeiramente, são desenvolvidas à noite. Nesse ponto, ressalta-se, ainda, que os horários dos jogos não são fixados pela empregadora, mas pelas entidades de administração do desporto. A par disso, não se pode negar as peculiaridades dos contratos de atleta, dentre elas, a existência de treinos que não chegam a mais de 4 ou 6 horas por dia. Além disso, há previsão de vários direitos próprios como direito de arena, luvas e bichos, que denotam a inserção desses profissionais em categoria especial de relação de emprego. Nego provimento. (...) (TRT 1ª Região. Processo n. 0101235-32.2017.5.01.0011 (RO) – 2ª Turma – *DEJT* 2.12.2018)

Logo, se faz necessário cada vez mais que os sindicatos, representantes da salvaguarda dos direitos dos atletas profissionais, se façam valer da legislação vigente para obrigar os clubes, federações e confederação, e até o próprio Judiciário, a resguardar os direitos a esse trabalhador que por muitas vezes é colocado de lado em nome da paixão clubística de cada torcedor transvestido de diretor ou presidente de entidade, ou ainda de agente do Executivo, Legislativo ou Judiciário.

2. Base histórica sobre o Direito Coletivo no esporto

O Direito Coletivo no desporto surge com a formação da primeira Associação de Atletas de Futebol do mundo, na Inglaterra.

Não poderia ser diferente da criação do futebol, uma vez que o futebol denominado como futebol moderno, que conhecemos na atualidade, foi iniciado na Inglaterra, com a criação, em 1863, da *The Football Association* — *"The FA"*, que é a Federação Inglesa de Futebol, e que até hoje rege o futebol profissional no país, também se deu a fundação do primeiro Sindicato de Atletas de Futebol, este iniciado entre 1898 e 1901.

Tudo começou em 1885 quando, a *"The FA"*, confrontada com a ameaça de uma federação de futebol Britânica separatista de 31 cubes, cedeu a pressão dos atletas profissionais à época para poderem receber salários pelos clubes que atuavam, o que até então era proibido, sendo que os clubes para poderem "burlar" essa proibição contratavam os atletas para trabalharem nas fábricas dos donos dos clubes e recebiam para trabalhar nas fábricas, porém com a obrigatoriedade de jogarem pelos times de suas fábricas.

Após a liberação de pagamento aos atletas, a "The FA" introduziu um sistema de registro de atletas. Assim somente podiam receber pagamentos os atletas registrados pelos clubes, isso é, o atleta era obrigado a se vincular desportivamente pelo clube, o que impedia sua atuação por outro clube. Dessa forma se inicia o sistema de "retenção de atletas" e automaticamente a vinculação trabalhista entre atletas e clubes.

O atleta somente podia se registrar em um clube por temporada, e ao final da temporada poderia vir a ser inscrito em outro clube, mesmo sem a anuência do clube anterior. Isso quer dizer que ele podia mudar de clube mesmo sem a anuência do clube da temporada anterior.

Em sequência, começou a se fazer necessária uma maior regularidade de jogos, para que o clube pudesse gerar receita para pagar os atletas, e isso fez com que em 1888 fosse fundada a *Football League*, entidade responsável pela competição. À medida que a liga se tornava mais popular, também aumentava a popularidade dos atletas, o que fazia com que fosse procurado por outros clubes aumentando, assim, os seus salários. Nessa época já começa a existir a possibilidade de os clubes assinarem contrato com os atletas, uma forma de assegurar que este se manteria no clube na mudança de temporada, porém ainda se baseava na vinculação anual.

No início da temporada 1893-1894, a *Football League* impôs restrição de mudança de clubes para os atletas, não permitindo que ele mudasse de clube sem a anuência e permissão de seu clube anterior. Aqui começa a existência do que ficou conhecido como "passe" no Brasil, pois o clube poderia manter o atleta no ano seguinte, mesmo sem lhe pagar salário ou lhe ofertar um novo contrato, e o atleta não podia se desvincular do clube sem a concordância do clube. Assim o atleta poderia ficar vinculado ao clube, e sem receber salário.

Em setembro de 1893, um clube propôs à *Football League* que determinasse um teto salarial, à época de 4 libras por semana, o que para a maioria era indiferente, pois sequer ganhavam perto disso. Porém, já nessa época, alguns despontavam e chegavam a receber até 10 libras por semana, e essa possibilidade representava um séria ameaça a suas rendas.

Em fevereiro de 1898, foi fundada a *Association Footballer's Union* (*AFU*), o primeiro sindicato de atletas do mundo.

Logo de imediato, o ponto nevrálgico da "AFU" era que a negociação de transferência de atletas deveria ser negociada com os atletas em questão, e não pelos clubes somente, porém nem a "The FA" nem a *Football League* reconheceram a entidade como representante dos atletas.

Em 1901, a liga introduziu em seu regulamento o teto salarial de 4 libras por semana, e por falta de força dos atletas da época a "AFU" acabou por ser dissolvida.

Nessa época, a maioria dos clubes era de propriedade de donos de fábricas em que os atletas costumavam trabalhar no contraturno do futebol, assim qualquer posicionamento mais forte de um atleta poderia levar à perda do contrato com o clube e com o seu emprego fora do futebol, o que levava a maioria dos atletas a ficar refém da situação imposta pela liga.

Somente após 6 anos, em 1907, foi fundado um novo sindicato, a *Association Football Player's and Trainer's Union* (*AFPTU*), entidade que em 1956 alterou seu nome para *Professional Footballer's Association* (*PFA*) e existe até hoje como sindicato dos atletas profissionais de futebol do Reino Unido.

Importante destacar que, desde 1898, a discussão se mantém a mesma, os clubes querendo ter a possibilidade de controlar as transferências de atletas.

A "*AFPTU*" seguiu exatamente de onde havia parado a entidade anterior, na briga pela limitação salarial, e pela restrição de transferência de atletas entre clubes.

Em 1909, a "*AFPTU*" se manifesta contrariamente à limitação salarial (teto salarial) e a restrição de transferências, medidas impostas pela "*The FA*", e ainda ameaçou uma greve caso tais medidas não fossem revistas. O que fez com que a "*The FA*" banisse todos os atletas vinculados à entidade sindical de participação em sua competição, assim, levando os clubes a recorrerem a atletas "amadores" para que pudessem jogar a competição.

Isso fez com que a adesão de atletas junto a entidade Sindical reduzisse drasticamente. Nesse momento, o posicionamento dos atletas profissionais do Manchester United, já época uma dos principais clubes da Inglaterra, se mantendo vinculados a "*AFPTU*", fez com que o clube também buscasse atletas amadores para a substituição destes profissionais que estavam proibidos de participar da competição pela federação, porém não conseguiu o clube encontrar substitutos suficientes, arriscando o cancelamento do jogo de abertura em Manchester na temporada 1909-1910.

Ainda, neste momento, quando do posicionamento de Tim Coleman (principal atleta do Everton Football Club, outro clube de relevância à época) a favor do Sindicato e mantendo sua adesão, fez com quem a "The FA" revisse sua posição e liberasse a possibilidade de pagamento de bônus aos atletas além do pagamento do teto salarial e esse foi o primeiro ganho dos atletas com base no direito coletivo.

O dispositivo do salário máximo permaneceu vigente por mais de meio século, somente ocorrendo sua mudança em 1960, quando a "The FA" alterou o teto salarial para 20 libras por semana.

Em 1961, o "PFA" consegue derrubar o teto salarial aplicado aos atletas, o que levou o atleta Johnny Haynes a ser o primeiro atletas a receber mais de 110 libras. E em 1963, com o apoio da entidade sindical, ocorre a primeira vitória judicial de um atleta profissional de futebol frente a um clube de futebol, do atleta George Eastham, em processo contra o Newcastle United Football Club, que consegue a primeira liberação de transferência de atletas via justiça comum. Não sem que antes a discussão chegasse ao Supremo Tribunal do Reino Unido, que entendeu "irrazoável a retenção" do atleta pelo clube.

No Brasil, a fundação do primeiro sindicato se dá em 1947, com o Sindicato de Atletas Profissionais do Estado de São Paulo, que só foi seguida pelos estados do Rio Grande do Sul e Rio de Janeiro em 1973 e 1979.

Na primeira reunião, foi fundada a Associação dos Jogadores de Futebol, em 23 de julho de 1947, o que dois anos mais tarde, em 1949, foi renomeada, pois foi quando saiu a carta sindical que elevou a associação ao patamar de sindicato.

Uma das principais motivações dos que lutavam pela sobrevivência do sindicato era a constatação de que com o surgimento do Sindicato de Atletas os jogadores passaram a se respeitar mutuamente, em virtude da oportunidade de se aproximarem, longe das duras disputas no campo de jogo, e se conhecerem melhor nas reuniões que aconteciam às segundas-feiras. Naqueles tempos, os jogadores de times adversários eram proibidos de bater papo, porque os torcedores poderiam pensar que estavam combinando jogos.

Ainda em 1949, o sindicato foi parte imprescindível no acordo realizado com a empresa Balas Futebol, para que a empresa pudesse utilizar a imagem dos jogadores em um álbum próprio, e com a negociação a empresa passou a conceder aos atletas uma certa quantia por ano pela utilização das imagens.

Em 1955, o Sindicato de Atletas começou a auxiliar atletas desempregados por meio de uma assistência econômica aos atletas sem contrato e criando uma seleção formada por esses atletas para que pudessem permanecer em atividade até que encontrassem um novo clube.

No ano de 1956, a entidade foi uma das envolvidas na criação do Departamento Nacional de Esportes, vinculado ao Ministério da Educação e Cultura.

Na continuidade do trabalho do Sindicato de Atletas em prol dos atletas profissionais de futebol, em abril de 1965, junto ao Conselho Nacional de Desportos, a entidade participa da regulamentação da Lei do Passe, que seria a versão brasileira da retenção de atletas da Inglaterra, que acabou por ser aprovada em 1967. Primeiramente, existiu o Decreto n. 53.820, de 24 de março de 1964, que incluiu o passe na legislação nacional, e em 1967, pela deliberação 09/1967 do Conselho Nacional do Desporto, que atribuiu que o atleta somente poderia se transferir a outro clube com a anuência do clube em que estava registrado, dessa maneira criando a retenção do atleta pelo clube.

Assim como o apoio público da entidade sindical à liberação de atletas da época, como Djalma Dias, Aldo, Zé Maria entre outros, ainda reivindicou 13º salários aos atletas, a regulamentação das férias e demais direitos dos atletas ao longo de toda a sua história até os dias de hoje.

3. Direito Coletivo Desportivo nos dias atuais

Quando se fala do Direito Coletivo Desportivo nos dias atuais, é preciso detalhar situações práticas já ocorridas que levaram a avanços que são colhidos no momento pelos atletas profissionais de futebol, e isso se dá desde a promulgação da Lei n. 9.615/98, denominada Lei Pelé, que segue em vigência mesmo com a promulgação da Lei Geral do Esporte, Lei n. 14.597/2023, uma vez que esta, em seu artigo que previa a revogação da Lei n. 9.615/98, foi vetado.

Ao falar da Lei n. 9.615/98, não há como não falar no trabalho realizado pelos sindicatos, especialmente o Sindicato de Atletas de São Paulo, que ainda, em meados de 1997, conseguiu trazer para o debate público sobre a alteração legislativa, que um dos temas principais era o fim do passe do atleta profissional, medida utilizada para vincular *"ad aeternum"* os atletas aos clubes, o atleta Jean-Marc Bosman, futebolista belga que atuava por um clube belga e buscou na justiça em 1990 a sua transferência para um clube francês, demanda judicial essa que foi a responsável por toda a mudança na legislação europeia que levou a cabo o fim das restrições de transferência de atletas na Europa.

E a Lei n. 9.615/98 levou a cabo o fim do passe. Os arts. 92 e 93 da lei deram a carta de alforria aos atletas. O atleta que, quando da promulgação da lei, não tivesse vínculo desportivo profissional com nenhum clube, já se encontrava livre de qualquer passe ou retenção por parte de clubes, e os que estavam com contratos vigentes, após o término de seus contratos, estariam também livres de qualquer retenção.

Na sequência cronológica dos avanços coletivos dos atletas, temos o acordo judicial realizado em 2000, proveniente de uma demanda judicial coletiva ajuizada em 1997 e que estabelecia o início do pagamento de maneira correta, o que até então não havia ocorrido por parte dos clubes aos atletas, do denominado direito de arena. Esse direito diz respeito ao pagamento de um percentual recebido pelos clubes pelas empresas de transmissão de imagens dos jogos e competições, um direito ainda decorrente da Lei n. 8.672/1993 (Lei Zico), que em seu art. 24 determinava o repasse de 20% desses valores aos atletas participantes do "espetáculo", baseado na necessidade de indenização pela utilização da imagem desses atletas, que deriva do direito constitucional previsto no art. 5º, incisos X e XXVIII.

Porém, tais valores não eram repassados de maneira procedimental, assim foi necessária uma demanda judicial coletiva para resguardar os direitos dos atletas que eram sobressaltados nesse momento. Esse fato beneficia os atletas até os dias atuais, inclusive levantando várias discussões jurídicas a respeito do pagamento e recebimento de tal verba.

No ano de 2004, foi a vez de ser discutida em outros processos coletivos a regulamentação das férias de 30 dias ininterruptas aos atletas profissionais, e que já tinha sido prevista como necessidade de cuidado com a saúde do atleta, ainda no Decreto 53.820 de 24 de março de 1964, em seu art. 6º:

> "(...) CONSIDERANDO que o atleta profissional de futebol deve ser resguardado no tocante ao exercício de sua profissão, tendo em vista o excessivo desgaste físico provocado pelas condições climatéricas desfavoráveis que preponderam na maioria das regiões do País.
>
> (...)
>
> Art. 6º O período compreendido entre 18 de dezembro e 7 de janeiro, inclusive, será considerado de recesso obrigatório para todos os atletas profissionais de futebol vinculados a associações desportivas sediadas no País, sendo vedado, no seu decurso a realização de treinos, a disputa de partidas esportivas e quaisquer outras atividades equivalentes inclusive embarque de delegação para o exterior. (...)"

Ainda em 2004 não se respeitava, pelos clubes, a necessidade de resguardar a saúde do atleta, o que acabou, por ordem judicial, tendo que ser respeitada, e posteriormente, inclusive, absorvida pela Lei n. 9.618/98 em seu art. 28, § 4º, inciso V:

> "(...) V – férias anuais remuneradas de 30 (trinta) dias, acrescidas do abono de férias, coincidentes com o recesso das atividades desportivas; (...)"

Outra discussão se fez em negociação pela entidade sindical paulista representativa dos atletas profissionais e que levou à possibilidade de parada para hidratação dos atletas. Essa prática se iniciou no Campeonato Paulista de 2005 e acabou se estendendo para as competições nacionais, inclusive para a Copa do Mundo de 2014.

Outro ponto que mudou o rumo do inadimplemento salarial dos atletas do estado de São Paulo, e também acabou por ser estendido às competições nacionais, foi a negociação entre Sindicato de Atletas de São Paulo e Federação Paulista de Futebol para delimitar nos regulamentos de competição da entidade federativa a possibilidade de perda de pontos para clubes que atrasassem salários dos atletas durante a competição. Isso se deu em 2011 no estado de São Paulo e, em 2014, pela Confederação Brasileira de Futebol, que procede até os dias atuais. Em que pese que, muitas vezes, as investigações pelos Tribunais de Justiça Desportiva deixem a desejar em inúmeros casos, os clubes perderam pontos, e mais importante do que isso, os clubes se viram forçados a "acertar" os inadimplementos para que não acabassem por ter um prejuízo desportivo direto.

No ano de 2014, em nova ação coletiva, foi a vez de o intervalo entre as partidas ser discutido em esfera judicial. Mais uma decisão que trouxe ganho para a categoria profissional, em que os clubes se viram obrigados a respeitar outra norma o Decreto n. 53.820, de 24 de março de 1964, que previa em seu art. 4º:

> "Art. 4º O atleta profissional não poderá participar de partidas esportivas com intervalos inferiores a 60 (sessenta) horas, entre uma e outra, salvo autorização expressa do Conselho Nacional de Desportos, em decisão tomada pela maioria absoluta de seus membros. (...)"

Essa previsão, porém, somente foi respeitada depois de decisão judicial que obrigou os clubes do país todo a respeitar o descanso dos atletas entre as partidas, sob o risco de multa a ser definida em cada caso particular.

Essas foram algumas, entre outras demandas coletivas e negociações junto às Federações Estaduais e Confederação Brasileira de Futebol, que fizeram com que o direito coletivo do atleta profissional de futebol fosse respeitado e seguisse avançando para um melhor ambiente de trabalho, mais respeitoso e seguro.

4. Possibilidade de regulamentação por via da negociação coletiva

Dentro da seara do Direito Coletivo Desportivo existem outras possibilidades de regulamentação das atividades, funções, obrigações e direitos da categoria profissional que, hoje em dia, deveriam se encontrar muito mais em destaque do que na prática ocorrem, que são as convenções e os acordos coletivos.

Não bastasse a delimitação da Constituição Federal em seu art. 7º, XXVI que já deixava claro o reconhecimento das convenções e acordos coletivos como parte integrante dos direitos trabalhistas, a alteração legislativa da Consolidação das Leis do Trabalho pela Lei n. 13.467/2017, que incluiu o art. 611-A, é cristalina ao determinar a prevalência das convenções e acordos coletivos sobre a legislação quando esses dispuserem de adequação setorial negociada.

E, para que não pudéssemos falar mais em qualquer tipo de dúvida a respeito, o Supremo Tribunal Federal, em decisão ao Agravo de Recurso Extraordinário do Tema n. 1.046 de repercussão geral entendeu sobre a constitucionalidade dos acordos e convenções coletivas:

> "Recurso extraordinário com agravo. Direito do Trabalho. Processo paradigma da sistemática da repercussão geral. Tema 1.046. 3. Validade de norma coletiva que limita ou restringe direito trabalhista. Matéria constitucional. Revisão da tese firmada nos Temas ns. 357 e 762. 4. Fixação de tese: *"São constitucionais os acordos e as convenções* coletivas que, ao considerarem a adequação setorial negociada, pactuem limitações ou afastamentos de direitos trabalhistas, independentemente da explicitação especificada de vantagens compensatórias, desde que respeitados os direitos absolutamente *indisponíveis."* 5. Recurso extraordinário provido."

Quando da alteração legislativa pelo Estado, essa se fez para que o exercício pleno da autonomia da vontade coletiva fosse respeitado, inclusive que a possível análise judiciária de acordos e convenções coletivas fosse meramente aos elementos essenciais da validade do negócio jurídico, sem sequer poder discutir a respeito dos temas ali abordados pelas entidades partes desse documento.

É cediço que o Direito Coletivo do Trabalho, aqui também o Desportivo, possui um papel fundamental e uma preocupação ímpar no que diz respeito às regulamentações das relações vinculadas à autonomia da negociação coletiva. Ainda se deve destacar o objetivo da representatividade de uma categoria profissional, dessa maneira tendo a possibilidade de equivalência entre os entes coletivos, podendo fazer cair por terra a hipossuficiência do trabalhador sempre em vista quando de uma negociação individual, que por mais que venha a ser um profissional diferenciado no mercado, claramente a empresa que pode pagar o salário desse trabalhador, ainda que economicamente, tem uma vantagem que faz com que esse profissional se submeta às suas ordens para poder garantir seu sustento.

Deve-se destacar também que a normativa brasileira, já em nossa Carta Magna prevê a autonomia privada coletiva, assim conferindo validade às normas provenientes de acordos ou convenções, e ainda a que se lembrar das Convenções Internacionais da Organização Internacional do Trabalho, ns. 98 e 154, ratificadas pelo Brasil e que tratam de:

> Convenção n. 98
>
> "Direito de Sindicalização e de Negociação Coletiva".
>
> "(...) Art. 4 – Deverão ser tomadas, se necessário for, medidas apropriadas às condições nacionais, para fomentar e promover o pleno desenvolvimento e utilização dos meios de negociação voluntária entre empregadores ou organizações de empregadores e organizações de trabalhadores com o objetivo de regular, por meio de convenções, os termos e condições de emprego. (...)"

Convenção N. 154

"Fomento à Negociação Coletiva"

"(...) PARTE III ESTÍMULO À NEGOCIAÇÃO COLETIVA

Art. 5 – 1. Deverão ser adotadas medidas adequadas às condições nacionais no estímulo à negociação coletiva.

2. As medidas a que se refere o parágrafo 1 deste artigo devem prover que:

a) a negociação coletiva seja possibilitada a todos os empregadores e a todas as categorias de trabalhadores dos ramos de atividade a que aplique a presente Convenção;

b) a negociação coletiva seja progressivamente estendida a todas as matérias a que se referem os anexos a, b e c do art. 2 da presente Convenção;

c) seja estimulado o estabelecimento de normas de procedimentos acordadas entre as organizações de empregadores e as organizações de trabalhadores;

d) a negociação coletiva não seja impedida devido à inexistência ou ao caráter impróprio de tais normas;

e) os órgãos e procedimentos de resolução dos conflitos trabalhistas sejam concedidos de tal maneira que possam contribuir para o estímulo à negociação coletiva. (...)"

Importante destacar que os limites impostos às negociações coletivas devem ser os direitos previstos pela Constituição Federal ou outros derivados de tratados ou convenções internacionais.

Porém, na esfera desportiva, não existe quase nenhuma negociação coletiva em vigor, pois as entidades patronais se amedrontam de tratar do novo, de regulamentar e negociar em prol das modalidades esportivas, seja ela no futebol ou outras modalidades coletivas ou individuais.

Isso fica claro ao se analisar a jurisprudência:

"RECURSO ORDINÁRIO EM DISSÍDIO COLETIVO DE NATUREZA ECONÔMICA – PRELIMINAR DE AUSÊNCIA DE COMUM ACORDO (CF, ART. 114, § 2º) – PROVIMENTO DO APELO – EXTINÇÃO DO PROCESSO SEM RESOLUÇÃO DO MÉRITO. 1. Nos termos do que dispõe o art. 114, § 2º, da CF, "recusando-se qualquer das partes à negociação coletiva ou à arbitragem, é facultado às mesmas, de comum acordo, ajuizar dissídio coletivo de natureza econômica, podendo a Justiça do Trabalho decidir o conflito, respeitadas as disposições mínimas legais de proteção ao trabalho, bem como as convencionadas anteriormente". 2. Com base no aludido dispositivo constitucional, a jurisprudência remansosa da SDC desta Corte segue no sentido de que o comum acordo é indispensável à instauração de dissídio coletivo de natureza econômica, mitigando tal exigência apenas quanto à forma, ao considerar suficiente a concordância tácita do suscitado para o atendimento desse pressuposto. 3. Por sua vez, o Plenário do Supremo Tribunal Federal julgou constitucional o dispositivo da Reforma do Judiciário (EC 45/04) que exige a anuência mútua das partes para o ajuizamento de dissídio coletivo trabalhista, por entender que não há no dispositivo nenhuma violação das cláusulas pétreas da Constituição Federal (ADI n. 3.423, rel. Min. Gilmar Mendes, julgado em 2.6.2020). 4. No caso, tendo em vista que o Regional decidiu

> em contraposição à jurisprudência uníssona da SDC do TST, merece ser acolhida a preliminar de ausência de comum acordo, porquanto suscitada em contestação e renovada no recurso ordinário, a fim de julgar extinto o processo sem resolução do mérito, por ausência de pressuposto de constituição e desenvolvimento válido do processo, nos termos do art. 485, IV, do CPC. Recurso ordinário provido, para julgar extinto o processo sem resolução do mérito." (TST - ROT: 10018835620185020000, relator: Ives Gandra da Silva Martins Filho, Data de Julgamento: 14.2.2022, Seção Especializada em Dissídios Coletivos, Data de Publicação: 23.2.2022)

No caso, o Sindicato Patronal dos clubes de futebol do Estado de São Paulo se nega a concordar em discutir sobre a convenção coletiva, e isso já se confronta desde o primeiro dissídio coletivo apresentado à Justiça Laboral que data de 1997, isso somente a título de exemplo.

Logo, pela legislação e entendimento jurisprudencial atual, enquanto não houver concordância das partes, aqui em exemplo a patronal, para a possibilidade de negociação coletiva, essa não é viável sequer via dissídio coletivo, o que claramente é um desacerto, pois poderia se regulamentar diversos temas que não foram tratados pela legislação federal, e que acaba, por determinação legal, por ser suprido pela legislação comum a todos os trabalhadores, o que claramente, pela especificidade das atividades do atleta profissional e dos direitos e deveres dos clubes ou entidades de prática desportiva, não se adequa à realidade dos trabalhadores comuns, podendo ser muito mais benéfico para a relação laboral esportiva existente.

Dessa maneira, seguimos com uma grande lacuna que pode ser a inovação necessária para se dar maior segurança jurídica à relação laboral entre atletas profissionais e seus empregadores, independentemente se associação sem fins lucrativos, sociedade anônima de futebol ou qualquer outra entidade jurídica patronal que o valha.

O Sistema Internacional de Transferência de Atletas Menores no Futebol Globalizado

José Eduardo Coutinho Filho

Introdução

O futebol, embrionado como prática lúdica e recreativa em diversas localidades e normatizado, em sua forma moderna, em 20 de outubro de 1863, na *Freemason's Tavern*, na *Great Queen Street*, em Londres, ganhou o mundo nos anos subsequentes, consolidando-se como uma das maiores manifestações sociais e esportivas da história da humanidade.

Acompanhando o desenvolvimento da modalidade, progressivamente se consolidou a estrutura privada responsável por sua organização em múltiplos níveis, conhecida como "futebol associativo".

No topo da estrutura piramidal se encontra a *Fédération Internationale de Football Association*, FIFA, à qual se filiam as respectivas associações nacionais. Atualmente, a entidade máxima do futebol possui 211 entidades nacionais a si filiadas, sendo o Brasil representado pela Confederação Brasileira de Futebol.

Tal forma de organização permite que a própria modalidade se autorregule globalmente, podendo a FIFA conceber normas aplicáveis a todo o futebol em nível internacional.

Assim sendo, a fim de estabelecer parâmetros básicos para a modalidade, os entes privados de organização do futebol formalizam sua própria regulamentação privada, que estrutura os alicerces do desporto organizado.

Dentre os pontos sensíveis da regulamentação, encontram-se o registro e transferência de atletas, com especial destaque aos menores, objetos do recorte do presente artigo.

1. A regulamentação privada do desporto organizado

Não é fácil a tarefa de regulamentar o futebol. Dada sua natureza global, o mercado de transferências internacionais de atletas está em constante atividade, ligando os mais diversos pontos do planeta.

Para ilustrar a magnitude desse mercado, apenas no ano de 2022 foram registradas 20.209 transferências internacionais de atletas homens profissionais, envolvendo 4.770 clubes filiados a 182 das 211 associações nacionais filiadas à FIFA.(1)

Dentre as transferências internacionais de atletas profissionais mulheres, as operações alcançaram 119 associações nacionais, em um total de 1.555 transferências registradas.

Também, para além dos mencionados, foram registradas em 2022 o expressivo número de 49.238 transferências internacionais de atletas amadores no futebol globalizado.

Para organizar e viabilizar a intensa movimentação de atletas no futebol globalizado, possui a FIFA dois pilares fundamentais que a tornam possível.

Por um lado, como base teórica formal, o *Regulation on the Status and Transfers of Players*,(2) RSTP,(3) representa a regulamentação privada no futebol publicada e atualizada pela FIFA, no tocante ao registro e transferência de atletas. É no RSTP que se encontram as definições acerca da condição profissional e amadora do atleta, critérios de registro, além dos limites e características específicas para a realização de transferências internacionais.

Por outro lado, como instrumento operacional, a FIFA mantém ativo o *Transfer Matching System*,(4) TMS, sistema digital responsável por interligar as associações nacionais à FIFA filiadas, possibilitando, na prática, a manutenção do mercado internacional de transferências.

Nesse cenário, como não poderia ser diferente, tanto o RSTP, quanto o TMS, possuem função indispensável na presente análise, centrada na tutela especial estabelecida pela FIFA à proteção aos atletas menores no futebol globalizado.

2. A proteção estabelecida pela FIFA ao atleta menor

Compreendendo a vulnerabilidade envolta na condição de um menor em um mercado altamente profissionalizado como o do futebol, a FIFA, como entidade máxima

---

(1) FIFA. Global Transfer Report, 2022. Zurique, jun. 2023. Disponível em: <https://digitalhub.fifa.com/m/2ee0b8943684e25b/original/FIFA-Global-Transfer-Report-2022.pdf>. Acesso em: 10 jul. 2023.

(2) Regulamento sobre o *status* e a transferência de atletas, em tradução livre.

(3) FIFA. Regulations on the Status and Transfer of Players, 2023. Zurique, maio 2023. Disponível em: <https://digitalhub.fifa.com/m/d31f8046f6c6311/original/Regulations-on-the-Status-and-Transfer-of-Players-May-2023-edition.pdf>. Acesso em: 10 jul. 2023.

(4) Sistema de Pareamento e Transferências, em tradução livre.

do futebol, estabelece em sua regulamentação uma medida protetiva ao grupo no âmbito das transferências internacionais.

Em síntese, de maneira direta e objetiva, o art. 19 do RSTP expressamente proíbe a transferência internacional de atletas menores. Na realidade, mais especificamente, um atleta menor somente poderia ser registrado pela associação nacional correspondente ao país de sua nacionalidade. Assim sendo, tanto a transferência internacional, quanto o primeiro registro de atleta por uma associação nacional que não corresponda ao seu país de origem estão abarcados na vedação.(5)

Importa mencionar que, nesse tocante, considera a FIFA como menor todo atleta que não tenha dezoito anos completos, independentemente de eventual especificidade proveniente da respectiva legislação nacional.

Tal medida objetiva afastar, ou, ao menos, dificultar, a utilização do futebol para viabilizar operações escusas, relacionadas às mais diversas formas de exploração a que podem ser os jovens atletas submetidos.(6)

No entanto, ainda que de suma importância e nobre motivação, tal vedação não é absoluta. A evolução do regulamento e da jurisprudência consolidada pelo *FIFA Football Tribunal* caminharam no sentido de não permitir que a vedação ampla acarretasse em prejuízo a casos específicos.

Assim sendo, o RSTP atualmente traz a previsão de seis situações de exceção em que seria possível a transferência internacional de um atleta menor mediante autorização da FIFA, que serão analisadas individualmente na sequência. Por sua vez, é através do TMS que as respectivas associações nacionais que desejam viabilizar o registro do atleta apresentam seus requerimentos, acompanhados da documentação que possa corroborar com sua tese.

2.1. Entre a maioridade e a profissionalização

De início, antes de adentrar na matéria específica, se faz necessário um adendo a título de esclarecimento.

No intuito de evitar possível dubiez, é preciso esclarecer que, no escopo da presente análise, o único parâmetro levado em conta é o etário, sem nenhuma análise sobre a condição laboral do atleta.

---

(5) FIFA. Regulations on the Status and Transfer of Players, 2023. Zurique, maio 2023. Disponível em: <https://digitalhub.fifa.com/m/d31f8046f6c6311/original/Regulations-on-the-Status-and-Transfer-of-Players-May-2023-edition.pdf>. Acesso em: 10 jul. 2023.

(6) FIFA. Commentary on the Regulations on the Status and Transfer of Players, 2021. Zurique, 2021. Disponível em: <https://digitalhub.fifa.com/m/346c4da8d810fbea/original/Commentary-on-the-FIFA-Regulations-on-the-Status-and-Transfer-of-Players-Edition-2021.pdf>. Acesso em: 10 jul. 2023.

Nesse sentido, em termos concretos, ao passo que a regulamentação da FIFA é permissiva para atletas maiores de dezoito anos possuírem um vínculo amador com o respectivo clube, também existem casos de atletas menores com contratos profissionais.

Para ilustrar, no caso brasileiro, ao se aplicar a legislação privada do esporte com a Lei Federal 14.597/2023,[7] resta evidente que um atleta poderá firmar seu primeiro contrato especial de trabalho esportivo aos dezesseis anos, conforme redação do art. 99 da Lei Geral do Esporte, enquanto o art. 83 do mesmo diploma estabelece que o atleta poderá participar do esporte, profissionalmente, na condição de amador, até os vinte e um anos.

Assim sendo, resta clarividente que as limitações tratadas na sequência serão aplicadas a qualquer atleta que não tenha completado dezoito anos, sendo ele profissional ou amador.

3. A possibilidade da transferência internacional de atleta menor

O progressivo avanço da desterritorialização, da interconectividade social e da velocidade das atividades sociais[8] torna o mercado global de transferências progressivamente mais competitivo. Atualmente, um garoto de tenra idade tem seu futebol analisado por clubes de todo o mundo. Por sua vez, mesmo considerando o baixo número de atletas que de fato alcançam o mais alto nível de futebol, os clubes se mostram cada vez mais dispostos a buscar atletas no início da formação.

Importa ainda mencionar que não são poucos os relatos de jovens que tentam a vida no exterior, seduzidos por uma falsa proposta de trabalho em clubes de diferentes países, ou mesmo continentes, e que acabam frustrados.

Por sua vez, mesmo se considerando apenas os casos idôneos, o mero fato de se distanciar de sua família para viver em um país estrangeiro, por vezes com idioma e cultura muito distintos dos seus, por si só, já representa um enorme desafio, especialmente aos atletas em tenra idade.[9]

Nesse sentido, a regulamentação das transferências internacionais de atletas menores se mostra importante para a proteção da infância e juventude dos futebolistas.

Essa forma de controle é complexa aos entes públicos. Na prática, são indivíduos

---

(7) BRASIL. *Lei n. 14.597, de 14 de junho de 2023*. Institui a Lei Geral do Esporte. Diário Oficial, Brasília, DF, 14 jun. 2013. Disponível em: <https://www.planalto.gov.br/ccivil_03/_Ato2023-2026/2023/Lei/L14597.htm>. Acesso em: 10 jul. 2023

(8) BUDÓ, Marília Denardin; BUDÓ, José S. Dorneles. "O mundo do trabalho na globalização: entre flexibilidade e flexibilização". *Direito e Democracia*, Canoas, Aelbra, v. IX, n. 1, 2008, p. 170.

(9) FIFA. Commentary on the Regulations on the Status and Transfer of Players, 2021. Zurique, 2021. Disponível em: <https://digitalhub.fifa.com/m/346c4da8d810fbea/original/Commentary-on-the-FIFA-Regulations-on-the-Status-and-Transfer-of-Players-Edition-2021.pdf>. Acesso em: 10 jul. 2023.

com regular condição de trânsito internacional exercendo seu direito. No entanto, por sua vez, a FIFA exerce tamanho controle em seu sistema associativo, que é capaz de agir como verdadeira organização internacional na matéria.[10]

Assim sendo, a proteção aos atletas menores foi incorporada como um dos princípios da organização do futebol em setembro de 2001, com sua inclusão na regulamentação privada da modalidade.

O princípio, atualmente consolidado através do art. 19 do RSTP, objetiva proporcionar ao atleta menor um ambiente adequado para a prática esportiva, sem afastar necessidades básicas de acesso à educação e convívio familiar e social.

Não restam dúvidas de que existe um contraponto às limitações impostas pelo regulamento, representado tanto por clubes que querem contar com o talento de jovens atletas estrangeiros, quanto dos próprios atletas que desejam seguir praticando o futebol, seja vislumbrando um futuro profissional ou mesmo meramente como prática recreativa.

É nesse sentido, então, que atua a FIFA, responsável por receber todos os pleitos, chamados de "aplicações", e analisar o enquadramento na exceção apontada pela associação nacional, excluindo-se, apenas, aos atletas que ainda não completaram dez anos de vida, em que a responsabilidade é delegada às próprias associações nacionais que recebem os específicos atletas.

Para se ter a dimensão quantitativa da questão, na temporada de 2021-2022 foram submetidos à análise da FIFA 9.018 aplicações, que geraram 8.333 decisões, excluídos os pleitos cancelados.[11]

Nesse cenário, em termos práticos, a FIFA é responsável por analisar, através do TMS, se cada uma das transferências internacionais ou primeiro registro de não nacional, dentre os atletas entre dez e dezoito anos, se enquadra em uma das exceções estabelecidas pelo art. 19 do RSTP, que serão na sequência analisadas individualmente.

3.1. A exceção da mudança dos pais não relacionada ao futebol

A primeira exceção, prevista no art. 19.2, *"a"*, do RSTP, está presente desde a inclusão da previsão de limitação, em 2001. Em síntese, o texto da disposição é autoexplicativo, definindo que se enquadra como exceção o caso em que os pais ou responsáveis legais do atleta se mudaram de país por razões estritamente não relacionadas com o futebol.[12]

---

(10) COUTINHO FILHO, José Eduardo. *Futebol globalizado:* Paixão de bilhões, mercado de trilhões. Belo Horizonte: D'Plácido, 2021.

(11) FIFA. Global Transfer Report, 2022. Zurique, 2023. Disponível em: <https://digitalhub.fifa.com/m/c6d842538959177/original/FIFA-Football-Tribunal-Report-2021-22.pdf>. Acesso em: 10 jul. 2023.

(12) FIFA. Regulations on the Status and Transfer of Players, 2023. Zurique, maio 2023. Disponível em: <https://digitalhub.fifa.com/m/d31f8046f6c6311/original/Regulations-on-the-Status-and-Transfer-of-Players-May-2023-edition.pdf>. Acesso em: 10 jul. 2023.

Talvez, dentre todas, essa seja a exceção de justificativa mais evidente. Se o atleta se muda pra o exterior, acompanhando seus pais, por razões alheias ao futebol organizado, contando com todo suporte familiar e mantida a convivência social naturalmente estabelecida, faz sentido que o atleta seja permitido a seguir ou começar a praticar o futebol no país de seu novo lar.

Ainda que o exemplo mais comum sejam os casos em que a mãe ou pai do atleta recebam uma vantajosa proposta de trabalho do exterior, podem também existir episódios de mudança por razões acadêmicas, tratamento médico ou mesmo de retorno ao país ancestral para reencontro familiar.

Importa esclarecer, porém, que ao se referir a razões estritamente não relacionadas ao futebol, tal justificativa se aplica estritamente à atividade do atleta. Para ilustrar, em um caso em que a mãe do menor atue como atleta profissional de futebol, e o núcleo familiar se transfira internacionalmente por conta de uma mudança de clube da atleta, ainda que a razão esteja indiretamente relacionada com o futebol, tal não constituiria, por si, um impeditivo ao enquadramento na exceção, uma vez que não relacionada diretamente com a atividade do menor.(13)

Considerando que a FIFA – na realidade, mais especificamente a *Player' Status Chamber* do *FIFA Football Tribunal, "PSC"* — analisa individualmente cada requerimento, não é adequado para a exceção específica se cogitar o tratamento absoluto acerca do conceito de "estritamente não relacionada ao futebol", cabendo aos interessados, no caso o atleta e seu novo clube, o ônus de fornecer a documentação suficiente para o convencimento da PSC, que deve estar confortavelmente satisfeito para conceder a outorga.(14)

Por sua vez, ao se realizar a análise subjetiva e individualizada dos requerimentos, estabelece-se uma maior margem de segurança para afastar eventuais tentativas de fraudes ao regulamento, como, a título ilustrativo, a simulação de emprego aos pais do atleta em atividade direta ou indiretamente ligada ao clube em área que não possuem formação ou experiência com o direto propósito de justificar a mudança de endereço do atleta almejado.

No decorrer da temporada 2021-2022 a PSC proferiu 3.675 decisões enquadradas nessa exceção específica.(15)

(13) FIFA. Commentary on the Regulations on the Status and Transfer of Players, 2021. Zurique, 2021. Disponível em: <https://digitalhub.fifa.com/m/346c4da8d810fbea/original/Commentary-on-the-FIFA-Regulations-on-the-Status-and-Transfer-of-Players-Edition-2021.pdf>. Acesso em: 10 jul. 2023.

(14) CAS 2020/A/7116 Jerome Ow v. FIFA. Lausanne, 2021. Disponível em: <https://digitalhub.fifa.com/m/3dec4642d09225b0/original/d7woc3xj7w8zhvlqdvbb-pdf.pdf>. Acesso em: 10 jul. 2023.

(15) FIFA. Global Transfer Report, 2022. Zurique, 2023. Disponível em: <https://digitalhub.fifa.com/m/c6d842538959177/original/FIFA-Football-Tribunal-Report-2021-22.pdf>. Acesso em: 10 jul. 2023.

3.2. A exceção da transferência dentro da União Europeia

A segunda exceção, prevista no art. 19.2 "b" do RSTP, também está presente desde a inclusão da previsão de limitação, em 2001.[16]

Tal exceção é direcionada exclusivamente para transferências entre associações nacionais representantes de países da União Europeia e Espaço Econômico Europeu, ou entre associações nacionais que, como define a FIFA, pertencem ao "mesmo país", como é o caso do Reino Unido.

A justificativa para a exceção reside no princípio de livre circulação de trabalhadores adotado pela União Europeia e Espaço Econômico Europeu. A princípio, nessa linha, o regulamento previa que a transferência seria limitada aos atletas que atingissem a idade mínima para o trabalho no país no qual se encontram originalmente. Com o objetivo de harmonizar o tratamento, considerando que a idade mínima para se profissionalizar na maior parte dos países abarcados pela exceção é de dezesseis anos, a partir da reforma no RSTP, em 2005, foi essa a adotada como parâmetro.[17]

Assim sendo, em 2005 se consolidou o entendimento original de que são abarcadas pela exceção as transferências de atletas entre associações pertencentes à União Europeia e Espaço Econômico Europeu, desde que possuam os dezesseis anos completos. Importa frisar que tal exceção não está estritamente atrelada à nacionalidade do atleta, estando em análise, além da própria, a localização das associações nacionais envolvidas em sua transferência.

Em complemento, em 2020 uma nova reforma na regulamentação passou a incluir na exceção as transferências "entre duas associações do mesmo país", após necessidade que foi evidenciada após o *Brexit*.[18]

Importante ressaltar que nesse caso específico não existe a necessidade da mudança dos pais juntamente com o atleta. Em contraponto à primeira exceção, a presente possui assumidamente o caráter esportivo.

Por sua vez, a fim de prezar pela adequada formação do atleta de futebol, para além do cumprimento dos requisitos temporal e territorial, o clube destino do atleta, para fazer jus à concessão da exceção, necessita comprovar que proporcionará amparo

(16) FIFA. Regulations on the Status and Transfer of Players, 2023. Zurique, maio 2023. Disponível em: <https://digitalhub.fifa.com/m/d31f8046f6c6311/original/Regulations-on-the-Status-and-Transfer-of-Players-May-2023-edition.pdf>. Acesso em: 10 jul. 2023.

(17) FIFA. Commentary on the Regulations on the Status and Transfer of Players, 2021. Zurique, 2021. Disponível em: <https://digitalhub.fifa.com/m/346c4da8d810fbea/original/Commentary-on-the-FIFA-Regulations-on-the-Status-and-Transfer-of-Players-Edition-2021.pdf>. Acesso em: 10 jul. 2023.

(18) FIFA. Commentary on the Regulations on the Status and Transfer of Players, 2021. Zurique, 2021. Disponível em: <https://digitalhub.fifa.com/m/346c4da8d810fbea/original/Commentary-on-the-FIFA-Regulations-on-the-Status-and-Transfer-of-Players-Edition-2021.pdf>. Acesso em: 10 jul. 2023.

acadêmico e acomodação, além do adequado treinamento esportivo ao jovem atleta que deseja registrar.

No decorrer da temporada 2021-2022 a PSC proferiu 369 decisões enquadradas nessa exceção específica.[19]

3.3. A exceção da residência na fronteira

A terceira exceção, prevista no art. 19.2 "c" do RSTP, foi incluída no RSTP em sua reforma de 2005.[20]

Bem verdade que, apesar de não estar prevista na redação original de 2001, a exceção da fronteira também é muito simples e justificável. Não é segredo que existem regiões localizadas muito próximas às fronteiras nacionais em que não é incomum que a vida cotidiana se desenvolva em mais de um país, podendo, para ilustrar, se trabalhar em um país e residir em outro, ou frequentar a escola em um país dividindo classe com colegas do vizinho.

Nessa linha, para contemplar os atletas que residem em regiões fronteiriças e querem praticar a modalidade do outro lado da fronteira nacional é que a presente exceção foi incluída, com suas regras específicas.

Em síntese, para ser elegível à outorga da autorização, o atleta deve obrigatoriamente residir com seus pais ou responsáveis legais, para evitar a fraude por meio da delegação da autoridade parenta, e cumprir cumulativamente três requisitos: o endereço exato de sua casa estar localizado em até 100 quilômetros do local em que o clube realiza suas atividades, em distância rodoviária; o local exato de sua casa estar localizado em até 50 quilômetros da fronteira nacional, em linha reta; e, o local exato em que o clube realiza suas atividades deve estar localizado em até 50 quilômetros da fronteira nacional.[21]

Diferentemente das duas primeiras, nesse caso o atleta não se muda para outro país, devendo, na realidade, permanecer em sua residência original, com seus pais ou responsável legal.

No decorrer da temporada 2021-2022 a PSC proferiu 631 decisões enquadradas nessa exceção específica.[22]

---

(19) FIFA. Global Transfer Report, 2022. Zurique, 2023. Disponível em: <https://digitalhub.fifa.com/m/c6d842538959177/original/FIFA-Football-Tribunal-Report-2021-22.pdf>. Acesso em: 10 jul. 2023.

(20) FIFA. Regulations on the Status and Transfer of Players, 2023. Zurique, maio 2023. Disponível em: <https://digitalhub.fifa.com/m/d31f8046f6c6311/original/Regulations-on-the-Status-and-Transfer-of-Players-May-2023-edition.pdf>. Acesso em: 10 jul. 2023.

(21) FIFA. Commentary on the Regulations on the Status and Transfer of Players, 2021. Zurique, 2021. Disponível em: <https://digitalhub.fifa.com/m/346c4da8d810fbea/original/Commentary-on-the-FIFA-Regulations-on-the-Status-and-Transfer-of-Players-Edition-2021.pdf>. Acesso em: 10 jul. 2023.

(22) FIFA. Global Transfer Report, 2022. Zurique, 2023. Disponível em: <https://digitalhub.fifa.com/m/c6d842538959177/original/FIFA-Football-Tribunal-Report-2021-22.pdf>. Acesso em: 10 jul. 2023.

3.4. A exceção da mudança por razões humanitárias

A quarta exceção, recente, prevista no art. 19.2 "d" do RSTP, foi incluída no RSTP em sua reforma de 2020.(23)

Acompanhando a realidade da progressiva expansão do número de pessoas em condição de refúgio, pessoas protegidas, vulneráveis e requerentes de asilo, a regulamentação privada do futebol passou a contemplar a exceção para os atletas menores que se mudam desacompanhados de seus pais por razões humanitárias.(24)

O debate sobre a condição dos refugiados é latente na atualidade. Desde o marco temporal da Segunda Guerra Mundial, o número de pessoas forçadas a se deslocar nunca havia atingido patamares tão grandes como os de hoje.

Atualmente, estima-se que existam cerca de 70 milhões de pessoas deslocadas à força, sendo que ao menos 25 milhões são refugiadas, mais de 40 milhões estão deslocadas internamente em seu país, além de aproximadamente 3 milhões serem solicitantes de asilo. O número de refugiados cresceu mais de 50% nos últimos 10 anos, sendo que mais da metade são crianças.(25)

Pode-se afirmar que o marco inicial do aumento exponencial do número de refugiados na atualidade se deu nas grandes manifestações, que progrediram na forma de revoltas, contra o regime ditatorial da Tunísia, em 2010. O evento foi replicado em outros países da Península Arábica, com destaque para a Síria, iniciando uma guerra civil que ainda não acabou.

No entanto, apesar de o conflito na Síria contribuir decisivamente para o aumento considerável do número de deslocamentos no mundo, o conflito armado no Afeganistão, além das guerras e perseguições políticas e religiosas no continente africano também são fatores decisivos para a dilatação.(26) Mais recentemente, os conflitos armados na Ucrânia também contribuíram sensivelmente para a expansão dessa realidade.

Não restam dúvidas de que o futebol, sendo o esporte mais praticado e consumido no mundo, pode desempenhar relevante papel na integração social do imigrante, especialmente dos que chegaram desacompanhados e por razões humanitárias.

---

(23) FIFA. Regulations on the Status and Transfer of Players, 2023. Zurique, maio 2023. Disponível em: <https://digitalhub.fifa.com/m/d31f8046f6c6311/original/Regulations-on-the-Status-and-Transfer-of-Players-May-2023-edition.pdf>. Acesso em: 10 jul. 2023.

(24) FIFA. Commentary on the Regulations on the Status and Transfer of Players, 2021. Zurique, 2021. Disponível em: <https://digitalhub.fifa.com/m/346c4da8d810fbea/original/Commentary-on-the-FIFA-Regulations-on-the-Status-and-Transfer-of-Players-Edition-2021.pdf>. Acesso em: 10 jul. 2023.

(25) ACNUR. "5 dados sobre refugiados que você precisa conhecer". Brasília, 9 abr. 2019. Disponível em: <https://www.acnur.org/portugues/2019/04/09/5-dados-sobre-refugiados-que-voce-precisa-conhecer/>. Acesso em: 10 jul. 2023.

(26) *Idem*.

Nessa situação específica, caso o menor tenha sido formalmente reconhecido como refugiado ou pessoa protegida pela respectiva autoridade competente, poderá se registrar em qualquer clube que desejar. Por outro lado, caso tenha sido formalmente reconhecido pela autoridade competente como solicitante de asilo ou vulnerável, poderá ser registrado por um clube puramente amador enquanto não completar os dezoito anos.(27)

Importante frisar que a exceção se aplica unicamente aos menores desacompanhados dos pais, uma vez que, por sua natureza, se acompanhados estivessem, o caso estaria abarcado pelo previsto no art. 19 "a", da mudança com os pais por razões não ligadas ao futebol.

No decorrer da temporada 2021-2022 a PSC proferiu 860 decisões enquadradas nessa exceção específica.(28)

3.5. A exceção do período de intercâmbio acadêmico

A quinta exceção, também incluída na reforma de 2020, está presente no art. 19.2 "e" do RSTP. Assim como a anterior, a presente também é aplicável à mudança de país de menor desacompanhado, mas em circunstâncias absolutamente distintas.(29)

É prática consolidada a mudança temporária de jovens ao exterior, para um período de intercâmbio escolar. Nesse sentido, a presente exceção foi incluída para não impedir que tais atletas sigam ou iniciem a prática da modalidade no local onde passaram a residir.

Para ser concedida a exceção, o clube no qual o atleta pretende ser registrado deve ser puramente amador, sem nenhuma vinculação legal, econômica ou *de facto* com um clube profissional, além da limitação da duração máxima de um ano ao registro, excetuados os casos em que o atleta completar dezoito anos antes do fim de referido prazo.(30)

Ainda, cabe ao interessado demonstrar inequivocadamente que a mudança foi motivada por interesses de ensino, sem qualquer relação com a prática do futebol.

No decorrer da temporada 2021-2022 a PSC proferiu 395 decisões enquadradas nessa exceção específica.(31)

---

(27) FIFA. Commentary on the Regulations on the Status and Transfer of Players, 2021. Zurique, 2021. Disponível em: <https://digitalhub.fifa.com/m/346c4da8d810fbea/original/Commentary-on-the-FIFA-Regulations-on-the-Status-and-Transfer-of-Players-Edition-2021.pdf>. Acesso em: 10 jul. 2023.

(28) FIFA. Global Transfer Report, 2022. Zurique, 2023. Disponível em: <https://digitalhub.fifa.com/m/c6d842538959177/original/FIFA-Football-Tribunal-Report-2021-22.pdf>. Acesso em: 10 jul. 2023.

(29) FIFA. Regulations on the Status and Transfer of Players, 2023. Zurique, maio 2023. Disponível em: <https://digitalhub.fifa.com/m/d31f8046f6c6311/original/Regulations-on-the-Status-and-Transfer-of-Players-May-2023-edition.pdf>. Acesso em: 10 jul. 2023.

(30) FIFA. Commentary on the Regulations on the Status and Transfer of Players, 2021. Zurique, 2021. Disponível em: <https://digitalhub.fifa.com/m/346c4da8d810fbea/original/Commentary-on-the-FIFA-Regulations-on-the-Status-and-Transfer-of-Players-Edition-2021.pdf>. Acesso em: 10 jul. 2023.

(31) FIFA. Global Transfer Report, 2022. Zurique, 2023. Disponível em: <https://digitalhub.fifa.com/m/c6d842538959177/original/FIFA-Football-Tribunal-Report-2021-22.pdf>. Acesso em: 10 jul. 2023.

3.6. A exceção da regra dos cinco anos

Para além das cinco mencionadas, previstas no art. 19.2 do RSTP, existe mais uma circunstância em que pode ser concedida a exceção para o registro do atleta menor em associação nacional que não aquela que representa do país de sua nacionalidade.

Conhecida popularmente como "regra dos cinco anos", foi incorporada ao RSTP em sua reforma de 2016, por meio da redação do art. 19.3 do regulamento.(32)

Em síntese, a exceção para a autorização do primeiro registro do atleta menor por uma associação nacional distinta de sua respectiva poderá ser outorgada, caso tenha ele comprovadamente residido no país por ao menos cinco anos, de maneira contínua, independentemente da companhia dos pais ou responsável legal e da motivação para a mudança de domicílio.

Ao se considerar que os casos apreciados pela FIFA são aqueles envolvendo a transferência internacional ou o primeiro registro de estrangeiro de atletas com dez anos completos até que se complete os dezoito anos, o marco temporal de cinco anos comprovadamente residindo de maneira ininterrupta no país pode ser ponderado como suficiente para afastar a presunção de qualquer fraude ao princípio basilar estabelecido pela regulamentação.(33)

Nesse tocante, importa frisar que, nos termos do art. 3.2 do RSTP, considera-se, também, como primeiro registro aquele requerido após passados trinta meses da última atividade esportiva do atleta com o clube anterior.

No decorrer da temporada 2021-2022 a PSC proferiu 2.071 decisões enquadradas nessa exceção específica.(34)

Considerações finais

A sociedade é um organismo vivo em constante metamorfose, absolutamente integrada e em contínua expansão. O futebol, parte integrante e particularmente presente, a acompanha, na forma de atividade globalizada, com estrutura complexa e independente. Com os efeitos da globalização no futebol, a progressiva formação de um mercado global de transferência foi natural. Esse é o mercado próprio do futebol.

---

(32) FIFA. Regulations on the Status and Transfer of Players, 2023. Zurique, maio 2023. Disponível em: <https://digitalhub.fifa.com/m/d31f8046f6c6311/original/Regulations-on-the-Status-and-Transfer-of-Players-May-2023-edition.pdf>. Acesso em: 10 jul. 2023.

(33) FIFA. Commentary on the Regulations on the Status and Transfer of Players, 2021. Zurique, 2021. Disponível em: <https://digitalhub.fifa.com/m/346c4da8d810fbea/original/Commentary-on-the-FIFA-Regulations-on-the-Status-and-Transfer-of-Players-Edition-2021.pdf>. Acesso em: 10 jul. 2023.

(34) FIFA. Global Transfer Report, 2022. Zurique, 2023. Disponível em: <https://digitalhub.fifa.com/m/c6d842538959177/original/FIFA-Football-Tribunal-Report-2021-22.pdf>. Acesso em: 10 jul. 2023.

A modalidade atingiu tamanha complexidade e dimensão que se tornou impraticável sua regulação somente no âmbito público estatal. É, inegavelmente, uma atividade presente em todo o mundo globalizado.

As normas privadas formuladas por meio do sistema associativo cumprem verdadeira função legislativa, representando uma robusta regulamentação especializada e formulada pelas entidades de administração do desporto. Essa é a legislação própria do futebol.

Nesse sentido, a regulação do mercado global de transferências de atletas no âmbito internacional ocorre sob a égide da FIFA, responsável pela formulação da legislação transnacional privada do futebol, que, com o apoio do TMS, é capaz de supervisionar as operações de transferências internacionais de atletas de futebol.

Por sua vez, é natural que especial atenção seja despendida em relação aos atletas menores. Por sua particular condição, encontram-se em situação agravada de vulnerabilidade.

Valendo-se, então, de suas atribuições como entidade máxima do futebol, performa a FIFA a vital tarefa de proteção ao jovem atleta, sem, no entanto, impedir o acesso à prática esportiva, ao analisar individualmente cada uma das aplicações de exceção realizadas no futebol globalizado.

Não há dúvidas que o futebol de amanhã depende da formação de hoje, na medida em que o atleta profissional do futuro invariavelmente foi, é, ou será a criança do presente. É natural, portanto, que o futebol retribua, zelando, dentro de sua jurisdição, pela proteção dos atletas menores.

Referências

ACNUR. "5 dados sobre refugiados que você precisa conhecer". Brasília, 9 abr. 2019. Disponível em: <https://www.acnur.org/portugues/2019/04/09/5-dados-sobre-refugiados-que-voce-precisa-conhecer>/. Acesso em: 10 jul. 2023.

BRASIL. *Lei n. 14.597, de 14 de junho de 2023*. Institui a Lei Geral do Esporte. Diário Oficial, Brasília, DF, 14 jun. 2013. Disponível em: <https://www.planalto.gov.br/ccivil_03/_Ato2023-2026/2023/Lei/L14597.htm>. Acesso em: 10 jul. 2023.

BUDÓ, Marília Denardin; BUDÓ, José S. Dorneles. "O mundo do trabalho na globalização: entre flexibilidade e flexibilização". *Direito e Democracia*, Canoas, Aelbra, v. IX, n. 1, 2008, p. 170.

CAS 2020/A/7116 Jerome Ow v. FIFA. Lausanne, 2021. Disponível em: <https://digitalhub.fifa.com/m/3dec4642d09225b0/original/d7woc3xj7w8zhvlqdvbb-pdf.pdf>. Acesso em: 10 jul. 2023.

COUTINHO FILHO, José Eduardo. *Futebol globalizado:* Paixão de bilhões, mercado de trilhões. Belo Horizonte: D'Plácido, 2021.

FIFA. Commentary on the Regulations on the Status and Transfer of Players, 2021. Zurique, 2021. Disponível em: <https://digitalhub.fifa.com/m/346c4da8d810fbea/original/Commentary-on-the-FIFA-Regulations-on-the-Status-and-Transfer-of-Players-Edition-2021.pdf>. Acesso em: 10 jul. 2023.

______. Global Transfer Report, 2022. Zurique, 2023. Disponível em: <https://digitalhub.fifa.com/m/c6d842538959177/original/FIFA-Football-Tribunal-Report-2021-22.pdf>. Acesso em: 10 jul. 2023.

______. Regulations on the Status and Transfer of Players, 2023. Zurique, maio 2023. Disponível em: <https://digitalhub.fifa.com/m/d31f8046f6c6311/original/Regulations-on-the-Status-and-Transfer-of-Players-May-2023-edition.pdf>. Acesso em: 10 jul. 2023

Cláusulas Limitativas da Liberdade de Trabalho do Praticante Desportivo Profissional

Lúcio Miguel Correia

O desporto é um fenómeno milenário cuja importância social e económica atual constitui um facto incontestável e incontornável, manifestando-se, hoje em dia, nas mais diversas facetas.[(1)]

Como se sabe, o desporto tem com provável berço a Grécia antiga, onde, já nessa altura, se organizavam os Jogos Olímpicos.[(2)] É incontornável que a definição e entendimento sobre o que é o desporto variou ao longo dos tempos, tendo em conta a sua importância do ponto de vista social, político, económico e cultural, não tendo, atualmente, em pleno século XXI, o mesmo contexto e aceção dos primórdios dos tempos.[(3)] Contudo, já em Roma antiga, existiam atletas profissionais e livres, que realizavam a sua atividade para demonstrar o seu valor, sendo certo que a sua participação numa determinada competição permitia-lhe, caso fosse o vencedor, auferir prémios e privilégios que iam desde a isenção de prestações pessoais, como o serviço militar, à isenção de cargas fiscais.[(4)]

---

(1) Segundo MALRAUX, "o século XX não se explica apenas com o Desporto, mas é muito pouco sem ele", "O século XX e o desporto", *Desporto*, n. 3, 2000, p. 48-50.

(2) Sobre as origens do desporto, veja-se LACERDA e MELO, F. "Legislação e doutrina". *Antologia Desportiva*, n. 11. Lisboa: Direcção Geral dos Desportos, 1978. p. 9 e segs.; PEREIRA BASTOS, J. "Desporto profissional". *Desporto e Sociedade*. Antologia de textos. Lisboa: Direcção Geral dos Desportos, 1986. p. 43 e segs.; ALBOR SALCEDO, M. *Deporte y Derecho*. Cidade do México: Trillas, 1989. p. 25 e segs; REAL FERRER, Gabriel. *Derecho Público del Deporte*. Madri: Ed. Civitas, 1991. p. 41 y ss.; e CARDENAL CARRO, Miguel. *Deporte y Derecho:* las relaciones laborales en el deporte profesional. Murcia: Universidad de Murcia, 1996. p. 39 e ss.

(3) Sobre o percurso histórico do fenómeno desportivo desde as suas origens até aos nossos dias, veja-se RICHARD MANDEL. *Sport:* A Cultural History. Nova Iorque: Columbia University Press, 1999; e LEVINSON & CHRISTENSEN (Orgs.). *Encyclopedia of World Sport:* From Ancient Times to the Present. 3 vols. Santa Barbara – Denver – Oxford: ABC – CLIO, 1996.

(4) ROBLES REYES, Juan Ramón. "Resurgimiento de la *'locatio conductio operum'* en los contratos de los jugadores de fútbol profesional". *RJD*. Madri: Editorial Aranzadi, 2001. p. 47 e segs.

Em Portugal a afirmação do desporto profissional consistiu num processo recheado de alguma contestação e polémica, pelo que, a aceitação de que o praticante desportivo podia ser um trabalhador, e que a sua relação profissional com o empregador (clube, sociedade desportiva) podia ser alvo de um contrato de trabalho, constituiu um processo moroso e até oculto, sendo certo que, à medida que o desporto foi adquirindo contornos de autêntica atividade económica de considerável relevo, a relação mantida entre o praticante desportivo e o empregador desportivo foi caminhando, progressivamente, para uma autêntica relação laboral.[(5)]

Apenas com a publicação da Lei de Bases do Sistema Desportivo (LBSD), consignada na Lei n. 1/90, de 13 de janeiro, há muito revogada pela atual Lei de Bases da Atividade Física e do Desporto (LBAFD), aprovada pela Lei n. 5/2007, de 16 de janeiro, prescrevia no seu art. 14, n. 4, que o regime jurídico contratual dos praticantes desportivos profissionais seria definido por diploma próprio. Desse modo, foi a LBSD de 1990 que alterou a anterior definição de praticante desportivo profissional, estabelecida na Lei n. 2.104, de 30 de maio de 1960 que ora caracterizava o praticante desportivo enquanto profissional, pela necessidade de exercício da atividade desportiva *como profissão exclusiva ou principal*, ao invés do diploma anterior, que assentava a caracterização de praticante desportivo profissional somente pelo facto deste auferir uma determinada retribuição, como contrapartida pela prática do desporto.

Com efeito, em Portugal com a publicação da Lei n. 54/2017, de 14 de julho, estabeleceu-se um novo regime jurídico do contrato de trabalho do praticante desportivo, do contrato de formação desportiva e do contrato de representação ou intermediação sem que o diploma, incompreensivelmente, não defina o que é um praticante desportivo profissional. Assim, diante da inexistência de uma definição legal, são quatro os requisitos para que, em Portugal, se possa definir um praticante desportivo profissional:

a) a titularidade de um contrato de trabalho desportivo — *requisito formal* — elaborado obrigatoriamente sob a forma escrita, devendo este ser assinado por ambas as partes, e obedecendo às demais exigências formais previstas na lei (designadamente, o disposto no art. 6º n. 3 do RJCTD);

b) possuir a formação técnico-profissional necessária para o exercício de uma modalidade desportiva — *requisito formativo* — que deve ser avaliado pela entidade empregadora desportiva, designadamente, pelo respetivo treinador ou equipa técnica relativamente á capacidade do praticante para o exercício das funções que será contratado;

(5) Como refere JOÃO LEAL AMADO, "É certo que este foi um processo lento, recheado de resistências e de dificuldades (durante muito tempo entendeu-se que desportista era sinónimo de amador e este, por sua vez, de *gentleman*), mas o avanço do profissionalismo desportivo mostrou-se imparável e irreversível." *In*: "O contrato de trabalho do praticante desportivo (Sumário)". *Estudos do Instituto de Direito do Trabalho da Faculdade de Direito da Universidade de Coimbra*. vol. I. Coimbra: Almedina, 2001. p. 471.

c) exercer a modalidade desportiva como profissão exclusiva ou principal — *requisito finalístico* — tendo em conta a finalidade do exercício da atividade desportiva como profissão única ou cumulada com outra, mas em que, a prática do desporto constitui a sua atividade predominante ou exclusiva;

d) e auferir como resultado da prática da atividade desportiva uma retribuição — *requisito retributivo* — que compreende as prestações patrimoniais que, nos termos das regras aplicáveis ao contrato de trabalho, a entidade empregadora realize a favor do praticante desportivo profissional pelo exercício da sua atividade desportiva ou com fundamento nos resultados nela obtidos.

Assim, diante dos requisitos normativos anteriormente indicados, o elemento formal, formativo e retributivo sobrepõem-se à necessidade de verificação do elemento finalístico, pois aquilo que verdadeiramente importa para a qualificação de desportista profissional em Portugal é o exercício da prática da atividade desportiva remunerada ao abrigo de um contrato de trabalho desportivo, independentemente de ser uma atividade exercida pelo praticante desportivo a título exclusivo ou não. Note-se que, no Brasil, a definição de praticante desportivo profissional encontra-se dispersa entre o disposto no art. 28 da Lei Pelé, consagrada na Lei n. 9.615, de 24 de março de 1998[(6)] e o art. 72 da recente Lei Geral do Esporte, consagrada na Lei n. 14.597 de 14/6/2023,[(7)] que não revogou o diploma anterior.

Dessa forma, a definição de praticante desportivo profissional não é totalmente coincidente nos mencionados diplomas coexistentes, impondo-se uma reflexão sobre os requisitos que efetivamente caracterizam essa específica relação laboral e que são algo distinto, sendo certo que, ambos os diplomas reivindicam para si a regulação específica do trabalho desportivo profissional. (Cfr. art. 28 § 4º da Lei Pelé e o art. 72 da Lei Geral do Esporte, consagrada na Lei n. 14.597 de 14.6.2023).

---

(6) O art. 28 da Lei Pelé, consagrada na Lei n. 9.615, de 24 de março de 1998, dispõe: A atividade do atleta profissional é caracterizada por remuneração pactuada em contrato especial de trabalho desportivo, firmado com entidade de prática desportiva, no qual deverá constar, obrigatoriamente: *(Redação dada pela Lei n. 12.395, de 2011)*

I – cláusula indenizatória desportiva, devida exclusivamente à entidade de prática desportiva à qual está vinculado o atleta, nas seguintes hipóteses: *(Incluído pela Lei n. 12.395, de 2011)*

a) transferência do atleta para outra entidade, nacional ou estrangeira, durante a vigência do contrato especial de trabalho desportivo; ou *(Incluído pela Lei n. 12.395, de 2011)*

b) por ocasião do retorno do atleta às atividades profissionais em outra entidade de prática desportiva, no prazo de até 30 (trinta) meses.

(7) Dispõe o art. 72 da Lei n. 14.597, de 14.6.2023, que: A profissão de atleta é reconhecida e regulada por esta Lei, sem prejuízo das disposições não colidentes contidas na legislação vigente, no respectivo contrato de trabalho ou em acordos ou convenções coletivas.

Parágrafo único. Considera-se atleta profissional o praticante de esporte de alto nível que se dedica à atividade esportiva de forma remunerada e permanente e que tem nessa atividade sua principal fonte de renda por meio do trabalho, independentemente da forma como recebe sua remuneração.

Contudo, não poderíamos registar negativamente o disposto no art. 71 da Lei Geral do Esporte, consagrada na Lei n. 14.597, de 14.6.2023, que dispõe: "O trabalhador da área do esporte desempenha atividades laborais permeadas por peculiaridades e especificidades, estabelecendo relações com as organizações esportivas, independentemente de sua natureza jurídica, por meio das formas previstas na legislação civil ou trabalhista". A especificidade da relação laboral desportiva exige que a forma de nascimento do vínculo e posterior execução (relativamente à relação profissional do jogador, treinador, dirigente ou outro qualquer agente desportivo) provenha de norma específica própria e não de alguma das formas previstas na legislação civil geral, cujo regime, no geral, não se coaduna com a realidade laboral desportiva que assenta em pressupostos completamente distintos. Salvo melhor opinião, essa norma será suscetível de originar confusão quanto ao regime jurídico aplicável, relativamente a várias e importantes matérias decorrentes da execução da relação laboral desportiva, em vez de as resolver ou esclarecer, sendo certo que, os instrumentos e regimes jurídicos previstos na lei civil, obviamente que poderão ser aplicados na relação laboral desportiva, mas terão sempre de se adequar à específica realidade que visa regular e por essa razão, exige do jurista um especial cuidado.

Não existe um *numerus clausus* de atividades laborais, sujeitas a regulamentação ou exclusão normativa, por parte de qualquer Estado de Direito, pelo que, a relação laboral desportiva moderna acarreta, inevitavelmente, a adoção de determinados regimes jurídicos específicos.[8]

Dessa forma, por força do regime jurídico do contrato de trabalho do praticante desportivo, e especialmente da mobilidade dos futebolistas profissionais, verifica-se que a peculiar lógica empresarial do desporto profissional requer um tratamento específico para a relação de trabalho desportivo, justificando a existência de disposições normativas que, emprestando ao contrato de trabalho desportivo um regime próprio e distinto do comum, visam à promoção da competição desportiva como espetáculo de massas, gerador de consideráveis proveitos económicos.

Ora, o princípio da liberdade de trabalho assume em Portugal[9] e no Brasil[10]

---

(8) ALAIN SUPIOT, no início deste século, chegou a referir: "o Direito do Trabalho tende a crescer ainda mais, transformando-se no direito comum de todas as relações de trabalho — assalariado ou não — este processo de especialização de regimes, dando resposta à grande variedade e diversidade de relações de trabalho, não deixará de acentuar-se". In: *Les nouveaux visages de la subordination*. DS, n. 2, 2000, p. 131 e ss.

(9) O art. 47, n. 1 da Constituição da República Portuguesa dispõe: "Todos têm o direito de escolher livremente a profissão ou o género de trabalho, salvas as restrições legais impostas pelo interesse coletivo ou inerentes à sua própria capacidade".

(10) O art. 5º da Constituição da República Federativa do Brasil refere que: "Todos são iguais perante a lei, sem distinção de qualquer natureza, garantindo-se aos brasileiros e aos estrangeiros residentes no País a inviolabilidade do direito à vida, à liberdade, à igualdade, à segurança e à propriedade, nos termos seguintes", dispondo o inciso XIII que: "é livre o exercício de qualquer trabalho, ofício ou profissão, atendidas as qualificações profissionais que a lei estabelecer".

dignidade constitucional.(11) Ao invés do regime geral de trabalho, em que o trabalhador pode rescindir o contrato por sua iniciativa, licitamente, com ou sem justa causa no domínio do contrato de trabalho do praticante desportivo, a licitude da rescisão depende somente da verificação da existência de justa causa,(12) não podendo o trabalhador/praticante desportivo profissional desvincular-se antes do decurso do prazo acordado, mediante aviso prévio ao empregador desportivo. Nessa medida, a liberdade de trabalho do praticante desportivo é particular ou singular, devido à liberdade de trabalho do trabalhador comum que, a qualquer momento pode demitir-se *ante tempus* da verificação do termo do contrato.(13)

Dessa forma, o regime jurídico do contrato de trabalho do praticante desportivo (RJCTD português consagrada na Lei n. 54/2017, de 14 de julho e/ou Lei Pelé consagrada na Lei n. 9.615, de 24 de março de 1998, e também a Lei n. 14.597, de 14.6.2023), visa acima de tudo conciliar a tutela dos direitos fundamentais do trabalhador/praticante desportivo, com o direito de participação numa competição que tem algumas particularidades de mercado, resultantes da indústria capitalista do desporto, que não se ajusta aos rígidos princípios do mundo laboral em geral.

Assim, as especificidades do desporto profissional e da sua peculiar lógica empresarial atual, bem como do equilíbrio competitivo dos clubes/sociedades desportivas participantes numa competição profissional, podem justificar o condicionamento da concorrência entre eles, e por consequência, originar a existência de algumas restrições à liberdade de trabalho do praticante desportivo.(14)

É nesse contexto que os diversos mecanismos de conservação do vínculo contratual criado ao abrigo da autonomia da vontade das partes, e do princípio da livre fixação do conteúdo dos contratos, aparecem orientados ao incremento da mobilidade dos praticantes e da sua valoração financeira, como meio de sustentabilidade dos empregadores desportivos que, não raramente, trespassam os elementares direitos e liberdades

---

(11) Sobre esta questão na doutrina portuguesa, veja-se JORGE MIRANDA, "Liberdade de trabalho e profissão". *Revista de Direito e Estudos Sociais*, n. 2, 1988, Lisboa: Editorial Verbo, p. 145 e ss. e *Manual de Direito Constitucional, Direitos Fundamentais,* tomo IV. Lisboa: Coimbra Editora, 1988, e ainda VITAL MOREIRA e GOMES CANOTILHO. *Constituição da República Portuguesa, Anotada*. 3. ed. Coimbra: Coimbra Editora, 1993.

(12) Segundo o art. 26, al. *"d"* do RJCTD, o contrato de trabalho desportivo pode cessar por "Rescisão com justa causa por iniciativa do praticante desportivo".

(13) Sobre a liberdade de rescisão do contrato de trabalho pelo trabalhador, como reconhecimento da dimensão pessoal da sua prestação, *vide*, por todos, JÚLIO GOMES, "Da rescisão do contrato de trabalho por iniciativa do trabalhador". In: *V Congresso Nacional de Direito do Trabalho*, coordenado pelo Prof. Dr. ANTÓNIO JOSÉ MOREIRA. Coimbra: Almedina, 2003. p. 129 e ss.

(14) Trata-se, portanto, como observa CARDENAL CARRO, de "... encontrar um ponto de contacto óptimo entre realização de interesses desportivos e salvaguarda das expectativas do trabalhador". *Deporte y Derecho:* las relaciones laborales en el deporte profesional. Murcia: Universidade de Murcia, 1996, p. 342; e, na mesma linha, LESLIE LAVA. "The Battle of Superstars: Players Restraints in Professional Team Sports". *University of Florida Law Review*, vol. 32, n. 3, 1980, p. 700.

fundamentais dos praticantes desportivos. Assim, na Europa, por força da referida decisão do Caso Bosman, as denominadas cláusulas de rescisão (para nós liberatórias), os pactos de opção e os pactos de preferência, as denominadas cláusulas antirrivais, entre outras cláusulas contratuais, proliferaram e adquiriram um papel privilegiado, mas sobretudo corrente nos contratos de trabalho desportivo europeus e não só, concitando-se uma avaliação cautelosa dos quadros circunstanciais em que foram estabelecidos.

1. Os Pactos de opção — Conceito e modalidades no contrato de trabalho do praticante desportivo profissional

Embora a lei civil portuguesa não preveja expressamente pacto de opção, não pode deixar de considerar-se como admissível, mercê do princípio da liberdade contratual, expresso no art. 405 do Código Civil, constituindo, por isso, um contrato atípico.(15)

No âmbito do contrato de trabalho do praticante desportivo, o pacto de opção pode apresentar-se essencialmente, nas seguintes formas:

— *Pacto de opção a favor da entidade empregadora desportiva.*

Para facilitar a compreensão do que significa o estabelecimento de um pacto de opção a favor da entidade empregadora desportiva, configuremos o seguinte exemplo:

> "O praticante desportivo A celebra um contrato de trabalho desportivo com a entidade empregadora desportiva B, pelo prazo de 2 épocas desportivas, com opção a favor deste último por mais 1 época desportiva."

Assim, no final da 2ª época desportiva, a entidade empregadora desportiva poderá ou não exercer o seu direito potestativo,(16)(17) encontrando-se o atleta dependente do exercício ou não do referido direito. Ou seja, o praticante desportivo fica colocado numa autêntica situação de sujeição jurídica, perante as conveniências da entidade empregadora,

(15) Na definição de Mário Júlio de Almeida Costa, pacto de opção "consiste no acordo em que uma das partes se vincula à respectiva declaração de vontade negocial, correspondente ao negócio visado, e a outra tem a faculdade de aceitá-la ou não, considerando-se essa declaração da primeira uma proposta irrevogável". COSTA, Mário Júlio de Almeida. *Direito das Obrigações*. 12. ed. rev. e aum. Coimbra: Almedina, 2016. p. 354.

(16) Segundo Baptista Machado, "Propendemos a classificar o direito emergente desta cláusula como um direito potestativo modificativo, muito embora, quanto à sua substância prática, ela não se distinga de um direito potestativo constitutivo: o direito de prorrogação unilateral da relação contratual que atinge o seu termo equivale, em termos prático-económicos, ao direito de celebração de um contrato com determinado conteúdo". MACHADO, Baptista. "Anotação ao Acórdão do STJ de 16 de Fevereiro de 1984". *Revista Legislação e Jurisprudência*, ano 117, n. 3.724, p. 202 (nota 1).

(17) Sobre direitos potestativos, veja-se CORDEIRO, António Menezes. *Tratado de Direito Civil Português*. vol. I, tomo I, 3. ed. Coimbra: Almedina, 2005. p. 335 e ss.

em pretender continuar ou não a usufruir dos seus serviços desportivos, tendo normalmente o atleta, caso a entidade empregadora desportiva não pretenda exercer formalmente o aludido direito de opção, de um período temporal (mais ou menos curto) para poder estabelecer um rumo diferente na sua carreira desportiva e procurar novo clube.

Também poderá suceder uma segunda situação nos seguintes moldes: a meio de determinada época, um praticante desportivo e determinado clube celebrem contrato de trabalho desportivo, apenas até ao fim dessa época desportiva, com direito de opção a favor do segundo, por mais duas épocas por exemplo. Nessa segunda situação, o período de avaliação do referido praticante é acentuadamente mais curto, tendo por base, normalmente, situações de carácter excecional ou de pouca estabilidade desportiva, ou até financeira, na vida da entidade empregadora desportiva, que justifique a adoção de cautelas na contratação efetiva daquele praticante desportivo.

Contudo, ainda podemos formular uma terceira situação de um direito de opção a favor da entidade empregadora desportiva. Trata-se da situação em que a entidade empregadora celebra um contrato de trabalho desportivo com o praticante desportivo pelo máximo período de duração legal do contrato, com opção a favor do primeiro, por mais duas épocas por exemplo.

Nesta última situação, podemos estar perante um contrato de trabalho desportivo, que normalmente é celebrado com jovens talentosos, cobiçados por vários clubes e que se impõe (atendendo ao nível desportivo apresentado e ao esperado) a outorga de um vínculo que perpassa grande parte da vida desportiva do praticante, ficando este com a suscetibilidade de ficar vinculado por um período superior ao limite máximo de duração legal do contrato. Trata-se de uma situação em que o praticante desportivo goza, é certo, de uma certa estabilidade contratual, mas por outro lado, está completamente manietado na liberdade de poder escolher outra entidade empregadora desportiva, caso a sua situação profissional não seja aquela que justificou a celebração de um vínculo laboral tão longo.

Estamos perante uma situação que pode ser uma autêntica "faca de dois gumes"; efetivamente, pode acontecer que quer o clube, quer o jogador, tenham acertado na contratação e, reciprocamente, tirem benefícios desportivos e económicos da longa duração contratual. Porém, também poderá suceder que o praticante desportivo, numa fase posterior, não queira cumprir com o prazo demasiado longo do contrato, atendendo a novas realidades desportivas e financeiras mais aliciantes promovidas por outras entidades empregadoras desportivas, que sucessivamente lhe deparam.

— Pacto de opção a favor do praticante desportivo profissional.

Desta feita, o pacto de opção funciona em termos semelhantes ao referido anteriormente, mas desta vez, a favor do praticante desportivo; assim, aproveitando o exemplo anterior do pacto de opção a favor da entidade empregadora desportiva, configuremos o seguinte a favor do atleta: "O praticante desportivo A celebra um contrato de trabalho desportivo com a entidade empregadora desportiva B, pelo prazo de 2 épocas desportivas, com opção a favor do primeiro por mais 1 época desportiva".

Assim, no final da segunda época desportiva, será o atleta que poderá ou não exercer o seu direito potestativo, encontrando-se a entidade empregadora desportiva dependente do exercício ou não do referido direito, independentemente da sua vontade ou conveniências de gestão de plantel. Na verdade, não é muito normal que o clube deixe nas mãos do praticante uma tão importante decisão, que para além de trazer implicações na gestão desportiva e equilíbrio do plantel, bem como na preparação da época que se avizinha, acarretará seguramente custos económicos, que até poderão ser não desejados para a entidade empregadora desportiva.

Dessa forma, os casos em que esses direitos de opção a favor do praticante desportivo podem eventualmente suceder, são casos que, devido à sua excecionalidade, têm de ser considerados como de carácter extraordinário, pois poucas são as situações em que o clube cede a discricionariedade da gestão desportiva profissional da sua equipa aos interesses objetivos ou subjetivos do praticante desportivo profissional.

Registe-se que o principal problema que se coloca nessa situação (à semelhança das que identificámos no ponto anterior), prende-se com o equilíbrio entre dois pilares fundamentais da relação jurídica laboral desportiva, ou seja, da verificação de um justo equilíbrio entre a estabilidade contratual do termo resolutivo aposto no contrato de trabalho do praticante desportivo, que tem um carácter estabilizador, e o da liberdade de poder escolher outra entidade empregadora desportiva no final da duração desse contrato.

— *Pacto de opção mútuo ou recíproco.*

Estamos a falar de um pacto de opção mútuo ou recíproco, em que qualquer das partes, praticante desportivo ou entidade empregadora desportiva, poderá renovar o vínculo contratual no final do termo acordado.

Configurando um exemplo desta modalidade de pacto de opção: "O praticante desportivo A celebra um contrato de trabalho desportivo com a entidade empregadora desportiva B, pelo prazo de 2 épocas desportivas, com opção a favor de qualquer um dos sujeitos para prorrogar o contrato por mais 1 época desportiva".

Nessa situação, verificamos que ambas as partes são simultaneamente titulares de um direito potestativo, e encontram-se ao mesmo tempo num estado de sujeição; ou seja, na presente hipótese (ao contrário das outras anteriormente referidas) nenhuma das partes goza de uma significativa vantagem contratual, quanto à possibilidade de prorrogação ou não da relação jurídica laboral desportiva.

Dessa forma, se nos casos anteriores discute-se até que ponto o estado de sujeição de um dos contraentes na relação laboral desportiva (sobretudo no caso do praticante desportivo), perante o exercício ou não do direito de opção que o outro contraente (normalmente a entidade empregadora desportiva) é titular, fragiliza inelutavelmente, a liberdade contratual do praticante desportivo.

No pacto de opção recíproco (em termos práticos), o cerne causador de um potencial litígio resulta do facto de estarmos perante uma situação em que os contraentes se encontram numa igualdade contratual, resultante do exercício da sua liberdade contratual e, numa fase posterior, não estão de acordo quanto ao exercício do direito de opção. Por consequência, poderemos estar numa situação semelhante às anteriores, ou seja, o pacto de opção bilateral ou recíproco poderá transformar-se ou num pacto de opção a favor da entidade empregadora desportiva ou a favor do praticante desportivo no momento do exercício do direito potestativo. Contudo, parece-nos que dificilmente alguma vez veremos essa modalidade do pacto de opção num contrato de trabalho do praticante desportivo, pelo que, essa modalidade poderá apenas consistir num exemplo meramente acadêmico.

— *Pacto de opção singular (com ou sem recompra) durante a execução de um contrato de cedência.*

No âmbito do contrato de trabalho do praticante desportivo, podemos configurar dois direitos de opção que têm sido frequentemente utilizados pelos clubes/sociedades desportivas, com a necessária e prévia concordância do praticante desportivo profissional, nos contratos de cedência do praticante desportivo profissional. Estamos a falar dos denominados direitos de opção singular ou específicos com e sem recompra, que têm sido utilizados com instrumento de gestão desportiva quer pelo clube cedente, quer pelo clube cessionário.

Em termos práticos, trata-se da situação em que o clube "A" cede temporariamente o jogador "B" ao clube "C", ficando este com o direito de opção a exercer durante ou no termo do contrato de cedência do praticante desportivo, mediante o pagamento de um valor final que corresponderá ao valor de transferência que, geralmente, é previamente estipulado no momento em que o contrato de cedência é celebrado e sem que o clube cedente tenha reservado para si a possibilidade de o reaver durante o período de execução do aludido contrato.

Nesde caso, como já evidenciámos, não está aqui em causa a prorrogação ou não do vínculo laboral desportivo com o clube cedente que permanece titular dos direitos desportivos do praticante desportivo profissional, sendo certo que, se o clube cessionário não exercer o aludido direito de opção, o praticante desportivo mantém o vínculo contratual com o clube cedente, pelo menos até ao termo do contrato de cedência.

Essa forma de pacto de opção, uma vez que se insere no âmbito de um contrato de cedência temporária do praticante desportivo, deve na situação acima referida ser denominada de "*direito de opção singular sem possibilidade de recompra*", pelo que, o atleta, perante o espectro de não ser utilizado pela sua entidade empregadora desportiva, poderá até preferir ser cedido a um outro clube, para poder demonstrar as suas faculdades, e posteriormente, caso a entidade empregadora não demonstre vontade de voltar a utilizar os seus serviços, e o clube cessionário manifeste vontade neles, transferir-se (caso queira) para aquele clube, podendo assim prosseguir com a sua atividade profissional, pelo que, esse negócio jurídico, em certa medida, protege os interesses do praticante desportivo e até os interesses dos clubes cedentes e cessionários em momentos contratuais distintos, pelo que pugnamos pela sua total validade.

Nessa modalidade, poderá existir uma contraprestação para o clube cedente, que normalmente consistirá numa diminuição do preço da transferência final ou, eventualmente, na dedução do valor do contrato de cedência inicial, sendo certo que o praticante desportivo profissional tem direito a auferir determinada quantia caso o contrato de cedência não tenha sido celebrado de forma gratuita.[18] Concluindo-se, mais uma vez, que o atleta não fica prejudicado pela estipulação ou exercício do direito de opção singular sem recompra.

Todavia, configuramos ainda uma segunda modalidade de pacto de opção singular, desta vez, com a possibilidade de o clube cedente readmitir novamente o praticante desportivo mediante determinadas circunstâncias factuais e, sobretudo, mediante o pagamento de um determinado montante pecuniário compensatório ao clube cessionário que, normalmente, é previamente estipulado no contrato de cedência do atleta.

Essa modalidade de pacto de opção, uma vez que, tal como a anterior, se insere no âmbito de um contrato de cedência temporária do praticante desportivo, deve na situação acima referida ser denominada de "*direito de opção singular com possibilidade de recompra dos direitos desportivos pelo clube cedente*".

Em termos práticos, trata-se da situação em que o clube "A" cede temporariamente o jogador "B" ao clube "C", ficando o primeiro com o direito de opção durante

---

(18) De acordo com o disposto no n. 6 do art. 9º do CCT dos Jogadores Profissionais de Futebol de Portugal, consagra-se o direito do atleta ser beneficiado em caso de estipulação de uma compensação no âmbito de um contrato de cedência temporária: "Sempre que da cedência resulte o pagamento de qualquer compensação ao clube ou sociedade desportiva cedente, o jogador cedido terá direito a receber, se outro acordo mais favorável não for estipulado entre as partes, 7% (sete por cento) daquela quantia". Registre-se, também, que o Convenio colectivo para la actividad de fútbol profesional de Espanha, em situação semelhante, prevê no art. 16 que: "En el supuesto de que la cesión se realizara mediante contraprestación económica, pactada entre cedente y cesionario, el Futbolista Profesional tendrá derecho a percibir, como mínimo, el quince por cien (15%) del precio pactado, que deberá ser satisfecho por el Club/SAD cesionario, en el momento de la aceptación por el Futbolista de la cesión. En el supuesto de que no se pactara cantidad alguna, el Futbolista tendrá derecho a percibir como mínimo el importe que resulte de dividir por doce la totalidad de las retribuciones percibidas del Club/SAD en la temporada inmediata anterior, multiplicado por el uno y medio por cien (1,5%)".

o contrato de cedência do praticante desportivo, mediante determinadas circunstâncias factuais (normalmente de carácter desportivo do clube cedente) e o pagamento de um valor compensatório acordado entre os clubes, para que, o clube cedente possa novamente contar com os serviços desportivos do jogador cedido, ainda antes da verificação do termo do contrato de cedência, e o clube cessionário possa procurar outra alternativa ao jogador que deixa de poder ser utilizado na sua equipa.

No fundo, trata-se da situação de um clube que cede um jogador a outro clube, mas reserva o direito de recuperá-lo e de voltar a contar com os seus serviços, de acordo com as suas necessidades mais ou menos subjetivas, mediante o pagamento de um determinado preço que costuma ser reduzido, a medida que o contrato de cedência se aproxima do seu termo. Note-se que, nessas situações, normalmente, os praticantes desportivos que são alvo de um pacto de opção singular com recompra pelo clube cedente não são jovens praticantes à procura de desenvolvimento profissional, mas sim, praticantes desportivos com qualidades e desempenhos já anteriormente demonstrados e que, por razões subjetivas, preferem continuar a sua carreira por outro clube, sem que isso implique a cessação do vínculo contratual com o clube cedente, e com a perspetiva clara de voltar a representá-lo num futuro próximo.

— *Pacto de opção singular após a realização de um contrato de transferência.*

Por fim, configuramos ainda uma última modalidade de pacto de opção singular, desta vez, ao abrigo de um contrato de transferência definitiva do praticante desportivo.

Mais uma vez, em termos práticos, trata-se da situação em que o clube "A" transfere definitivamente o jogador "B" ao clube "C", ficando o primeiro com o direito de opção sobre o jogador a título gratuito ou oneroso, após cessação do aludido vínculo contratual com o clube, para o qual o jogador se transfere.

Essa modalidade de pacto de opção, ao invés das anteriores, insere-se no âmbito de um contrato de transferência definitiva do praticante desportivo, devendo na situação acima referida ser denominada de "*direito de opção singular sem vínculo laboral desportivo*".

Configuramos essa sexta modalidade de pacto de opção, nas situações em que, normalmente, os praticantes desportivos profissionais já estão em final de carreira com qualidades e desempenhos desportivos mais do que demonstrados e que, por razões afetivas e/ou de natureza pessoal ou emocional, preferem terminar a sua carreira desportiva naquele clube em detrimento de outro, razão pela qual preferem conceder o direito de opção a um clube onde tiveram bom desempenho desportivo e onde são acarinhados pelos adeptos e massa associativa, ainda que com valores retributivos mais modestos, e procuram prosseguir com a sua vida pessoal além da atividade desportiva profissional.

Como se sabe, o desporto por vezes é paixão e irracionalidade, e nem sempre o aspeto financeiro dita as suas regras, contudo, não podemos negar que cada vez mais o referido pacto é utilizado por quase todas as modalidades desportivas onde se verifiquem atletas profissionais (mas sobretudo no futebol), pelo que, a sua utilização usual já faz parte da política de gestão desportiva de muitas (senão de todas) entidades empregadoras desportivas.

No nosso entendimento, porque o contrato de trabalho do praticante desportivo não tem um regime de renovação automática, atingindo o seu termo, o contrato cessa, tal como sucederia se não existisse qualquer cláusula contratual contemplando o referido direito de opção. Desse modo, convencionada uma relação laboral desportiva, por um período contratual determinado, a relação extingue-se por caducidade, sempre que o titular do direito de opção não manifeste vontade em sentido contrário.

Não podemos esquecer também que, em muitos casos, é usual instituírem-se montantes patrimoniais significativos para o atleta aceitar a cláusula contratual que preveja que a entidade empregadora desportiva, possa exercer esse direito num determinado período temporalmente definido, não podendo o praticante desportivo, *a posteriori*, lamentar-se de limitação à sua liberdade de trabalho, quando essa foi consentida por ele *a priori*[(19)]e quando ela acarreta um conjunto de vantagens patrimoniais não poucas vezes superiores à recuperação da sua liberdade de trabalho, pelo que o praticante desportivo até pode se beneficiar mais da compressão da sua liberdade de trabalho, do que pela sua recuperação.[(20)]

Aliás, o aludido benefício pode traduzir-se, quer no ajuste contratual de um número superior de épocas desportivas, bem como num aumento do carácter retributivo da relação laboral desportiva durante a execução do contrato ou aquando da realização de um contrato de transferência, ou ainda, na obtenção de uma determinada quantia em dinheiro, em virtude de o praticante desportivo ter acedido a comprimir a sua liberdade contratual e de trabalho.

Pelo que, há que atentar a duas questões fundamentais:

Em primeiro lugar, o pacto de opção pressupõe a completa autonomia negocial das partes, sendo certo que não podemos analisar a liberdade contratual das partes no âmbito da relação laboral desportiva, em termos semelhantes à das demais relações laborais.

Em segundo lugar, não podemos esquecer que as cláusulas contratuais convencionalmente acordadas entre as partes devem ser escrupulosamente cumpridas por elas,

(19) Note-se que João Leal Amado nem sequer admite que o praticante *a priori* e sob nenhuma circunstância, possa limitar a sua liberdade de trabalho. AMADO, João Leal. *Contrato de trabalho desportivo – Anotado...* ob.cit., p. 34.

(20) Na verdade, a compressão da sua liberdade contratual poderá significar para o atleta o auferimento de um vencimento mensal superior àquele que auferiria, caso essa liberdade não tivesse sido restringida.

atendendo ao princípio do *pacta sunt servanda*, consagrado no art. 406 n. 1 do Código Civil Português.

São três os elementos fundamentais para aferir da validade de um pacto de opção na relação laboral desportiva:

a) Inexistência de qualquer vício de vontade de nenhuma das partes no momento da estipulação da cláusula e/ou da celebração do contrato de trabalho desportivo;

b) Verificação da atribuição de eventuais benefícios ao jogador resultante da aceitação da aludida cláusula contratual;

c) E se no momento do exercício do direito de opção pelo clube, verifica-se, concretamente, uma violação da liberdade contratual e do exercício da sua profissão por outra entidade empregadora desportiva.

O intérprete, para aferir da validade ou invalidade desses pactos, deve ter em conta os seguintes indícios para apreciar da validade desses controversos pactos de opção:

— Verificar se mediante a estipulação do pacto de opção (momento da celebração do contrato de trabalho do praticante desportivo ou no decorrer dele), atribui-se ao atleta qualquer benefício (nomeadamente, pelo aumento da duração temporal do contrato, aumento da retribuição mensal do atleta, ou até através da consagração do direito a uma determinada quantia monetária durante o contrato ou na sequência da realização de uma futura transferência) pela compressão da sua liberdade contratual e estabilidade profissional;

— Verificar se no momento da sua estipulação ou verificação o praticante desportivo deu ou não o seu consentimento, ou se o quadro circunstancial é indiciador da verificação de qualquer vício de vontade do praticante desportivo;

— Verificar se no momento do exercício do direito de opção, atendendo a todo o quadro circunstancial, bem como, ao teor do aludido pacto, limita ou condiciona *in concreto* e inapelavelmente o insuperável direito da sua liberdade contratual e o exercício da sua profissão por outra entidade empregadora desportiva (nomeadamente a exiguidade do pré-aviso por parte do titular do direito de opção).

Se constatarmos que o praticante desportivo é beneficiado pelo constrangimento da sua liberdade contratual (normalmente no valor da sua retribuição mensal) e que validamente aceitou o referido, obtendo vantagens patrimoniais significativas, resultantes da referida compressão, que de outro modo não seria possível obtê-las, sendo certo que, o exercício do referido direito potestativo não determina por si só, e *in concreto*, a possibilidade de exercício da atividade profissional do praticante por outra entidade empregadora desportiva, não temos dúvidas em sustentar que o pacto de opção a favor da entidade empregadora desportiva será perfeitamente válido.

O pacto de opção estabelecido a favor do clube, desde que traga benefícios ao atleta, não constitui um condicionamento ou limitação intolerável da liberdade de trabalho do praticante desportivo, sendo antes um mecanismo de prorrogação contratual previamente aceite, e que se verifica durante a sua execução, pelo que, em bom rigor não viola a liberdade contratual ou de trabalho do praticante desportivo, tal como constatou a decisão do Tribunal da Relação de Lisboa de 6/6/2018 (Proc. 742/16.9T8CSC.L1-4).[21][22]

2. Os Pactos de Preferência — Conceito e modalidades no contrato de trabalho do praticante desportivo profissional

Sendo o desporto profissional um mundo de contingências e riscos, assiste-se frequentemente por parte dos clubes à adoção de estratégias desportivas tendo em vista um futuro próximo, sendo certo que o pacto de preferência constitui um dos instrumentos jurídicos privilegiados para a execução de uma determinada orientação global desportiva em curto/médio prazo.

No âmbito do contrato de trabalho do praticante desportivo, o pacto de preferência pode apresentar-se essencialmente nas seguintes modalidades:

---

(21) O Ac. do Tribunal da Relação de Lisboa de 6/6/2018 (Proc. 742/16.9T8CSC.L1-4) totalmente disponível em www.dgsi.pt. refere: A cláusula em análise não visa qualquer tipo de despedimento ou põe em risco a segurança no emprego, bem pelo contrário, visa a possível manutenção do contrato de trabalho, por prorrogação do mesmo. Não há, pois, possibilidade de violação do art. 53º da CRP.

No que toca ao art. 47º- da CRP, foi o Jogador que livre e voluntariamente decidiu assinar o contrato (facto provado n. 18) onde a referida cláusula se insere, tendo, por isso escolhido livremente a profissão, o género de trabalho e as condições que muito bem queria. Não existe, manifestamente, qualquer violação do disposto no art. 47º-1 da CRP.

Quanto ao art. 58º-1 da CRP, a cláusula em análise reflete a vontade livre e esclarecida do réu em querer ser praticante desportivo do autor SLB durante duas épocas bem como de uma terceira época, caso o autor SLB também o viesse a querer, quanto à terceira época.

Não também há qualquer violação do art. 58º-1 da CRP, mais a mais porque o Clube até quis continuar a assegurar o trabalho ao Jogador por mais uma temporada desportiva. Não o quis impedir de continuar a trabalhar nos termos contratuais consigo acordados.

A cláusula em causa, ou a interpretação de que a mesma não sofre de nulidade ou invalidade, não padece de qualquer inconstitucionalidade.

Deste modo, considerando que o Clube registou a perda antecipada e injustificada de um seu atleta que era da "casa" já há 7 épocas e que se tratava de um jogador de qualidade superior, o suficiente para ser jogador Internacional A, titular indiscutível da Seleção Nacional, pesando também que o salário acordado com este para a época em questão ascendia a € 28.000,00, entendemos como equitativo estabelecer o valor da indemnização a suportar pelo Jogador, o montante de € 25.000,00.

(22) Sobre os pactos de opção na relação laboral desportiva veja-se, CORREIA, Lúcio Miguel. *Limitações à liberdade contratual do praticante desportivo*. Lisboa: Editora Petrony, 2008 e *Regime jurídico dos praticantes desportivos profissionais em Portugal e Espanha* — Especificidades. Lisboa: Quid Juris, 2022.

— Pacto de preferência a favor do empregador com quem o praticante desportivo profissional mantém uma relação de trabalho.

Configurando um exemplo dessa modalidade de pacto de preferência: "O praticante desportivo A atribui à entidade empregadora desportiva B com quem mantém um contrato de trabalho desportivo o direito de preferência, caso seja apresentada uma proposta de transferência para outra entidade empregadora desportiva".

— Pacto de preferência a favor de uma entidade empregadora desportiva com a qual o praticante desportivo profissional não tem uma relação de trabalho.

"O praticante desportivo A atribui a uma outra entidade empregadora desportiva distinta daquela com quem mantém um contrato de trabalho desportivo o direito de preferência, caso seja apresentada uma proposta de transferência para outra entidade empregadora desportiva."

— Pacto de preferência singular na sequência de um contrato de cedência temporária.

"O praticante desportivo A, na sequência de um contrato de cedência, atribui à entidade empregadora desportiva que é cedido o direito de preferência, caso seja apresentada uma proposta de transferência para outra entidade empregadora desportiva."

— Pacto de preferência singular após contrato de transferência definitiva do praticante desportivo profissional.

"O praticante desportivo A, sem qualquer vínculo laboral desportivo em vigor, ou após uma transferência definitiva, atribui a uma determinada entidade empregadora desportiva o direito de preferência, caso seja apresentada uma proposta de trabalho."

Tal como se recusou a determinação automática da invalidade do pacto de opção a partir da simples perspetivação de um benefício para a entidade empregadora desportiva, semelhante raciocínio deverá fazer-se quanto aos pactos de preferência. Como já vimos, quanto aos pactos de opção em certas situações, o atleta pode ser beneficiado pela compressão da sua liberdade de trabalho, podendo verificar-se de igual modo quanto à verificação de um pacto de preferência durante a execução do contrato de trabalho do praticante desportivo. Parece-nos lógico que qualquer clube verdadeiramente interessado nos serviços de um atleta valoroso, perante o conhecimento de que sobre este impende a obrigação de dar preferência a outro clube (atual entidade empregadora desportiva ou outra com a qual não tem vínculo laboral) em igualdade de condições, seguramente irá realizar uma proposta mais atrativa economicamente (e não só), por forma que o clube titular do direito de preferência não o consiga exercer por incapacidade financeira.

A estipulação do pacto de preferência pode beneficiar de sobremaneira o atleta, uma vez que subida dos valores da transferência do praticante poderá atingir níveis financeiros consideráveis que eventualmente não seriam apresentados se não tivesse sido atribuída a preferência a um outro clube. Por outro lado, e à semelhança do que referimos quanto ao pacto de opção, também aqui, quanto aos pactos de preferência, o praticante desportivo pode beneficiar economicamente, pela aceitação da concessão do direito de preferência a um determinado clube. O aludido benefício pela aceitação da preferência pode traduzir-se, quer no ajuste na obtenção imediata de uma determinada quantia em dinheiro, ou da promessa de uma determinada quantia caso este seja transferido para o clube titular do direito de preferência ou outro, em virtude de o praticante desportivo ter acedido a restringir a sua liberdade contratual.

É certo que, cada vez mais no desporto profissional, o atleta, quer se queira quer não, terá sempre um papel fundamental na escolha da entidade empregadora desportiva que pretende representar, independentemente de ter acordado com o clube "X" ou "Y" atribuir-lhe um direito de preferência para a celebração de um contrato de trabalho do praticante desportivo. Aliás, não nos podemos esquecer que no âmbito dos pactos de preferência, o clube detentor da utilização dos serviços desportivos do atleta não é obrigado a alienar os seus direitos desportivo-laborais sobre o atleta, mas apenas a conceder o direito de preferência a outro clube (titular do aludido direito preferencial), caso assim entenda proceder à realização da transferência do atleta.

Por outro lado, não poucas vezes a existência desses pactos de preferência não se revela como um instrumento jurídico adequado, a garantir prevalência nos serviços desportivos de um atleta por parte de um clube, não chegando sequer a condicionar, ou comprimir a sua liberdade contratual (casos em que o poderio económico do clube titular do direito de preferência e do clube terceiro interessado é de tal forma desproporcionado que se esvazia assim, o seu efeito útil). Pense-se, por exemplo, nos clubes mais ricos da Europa (como, por exemplo, o Manchester City, Manchester United de Inglaterra, ou o Real Madrid ou FC Barcelona de Espanha, já para não falar do PSG de França etc.) cujo poderio financeiro é maior do que os restantes clubes europeus, sendo certo que para esses, se tornará, seguramente, mais fácil realizar uma proposta financeira "irrecusável" de aquisição dos serviços desportivos de qualquer atleta, do que um clube com menores recursos financeiros, pelo que, não será a existência do aludido pacto preferencial a favor de outro clube que poderá condicionar a liberdade contratual e de trabalho do praticante desportivo, não sendo capaz de obstar ou interferir na realização da transferência, sendo certo que nas condições propostas ao atleta deverão incluir-se todas as condições laborais, patrimoniais e extrapatrimoniais relevantes.

Diante do exposto, conclui-se que o pacto de preferência, à semelhança do pacto de opção a favor da entidade empregadora desportiva, nos moldes e pelas razões já referidas ao longo do presente capítulo, e na ausência de qualquer vício ou disfuncionalidade anteriormente descrita, constitui um instrumento jurídico válido, em sede de contrato de trabalho desportivo, tendo em conta que não projeta nenhuma consequência negativa sobre o praticante desportivo, no âmbito da limitação à sua liberdade contratual e de trabalho, sendo certo que este, seguramente, poderá ficar beneficiado pela competitividade dos clubes interessados na aquisição dos seus serviços desportivos, obtendo assim significativas vantagens patrimoniais que de outro modo, e caso não tivesse celebrado o referido pacto, não teria obtido.(23)(24)

3. As denominadas cláusulas de rescisão — Conceito e admissibilidade no contrato de trabalho do praticante desportivo profissional

A partir do Acórdão Bosman, verificamos com bastante frequência que os clubes e os praticantes desportivos acordam na celebração de contratos de trabalho desportivo

---

(23) Veja-se o Ac. STJ de 18.12.2012 cujo sumário refere:

I – A transferência de praticantes desportivos, *v.g.*, jogadores de futebol profissionais, pressupõe a existência de três contratos coligados: a) o distrate/extinção do contrato de trabalho desportivo celebrado entre o praticante desportivo e o clube vendedor; b) o contrato de transferência *stricto sensu* celebrado entre o clube vendedor e o clube comprador; c) o novo contrato de trabalho desportivo celebrado entre o praticante desportivo e o clube comprador.

II – Aqueles contratos, apesar de interdependentes, conservam a sua individualidade própria.

III – É legal a inserção de um pacto de preferência, a favor de um clube, num contrato de trabalho de praticante desportivo profissional, *v.g.* jogador de futebol, prevenindo a hipótese da sua futura transferência.

IV – Para a constituição do pacto de preferência é imprescindível que o praticante desportivo tenha prestado o seu consentimento, sob pena do mesmo se revelar ineficaz.

V – Em princípio, o dever de comunicação imposto ao clube vendedor, por força da existência de um pacto de preferência, cinge-se aos termos e às condições da oferta recebida do clube que pretende adquirir os direitos desportivos do praticante desportivo e não envolve a obrigatoriedade de comunicação das futuras condições do novo contrato de trabalho desportivo ao clube titular do direito de preferência.

VI – Nessas circunstâncias, o prazo, legal ou convencional, para o exercício do direito de preferência conta-se a partir do momento em que o clube obrigado à preferência transmitiu ao clube beneficiário da preferência, e este recepcionou, o conteúdo da oferta recebida; isto é: o montante do preço da transferência, o prazo ou prazos para o respectivo pagamento, bem como as cláusulas acessórias (por ex. existência de garantias bancárias).

VII – Tendo sido veiculadas todas as condições do contrato de transferência *stricto sensu*, objecto do pacto de preferência, e deixando o beneficiário do respectivo direito transcorrer o prazo para o seu exercício, ocorre a caducidade desse direito.

VIII – O facto de a parte não ter sucesso na pretensão trazida a juízo apenas a conduz, em princípio, a sofrer o encargo de suportar as custas processuais; coisa diversa é a parte, antecipadamente, saber que não tem razão e, procedendo de má-fé e com culpa, litigar dessa forma, situação em que será condenada, também, em multa e indemnização a favor da outra parte, caso esta formule tal pedido.

O Ac. do STJ de 18.12.2012 encontra-se na íntegra em: <http://www.dgsi.pt>.

(24) Sobre os pactos de preferência na relação laboral desportiva veja-se CORREIA, Lúcio Miguel, *Limitações à liberdade contratual do praticante desportivo*. Lisboa: Editora Petrony, 2008 e *Regime jurídico dos praticantes desportivos profissionais em Portugal e Espanha* — Especificidades. Lisboa: Quid Juris, 2022.

de maior duração temporal, recorrendo também a outros instrumentos jurídicos[25]que têm por finalidade o estabelecimento de um equilíbrio entre a liberdade do desportista profissional de mudar de entidade empregadora desportiva e os interesses do clube empregador que conta com os seus serviços laborais desportivos.[26] Entre as várias válvulas de escape, enaltecemos o estabelecimento das denominadas "cláusulas de rescisão"[27][28] entre os desportistas profissionais e os clubes, quantificando o montante indemnizatório que o primeiro deve pagar ao segundo, pela cessação *ante tempus* da relação laboral desportiva.

Em muitos desses casos, as transferências terão sido realizadas pela verificação das referidas cláusulas de rescisão, mesmo quando foram apenas o ponto de partida para uma solução (re)negociada, ou seja, como índice financeiro inicial para a realização da aludida transferência. Dessa forma, pelas referidas cláusulas de rescisão, os clubes ou as sociedades desportivas pretendem prevenir-se contra uma cessação antecipada do contrato de trabalho pelo praticante desportivo, que seduzido pela perspectiva de melhoria do seu estatuto desportivo ou retributivo, possa tomar a iniciativa de pôr termo *ante tempus* à sua relação laboral desportiva.

Como já se sabe, o contrato de trabalho do praticante desportivo, como contrato especial de trabalho com um regime próprio em Portugal e no Brasil, reclama a necessidade de articulação entre a tradicional proteção do trabalhador/desportista, com a adequada tutela do desporto/competição desportiva profissional, pelo que, as especificidades do contrato de trabalho do praticante desportivo profissional empresta um revestimento singular, que terá de encontrar soluções adequadas ao evidente pluralismo do ordenamento jurídico-laboral.[29]

Na verdade, a denominada cláusula de rescisão consiste numa cláusula contratual estabelecida entre um desportista profissional e a sua entidade empregadora desportiva,

---

(25) Entre os quais, sem prejuízo de outras figuras jurídicas que resultem da autonomia da vontade das partes, os já estudados pactos de opção e pactos de preferência.

(26) Em alguns países europeus como Espanha, logo após o Acórdão Bosman celebraram-se contratos de trabalho desportivo com a duração de 11 temporadas, como foi o caso do famoso jogador brasileiro Denilson de Oliveira. Em 1998, o aludido craque da seleção brasileira foi vendido do São Paulo para o Real Betis de Sevilha por 32 milhões de dólares, que foi na altura a transferência mais cara da história do futebol.

No entanto, em Portugal como se sabe, o limite máximo era de 8 épocas desportivas até 2017 ao abrigo da Lei n. 28/978 de 26 de junho e atualmente, o limite máximo do contrato de trabalho desportivo é de 5 épocas desportivas, conforme art. 9º n. 1 do RJCTD.

(27) Sobre o recurso às cláusulas de rescisão como reação ao Acórdão Bosman, veja-se ALEXANDRE MESTRE. *Desporto e União Europeia...*,ob.cit., p. 81-82.

(28) Sendo certo que, embora as cláusulas de rescisão tenham conhecido um forte incremento após o Acórdão Bosman, eram já vários os acordos com essa fisionomia que se estabeleciam, pelo menos desde o início da década de noventa. Cfr. DE LA ROSA, ALVAREZ. *Pactos indemnizatorios en la extinción del contrato de trabajo.* Madri: Civitas, 1990. p. 103.

(29) JOÃO LEAL AMADO, *Vinculação...*ob.cit., p. 79-80.

em virtude da qual se concede ao praticante o direito de se desvincular do contrato, *ante tempus*, a troco do pagamento de um preço previamente convencionado entre as partes, a favor da entidade empregadora desportiva. Desse modo, o valor constante da referida cláusula representa o preço a pagar pelo praticante desportivo, pela recuperação da sua liberdade de trabalho, em que a sua verificação determina a possibilidade de o atleta poder exercer a sua atividade laboral desportiva por outro clube, sem sofrer quaisquer consequências jurídico-desportivas.

Dessa forma, preferimos denominar essas cláusulas como *Cláusulas Liberatórias ou Desvinculatórias*, uma vez que a sua verificação implica, a troco de um preço previamente convencionado, a recuperação da liberdade contratual e de trabalho do praticante desportivo, permitindo-lhe escolher outra entidade empregadora desportiva para exercer a sua atividade laboral.

É certo que a cessação do vínculo laboral desportivo não tem como pressuposto o incumprimento culposo do praticante, mas sim o alcance por acordo das partes, e mediante o pagamento de um preço previamente estipulado, que permite a recuperação da liberdade contratual e de trabalho do atleta.

A denominação de *Cláusulas Liberatórias ou Desvinculatórias* prende-se com o facto da sua verificação, ou seja, com o pagamento do preço previamente convencionado entre o praticante desportivo e a entidade empregadora desportiva implicar para o primeiro a cessação lícita do contrato laboral desportivo e sua subsequente desvinculação, possibilitando-o escolher outra entidade empregadora desportiva para exercer a sua atividade profissional.[30]

De um modo geral, pode dizer-se que a denominada cláusula de rescisão, procura compor interesses futuros, que são ainda de algum modo incertos no momento em que é acordada, podendo o praticante (cuja obrigação consiste no desenvolvimento da atividade desportiva sob a autoridade e direção do clube durante o prazo convencionado), ficar desonerado, mediante a realização de uma outra obrigação (pagamento do montante clausulado), sem necessidade da aquiescência posterior da entidade empregadora desportiva.[31][32]

---

(30) Também alguma doutrina francesa tem adoptado essa denominação, nomeadamente KARAQUILLO. *La validité de la clause libératoire insérée dans un contrat de travail à durée déterminé (d'un entraîneur de basket-ball)*. Paris: Recueil Dalloz Sirey, 1991; e MOULY. *Les clauses de dénonciation anticipée des contrats de travail à durée déterminée (dans le sport professionnel)*. Paris: Recueil Dalloz Sirey, n. 20, 1996, p. 280 e ss.

(31) Trata-se, portanto, de um exemplo claro de uma obrigação com faculdade alternativa "a parte debitoris".

(32) Sobre a natureza jurídica das cláusulas de rescisão e o respetivo regime jurídico aplicável, vide por todos, em Portugal, MONTEIRO, António Pinto. *Sobre as "cláusulas de rescisão" dos jogadores de futebol,...* ob. cit., p. 107 e segs, e em Espanha, GONZÁLEZ DEL RIO, José Maria. *El Deportista Profesional...*ob.cit., p. 382 e segs.

Porém, em Portugal, apesar de semelhante previsão legal só ter ocorrido em 2017, com a estatuição do disposto no art. 25 do atual RJCTD,(33) o que peca não só por demasiado tardio, atendendo a que, sobretudo no futebol profissional, praticamente todos os contratos de trabalho desportivo há mais de vinte anos em Portugal continham cláusulas liberatórias dessa natureza, o legislador português não estabeleceu nenhum critério legal para que o julgador possa avaliar numa eventual ausência de cláusula liberatória, devendo-se indemnizar a contraparte pelo valor das retribuições que ao praticante seriam devidas se o contrato de trabalho tivesse cessado no seu termo.

Com a denominada cláusula de rescisão, é o próprio contrato que funciona, já que se admite a hipótese de a transferência se concretizar, na medida e na qualidade, dos desempenhos desportivos do praticante desportivo e das expectativas assumidos pelos sujeitos. Está, portanto, subordinada a um facto incerto, incidindo não apenas sobre o *quando* como também sobre o *se*, da sua verificação, ou da sua permanência, ficando o praticante desportivo com a faculdade de fazer cessar de forma lícita o contrato de trabalho do praticante desportivo, mediante o cumprimento da aludida cláusula contratual. Dessa forma, a cláusula de rescisão não constitui uma fatalidade imposta pelos contraentes, mas uma possibilidade contratual, que prevê um denominado "direito de arrependimento".

Uma vez posto em evidência, o nexo existente entre a cláusula de rescisão e o cumprimento do contrato, consideramos que o escopo da referida cláusula não se traduz numa pena indemnizatória pelo incumprimento contratual, mas sim, num instrumento jurídico que prevê uma circunstância de carácter excecional, que permite a desvinculação do praticante desportivo e a recuperação da sua liberdade contratual, a troco de um determinado preço.(34) Pelo exposto, constatamos que a entidade empregadora desportiva prevê e consente a desvinculação contratual do praticante desportivo, a troco do pagamento de uma determinada quantia, para defesa dos interesses quer do praticante desportivo, quer do clube empregador, bem como da entidade empregadora desportiva interessada nos serviços do praticante.

Por outro lado, não tenhamos dúvidas que por meio dessas cláusulas liberatórias a entidade empregadora desportiva visa a dois objetivos essenciais: por um lado, "blindar o

(33) O art. 25, n. 1 do atual RJCTD dispõe o seguinte: "1 – As partes no contrato de trabalho desportivo podem estipular o direito de o praticante fazer cessar unilateralmente e sem justa causa o contrato em vigor, mediante o pagamento à entidade empregadora de uma indemnização fixada para o efeito".

(34) Mario Sanino refere que se poderia pensar na introdução de uma cláusula no contrato de trabalho desportivo, em que o jogador, caso quisesse rescindir este contrato na sua pendência, deveria compensar o seu empregador com uma determinada quantia, digamos a título de multa (não se trataria aqui de qualquer cláusula penal, por meio da qual se sanciona um incumprimento e uma eventual ruptura do contrato, mas sim de uma circunstância excepcional e não contrário às regras do próprio contrato). *Diritto Sportivo*. Pádua: CEDAM, 2002. p. 316-317.

contrato", incentivando ao cumprimento do contrato pelo praticante desportivo profissional, mas por outro, garantir uma posição contratual decisiva na futura negociação de uma eventual transferência do praticante desportivo profissional.

Julgamos que o importante é encontrar um ponto de equilíbrio entre os legítimos interesses dos clubes/empregadores desportivos e a liberdade do praticante desportivo, permitindo a este exercer a sua atividade laboral por outra entidade empregadora desportiva, conferindo-lhe a possibilidade de poder definir o grau de limitação da sua liberdade contratual, quantificando-a.

Acresce ainda que o fenómeno desportivo tem atualmente uma complexidade tal, em especial aquela orientada para o alto rendimento e profissionalismo, que ao direito cabe definir regras específicas, sem perder de vista o regime laboral comum, mas sobretudo os interesses dos seus intérpretes, especialmente do praticante desportivo.

Dessa forma, não podemos analisar a aplicação de soluções normativas destinadas a uma relação laboral típica, quando estamos perante uma relação laboral específica e com um acervo normativo distinto, o que inevitavelmente terá de compreender soluções legais completamente diversas.

Em virtude de a prática desportiva profissional ter normalmente uma duração muito mais curta, quando comparada com outras atividades profissionais, bem como o facto de o contrato de trabalho do praticante desportivo ser obrigatoriamente um contrato a prazo, as entidades empregadoras desportivas frequentemente (e cada vez mais cedo, ou seja, com jovens praticantes desportivos), estipulam cláusulas que preveem a estipulação de um determinado montante pecuniário a pagar à entidade empregadora desportiva, pela desvinculação/recuperação da liberdade contratual do praticante desportivo.[35]

É certo que, em muitos casos, é usual instituírem-se montantes patrimoniais significativos para o atleta se o valor da cláusula de rescisão atingir um valor considerável, pelo que, o praticante desportivo até pode se beneficiar significativamente da compressão da sua liberdade de trabalho e da aceitação da estipulação da referida cláusula.

Julgamos que nessas situações, ficando efetivamente demonstrado que o praticante desportivo se beneficiou de alguma forma com a celebração do contrato de trabalho desportivo com a aceitação da referida cláusula, não faria nenhum sentido que este, visando à retoma integral da sua liberdade de trabalho, venha assumir uma posição contrária ao comportamento que manteve no momento da sua celebração.

(35) Cada vez mais, essas cláusulas liberatórias surgem desde muito cedo (talvez demasiado cedo) nos contratos celebrados com os praticantes desportivos que ainda em tenra idade começam a despontar para uma futura carreira profissional. Assim, é cada vez mais vulgar que em muitos contratos de formação desportiva, convencionam cláusulas contratuais liberatórias com montantes bem exagerados, visando assim garantir a presença do atleta nos seus quadros pelo maior período de tempo possível.

Por outro lado, se a entidade empregadora desportiva, ao convencionar uma cláusula de demissão *ante tempus* com o praticante desportivo, sabendo que o valor constante dela é proibitivo para qualquer outro clube ou sociedade desportiva, coagindo-o dessa forma a permanecer ao serviço da atual entidade empregadora desportiva, impedindo-o igualmente de mudar de clube até à verificação do termo do contrato, consideramos que a entidade empregadora poderá exceder os limites impostos pela boa-fé,(36)coartando a liberdade de trabalho do praticante, clausurando-o durante o período de duração do contrato, podendo agir num claro abuso de direito.(37)

Por tudo isto, há que efetivamente encontrar um ponto de equilíbrio entre os casuais danos sofridos pelas entidades empregadoras desportivas que ficam sem a possibilidade de poder continuar a contar com um atleta que pode ser essencial aos seus objetivos desportivos, devendo ser ressarcidos por isso, e pela sua eventual formação desportiva, sem que isso prejudique a liberdade de trabalho e liberdade de circulação do praticante desportivo.

Consideramos que a liberdade de trabalho do praticante desportivo pode ser restringida dentro de certos parâmetros, mas sem que isso determine para ele um efetivo encarceramento contratual ou que constitua um sacrifício à sua liberdade de trabalho, quer em nível nacional, ou no âmbito do espaço comunitário.(38)

Em Portugal, como refere PINTO MONTEIRO "(...) esta cláusula de rescisão, como toda a multa penitencial, sendo elevada, pode vir a exercer, de facto, uma função compulsória semelhante à da cláusula penal. Sem dúvida. Mas por isso temos defendido um princípio de alcance geral, destinado a corrigir excessos ou abusos decorrentes do exercício da liberdade contratual, no plano da fixação contratual dos direitos do credor. Por isso entendemos que o art. 812 é susceptível de ser aplicado não só a todas as espécies de cláusulas penais, como também, ainda que indirectamente ou por analogia, ao sinal (como já fez entre nós o STJ), à chamada "compensação de imobilização" à pena independente, a certos tipos de sanções de índole disciplinar do foro associativo ou laboral — bem como à multa penitencial, de que é exemplo a "cláusula de rescisão"

(36) Cfr. MENEZES CORDEIRO. *Da Boa Fé no Direito Civil*. 2ª reimp. Coimbra: Almedina, 2001.

(37) No sentido de que muitas "cláusulas de rescisão" possam ser declaradas abusivas, veja-se JUANES PECES. *La resolución del contrato por voluntad del deportista*... ob.cit., p. 38 e ss..

(38) Contudo, referia GONZÁLEZ DEL RIO que, em 2001, alguns jogadores do FC Barcelona tinham nos seus contratos uma cláusula de rescisão variável em função da equipa que os pretendia contratar seja espanhola ou não, pois se se tratar de uma equipa não espanhola, a cláusula de rescisão elevava-se consideravelmente. O que poderia representar um abuso de posição dominante do mercado, atendendo que estariam a aplicar-se a terceiros contratantes condições desiguais para prestações equivalentes, produzindo para o clube que tivesse de pagar a cláusula mais onerosa uma desvantagem competitiva em relação na outros o que está expressamente proibido pelo Direito Europeu (arts. 101º e 102º do TFUE), in *Las cláusulas de rescisión y su incompatibilidad con el Derecho comunitario*. Aplicación de la doctrina Bosman. RL, 2001. II, p. 193.

em análise: ponto é que estejam preenchidos, em cada caso, os pressupostos do referido art. 812 do Código Civil".[39]

Assim, em Portugal, se as referidas cláusulas de rescisão apresentarem-se com valores exorbitantes e sem nenhum arrimo com os prejuízos causados pela cessação antecipada do contrato, poderá traduzir-se num ilegítimo exercício do direito à liberdade de estipulação do conteúdo do contrato de trabalho do praticante desportivo e aos limites da boa-fé, o que origina, por consequência à sujeição ao disposto no art. 812 do Cód. Civil[40] *ex vi* o disposto no art. 25 n. 2 do RJCTD, como mecanismo jurídico apto, a combater intoleráveis violações aos princípios fundamentais da liberdade contratual e de trabalho do praticante desportivo.[41] A redução destina-se, pois, a evitar abusos de clamorosa iniquidade a que conduzem penas manifestamente excessivas perante os danos efetivos, pelo que a atuação do juiz na redução judicial dessas cláusulas deve ser efetuada em termos equitativos a pedido do devedor, devendo atender-se a vários fatores, nomeadamente, tendo em conta o período de execução contratual já decorrido conforme estabelece o disposto no n. 2 do art. 25 do RJCTD.[42]

No entanto, o critério da referida norma do RJCTD não me parece ser o mais adequado para que a referida redução possa operar. Com efeito, o período temporal já decorrido no âmbito da execução do contrato, atendendo ao facto de o praticante desportivo profissional o ter cumprido na íntegra, não me parece ser o mais relevante ou indicado para efeitos de redução da denominada cláusula de rescisão. A título exemplificativo, aqui deixo alguns critérios que o julgador deverá ou poderá atender no âmbito da aplicação do n. 2 do art. 25 do RJCTD:

1. O valor económico-desportivo do praticante desportivo à data do pedido de redução;

2. O período temporal até à data do termo do contrato;

3. Os gastos na formação do praticante desportivo, caso estes tenham ocorrido até à data do pedido de redução;

---

(39) PINTO MONTEIRO. *Sobre as "cláusulas de rescisão" dos jogadores de futebol,* RLJ, n. 3934,... ob. cit., p. 24.

(40) Dispõe o art. 812 do Código Civil português o seguinte: "1 – A cláusula penal pode ser reduzida pelo tribunal, de acordo com a equidade, quando for manifestamente excessiva, ainda que por causa superveniente; é nula qualquer estipulação em contrário.

2. É admitida a redução nas mesmas circunstâncias, se a obrigação tiver sido parcialmente cumprida.

(41) Segundo PALOMAR OLMEDA, ALBERTO, estes valores inseridos nestas cláusulas liberatórias chegam a ser "intimidatórios e realmente impeditivos da liberdade contratual, perdendo qualquer referência a critérios indemnizatórios para passarem a constituir 'cláusulas esclavagistas' ou 'relações de perpetuidade'". *El Regimén Jurídico del Deportista.* Barcelona: Editorial Bosch, 2001. p. 59.

(42) Sobre as denominadas cláusulas de rescisão para nós liberatórias, veja-se por todos CORREIA, Lúcio Miguel, *Limitações à liberdade contratual do praticante desportivo.* Lisboa: Editora Petrony, 2008. – *Regime jurídico dos praticantes desportivos profissionais em Portugal e Espanha — Especificidades.* Lisboa: Quid Juris, 2022.

4. Os custos da própria contratação do praticante desportivo até à data do pedido da redução;

5. A eventual cessação ou frustração dos contratos publicitários e de *merchandising* e de imagem do praticante desportivo profissional ou do clube onde se encontra em virtude do pedido de redução.

4. A denominada cláusula antirrival — Conceito e admissibilidade no contrato de trabalho do praticante desportivo profissional

Entende-se por cláusula antirrival a cláusula contratual estabelecida entre um desportista profissional e a sua anterior entidade empregadora desportiva, em virtude da qual, a troco do pagamento de um preço previamente convencionado ou de outros termos contratualmente convencionados entre as partes, o desportista limita a sua liberdade contratual no sentido de não poder ser contratado por um determinado período de tempo por nenhum ou por determinado(s) clube(s) pertencentes à(s) competição(ões) desportiva(s) onde a anterior entidade empregadora desportiva participa.

Registe-se que essa cláusula tanto pode provir de cláusula contratual de contrato de trabalho desportivo em vigor, acordo específico entre as partes celebrado à margem do contrato anteriormente referido ou de cláusula contratual prevista em contrato de transferência entre clubes/sociedades desportivas e o praticante desportivo profissional.

Como se sabe, o disposto no art. 19 n. 1 do RJCTD refere que: "São nulas as cláusulas inseridas em contrato de trabalho desportivo visando condicionar ou limitar a liberdade de trabalho do praticante desportivo após o termo do vínculo contratual".

Na opinião de Victor Hugo Ventura, a qual subscrevemos na totalidade, "(...) o curto período de vida ativa de um praticante desportivo é dificilmente compaginável com uma obrigação de não concorrência que introduza na biografia profissional do atleta um parágrafo de inatividade ou, pelo menos, que limite o praticante desportivo no exercício da sua atividade, e mais concretamente, na escolha da sua entidade empregadora".[43]

Por outro lado, como refere João Zenha Martins: "um clube que procura controlar a sua concorrência através de ónus, encargos ou previsões que limitam a liberdade de trabalho dos seus anteriores praticantes não tem qualquer incentivo à "melhoria" ou à construção de um plantel competitivo, circunstância que, indo de par com o propósito de diminuir as possibilidades de sucesso desportivo dos seus competidores, não traduz, bem pelo contrário, qualquer vantagem para o espetáculo desportivo. A criação de assimetrias

(43) VENTURA, Victor Hugo. *O regime do contrato de trabalho do praticante desportivo*. Lisboa: AAFDL Editora, 2020. p. 311.

competitivas, como revela a empiria, afasta plateias e destrói o fascínio do espetáculo. Sem o equilíbrio de condições desportivas qualquer sistema desportivo falece".[(44)]

Por isso, da mesma forma que os clubes não podem obrigar-se a não concorrer entre si, pois a competição desportiva obriga a comportamentos ético-desportivos de concorrência, também não podem, por via de acordos virtualmente aptos a afetar a incerteza associada às competições que participam e/ou a condicionar a liberdade de acesso ao trabalho após o termo do contrato de trabalho em vigor.

Para além disso, parece-nos uma intolerável limitação à liberdade de trabalho a aposição dessas cláusulas quando um atleta, querendo assinar contrato de trabalho com um clube coberto pela cláusula antirrival, sabe de antemão que esse clube terá de pagar um acréscimo pecuniário ao clube *a quo*, condicionando a sua opção numa transferência futura, violando o princípio da igualdade e não discriminação (art. 13 da CRP) e da liberdade de trabalho do praticante desportivo (arts. 47 e 58 da CRP).

Desse modo, a cláusula só será válida se o sistema não permitir que um determinado clube influencie a transferência de um praticante, condicionando, por essa via, as condições em que, posteriormente, irá exercer a sua liberdade laboral.[(45)]

Em suma, a cláusula antirrival será, em princípio, inválida, porque:

a) Colide com a liberdade de trabalho e do disposto no arts. 47 e 58 da CRP;

b) Colide com a liberdade de trabalho e estabilidade no emprego, causando a nulidade da cláusula (violação do art. 19 n. 1 do RJCTD) por se verificar após o termo a relação contratual.

Referências

ALBOR SALCEDO, M. *Deporte y Derecho*. Cidade do México: Ed. Trillas, 1989, p. 25 e segs.

---

(44) MARTINS, João Zenha. "Contrato de trabalho desportivo e (in)admissibilidade de cláusulas anti rivais". *Revista da Ordem dos Advogados*, Lisboa, A. 81 jan./jun. 2021, p. 105.

(45) Registe-se que a FIFA, em 2021 e o TAS de Lausanne abriram um importante precedente ao validar a cláusula antirrival imposta pelo Osasuna no contrato de Álex Berenguer, atacante de 26 anos caso o jogador fosse transferido futuramente com o Athletic Bilbao, seu rival, teria que pagar 1,5 milhão de euros. Álex Berenguer foi transferido em 2017 para o Torino F. C. com uma cláusula que determinava que se o jogador fosse posteriormente transferido para o Athletic Club, a equipa italiana teria de pagar mais 1,5 milhão de euros. Esse facto ocorreu em 2020, mas a equipa italiana recusou-se a pagar o referido valor, além do último prazo de transferência acordado. O Osasuna recorreu então à FIFA para exigir o pagamento do valor devido pelo Torino e, em 9 de setembro de 2021, a Comissão de Status do Jogador concordou com o clube navarro. O Osasuna conseguiu cobrar a última prestação da transferência, mas não o 1,5 milhão pendente, uma vez que o Torino F. C. recorreu da decisão perante o Tribunal Arbitral do Desporto (TAS), que no passado dia 28 de fevereiro de 2023 decidiu ratificar a decisão da FIFA e rejeitar o recurso apresentado pelo clube italiano. A grande discussão jurídico-regulamentar acerca do tema é a validade dessas cláusulas face ao art.18bis do RSTP da FIFA e face aos princípios constitucionais da liberdade e de acesso ao trabalho.

AMADO, João Leal. "O contrato de trabalho do praticante desportivo (Sumário)". In: *Estudos do Instituto de Direito do Trabalho da Faculdade de Direito da Universidade de Coimbra*. vol. I. Coimbra: Almedina, 2001, p. 471.

______. *Vinculação* versus *Liberdade*: O Processo de constituição e extinção da relação laboral do praticante desportivo. Coimbra: Coimbra Editora, 2002.

______. *Contrato de Trabalho Desportivo Lei n. 54/2017, de 14 de Julho — Anotada*. Coimbra: Editora Almedina, 2017.

CARDENAL CARRO, Miguel. *Deporte y Derecho:* las relaciones laborales en el deporte profesional. Murcia: Universidad de Murcia, 1996. p. 39 e ss.

CORDEIRO, António Menezes. *Tratado de Direito Civil Português*. vol. I, tomo I, . ed. Coimbra: Almedina, 2005. p. 335 e ss.

______. *Da Boa Fé no Direito Civil*, 2ª reimpressão. Coimbra: Almedina, 2001.

CORREIA, Lúcio Miguel. *Limitações à liberdade contratual do praticante desportivo*. Lisboa: Editora Petrony, 2008.

______. *Regime jurídico dos praticantes desportivos profissionais em Portugal e Espanha* — Especificidades. Lisboa: Quid Juris, 2022.

COSTA, Mário Júlio de Almeida. *Direito das Obrigações*. 12. ed., rev. e aum. Coimbra: Almedina, 2016.

DE LA ROSA, Alvarez. *Pactos indemnizatorios en la extinción del contrato de trabajo*. Madri: Civitas, 1990. p. 103.

GONZÁLEZ DEL RIO, José Maria. *El Deportista Profesional ante la extinción del Contrato del Trabajo deportivo*. Madri: Ed. La Ley, 2008.

JUANES PECES, Angel. "La resolución del contrato por voluntad del deportista". *Fútbol (Revista Oficial de la Real Federación Española de Fútbol)*, Madri, n. 6, mar./abr. 1997.

KARAQUILLO. *La validité de la clause libératoire insérée dans un contrat de travail à durée déterminé (d'un entraîneur de basket-ball.)*. Paris: Recueil Dalloz Sirey, 1991.

LACERDA E MELO, F. "Legislação e doutrina". *Antologia Desportiva*, Lisboa: Direcção Geral dos Desportos, n. 11, 1978.

LEVINSON & CHRISTENSEN (Orgs.). *Encyclopedia of World Sport: From Ancient Times to the Present*. 3 vols. Santa Barbara – Denver – Oxford: ABC – CLIO, 1996.

MALRAUX, André. *O século XX e o desporto*, Desporto, n. 3, 2000, p. 48 e segs.

MACHADO, Baptista. "Anotação ao Acórdão do STJ de 16 de Fevereiro de 1984". *Revista Legislação e Jurisprudência*, ano 117, n. 3724, p. 202 (nota 1).

MANDEL, Richard. *Sport:* A Cultural History. Nova Iorque: Columbia University Press, 1999.

MARTINS, João Zenha. "Contrato de trabalho desportivo e (in)admissibilidade de cláusulas anti rivais". *Revista da Ordem dos Advogados*, Lisboa, A. 81, jan./jun. 2021.

MIRANDA Jorge. "Liberdade de trabalho e profissão". *Revista de Direito e Estudos Sociais*, Lisboa: Editorial Verbo, n. 2, 1988, p. 145 e ss.

________. *Manual de Direito Constitucional, Direitos Fundamentais*. tomo IV. Lisboa: Coimbra Editora, 1988.

MESTRE, Alexandre Miguel. *Desporto e União Europeia, Uma parceria conflituante?* Coimbra: Coimbra Editora, 2002.

MONTEIRO, António Pinto. "Sobre as 'cláusulas de rescisão' dos jogadores de futebol". *Revista de Legislação e Jurisprudência*, Coimbra: Coimbra Editora, n. 3.934, 2005.

MOULY, Jean. *Les clauses de dénonciation anticipée des contrats de travail à durée déterminée (dans le sport professionnel)*. Paris: Recueil Dalloz Sirey, n. 20, 1996, p. 280 e ss.

PALOMAR OLMEDA, Alberto. *El Regimén Jurídico del Deportista*. Barcelona: Editorial Bosch, 2001. p. 59.

PEREIRA BASTOS, J. "Desporto profissional". *Desporto e Sociedade. Antologia de textos*. Lisboa: Direcção Geral dos Desportos, Lisboa, 1986. p. 43 e segs.

REAL FERRER, Gabriel. *Derecho Público del Deporte*. Madri: Ed. Civitas S.A., 1991. p. 41 e ss.

ROBLES REYES, Juan Ramón. "Resurgimiento de la "locatio conductio operum" en los contratos de los jugadores de fútbol profesional". *RJD*. Madri: Editorial Aranzadi, SA, 2001, p. 47 e segs.

SANINO, Mario. *Diritto Sportivo*. Pádua: CEDAM, 2002. p. 316-317.

SUPIOT, Alain. "Les nouveaux visages de la subordination". *DS*, n. 2, 2000, p. 131 e ss.

VENTURA, Victor Hugo. *O regime do contrato de trabalho do praticante desportivo*. Lisboa: AAFDL Editora, 2020.

VITAL MOREIRA e GOMES CANOTILHO. *Constituição da República Portuguesa, Anotada*, 3. ed. Coimbra: Coimbra Editora, 1993.

A Nova Lei Geral do Esporte e o Princípio do não Retrocesso Social

Luis Guilherme Krenek Zainaghi

Introdução

O Direito Desportivo é fruto de uma constante evolução normativa. No Brasil, várias foram as legislações que regularam o esporte no país, desde a era getulista até os dias atuais, com a vigente Lei Pelé (Lei n. 9.615/1998), que extinguiu o polêmico instituto do "passe".

Evidentemente que as legislações foram sendo alteradas e aprimoradas ao longo dos anos. Até mesmo a Lei n. 9.615/1998 sofreu grandes alterações após a sua publicação.

Do ponto de vista do Direito do Trabalho, que mais nos interessa neste artigo, a legislação trabalhista desportiva é consolidada em vários aspectos, e, mesmo nos temas lacunosos da legislação, a doutrina e a jurisprudência foram capazes de suprir há muito tempo os assuntos polêmicos e omissos na legislação.

Trata-se, assim, de uma legislação já consolidada e conhecida por todos, seja atleta, agentes e dirigentes dos clubes, cada qual sabendo de seus deveres e obrigações. Mesmo assim, entendeu por bem o legislador em criar uma nova lei com o objetivo de consolidar toda a legislação desportiva e atualizá-la.

As alterações da nova lei modificam diversos temas do contrato de trabalho desportivo, impactando diretamente nas relações de trabalho, de modo que essas mudanças podem conflitar com os princípios de Direito do Trabalho. Afinal, o atleta não deixa de ser um trabalhador, e a legislação que rege sua profissão deve estar em consonância com os princípios trabalhistas.

Assim, no presente artigo abordaremos as principais mudanças no que tange à matéria de Direito do Trabalho trazidas pela nova lei geral do desporto e que podem conflitar com os princípios de Direito do Trabalho.

1. A Nova Lei Geral do Esporte e suas principais mudanças comparadas com a Lei Pelé

A Nova Lei Geral do Esporte traz algumas novidades em seu conteúdo que têm chamado atenção dos estudiosos, uma vez que muitos consideram uma supressão de direitos trabalhistas.

1.1. Cláusula compensatória desportiva

A primeira e mais polêmica das mudanças que destacamos diz respeito à cláusula compensatória desportiva. Essa cláusula se refere ao valor pago pelo clube ao atleta em caso de rescisão antecipada do contrato de trabalho.

A Lei Pelé prevê a seguinte redação sobre a cláusula compensatória:

"O valor da cláusula compensatória desportiva a que se refere o inciso II do *caput* deste artigo será livremente pactuado entre as partes e formalizado no contrato especial de trabalho desportivo, observando-se, como limite máximo, 400 (quatrocentas) vezes o valor do salário mensal no momento da rescisão e, como limite mínimo, o valor total de salários mensais a que teria direito o atleta até o término do referido contrato."

Na prática, são raríssimos, ou inexistentes os casos em que essa cláusula é fixada acima do patamar mínimo.

Sobre o tema, importante trazer os ensinamentos de João Henrique Cren Chiminazzo:

> "Conforme já dito, caso o atleta pretenda rescindir o contrato antecipadamente deverá para o clube a Cláusula Indenizatória Desportiva, em valor limitado a 2.000 (duas mil) vezes o valor médio do salário contratual acordado.
>
> Caso a rescisão se dê por culpa do clube, este deverá pagar ao atleta o valor fixado na Cláusula Compensatória Desportiva, em valor limitado a 400 (quatrocentas) vezes o valor do salário mensal no momento da rescisão do contrato.
>
> Tem-se aqui o mesmo fato gerador — rescisão antecipada e imotivada de um contrato de trabalho — e duas penalidades completamente distintas, em patente afronta ao princípio da isonomia e afrontando a parte hipossuficiente da relação laboral, que é o empregado.
>
> Há aqueles que defendem a tese de que os grandes jogadores não são hipossuficientes e que muitas vezes se figuram até como a parte hipersuficiente da relação. Ouso discordar da tese, por diversos motivos: se o atleta recebe

alto salário, o clube recebe mais ainda; o atleta não pode nunca rescindir o contrato sem o pagamento da Cláusula Indenizatória Desportiva, ao passo que o clube pode rescindir o pacto sem o pagamento de nenhum valor e discutir tudo na Justiça, dentre outros inúmeros argumentos que não fazem parte deste trabalho e deixarão de ser citados, para não se alongar demasiadamente."(1)

Mesmo assim, a legislação reformista altera a cláusula, estabelecendo algumas condições para o seu pagamento:

Art. 86. [...]

§ 3º O valor da cláusula compensatória esportiva a que se refere o inciso II do *caput* deste artigo será livremente pactuado entre as partes e formalizado no contrato especial de trabalho esportivo, observando-se, como limite máximo, 400 (quatrocentas) vezes o valor do salário mensal no momento da rescisão e, como limite mínimo, o valor total de salários mensais a que teria direito o atleta até o término do referido contrato.

§ 4º A cláusula compensatória esportiva será paga pelo clube em favor do atleta em parcelas mensais iguais e sucessivas até o termo final do contrato originalmente pactuado e será devida a partir da rescisão do contrato especial de trabalho esportivo.

§ 5º Caso, no curso do pagamento da cláusula compensatória esportiva, o atleta celebre novo contrato de trabalho com distinta organização de prática esportiva, será a organização de prática esportiva anterior remida do pagamento das parcelas finais da cláusula compensatória esportiva quando o salário do atleta com a nova organização esportiva for igual ou superior àquele que recebia anteriormente ou, caso seja inferior, será devida pela organização de prática esportiva anterior somente a sua diferença, e seguirá o parcelamento em curso apenas pelo saldo.

Da análise da alteração, percebe-se que o parágrafo 4º, que trata do valor da cláusula compensatória desportiva, quase não foi alterado. Contudo, a proposta original do projeto de lei previa a redução do patamar mínimo da cláusula compensatória desportiva para 50% dos valores restantes do contrato.(2)

Não apenas isso, o legislador também possibilitou que o clube empregador pagasse esse montante de forma parcelada, até o termo final do contrato de trabalho originalmente pactuado. Assim, a título de exemplo, se o clube firma um contrato de trabalho

(1) CHIMINAZZO, João Henrique Cren. "Cláusula indenizatória desportiva, cláusula compensatória desportiva e o princípio da isonomia das partes". In: OLIVEIRA, Leonardo Andreotti Paulo de (Coord.). *Direito do Trabalho e Desporto.* São Paulo: Quartier Latin, 2014. p. 157.

(2) § 3º O valor da cláusula compensatória esportiva a que se refere o inciso II do *caput* deste artigo será livremente pactuado entre as partes e formalizado no contrato especial de trabalho esportivo, observado, como limite máximo, 400 (quatrocentas) vezes o valor do salário mensal no momento da rescisão e, como limite mínimo, metade do valor total de salários mensais a que teria direito o atleta ou técnico de futebol até o término do referido contrato.

por cinco anos com um atleta, e o dispensa ao final do terceiro ano, pode pagar a cláusula compensatória em parcelas mensais nos dois anos seguintes.

Essa disposição, inclusive, foi vetada pelo ilustre presidente, com a seguinte fundamentação:

> A proposição legislativa estabelece que a cláusula compensatória esportiva seria paga pelo clube em favor do atleta em parcelas mensais iguais e sucessivas até o termo final do contrato originalmente pactuado e seria devida a partir da rescisão do contrato especial de trabalho esportivo. Ainda, institui que a cobrança judicial da cláusula compensatória esportiva se sujeitaria ao seu comprovado inadimplemento nos termos do § 5º do art. 86 do Projeto de Lei.
>
> Entretanto, apesar de meritória a intenção do legislador, a proposição legislativa incorre em vício de inconstitucionalidade por ofensa ao disposto no *caput* do art. 5º da Constituição.

Contudo, foi mantido o § 6º, que estabelece o vencimento antecipado da dívida, em caso de atraso de duas parcelas,[(3)] o que pode dar margem para uma interpretação de que é possível parcelar esse valor.

E não só! Se o atleta nesse período for contratado em outro clube, o clube anterior pode deixar de pagar a cláusula compensatória desportiva, ou no mínimo, pagar a diferença entre o valor da parcela da cláusula compensatória, e o novo salário do atleta. Para melhor compreensão: o clube A dispensa um atleta e paga a sua cláusula compensatória no percentual de 50% da remuneração do atleta no final do contrato, resultando num valor mensal de R$ 100.000,00. Se esse atleta é contratado pelo clube B com salário de R$ 100.000,00 (ou mais), o clube A fica dispensado do pagamento do restante da cláusula compensatória. Por outro lado, se o atleta for contratado pelo clube B com salário de R$ 60.000,00 o clube A passaria a pagar apenas a diferença de R$ 40.000,00.

Evidentemente essa alteração reduz (e muito) os valores percebidos pelos atletas.

No entanto, essa disposição também foi vetada pelo ilustre presidente, sob os seguintes argumentos:

> Em que pese a boa intenção do legislador, a proposição legislativa contraria o interesse público, uma vez que o dispositivo inviabiliza a acumulação, pelos atletas, de recursos provenientes da indenização compensatória recebida da organização de prática esportiva à qual o atleta era vinculado com os recursos advindos de um novo contrato de trabalho, o que fere parcela de natureza trabalhista. Hipótese especial de remissão de dívidas que, ao contrário da regra geral do instituto, estabelecida no art. 385 da Lei n. 10.406, de 10 de janeiro de 2002 – Código Civil, é autorizada por lei e afasta, por completo, a autonomia do credor quanto à decisão de remir.
>
> Ademais, a proposição legislativa incorre em vício de inconstitucionalidade por ofensa ao disposto no *caput* do art. 5º da Constituição.

---

(3) § 6º Se ocorrer o atraso no pagamento das parcelas da cláusula compensatória esportiva superior a 2 (dois) meses, vencer-se-á automaticamente toda a dívida.

1.2. Ausência de vínculo empregatício

A Lei Pelé previa a possibilidade de o atleta não possuir vínculo empregatício. Tratava-se, assim, de uma medida excepcional, e aplicada apenas aos atletas autônomos, isto é, de modalidades individuais, como se verifica pelo disposto no art. 28-A da Lei n. 9.615/1998:

> Art. 28-A. Caracteriza-se como autônomo o atleta maior de 16 (dezesseis) anos que não mantém relação empregatícia com entidade de prática desportiva, auferindo rendimentos por conta e por meio de contrato de natureza civil.
>
> § 1º O vínculo desportivo do atleta autônomo com a entidade de prática desportiva resulta de inscrição para participar de competição e não implica reconhecimento de relação empregatícia.
>
> § 2º A filiação ou a vinculação de atleta autônomo a entidade de administração ou a sua integração a delegações brasileiras partícipes de competições internacionais não caracteriza vínculo empregatício.
>
> § 3º O disposto neste artigo não se aplica às modalidades desportivas coletivas.

Ocorre que a Nova Lei Geral do Esporte possibilitou que atletas e treinadores fossem contratados sem vínculo empregatício, como se verifica pela redação do art. 82:

> Art. 82. A atividade assalariada não é a única forma de caracterização da profissionalização do atleta, do treinador e do árbitro esportivo, sendo possível também definir como profissional quem é remunerado por meio de contratos de natureza cível, vedada a sua participação como sócio ou acionista da organização esportiva.
>
> Parágrafo único. A atividade profissional do atleta, do treinador e do árbitro esportivo não constitui por si relação de emprego com a organização com a qual ele mantenha vínculo de natureza meramente esportiva, caracterizado pela liberdade de contratação.

No caso do futebol, obrigatoriamente treinadores e atletas deverão ser empregados, conforme se extrai dos arts. 97 e seguintes, mas, para outras modalidades esportivas, essa regra ficou flexibilizada, de modo que os clubes poderão contratar esses profissionais sob o manto do direito civil. Contudo, os casos de fraude deverão ser levados para julgamento na Justiça do Trabalho, isto é, aquelas contratações por meio de empresa, mas que preenchem os requisitos do art. 3º da CLT.

Essa forma de contratação, *data venia*, precariza ainda mais as relações trabalhistas desportivas, suprimindo direitos dos atletas e treinadores, que poderão ser contratados como meros "prestadores de serviços", a ponto de termos clubes sem empregados.

1.3. Da natureza jurídica dos pagamentos

Outra significativa mudança trazida pela Nova Lei Geral do Esporte diz respeito aos pagamentos efetuados pelos clubes aos atletas.

O art. 457 da CLT assim dispõe sobre a natureza jurídica das verbas pagas pelos empregadores:

> Art. 457 – Compreendem-se na remuneração do empregado, para todos os efeitos legais, além do salário devido e pago diretamente pelo empregador, como contraprestação do serviço, as gorjetas que receber.
>
> § 1º Integram o salário a importância fixa estipulada, as gratificações legais e as comissões pagas pelo empregador.
>
> § 2º As importâncias, ainda que habituais, pagas a título de ajuda de custo, auxílio-alimentação, vedado seu pagamento em dinheiro, diárias para viagem, prêmios e abonos não integram a remuneração do empregado, não se incorporam ao contrato de trabalho e não constituem base de incidência de qualquer encargo trabalhista e previdenciário.
>
> § 3ºConsidera-se gorjeta não só a importância espontaneamente dada pelo cliente ao empregado, como também o valor cobrado pela empresa, como serviço ou adicional, a qualquer título, e destinado à distribuição aos empregados.
>
> § 4º Consideram-se prêmios as liberalidades concedidas pelo empregador em forma de bens, serviços ou valor em dinheiro a empregado ou a grupo de empregados, em razão de desempenho superior ao ordinariamente esperado no exercício de suas atividades.

No caso da Nova Lei Geral do Esporte, o art. 85 assim dispõe:

> Art. 85. A relação do atleta profissional com seu empregador esportivo regula-se pelas normas desta Lei, pelos acordos e pelas convenções coletivas, pelas cláusulas estabelecidas no contrato especial de trabalho esportivo e, subsidiariamente, pelas disposições da legislação trabalhista e da seguridade social.
>
> § 1º Os prêmios por *performance* ou resultado, o direito de imagem e o valor das luvas, caso ajustadas, não possuem natureza salarial e constarão de contrato avulso de natureza exclusivamente civil.
>
> § 2º Consideram-se prêmios por *performance* as liberalidades concedidas pela organização que se dedique à prática esportiva empregadora em dinheiro a atleta, a grupo de atletas, a treinadores e a demais integrantes de comissões técnicas e delegações, em razão do seu desempenho individual ou do desempenho coletivo da equipe da organização que se dedique à prática esportiva, previstas em contrato especial de trabalho esportivo ou não.

Esse dispositivo alterou substancialmente entendimento consolidado pelos Tribunais sobre a natureza jurídica de várias verbas, em flagrante prejuízo ao trabalhador. Como se verifica, os prêmios por *performance* e resultados, direito de imagem e luvas passam a ter natureza civil.

Com relação ao direito de imagem, este sempre teve natureza civil, e mesmo na Nova Lei Geral do Esporte, em caso de fraude, perderá sua natureza de direito civil, conforme dispõe o art. 164,[(4)] pouco se alternando nesse aspecto.

Já com relação às luvas, estas sempre tiveram natureza salarial. Nesse sentido, retomamos os ensinamentos de Domingos Sávio Zainaghi:

> "Têm-se, portanto, as 'luvas' um caráter de complemento da remuneração. Podem ser pagas de uma só vez ou em parcelas semestrais, e, também, em cotas mensais com o salário.
>
> [...]
>
> Trata-se de parcela de natureza remuneratória, obrigatória se prevista no contrato, e que deverá refletir em todas as verbas trabalhistas (FGTS, férias, décimo terceiro salário)."[(5)]

No mesmo sentido, leciona Rafael Teixeira Ramos:

> "Nessa esteira, as luvas são de natureza jurídica salarial quando o seu pagamento é acordado em parcelas ao longo do prazo contratual. Mesmo não

---

(4) Art. 164. O direito ao uso da imagem do atleta profissional ou não profissional pode ser por ele cedido ou explorado por terceiros, inclusive por pessoa jurídica da qual seja sócio, mediante ajuste contratual de natureza civil e com fixação de direitos, deveres e condições inconfundíveis com o contrato especial de trabalho esportivo.

§ 1º Não há impedimento a que o atleta empregado, concomitantemente à existência de contrato especial de trabalho esportivo, ceda seu direito de imagem à organização esportiva empregadora, mas a remuneração pela cessão de direito de imagem não substitui a remuneração devida quando configurada a relação de emprego entre o atleta e a organização esportiva contratante.

§ 2º A remuneração devida a título de imagem ao atleta pela organização esportiva não poderá ser superior a 50% (cinquenta por cento) de sua remuneração.

§ 3º A utilização da imagem do atleta pela organização esportiva poderá ocorrer, durante a vigência do vínculo esportivo e contratual, das seguintes formas, entre outras:

I – divulgação da imagem do atleta no sítio eletrônico da organização e nos demais canais oficiais de comunicação, tais como redes sociais, revistas e vídeos institucionais;

II – realização de campanhas de divulgação da organização esportiva e de sua equipe competitiva;

III – participação nos eventos de lançamento da equipe e comemoração dos resultados.

§ 4º Deve ser efetivo o uso comercial da exploração do direito de imagem do atleta, de modo a se combater a simulação e a fraude.

§ 5º Fica permitida a exploração da imagem dos atletas e dos membros das comissões técnicas, de forma coletiva, assim considerada, no mínimo, 3 (três) atletas ou membros das respectivas comissões técnicas agrupados, em atividade profissional, em campo ou fora dele, captada no contexto das atividades esportivas e utilizada para fins promocionais, institucionais e de fomento ao esporte, pelas organizações que administram e regulam o esporte e pelas organizações que se dediquem à prática esportiva, respeitado o disposto neste artigo no que se refere ao direito de imagem de cada atleta e membro da comissão técnica, quando individualmente considerados.

(5) ZAINAGHI, Domingos Sávio. *Os atletas profissionais de futebol no Direito do Trabalho*. 3. ed. São Paulo: LTr. 2018. p. 61.

descritas em contrato, apenas a negociação e o pagamento do montante como acréscimo ao salário base de maneira habitual ao longo do prazo contratual já caracteriza o seu aspecto integrante do salário."(6)

Vejam, assim, que já é dominante o entendimento da natureza jurídica salarial das luvas. Até mesmo o seu contexto, já que paga em parcelas mensais ao longo do contrato, demonstram a natureza salarial da verba.

Caso se admita a mudança irrestrita de sua natureza jurídica, na prática os clubes poderão reduzir o salário, e aumentar o valor das luvas, uma vez que também pagas mensalmente e não terão natureza trabalhista, reduzindo os reflexos em outras verbas.

As "luvas" previstas na Nova Lei Geral do Esporte, e no contexto desportivo, se assemelham ao "*hiring bônus*" do mundo corporativo, já que ambos tratam de parcela paga ao empregado em razão de um empregado aceitar um emprego. Nesse sentido, uníssona a jurisprudência do TST:

> "(...) 2. BÔNUS DE CONTRATAÇÃO. HIRING BONUS. NATUREZA JURÍDICA SALARIAL. REFLEXOS. LIMITAÇÃO. NÃO PROVIMENTO. Por disciplina judiciária, curvo-me ao entendimento adotado por este Tribunal Superior, no sentido de que a parcela hiring bonus possui caráter salarial, porquanto constitui reconhecimento pelos desempenhos e resultados alcançados pelo profissional em sua carreira, equiparando-se às luvas do atleta profissional. Precedentes. Não obstante a circunstância de tratar-se de parcela de cunho salarial, o atual entendimento da egrégia SBDI-1 é o de que os reflexos decorrentes da verba hiring bonus devem ficar limitados ao depósito do FGTS referente ao mês de pagamento da verba e à respectiva multa de 40% (quarenta por cento), não se estendendo, pois, sobre todas as parcelas que têm o salário como base de cálculo. Isso porque, neste caso, aplica-se, por analogia, a mesma diretriz que norteou a edição da Súmula n. 253 e que também levou à limitação dos reflexos decorrentes da gratificação semestral. Na hipótese vertente, o egrégio Tribunal Regional consignou que, conquanto pudesse ser reconhecida a natureza salarial da parcela hiring bonus, não haveria reflexos em outras verbas contratuais, sem olvidar que já havia sido feito o pagamento do FGTS sobre a parcela em debate, conforme fl. 368 (numeração eletrônica). Considerando, pois, que o v. acórdão regional está em conformidade com a atual, iterativa e notória jurisprudência desta Corte Superior, o processamento do recurso de revista encontra óbice no art. 896, § 7º, da CLT e na Súmula n. 333. Agravo a que se nega provimento. (...)" (TST-RR-1001839-76.2016.5.02.0042, 4ª Turma, relator ministro Guilherme Augusto Caputo Bastos, *DEJT* 27.8.2021)

Por fim, com relação aos "prêmios por *performance* ou resultados", a situação fica ainda mais nebulosa.

O parágrafo segundo do art. 84 acima citado assim dispõe e define esses prêmios:

> § 2º Consideram-se prêmios por *performance* as liberalidades concedidas pela entidade de prática esportiva empregadora em dinheiro a atleta, a grupo de atletas, a treinadores e a demais

(6) RAMOS, Rafael Teixeira. *Curso de Direito do Trabalho Desportivo:* As relações especiais de trabalho do esporte. Salvador. Editora JusPodivm, 2021. p. 127.

> integrantes de comissões técnicas e delegações, em razão do seu desempenho individual ou do desempenho coletivo da equipe da entidade de prática esportiva, previstas em contrato especial de trabalho esportivo ou não.

Após a Lei n. 13.467/2017, não vemos problema em a legislação desportiva estabelecer que os prêmios não possuam natureza salarial. Contudo, devem ser considerados como "prêmios" os valores pagos em razão de conquistas de títulos ou resultados importantes, por exemplo, os chamados "bichos".(7)

Mesmo assim, o prêmio não pode ser pago de maneira habitual, como nos ensina Homero Batista:

> "Se todos recebem prêmios todos os meses, com ou sem metas e cronogramas, então a parcela nada mais é do que o salário sob a roupagem de prêmio. O prêmio não pode ser razoavelmente esperado nem pode ser destinado à generalidade dos empregados, como um complemento salarial."(8)

Mesmo assim, deve ser diferenciado o prêmio, dos chamados "contratos por desempenho". Esses contratos estabelecem uma parcela fixa e "bônus" pago pelo empregador a cada resultado atingido.

O valor e os objetivos a serem atingidos costumam ser previamente definidos, e a cada resultado atingido, o atleta recebe a remuneração ali especificada. Costumam ser objetos do contrato por desempenho: número de partidas jogadas, gols feitos, assistências, vitórias, dentre outros critérios.

Os bônus de desempenho ou *performance*, *data venia*, não podem ser entendidos como prêmio, pois podem ser pagos com habitualidade, bem como existem requisitos previamente estabelecidos para o seu cumprimento.

Esse modelo seria muito mais uma espécie de "comissão" do que "prêmio". Mauricio Godinho Delgado assim define a comissão: "As comissões consistem em parcelas contraprestativas pagas pelo empregador ao empregado em decorrência de uma produção alcançada pelo obreiro no contexto do contrato, calculando-se, variavelmente, em contrapartida a essa produção".

---

(7) "As origens do vocábulo remontam à época do amadorismo, pois os jogadores ganhavam por vitórias, e espalhavam que o dinheiro extra que haviam recebido vinha do 'jogo do bicho' que era, naqueles tempos, uma prática lícita. O jargão se popularizou e faz parte do vocabulário futebolístico. Sua natureza jurídica é de gratificação ou bonificação, uma vez que só é pago em virtude de resultados positivos: vitórias, classificações e conquistas de títulos. [...] Quanto à natureza jurídica de salário, é a inclinação dos tribunais [...] ZAINAGHI, Domingos Sávio. *Os atletas profissionais de futebol no Direito do Trabalho*. 3. ed. São Paulo: LTr. 2018. p. 61.

(8) BATISTA, Homero. *Manual de Direito do Trabalho*. São Paulo: Thomson Reuters Brasil, 2023. p. 53.

Por outro lado, a CLT assim define o "prêmio": "Consideram-se prêmios as liberalidades concedidas pelo empregador em forma de bens, serviços ou valor em dinheiro a empregado ou a grupo de empregados, em razão de desempenho superior ao ordinariamente esperado no exercício de suas atividades".

O prêmio é, assim, pago quando do desempenho superior ao esperado. Ao se fixar uma meta, objetivo, se espera o cumprimento daquele objetivo. No caso do futebol, se espera que um jogador faça gols, ou jogue partidas. Não se trata de desempenho superior ao esperado, mas, sim, cumprir o esperado de forma satisfatória.

Novamente retomamos os ensinamentos de Homero Batista:

> "Os prêmios podem ser tanto salariais — quando funcionarem como uma espécie de comissão, ou seja, como retribuição por vendas ou, de maneira geral, quando forem razoavelmente esperados ao final do mês- quanto pode ser indenizatórios — quando forem ocasionais, fortuitos ou quando forem destinados apenas a 1 empregado ou grupo de empregados."(9)

Com isso, percebemos que os prêmios por si só não podem ser considerados como de natureza civil, devendo ser observado a forma de pagamento, em especial os prêmios por performance, eis que se assemelham mais a comissão do que a prêmio, demonstrando, *data venia*, a confusão do legislador com esses institutos.

2. O princípio da vedação do retrocesso social

Superada a análise das mudanças no contrato de trabalho desportivo trazidas pela Nova Lei Geral do Esporte, passa-se à sua relação com o princípio da vedação do retrocesso social.

As normas de cunho trabalhista estão inseridas como normas de direitos sociais, conforme previsto no art. 6º da CRFB/1988.(10)

Assim, por serem direitos sociais, as normas de direito do trabalho, e nisso se incluem as normas de direito do trabalho dos atletas, foram criadas para ser efetivadas e preservadas pelo Estado.

Importante trazermos os ensinamentos de Canotilho sobre o tema:

> "O princípio da proibição de retrocesso social pode formular-se assim: o núcleo essencial dos direitos sociais já realizado e efectivado através de

(9) BATISTA, Homero. *Manual de Direito do Trabalho*. São Paulo: Thomson Reuters Brasil. 2023. p. 53.

(10) Art. 6º São direitos sociais a educação, a saúde, a alimentação, o trabalho, a moradia, o transporte, o lazer, a segurança, a previdência social, a proteção à maternidade e à infância, a assistência aos desamparados, na forma desta Constituição.

> medidas legislativas ("lei da segurança social", "lei do subsídio de desemprego", "lei do serviço de saúde") deve considerar-se constitucionalmente garantido, sendo inconstitucionais quaisquer medidas estaduais que, sem a criação de outros esquemas alternativos ou compensatórios, se traduzam, na prática, numa "anulação", "revogação", ou "aniquilação" pura e simples desse núcleo essencial."(11)

A vedação ao retrocesso social garante que as conquistas sociais estabelecidas até então sejam mantidas, e não revogadas.

É notório que as leis podem sofrer alterações, mas, as normas de caráter sociais, como as de Direito do Trabalho, não podem reduzir direitos, podem sim regulá-los, como acontecem em alterações propostas na CLT e outras leis, por exemplo.

Contudo, no caso das alterações propostas pela Nova Lei Geral do Esporte, o legislador foi além, e potencialmente reduziu direitos dos atletas nas situações acima expostas.

Trata-se, portanto de medidas possivelmente inconstitucionais, se mantidas, por suprimirem direitos trabalhistas.

Domingos Zainaghi já criticou a redução do percentual pago aos atletas, referente ao Direito de Arena, quando assim expõe em sua obra:

> "Como afirmamos, trata-se de um ganho social do atleta que se levou anos para se consolidar como um direito trabalhista, sendo, ao nosso sentir, um retrocesso social sua redução para 5% quando há quase 30 anos tínhamos esse patamar mínimo de 20%.
>
> [...]
>
> Insistimos, reduzir 'do nada', sem qualquer fundamento, e, pior, sem contrapartida um direito fundamental, no caso o Direito de Arena, é um flagrante retrocesso de conquistas sociais; é reduzir um Direito Fundamental, qual seja, um direito trabalhista (salário) intrinsicamente ligado à dignidade do trabalhador.
>
> [...]
>
> Quanto ao legislador ter alterado sua natureza jurídica para civil, também entendemos ser impossível, pois a natureza jurídica de um instituto quem a dá é o Direito e não a lei, pelo menos quando tratamos de Direito do Trabalho."(12)

---

(11) CANOTILHO, J. J. Gomes. *Direito Constitucional e teoria da Constituição*. 5. ed. Coimbra: Almedina, 2002. p. 338.

(12) ZAINAGHI, Domingos Sávio. *Os atletas profissionais de futebol no Direito do Trabalho*. 4. ed. São Paulo: LTr, 2020. p. 132.

Valemo-nos das mesmas conclusões do ilustre professor Zainaghi, quando de seu estudo sobre a redução do Direito de Arena, para as reduções e modificações trazidas pela Nova Lei Geral do Esporte, que alterou a natureza jurídica de institutos consolidados, propõe reduzir significativamente o valor da cláusula compensatória desportiva, e ainda afastar o vínculo empregatício de atletas e treinadores.

Considerações finais

Por todo o exposto, verificamos os temas mais sensíveis da Nova Lei Geral do Esporte, nos aspectos de Direito do Trabalho, com o destaque para a nova redação da disposição sobre a cláusula compensatória desportiva, que pode possibilitar o seu parcelamento pelo clube, e até a sua isenção total, a depender de um novo contrato de trabalho firmado pelo atleta.

Ademais, vimos que Nova Lei Geral do Esporte permite contratar atletas e treinadores sem vínculo de emprego, por meio de contrato de natureza civil, o que deve causar divergências, considerando os requisitos do art. 3º da CLT.

E por fim, a Nova Lei Geral do Esporte alterou a natureza jurídica de verbas recebidas pelos atletas, o que também pode gerar diversos conflitos com a própria legislação trabalhista.

Todas essas mudanças podem ferir o princípio da vedação do retrocesso social, segundo o qual o legislador não pode alterar normas de direitos sociais, a fim de suprimir e restringir esses direitos, o que potencialmente tem ocorrido com as normas de caráter trabalhista desportivo, como alertou Domingos Zainaghi quando da redução do Direito de Arena.

Referências

BATISTA, Homero. *Manual de Direito do Trabalho*. São Paulo: Thomson Reuters Brasil. 2023.

BRASIL. Constituição (1988). *Constituição da República Federativa do Brasil, de 5 de outubro de 1988*. Disponível em: <http://www.planalto.gov.br/ccivil_03/Constituicao/ConstituicaoCompilado.htm>. Acesso em: 14 jun. 2023.

______. *Lei n. 9.615/1998, de 24 de março de 1998*. Institui normas gerais sobre desporto e dá outras providências. Diário Oficial da União, 25 mar. 1998, disponível em: <http://www.planalto.gov.br/ccivil_03/leis/L9615consol.htm>. Acesso em: 14 jun. 2023.

______. *Decreto-lei n. 5.452, de 1º de maio de 1943*. Aprova a Consolidação das Leis do Trabalho. Diário Oficial da União, 14 set. 2001. Disponível em: <http://www.planalto.gov.br/ccivil_03/decreto-lei/Del5452.htm>. Acesso em: 14 jun. 2023.

CANOTILHO, J. J. Gomes. *Direito Constitucional e teoria da Constituição*. 5. ed. Coimbra: Almedina, 2002.

CHIMINAZZO, João Henrique Cren. "Cláusula indenizatória desportiva, cláusula compensatória desportiva e o princípio da isonomia das partes". In: OLIVEIRA, Leonardo Andreotti Paulo de (Coord.). *Direito do Trabalho e Desporto*. São Paulo: Quartier Latin, 2014.

DELGADO, Mauricio Godinho. *Curso de Direito do Trabalho:* obra revisada e atualizada. 19. ed. São Paulo: LTr, 2020.

MARTINS, Sérgio Pinto. *Hiring bonus.* Natureza jurídica e incidência de tributos. São Paulo: LTr, 2023. Disponível em: <https://ltreditora.com.br/blogs/revista-ltr-2022/hiring-bonus-natureza-juridica-e-incidencia-de-tributos>. Acesso em: 14 jun. 2023.

PLÁ RODIGUEZ, Américo. *Princípios de Direito do Trabalho*. 3. ed. São Paulo: LTr, 2000.

RAMOS, Rafael Teixeira. *Curso de Direito do Trabalho Desportivo:* As relações especiais de trabalho do esporte. Salvador: JusPodivm, 2021.

VEIGA, Maurício Figueiredo Corrêa da. *Manual de Direito do Trabalho Desportivo*. 2. ed. São Paulo: LTr, 2017.

ZAINAGHI, Domingos Sávio. *Os atletas profissionais de futebol no Direito do Trabalho.* 3. ed. São Paulo: LTr. 2018.

______. *Os atletas profissionais de futebol no direito do trabalho*. 4. ed. São Paulo: LTr. 2020.

As Fontes do Direito Desportivo do Trabalho e a Nova LGE

Marcos Ulhoa Dani

Introdução

O Direito Desportivo do Trabalho ganha, a cada dia, significância no ordenamento jurídico, na medida em que as relações esportivas escalam em importância social e financeira no mundo contemporâneo. O esporte, como fonte de renda, emprego, entretenimento, lazer e cultura é uma realidade inafastável e os partícipes das relações esportivas necessitam, cada vez mais, de regramentos para os inúmeros conflitos decorrentes das relações de trabalho no esporte. Essas relações humanas, por óbvio, se revelam como fenômenos jurídicos carentes de regulamentação, haja vista os conflitos inerentes a qualquer concentração relacional humana que se renovam e modificam no tempo.

Nesse campo, o Direito Desportivo do Trabalho lança mão, validamente, de fontes autônomas e heterônomas do direito, de modo legítimo. A própria CRFB-88 e a legislação infraconstitucional vêm dando relevo àquela disciplina do conhecimento humano e densificando as suas fontes alternativas. Isso já era perceptível na Lei Pelé (Lei n. 9.615/98, cuja derrogação foi vetada pela Presidência da República, e portanto, ainda está vigente nos trechos não conflitantes com a lei nova), e ficou ainda mais claro com a edição da Nova Lei Geral do Esporte (Lei n. 14.597/23).

Em uma sociedade plural e globalizada, a legislação heterônoma estatal não detém condições de acompanhar a evolução dos fatos e a multiplicidade de situações que necessitam regulamentação no campo do Direito do Trabalho Desportivo. E essa regulamentação do fenômeno jurídico para além das normas heterônomas estatais não é somente desejável, mas necessária. Isso assim foi, e assim é, no decorrer dos milênios. Nesse sentido, a lição histórica de Caio Mário da Silva Pereira, em sua imortal obra *Instituições de Direito Civil* — volume I:

> *Em todo tempo, e tão longe quanto o investigador mergulhe no passado, onde quer que encontre um agrupamento social, onde quer que homens coexistam, seja na*

> *célula menor que é o organismo familiar, seja na unidade tribal, seja na entidade estatal, ainda que em estágio rudimentar, encontra sempre presente o fenômeno jurídico.* Há e sempre houve um mínimo de condições existenciais da vida em sociedade, que se impõe ao homem através de forças que contenham sua tendência à expansão individual e egoísta. Estas forças ora se objetivam no aparelho intimidador do Estado, ora se impõem pela contenção mística da religião, ora se concentram na absorção autoritária de um chefe eventual. A forma, pois, de sua atuação varia. Na escala dos valores, sua afirmação ideal é insuscetível de padronização. Mas na apuração de sua incidência é uma constante. *Há e sempre houve uma norma, uma regra de conduta, pautando a atuação do indivíduo, nas suas relações com os outros indivíduos* (PEREIRA, 1997, p. 3-4). (Grifei)

O Direito, portanto, é sábio e pródigo na admissão, dentro dos limites de suas próprias regras, de fontes alternativas para a solução dos conflitos que a realidade apresenta, quando a legislação heterônoma estatal não é suficiente para interpretar e dar solução ao fenômeno jurídico. As fontes do direito, como manancial para a solução de conflitos estabelecidos, não se subsume à legislação heterônoma estatal. E, no caso dos conflitos decorrentes das relações de trabalho no esporte, o Direito se retroalimenta, pelas suas próprias regras e regulamentos.

1. A teoria pluralista e as fontes no direito do trabalho desportivo

Em benefício da segurança jurídica que deve prevalecer no ordenamento, todo fenômeno jurídico deve ter uma norma para regulá-lo, evitando-se o caos social e a dissociação do homem da sua condição primitiva. Tais regras evitam o subjetivismo do intérprete e do aplicador. E as fontes dessas normas podem ser variadas, desde que previstas, de uma maneira ou de outra, nas regras do ordenamento.

Tal como já tinha me posicionado anteriormente na Obra *Transferências e registros de atletas profissionais de futebol*, entendo que o Direito do Trabalho, em todas as suas vertentes, e especialmente no campo desportivo, objeto do presente estudo, foge do exclusivismo estatal quando abordamos as fontes do direito. Trata-se da Teoria Pluralista, mais consentânea com o Direito do Trabalho e, por consequência, com o Direito Desportivo do Trabalho. O ministro do TST, Mauricio Godinho Delgado, em seu famoso manual, conceitua a referida teoria:

> Já a teoria pluralista não considera válida a tese do exclusivismo estatal sustentando a clara existência de distintos centros de positivação jurídica ao longo da sociedade civil, como o demonstram, ilustrativamente, os costumes e os instrumentos jurídicos da negociação coletiva trabalhista (contrato coletivo, convenção coletiva ou acordo coletivo do trabalho). *Para a vertente*

> *pluralista, a circunstância de se reconhecer no Estado o centro hegemônico de positivação jurídica não impede a percepção da nítida convivência, no âmbito societário, de outros núcleos de produção de fontes formais do Direito* (DELGADO, 2009, p. 130-131). (Grifei)

A gradação da escala de aplicabilidade de fontes alternativas às normas heterônomas estatais é regulada pela própria lei e pela Constituição.

Nesse ponto, é preciso dizer que não se está, aqui, a desconsiderar a lei heterônoma estatal cogente como fonte primordial do ordenamento jurídico, observadas, por óbvio, as competências materiais de cada assunto. Ao revés. A validação de fontes jurígenas diversas da estatal é corroborada e autorizada pela lei infraconstitucional e pela Constituição. Ou seja, as normas heterônomas estatais cogentes, especialmente quanto aos direitos indisponíveis (Tema 1.046 do STF), ainda são a principal fonte do direito. Todavia, observados os ditames principiológicos da Constituição, a existência de lacunas normativas, antinomias de segundo grau, conceitos jurídicos indeterminados e resultados potencialmente absurdos, há espaço legítimo para fontes alternativas do direito.

Nas palavras do juiz do trabalho do TRT da 1ª Região, professor Fábio Rodrigues Gomes, em sua magistral obra *O retorno ao positivismo jurídico — Reflexões críticas de um juiz desencantado*: "A deliberação política detém a legitimidade popular, e, portanto, a primazia da produção normativa, da criação de normas válidas" (GOMES, 2020, p. 95).

Complementando seu raciocínio, diz, ainda, o referido doutrinador:

> Dentro de um modelo institucional como o brasileiro, cujo poder popular é repartido entre os órgãos legislativos, executivos e judiciários, são os primeiros que protagonizam o papel criador do direito. Sendo mais direto: é o Parlamento, com a sua natureza deliberativa e com os seus representantes eleitos democraticamente pelo povo, o detentor da legitimidade primária e pressuposta para criar, modificar e revogar enunciados jurídicos (GOMES, 2020, p. 109).

Ou seja, as modificações legislativas trazidas no decorrer da história de um país são gênese de um processo legislativo legítimo, fruto de seu tempo, e, como tal, deve ser, *a priori*, respeitado. Existindo uma norma processual ou material posta, ela deve ser, como regra, observada. Ocorre que o mundo social é dinâmico e mutante e, muitas vezes, o processo legislativo não acompanha, com a celeridade desejada, a variabilidade econômica, política e social existente. Nesse caso, cabe a observância de heterointegração do direito, no caso, por exemplo, de lacunas legislativas. Ao Judiciário, cabe garantir a observância das normas vigentes, e, na efetiva ausência de leis claras a respeito de uma determinada situação, aplicar regras de heterointegração das normas, previstas no próprio ordenamento, até o surgimento de novo regramento heterônomo estatal cogente aplicável à espécie.

Aqui não se está tratando dos critérios tradicionais de solução de antinomias normativas aparentes de primeiro grau, como os critérios de anterioridade, hierarquia ou de especialidade. Aqui estamos tratando de outras fontes jurígenas diversas do Estado, que a própria Lei e a Constituição dão validade, eficácia e gradação de importância no ordenamento jurídico, com aplicabilidade especificada nos próprios termos legais.

2. Da internormatividade do direito do trabalho desportivo. Regulamentos desportivos. Autorização da CRFB-88 e da legislação infraconstitucional. A nova LGE

A expressão "regulamentos" esportivos foi citada na nova LGE (Lei n. 14.597/23) nada mais, nada menos, do que 25 vezes. Isso representa o relevo que foi dado à autonomia dos regramentos esportivos gestados nas entidades de administração e organização do desporto e na Justiça Desportiva.

Entendo que as normas e regulamentos desportivos, quando não colidentes com direitos indisponíveis previstos na CRFB-88 e na legislação heterônoma estatal, são fontes subsidiárias autorizadas pela própria legislação estatal e pela CRFB-88. Classificam-se como *costumes* desportivos, e, como tais, fontes alternativas do direito do trabalho, conforme autorizado pelo art. 8º, *caput*, da CLT e pelos novos arts. 26, 27 e 28 da LGE. O conceito de costume é posto pelo ministro Mauricio Godinho Delgado, em sua obra já citada:

Por costume entende-se (...) a prática habitual adotada no contexto mais amplo de certa empresa, categoria, região etc., firmando um modelo ou critério de conduta geral, impessoal, aplicável *ad futurum* a todos os trabalhadores integrados no mesmo tipo de contexto. Os costumes têm, assim, caráter inquestionável de atos-regra, isto é, normas jurídicas. A qualidade e a função dos costumes como normas jurídicas autônomas, vocacionadas a suprirem lacunas percebidas nas fontes jurídicas principais do sistema, são referidas pela legislação trabalhista não apenas genericamente (através do mencionado art. 8º, da CLT), como também de modo tópico e específico (DELGADO, 2009, p. 154).

A obrigatoriedade dos costumes, como atos-regra, e, também como forma de integração do ordenamento, foi confirmada por Gustavo Felipe Barbosa Garcia, em seu *Curso de Direito do Trabalho*:

> Os usos e costumes são considerados fontes formais também no Direito do Trabalho. Trata-se de conduta reiteradamente praticada e observada pelo grupo social e comunidade, que a considera juridicamente obrigatória. O costume *secundum legem* refere-se à conduta que já está prevista na própria

> lei (...) o costume *praeter legem* significa aquele que, embora não previsto em lei, não a afronta, sendo aceito pelo sistema jurídico, podendo, ainda, ser aplicado no caso de lacuna da lei. (...) O art. 8º, *caput*, da CLT explicita que os usos e costumes também podem ser utilizados na falta de disposições legais e contratuais, ou seja, como forma de integração do ordenamento jurídico no Direito do Trabalho (GARCIA, 2012, p. 67-68).

Os costumes que se aplicam ao Direito do Trabalho Desportivo são *secundum legem* e *praeter legem.*

Assim já tinha me posicionado anteriormente na obra *Transferências e registros de atletas profissionais de futebol*, 2. ed., especificamente quanto ao reconhecimento dos regulamentos desportivos como fontes do direito em casos de celeumas desportivo-trabalhistas, como, por exemplo, no caso de transferências de atletas profissionais do futebol:

> Desta forma, a meu sentir, e dentro da realidade da Teoria Pluralista mais consentânea com o Direito do Trabalho, os regulamentos desportivos, tanto nacionais como internacionais, por serem criadores de normas jurídicas gerais, impessoais, abstratas e dotadas de sanção serão verdadeiros "atos-regra" (costumes) e, portanto, fontes formais autônomas do direito, oriundas, desta maneira, de outros núcleos jurígenos que não o Estado. (...) Consideramos os regulamentos mencionados como fontes autônomas (costumes), pois as entidades de organização do Desporto, como a FIFA e a CBF, elegem seus dirigentes, o que implica em dizer que participam, assim, da elaboração dos seus regulamentos, por meio dos dirigentes eleitos pela via representativa. Ao aderir à FIFA e às competições patrocinadas por aquela entidade e suas afiliadas, o clube se submete aos seus regulamentos. (...) Na nossa visão, aplicação dos regulamentos mencionados justifica-se, em primeiro lugar, pois a própria Lei Pelé empoderou e reconheceu aquelas entidades e eventuais Ligas autônomas formadas por Entidades Desportivas como organizadoras do desporto (*caput* dos arts. 16 e 20 da Lei n. 9.615/1998). Em segundo lugar, como se notará, a legislação brasileira (arts. 22, I, XVI e 24, IX, da CRFB-1988) é insuficiente e lacunosa no que tange à regulação das transferências nacionais e internacionais de atletas profissionais, inclusive quanto aos seus procedimentos burocráticos de validade e registro de jogadores para o efetivo e regular exercício da profissão. Nesta situação, incide a possibilidade de suprimento de lacunas via regulamentos e estatutos daquelas entidades, bem como uma interpretação integrada com os Princípios do Direito do Trabalho e a utilização dos regulamentos e estatutos como fontes subsidiárias (costumes), tais como aquelas previstas no art. 8º, *caput* e parágrafo único da CLT, conforme autorização do art. 28, § 4º, da Lei n. 9.615/1998. (DANI, 2019, p. 25-28)

Aquela interpretação de heterointegração do direito pelos regulamentos esportivos, feita desde a 1ª edição daquela obra em 2016, se refletiu nos dispositivos legais da nova LGE:

Art. 26. A autonomia é atributo da organização esportiva em todo o mundo, na forma disposta na Carta Olímpica, e limita a atuação do Estado, conforme reconhecido pela Assembleia Geral da Organização das Nações Unidas (ONU) e inscrito na Constituição Federal, e visa a assegurar que não haja interferência externa indevida que ameace a garantia da incerteza do resultado esportivo, a integridade do esporte e a harmonia do sistema transnacional denominado *Lex Sportiva*.

§ 1º Entende-se por *Lex Sportiva* o sistema privado transnacional autônomo composto de organizações esportivas, suas normas e regras e dos órgãos de resolução de controvérsias, incluídos seus tribunais.

§ 2º O esporte de alto rendimento é regulado por normas nacionais e internacionais e pelas regras de prática esportiva de cada modalidade, aceitas pelas respectivas organizações nacionais de administração e regulação do esporte.

Art. 27. As organizações esportivas, qualquer que seja sua natureza jurídica ou forma de estruturação, ainda que integrantes do Sinesp, são autônomas quanto à normatização interna para realizar a autorregulação, o autogoverno e a autoadministração, inclusive no que se refere ao regramento próprio da prática do esporte e de competições nas modalidades esportivas que rejam ou de que participem, à sua estruturação interna e à forma de escolha de seus dirigentes e membros, bem como quanto à associação a outras organizações ou instituições, sendo-lhes assegurado:

I – estabelecer, emendar e interpretar livremente as regras apropriadas ao seu esporte, sem influências políticas ou econômicas;

II – (VETADO);

III – escolher seus gestores democraticamente, sem interferência do poder público ou de terceiros;

IV – obter recursos de fontes públicas ou de outra natureza, sem obrigações desproporcionais; e

V – (VETADO).

Parágrafo único. (VETADO).

Art. 28. As organizações esportivas possuem liberdade de associação na área esportiva no âmbito interno e externo, podendo escolher a natureza jurídica que melhor se conformar a suas especificidades, independentemente da denominação adotada, da modalidade esportiva ou da forma de promoção do esporte com que se envolvam, assim como, no caso de organização esportiva de caráter geral, respeitados os direitos e garantias fundamentais, decidir a forma e os critérios para que outra organização possa a ela filiar-se.

Ou seja, a LGE entendeu que a *Lex Sportiva* é o sistema privado transnacional autônomo composto de organizações esportivas, suas normas e regras e dos órgãos de resolução de controvérsias, incluídos seus tribunais. Deixou claro, também, que *o esporte de alto rendimento é regulado por normas nacionais e internacionais e pelas regras de prática esportiva de cada modalidade, aceitas pelas respectivas organizações nacionais de administração e regulação do esporte*. Ou seja, a própria lei admite, de modo claro, a coexistência das normas estatais e não estatais no âmbito desportivo. Também ficou estabelecido que as organizações esportivas são autônomas quanto à normatização interna para realizar a autorregulação, o autogoverno e a autoadministração, inclusive no que se refere ao regramento próprio da prática do esporte e de competições nas modalidades esportivas que rejam ou de que participem. Essa recepção dos regulamentos desportivos como uma fonte válida do direito foi admitida também por Patrícia Reali Zainaghi, no seu artigo: "Breves reflexões sobre a ordem jurídica internacional desportiva e sua relação com o direito brasileiro", jungido à obra *Direito Desportivo*, organizada por Domingos Sávio Zainaghi:

> Em suma, pode-se dizer que a *lex sportiva* amolda-se ao direito interno para cooperar com a aplicação das normas àqueles que a ela estão vinculados, como exemplo, as confederações nacionais, os atletas e todos os demais sujeitos vinculados ao sistema desportivo internacional. Assim sendo, a *lex sportiva* traz luz aos conflitos jus desportivos que não estão alcançados pela legislação estatal, por sua vez, viabilizando regras capazes de solucionar as dinâmicas aos conflitos apresentados, atendendo cada qual as especificidades que emanam deste ramo. Outrossim, essa integração de normas nacionais e internacionais se vê com mais aceitação na área desportiva em razão da forte influência do esporte e pela consolidação de suas instituições (REALI ZAINAGHI, 2022, *in Direito Desportivo,* p. 357).

O art. 217, I, da CRFB-88, em seus termos, foi claro ao conferir autonomia às entidades desportivas, seus dirigentes e associações, quanto à sua organização e funcionamento. Já o § 1º daquele mesmo artigo constitucional esclareceu que o Poder Judiciário só admitirá ações relativas à disciplina e às competições desportivas após esgotaram-se as instâncias da Justiça Desportiva, regulada em lei. A esse respeito, Maurício de Figueiredo Corrêa da Veiga, em sua obra *Manual de Direito do Trabalho Desportivo*, 2ª edição, citando, inclusive, Álvaro de Melo Filho:

> ... o art. 217, I, da Constituição Federal preceitua a autonomia das entidades desportivas dirigentes e associações, quanto a sua organização e funcionamento. (...) Em síntese, tanto na formação das federações nacionais quanto das internacionais, observa-se o caráter associativo, em que os entes contratantes cedem parte de sua autonomia em favor da criação de uma entidade capaz de harmonizar os interesses do grupo. (...) O art. 217 da Constituição Federal consagra a autonomia desportiva que, segundo Álvaro de Melo Filho "é, portanto, ínsita ao próprio desporto e cada entidade associativa tem, dentro de certos limites de competência, plenos poderes de autorregulação e autonormatização, resguardadas tão apenas as clássicas áreas de responsabilidade estatal, ordem pública e segurança pública (VEIGA, 2017, p. 38-40)

Esse entendimento foi corroborado pelo STF, na ADI n. 5.450, de relatoria do ministro Alexandre de Moraes, quando lei heterônoma estatal pretendeu, indevidamente, adentrar a seara autônoma das competições e disciplinas desportivas. A referida ADI foi assim ementada (fonte: <www.stf.jus.br>. Acesso em: 10 jul. 2023):

> EMENTA: CONSTITUCIONAL. *AUTONOMIA DAS ENTIDADES DESPORTIVAS.* LEI N. 13.155/2015. PROGRAMA DE RESPONSABILIDADE FISCAL DO FUTEBOL BRASILEIRO — PROFUT. Atuação legítima do legislador visando à probidade e à transparência da gestão democrática e participativa do desporto. Constitucionalidade. *Impossibilidade de exigência de regularidade fiscal como requisito técnico para habilitação em competições. Sanção política. Inconstitucionalidade. Procedência parcial.* 1. As condições impostas pela Lei n. 13.155/2015 para a adesão e manutenção de clubes e entidades desportivas no Programa de Responsabilidade Fiscal do Futebol Brasileiro, PROFUT, mostram-se necessárias e adequadas para a melhoria da gestão responsável e profissional dessas entidades, afirmada a relevância e o interesse social do futebol e de outras práticas desportivas como patrimônio público cultural (art. 216 da CF). 2. Não bastasse o caráter voluntário da adesão, as exigências estabelecidas no PROFUT atenderam ao princípio da razoabilidade, uma vez que respeitadas as necessárias proporcionalidade, justiça e adequação entre os dispositivos impugnados e as normas constitucionais protetivas da autonomia desportiva, preservando-se a constitucionalidade das normas, pois a atuação do legislador visando à probidade e à transparência da gestão do desporto foi legítima, estando presentes a racionalidade, prudência, proporção e a não arbitrariedade. 3. *O art. 40 da norma impugnada, na parte em que altera o art. 10, §§ 1º, 3º e 5º da Lei n. 10.671/2003, ao impor o atendimento de critérios de âmbito exclusivamente fiscal ou trabalhista para garantir a habilitação nos campeonatos, independentemente da adesão das entidades desportivas profissionais ao PROFUT, podendo acarretar o rebaixamento de divisão dos clubes que não cumprirem tais requisitos, caracteriza meio indireto e coercitivo de cobrança de tributos e outras obrigações ("sanção política"), pelo que é inconstitucional.* 4. Medida Cautelar confirmada e Ação Direta julgada parcialmente procedente para declarar a inconstitucionalidade do art. 40 da Lei n. 13.155/2015, na parte em que altera o art. 10, §§ 1º, 3º e 5º, da Lei n. 10.671/2003. (Grifei)

A autonomia do esporte foi elevada ao *status* de princípio fundamental do esporte na nova LGE (Lei Geral do Esporte – Lei n. 14.597/23), conforme se verifica do art. 2º, I, da Lei. Como visto, até pelos artigos legais citados, ficou clara a convivência harmônica, em diálogo de fontes, da legislação heterônomo estatal e dos regulamentos esportivos, estes como costumes desportivos, ou seja, fontes autônomas do direito. Tal fenômeno de heterointegração se conceitua como *internormatividade*, também por mim abordado na obra *Transferências e registros de atletas profissionais de futebol*, 2ª edição, com menção ao professor Wladimyr Vinycius de Moraes Camargos:

> O fenômeno de aceitação das normas desportivas, ao lado das normas heterônomas estatais, foi classificado como *internormatividade*, dentro de uma realidade de pluralismo jurídico — em que são consideradas várias fontes, métodos de produção autônomos e centros de positivação diversos do estatal. Wladimyr de Moraes Camargos conceitua o instituto da internormatividade: "A internormatividade possibilita uma denominada

> coabitação entre as normas e poderes estatais e desportivos através de um reconhecimento explícito da autonomia do ordenamento desportivo, porém com a consignação referente às restrições ao exercício deste instituto". A internormatividade é, em nossa visão, um viés da chamada Teoria do "Diálogo das Fontes", em que não se permite uma solução de antinomias (conflitos de regras) somente pelos métodos tradicionais de solução, como a anterioridade, especialidade e hierarquia. Permite-se uma solução dos casos concretos pela interpenetração de fontes, em aplicações conjuntas e complementares. (...) O multicitado Wladimyr Vinycius de Moraes Camargos esclarece, finalmente, que: "Não seria necessário, portanto, maior esforço para se entender que a mais importante norma infraconstitucional nacional que dispõe sobre o desporto é taxativa em recepcionar a tese de coabitação entre fontes estatais e não estatais para a regulação do tema. A interpretação mesma da Lei Pelé deve sempre ser balizada por esta assertiva. Assim, para o Direito Desportivo, ao lado da força irradiadora dos Princípios Gerais e da base principiológica da Constituição, que são necessariamente o corolário para a hermenêutica jurídica, está o recurso à internormatividade, que se desdobra do pluralismo jurídico (DANI, 2019, p. 28-30).

A prova cabal exemplificativa da remição aos regulamentos desportivos pela lei heterônoma estatal pode ser dado na própria LGE, em duas passagens, apesar de existirem vários outros exemplos. A primeira passagem é o parágrafo único do art. 94 da LGE, em que a lei diz, em seus termos, que a cessão ou a negociação de direitos econômicos dos atletas submetem-se às *regras e aos regulamentos próprios de cada organização de administração esportiva* e à legislação internacional das federações internacionais esportivas. A segunda passagem é o § 2º, do art. 95, da mesma LGE, em que o dispositivo legal citado, em seus termos, diz que a atuação de intermediação, de representação e de agenciamento esportivo submete-se às *regras e aos regulamentos próprios de cada organização de administração esportiva* e à legislação internacional das federações internacionais esportivas. Ou seja, como se vê, em somente dois dispositivos legais exemplificativos da LGE, percebe-se que o legislador pátrio remeteu a regulamentação de relações de trabalho relevantíssimas no Direito Desportivo, envolvendo atletas, agremiações desportivas e agentes esportivos (intermediários) ao regramento dado pelos regulamentos desportivos. Isso só corrobora a importância, como fonte legítima e autônoma do direito, dos regulamentos esportivos, com respeito, é claro, à base principiológica constitucional e aos direitos indisponíveis dos envolvidos.

A convivência harmônica entre as normas heterônomas estatais e os regulamentos esportivos, ambos fontes do direito do trabalho desportivo, refletem a riqueza, dinâmica e complexidade das relações travadas naquele ramo do direito, de impossível compilação em somente um diploma normativo. Nesse sentido, novamente, o colega magistrado Fábio Rodrigues Gomes:

> De fato, a vida é muito rica, complexa, dinâmica e imprevisível para que o ser humano consiga construir um sistema jurídico absoluto. Chega a ser intuitiva a descrença em um ordenamento jurídico perfeitamente formulado. (GOMES, 2020, p. 171)

Conclusão

A vida e as relações desportivas são ricas, dinâmicas e imprevisíveis. Seria uma visão utópica entender que somente as leis heterônomas estatais seriam suficientes para regulamentar toda uma gama de relações desportivas que surgem diuturnamente, ainda mais em uma sociedade plural, globalizada e em constante mutação. Para não ir muito longe, a cada dia somos surpreendidos com novas modalidades esportivas e com novas relações no campo do desporto. Os esportes eletrônicos (e-sports), por exemplo, são uma realidade que arrebata uma multidão de jovens aficionados, com investimentos de bilhões de dólares envolvidos, em um movimento que agrega patrocinadores, mídia e audiência de bilhões de pessoas. Um outro exemplo de transformação no campo do desporto são as transmissões de eventos esportivos em plataformas de *streaming*, o que impacta, por exemplo, em questões atinentes ao direito de arena. A legislação heterônoma estatal não é capaz de conseguir se atualizar com tal velocidade de transformação, razão pela qual outras fontes alternativas de direito podem, e devem, ser utilizadas, por exemplo, para suprimento de lacunas normativas. Os legisladores constitucional e infraconstitucional, de modo consciente e talvez até inconsciente, pois ninguém pode prever até onde irão as transformações no mundo do desporto e de suas relações, autorizaram, pelas leis de regência do esporte, a utilização, válida e legítima, de regulamentos desportivos como fontes do direito. Que toda essa riqueza de relações possa continuar a se desenvolver, com equilíbrio, lógica e consistências normativas e interpretativas.

Referências

BRASIL. Constituição (1988). *Constituição da República Federativa do Brasil*. Brasília, DF: Senado Federal: Centro Gráfico, 1988.

______. *Decreto-lei n. 4.657, de 4 de setembro de 1942*. Lei de Introdução às normas do Direito Brasileiro. Diário Oficial da União, Rio de Janeiro, DF, 09 set. 1942. Disponível em: <http://www.planalto.gov.br/ccivil_03/Decreto-Lei/Del4657.htm>. Acesso em: 17 jan. 2023.

______. *Decreto-lei n. 5.452, de 1º de maio de 1943*. Aprova a Consolidação das Leis do Trabalho. Lex: coletânea de legislação: edição federal, São Paulo, v. 7, 1943.

______. *Lei n. 9.615, de 24 de março de 1998*. Institui normas gerais sobre desporto e dá outras providências. Diário Oficial da União, Brasília, DF, 25 mar. 1998. Disponível em: <https://www.planalto.gov.br/ccivil_03/leis/l9615consol.htm>. Acesso em: 23 jan. 2023.

______. *Lei n. 13.105, de 16 de março de 2015*. Código de Processo Civil. Diário Oficial da União, Brasília, DF, 17 mar. 2015. Disponível em: <https://www.planalto.gov.br/ccivil_03/_ato2015-2018/2015/lei/l13105.htm>. Acesso em: 23 jan. 2023.

______. *Lei n. 14.597, de 14 de junho de 2023*. Institui a Lei Geral do Esporte. Diário Oficial da União, Brasília, DF, 15 jun. 2023. Disponível em: <https://www.planalto.gov.br/ccivil_03/_ato2023-2026/2023/Lei/L14597.htm#:~:text=L14597&text=Institui%20a%20Lei%20Geral%20do%20Esporte.&text=Art.,Cultura%20de%20Paz%20no%20Esporte>. Acesso em: 2 out. 2023.

DANI, Marcos Ulhoa. *Transferências e registros de atletas profissionais de futebol: responsabilidades e direitos*. 2. ed. São Paulo: LTr, 2019.

DELGADO, Maurício Godinho. *Curso de Direito do Trabalho*. 8. ed. São Paulo: LTr, 2009.

GARCIA, Gustavo Felipe Barbosa. *Curso de Direito do Trabalho*. 6. ed., rev., atual. e ampl. Rio de Janeiro: Forense, 2012.

GOMES, Fábio Rodrigues. *O retorno ao positivismo jurídico:* Reflexões críticas de um juiz desencantado. Niterói: Arthe Comunicação Gráfica, 2020.

PEREIRA, Caio Mário da Silva. *Instituições de Direito Civil*. vol. I, 18. ed. Rio de Janeiro: Forense, 1997.

REALI ZAINAGHI, Patrícia. Breves reflexões sobre a ordem jurídica internacional desportiva e sua relação com o direito brasileiro. In: ZAINAGHI, Domingos Sávio (Org.). *Direito Desportivo*. Leme: Mizuno, 2022. p. 349-359.

VEIGA, Maurício de Figueiredo Corrêa da. *Manual de Direito do Trabalho Desportivo*. 2. ed. São Paulo: LTr, 2017.

As Novas Relações de Trabalho no Desporto Introduzidas pela Lei n. 14.597/2023

Mauricio de Figueiredo Corrêa da Veiga

1. Introdução

Com alegria e emoção recebi o convite dos doutores Leonardo Andreotti Paulo de Oliveira e Guilherme Guimarães Feliciano, eminentes organizadores da obra coletiva em homenagem aos saudosos ministros do Tribunal Superior do Trabalho, Pedro Paulo Teixeira Manus e Walmir Oliveira da Costa, que tão cedo partiram deste plano terrestre. Ambos os magistrados serão sempre lembrados e, além do contributo para o Direito do Trabalho, deixarão um legado para o Direito Desportivo, tendo em vista que eram membros da Academia Nacional de Direito Desportivo (ANDD-Brasil).

O ministro Pedro Paulo Manus foi membro fundador da ANDD-Brasil e foi o primeiro ocupante da Cadeira 23, que tem como patrono João Saldanha. Já o ministro Walmir Oliveira da Costa, na qualidade de membro efetivo, foi o primeiro ocupante da Cadeira 32, que tem como patrono Orlando Teixeira da Costa.

Eu tive o privilégio de poder conviver com os magistrados homenageados enquanto advogado militante no Tribunal Superior do Trabalho e compartilhar com Suas Excelências, inúmeras mesas em palestras e seminários, no Brasil e no exterior. As saudades serão sempre sentidas.

Até a vigência plena da Lei Pelé, o contrato especial de trabalho desportivo era condição para que fossem asseguradas as prerrogativas constantes na Lei Geral do Desporto, enquanto que o registro desse contrato na entidade de administração do desporto fazia surgir o vínculo desportivo.

A partir da Lei n. 14.597/2023, que doravante será identificada como LGE/2023, houve uma significativa mudança em relação às formas de prestação de serviços e a própria definição de atleta profissional.

2. Relações de trabalho no desporto

A LGE/2023 provocou uma mudança de paradigma, tendo em vista que o diploma anterior exigia a obrigatoriedade do contrato de trabalho, denominado de especial, para reger a relação trabalhista desportiva. Portanto, aquele atleta que não fosse portador de um contrato, em tese, não poderia se valer das premissas constantes na Lei Geral do Desporto.

A LGE/2023 alterou esse eixo e passou a permitir a convivência harmônica de diferentes formas de prestação de serviços, distintos da relação de emprego, sem desvirtuar a natureza da atividade.

Trata-se de um avanço legislativo, tendo em vista que o legislador teve a precaução de reafirmar princípios constitucionais elementares que deverão sempre ser observados.

Dessa forma, toda relação econômica que advém da prática desportiva, no nível da excelência desportiva, deverá estar baseada nas premissas do desenvolvimento social e econômico e sempre observar o *princípio da proteção do trabalho*, da garantia dos direitos sociais do trabalhador desportivo e da valorização da organização desportiva empregadora, nos termos do art. 70 da LGE/2023[(1)].

As peculiaridades que permeiam o desporto e a própria prática desportiva justificam o reconhecimento de formas distintas de relações de trabalho, pouco importando a sua natureza jurídica, seja ela civil ou trabalhista.

Portanto, a partir de 15.6.2023, data da publicação do novo diploma legal, a atividade assalariada deixou de ser a única forma de caracterização da profissionalização do atleta, do treinador e do árbitro esportivo, tendo em vista que passou a ser possível também definir como profissional quem é remunerado por meio de contratos de natureza cível, vedada a sua participação como sócio ou acionista da organização esportiva, nos termos do art. 82 da LGE/2023.[(2)]

Já o parágrafo único do art. 82 acima citado estabelece que "A atividade profissional do atleta, do treinador e do árbitro esportivo não constitui por si relação de emprego com a organização com a qual ele mantenha vínculo de natureza meramente esportiva, caracterizado pela liberdade de contratação".

O vínculo de emprego é uma das formas de prestação de serviços a ser entabulada entre clube e atletas, porém não será a única.

---

(1) Disponível em: <https://www.planalto.gov.br/ccivil_03/_ato2023-2026/2023/Lei/L14597.htm>. Acesso em: 22 set. 2023.

(2) *Idem.*

3. Relações de trabalho na recente visão do STF

A partir do ano de 2021 o STF passou a enfrentar questões relacionadas a vínculos de emprego, reconhecidos pela Justiça do Trabalho, em casos envolvendo terceirização, pejotização e trabalhadores hipersuficientes.

No julgamento da ADPF 324, o ministro Luís Roberto Barroso, relator do caso, foi categórico ao afirmar que "a terceirização de partes da cadeia produtiva de uma empresa é possível, quer se trate de atividade-meio, quer se trate de atividade essencial para o negócio ou de atividade-fim".

Nos anos posteriores, no julgamento de Reclamações Constitucionais (RcL), o mesmo ministro afirmou a regularidade da "pejotização" como modalidade de lícita terceirização adotada por pessoas hipersuficientes, tais como médicos, engenheiros, professores, artistas, locutores, o que se justificaria em contrapartida à perversa regressividade do sistema tributário nacional.

No mesmo sentido, o Supremo Tribunal Federal passou a admitir o controle de vínculo de trabalho (e não de emprego) entre pessoas naturais e pessoas jurídicas. A saber: Rcl 60.741/PB, rel. Min. Nunes Marques, DJe 25.8.2023 (aplicativos de entregas); Rcl 60.347 MC/MG, rel. Min. Alexandre de Moraes, DJe 26.7.2023 (aplicativo de transporte de passageiros); e Rcl. 62.213/ SP, rel. Min. Cristiano Zanin, DJe 19.9.2023 (escritório de advocacia).0

Em outro caso emblemático que foi relevante na mudança de postura do STF, o ministro Luiz Fux foi relator do RE 958.252 (Tema n. 725 da Repercussão Geral), oportunidade na qual afirmou que "os valores do trabalho e da livre-iniciativa são intrinsecamente conectados, em uma relação dialógica que impede seja rotulada determinada providência como maximizadora de apenas um desses princípios".

No julgamento da RcL 61.924/RJ, o ministro Gilmar Mendes também se mostrou contundente ao afirmar que "se a Constituição Federal não impõe um modelo específico de produção, não faz qualquer sentido manter as amarras de um modelo verticalizado, fordista, na contramão de um movimento global de descentralização".

Entendimento semelhante tem o ministro Nunes Marques, que foi relator da ADI 5.625, na qual afirmara a tese de que "o princípio da valorização do trabalho não se concretiza apenas com a tradicional fórmula do vínculo empregatício", sendo facultadas "aos trabalhadores, e aos empregadores, alternativas legítimas para que exerçam seu ofício".

A Suprema Corte também já teve a oportunidade de se manifestar em caso relacionado ao desporto.

Nos autos da RcL 56.499/RJ, o ministro Luis Roberto Barroso julgou procedente o pedido para afastar o vínculo de emprego que havia sido deferido pela Justiça do Trabalho entre um diretor e a Confederação Brasileira de Futebol.

O ministro relator foi enfático ao dizer que aquele profissional não era um trabalhador hipossuficiente, cuja tutela estatal se justificaria para assegurar a proteção de direitos trabalhistas, mas sim de um profissional com remuneração expressiva e com discernimento para fazer uma escolha esclarecida acerca de sua contratação.

A parte inconformada recorreu da decisão inicial e o Agravo foi apreciado pela 1ª Turma/STF, sendo que a decisão foi mantida e no voto vogal o ministro Cristiano Zanin foi contundente ao afirmar que "*No caso dos autos, percebe-se que o beneficiário do ato reclamado era diretor nomeado da entidade máxima do futebol. Na base empírica do acórdão impugnado, inexiste menção a vício de consentimento ou condição de vulnerabilidade do contratado na opção da relação jurídica estabelecida*".[3]

A quantidade de reclamações que passaram a aportar no STF desde 2022 é avassaladora e já começou a impactar nas decisões trabalhistas proferidas a partir de então.

Nota-se, portanto, que a partir do princípio da liberdade econômica, o STF passou a ser categórico em afirmar a coexistência de múltiplas formas de prestação de serviços dentro de um mesmo sistema jurídico, desde que não haja fraude. Portanto, o vínculo de emprego deixou de ter aquela mesma presunção, quase que absoluta, quando uma determinada prestação de serviços era apresentada à Justiça do Trabalho.

4. Disposições da LGE/2023 que são específicas para o futebol

A Seção VI da LGE/2023 trata das disposições específicas ao futebol. Ou seja, para o atleta profissional que exerce a prática do futebol, o legislador fez questão de manter artigos específicos, que analisados de forma sistêmica, permitem se chegar à conclusão que, no futebol, o contrato de trabalho continua a ser obrigatório.

O art. 97 da LGE/2023 contém disposições específicas que são aplicadas aos atletas profissionais da modalidade futebol e o inciso VIII é expresso ao afirmar que será caracterizada a atividade profissional do atleta de futebol por *remuneração pactuada em contrato especial de trabalho desportivo* celebrado com organização que se dedique à prática desportiva.

Logo, podemos concluir que o contrato de trabalho continua a ser requisito essencial para a prática dessa modalidade, razão pela qual, os próximos capítulos continuam a ser dedicados ao contrato de trabalho.

Tal fato é plenamente justificável, tendo em vista que o futebol não deve ser analisado somente como uma prática desportiva, pois revela diversas significações simbólicas, psíquicas, sociais, culturais, históricas, políticas e econômicas que envolvem multidões

(3) Disponível em: <https://portal.stf.jus.br/processos/detalhe.asp?incidente=6505387>. Acesso em: 22 set. 2023.

concentradas em torno de um espetáculo que empolga sociedades e nações em esfera planetária, mobilizando milhões de dólares e conquistando a adesão cada vez maior de pessoas de todas as camadas sociais.

O resultado dessa força e abrangência do futebol é a sua atual articulação como uma indústria de entretenimento, que movimenta bilhões de dólares no mundo inteiro. O jogador é negociado como mercadoria e tem um preço ligado à sua imagem. Ele é um produto que traz rendimento para o clube que o contratou e para os patrocinadores. Assim, o futebol perde parte de seu caráter exclusivo de atividade esportiva e torna-se também um produto esportivo, cultural, econômico e social, oferecido como artigo de consumo.

É fundamental que o profissional do Direito Desportivo esteja atento a essas peculiaridades e diferenciações que existem em razão das atividades que são desempenhadas.

5. Conclusão

A nova legislação desportiva, atenta à premissa da Suprema Corte, adota essa linha de posicionamento quando afirma que, independentemente da forma como recebe sua remuneração, será considerado atleta profissional o praticante de desporto de alto nível que se dedica à atividade desportiva de forma permanente e que tem nessa atividade a sua principal fonte de renda por intermédio do trabalho (art. 72, parágrafo único da LGE/2023).

Além disso, o legislador foi expresso ao afirmar que não será capaz de gerar vínculo de emprego a remuneração eventual de atleta de qualquer modalidade por participação em prova ou partida, inclusive as premiações por resultado alcançado, concedidas eventualmente e em razão de desempenho superior ao ordinariamente esperado no exercício de suas atividades, bem como a percepção de auxílios na forma de bolsas ou de remuneração não permanente por meio de patrocínios ou direito sobre a exploração comercial de sua imagem (art. 86, § 9º da LGE/2023).

Nada obstante o equívoco cometido pelo Poder Executivo ao não revogar a Lei n. 9.615/1998, sua análise e interpretação deverão ser cautelosas, sendo que esta jamais poderá prevalecer em relação à lei mais moderna (LGE/2023), quando houver conflito entre as normas.

Nesse sentido me refiro ao art. 28-A da Lei Pelé que define o conceito de atleta autônomo e que afirma no *caput* que nesta hipótese não há vínculo de emprego com a entidade de prática desportiva e que no parágrafo terceiro determina que tal dispositivo não se aplica às modalidades desportivas coletivas.

Em que pese não ter sido revogado expressamente, o art. 28-A, § 3º da Lei Pelé[4] não é possível de coexistir com a LGE/2023 e as premissas nelas constantes que asseguram a convivência pacífica e harmônica das diversas formas de relações de trabalho sem qualquer distinção, salvo no tocante ao futebol, em que o legislador se manifestou expressamente.

Portanto, a contratação de um atleta por parte de uma organização desportiva poderá ser feita mediante a celebração de um contrato de trabalho ou mediante um contrato de natureza civil com esse atleta diretamente ou com a pessoa jurídica por ele constituída ou da qual seja sócio.

Contudo, deve ser ressaltado que para o atleta profissional que exerce a prática do futebol, o legislador fez questão de manter artigos específicos, que analisados de forma sistêmica, permitem se chegar à conclusão que, no futebol, o contrato de trabalho continua a ser obrigatório.

6. Referências

MESTRE, Alexandre Miguel (Org.). *Enciclopédia de Direito do Desporto*. Coimbra: Gestlegal, 2019.

______. *Compêndio de Direito do Desporto*. Coimbra: Gestlegal, 2021.

PERRY, Valed. *Direito desportivo "temas"*. Rio de Janeiro: CBF, 1981.

VEIGA, Mauricio de Figueiredo Corrêa da. *Manual de Direito do Trabalho Desportivo*. 4. ed. São Paulo: LTr 2022.

Sítios da Internet:

Presidência da República: <www.planalto.gov.br>

Supremo Tribunal Federal: <www.dtf.jus.br>.

Tribunal Superior do Trabalho: <www.tst.jus.br>.

(4) Art. 28-A. Caracteriza-se como autônomo o atleta maior de 16 (dezesseis) anos que não mantém relação empregatícia com entidade de prática desportiva, auferindo rendimentos por conta e por meio de contrato de natureza civil.

Sociedade Anônima do Futebol (SAF) — Polêmicas e Expectativas

Mauricio de Figueiredo Corrêa da Veiga
Matheus de Figueiredo Corrêa da Veiga

1. Introdução

É com enorme entusiasmo que recebemos o convite para participar da presente obra coletiva. Os nossos homenageados, o ministro Walmir Oliveira da Costa e o ministro Pedro Paulo Teixeira Manus, ambos magistrados de carreira, daqueles que deixaram saudades por serem pessoas especiais em todos os sentidos, e que sempre serão lembrados pela trajetória de sucesso percorrida na Justiça do Trabalho.

A Sociedade Anônima do Futebol (SAF) foi uma novidade introduzida no ordenamento jurídico brasileiro em 2021, e de acordo com o art. 1º da Lei n. 14.193/2021, denomina-se SAF, a companhia cuja atividade principal consiste na prática do futebol, feminino e masculino, em competição profissional, sujeita às regras específicas da lei e, subsidiariamente, às disposições da Lei n. 6.404/1976 (Lei das SAs), e da Lei n. 9.615/1998 (Lei Pelé).

O objeto social da SAF poderá compreender as seguintes atividades:(1)

> I – o fomento e o desenvolvimento de atividades relacionadas com a prática do futebol, obrigatoriamente nas suas modalidades feminino e masculino;
>
> II – a formação de atleta profissional de futebol, nas modalidades feminino e masculino, e a obtenção de receitas decorrentes da transação dos seus direitos desportivos;
>
> III – a exploração, sob qualquer forma, dos direitos de propriedade intelectual de sua titularidade ou dos quais seja cessionária, incluídos os cedidos pelo clube ou pessoa jurídica original que a constituiu;

(1) Previsão contida no art. 1º, § 2º, da Lei n. 14.193/2021. Disponível em: <http://www.planalto.gov.br/ccivil_03/_ato2019-2022/2021/lei/L14193.htm>. Acesso em: 1º maio 2023.

IV – a exploração de direitos de propriedade intelectual de terceiros, relacionados ao futebol;

V – a exploração econômica de ativos, inclusive imobiliários, sobre os quais detenha direitos;

VI – quaisquer outras atividades conexas ao futebol e ao patrimônio da Sociedade Anônima do Futebol, incluída a organização de espetáculos esportivos, sociais ou culturais;

VII – a participação em outra sociedade, como sócio ou acionista, no território nacional, cujo objeto seja uma ou mais das atividades mencionadas nos incisos deste parágrafo, com exceção do inciso II.

Para compreensão da forma de constituição da SAF é imprescindível uma leitura atenta do art. 2º da Lei n. 14.193/2021, que prevê, de forma detalhada, as possibilidades de surgimento da SAF.

Dessa forma, a Sociedade Anônima do Futebol pode ser constituída de três formas eleitas pelo legislador:

I – pela transformação do clube ou pessoa jurídica original em Sociedade Anônima do Futebol;

II – pela cisão do departamento de futebol do clube ou pessoa jurídica original e transferência do seu patrimônio relacionado à atividade futebol;

III – pela iniciativa de pessoa natural ou jurídica ou de fundo de investimento.

Nas hipóteses I e II acima enumeradas, a SAF sucede obrigatoriamente o clube ou pessoa jurídica original nas relações com as entidades de administração, bem como nas relações contratuais, de qualquer natureza, com atletas profissionais do futebol, e a SAF terá o direito de participar de campeonatos, copas ou torneios em substituição ao clube ou pessoa jurídica original, nas mesmas condições em que se encontravam no momento da sucessão, competindo às entidades de administração a devida substituição sem nenhum prejuízo de ordem desportiva.

Além disso, na hipótese do item II acima destacado, os direitos e deveres decorrentes de relações, de qualquer natureza, estabelecidos com o clube, pessoa jurídica original e entidades de administração, inclusive direitos de participação em competições profissionais, bem como contratos de trabalho, de uso de imagem ou quaisquer outros contratos vinculados à atividade do futebol serão obrigatoriamente transferidos à SAF.

Outrossim, o clube ou pessoa jurídica original e a SAF deverão contratar, na data de constituição desta, a utilização e o pagamento de remuneração decorrente da exploração pela SAF de direitos de propriedade intelectual de titularidade do clube ou pessoa jurídica original;

Instrumento contratual estabelecerá se os bens e direitos serão transferidos à SAF definitivamente ou a termo.

A transferência dos direitos e do patrimônio para a SAF independe de autorização ou consentimento de credores ou partes interessadas, inclusive aqueles de natureza pública, salvo se disposto de modo diverso em contrato ou outro negócio jurídico.

Na hipótese de as instalações desportivas, como estádio, arena e centro de treinamento, não forem transferidas para a SAF, o clube ou pessoa jurídica original e a SAF deverão celebrar, na data de constituição desta, contrato no qual se estabelecerão as condições para utilização das instalações.

A participação em competições profissionais do futebol é prerrogativa da SAF constituída, razão pela qual é vedada a participação do clube ou pessoa jurídica original. Tal medida é salutar e evitará que discussões societárias façam com que emblemas de um mesmo clube participem de um mesmo campeonato. O exemplo do Clube Os Belenenses, de Portugal, é um exemplo que inspirou o legislador brasileiro a adotar essa previsão de forma contundente.

A SAF terá a obrigação de emitir ações ordinárias da classe A para subscrição exclusivamente pelo clube ou pessoa jurídica original que a constituiu.

Enquanto as ações ordinárias da classe A corresponderem a pelo menos 10% do capital social votante ou do capital social total, o voto afirmativo do seu titular no âmbito da assembleia-geral será condição necessária para a SAF deliberar sobre:

I – alienação, oneração, cessão, conferência, doação ou disposição de qualquer bem imobiliário ou de direito de propriedade intelectual conferido pelo clube ou pessoa jurídica original para formação do capital social;

II – qualquer ato de reorganização societária ou empresarial, como fusão, cisão, incorporação de ações, incorporação de outra sociedade ou trespasse;

III – dissolução, liquidação e extinção; e

IV – participação em competição desportiva sobre a qual dispõe o art. 20 da Lei n. 9.615/1998.

Além de outras matérias previstas no estatuto da SAF, depende da concordância do titular das ações ordinárias da classe A, independentemente do percentual da participação no capital votante ou social, a deliberação, em qualquer órgão societário, sobre as seguintes matérias:

I – alteração da denominação;

II – modificação dos signos identificativos da equipe de futebol profissional, incluídos símbolo, brasão, marca, alcunha, hino e cores; e

III – mudança da sede para outro município.

Os símbolos desportivos de uma entidade de prática desportiva possuem um valor patrimonial intangível e de complexa apuração de valores, tendo em vista que comercialmente pode não ter valor algum, mas para o clube significa a sua própria identidade e existência.

O estatuto da SAF constituída por clube ou pessoa jurídica original pode prever outros direitos para o titular das ações ordinárias da classe A.

Depende de aprovação prévia do clube ou pessoa jurídica original, que é titular de ações ordinárias da classe A, qualquer alteração no estatuto da SAF para modificar, restringir ou subtrair os direitos conferidos por essa classe de ações, ou para extinguir a ação ordinária da classe A.

Com efeito, o legislador brasileiro optou por elaborar uma lei exclusiva para o futebol, razão pela qual passou a ser facultada a possibilidade de constituição de uma SAF, ao contrário, por exemplo, do que ocorre em Portugal desde 2013 quando a Lei das Sociedades Desportivas passou a criar a possibilidade de constituição de sociedades anônimas desportivas (SAD), que já estavam reguladas na lei anterior e de sociedades desportivas unipessoais por quotas (SDUQ), nas quais o clube fundador deve ser necessariamente o sócio único.

Na Lei da SAF existe a possibilidade de constituição de sociedade anônima unipessoal, na medida em que o art. 2º, III estabelece que a SAF pode ser constituída pela iniciativa de pessoa natural ou jurídica ou de fundo de investimento, o que revela a possibilidade desses três entes constituírem uma SAF, sem a exigência, na constituição, de duas ou mais pessoas. Além disso, essa possibilidade é estendida aos outros meios de constituição da SAF, como o da cisão, regulada pelo art. 2º da lei, quando houver associado ou sócio único, respectivamente do clube ou do clube empresa fundadores, e o da subscrição de ações mediante a transferência de patrimônio do clube ou do clube empresa.

2. Regime Centralizado de Execuções — RCE

A Lei n. 14.193/2001 instituiu a Sociedade Anônima do Futebol (SAF) e dispôs acerca de normas de constituição, governança, controle e transparência, meios de financiamento da atividade futebolística, tratamento dos passivos das entidades de práticas desportivas e regime tributário específico, com alteração da Lei Pelé e do Código Civil Brasileiro.

A possibilidade de constituição de um clube de futebol no modelo de sociedade anônima não é uma novidade, pois há muitas décadas já estava previsto no ordenamento jurídico brasileiro, tanto na Lei Zico, quanto na Lei Pelé. O grande diferencial existente no novel diploma legal é o modo de quitação das obrigações e os "benefícios" tributários que foram instituídos e que foram vetados pelo Poder Executivo por haver renúncia fiscal. Contudo, os vetos foram derrubados pelo Congresso Nacional.

A estruturação do passivo trabalhista também foi recepcionada, seja por meio do RCE ou até mesmo da recuperação judicial ou extrajudicial.

Nota-se, portanto, que o novel diploma legal não tratou apenas de definir critérios que viabilizem a transformação de clubes associativos em empresas, na medida em que o alcance da nova lei é muito mais abrangente e dispõe acerca dos meios de financiamento da atividade futebolística e critérios para equacionar o passivo dos clubes, independentemente de sua forma jurídica de constituição.

De início, cumpre observar que a própria lei considera como clube toda associação civil, regida pelo Código Civil Brasileiro, dedicada ao fomento e à prática do futebol (art. 1º, § 1º, I, Lei n. 14.193/2021).

A referida lei é dividida em Capítulos independentes. O primeiro deles trata da Sociedade Anônima do Futebol (SAF) e é subdividido em Seções que tratam, respectivamente, das Disposições Introdutórias, Constituição, Governança e Obrigações da SAF e o modo de quitação das obrigações. Já a Subseção I estabelece o Regime Centralizado de Execuções (arts. 14 a 24), enquanto que a Subseção II dispõe acerca da recuperação judicial e extrajudicial do clube ou pessoa jurídica original.

O Capítulo II estabelece disposições especiais em três Seções: do financiamento da SAF, do programa de desenvolvimento educacional e social e do regime de tributação específica no futebol. Por fim, o Capítulo III trata das disposições finais.

A questão central a ser analisada neste momento diz respeito ao Regime Centralizado de Execuções — RCE e o seu alcance perante as entidades de prática desportiva.

Inicialmente, cumpre observar que o RCE trazido pela Lei n. 14.193/2021 não se confunde com o Plano Especial de Pagamento Trabalhista, regido pela Consolidação dos Provimentos da Corregedoria-Geral da Justiça do Trabalho (arts. 151 e ss.), razão pela qual caberá aos presidentes dos TRT's a observância da legislação atual para instauração do Regime Centralizado das Execuções.

Com efeito, dispõe o art. 14 da Lei n. 14.193/2021 que o requerimento do RCE será apresentado pelo clube ou pessoa jurídica original e será concedido pelo presidente do TRT, quanto às dívidas trabalhistas.

Dispõe o art. 13 da lei em comento que o clube ou pessoa jurídica original poderá efetuar o pagamento das obrigações diretamente aos seus credores, ou a seu exclusivo critério:

> I – pelo concurso de credores, por intermédio do Regime Centralizado de Execuções previsto nesta Lei; ou II – por meio de recuperação judicial ou extrajudicial, nos termos da Lei n. 11.101, de 9 de fevereiro de 2005.

Cumpre destacar que os Tribunais deverão emitir Atos que disciplinarão o Regime Centralizado de Execuções (RCE), com concessão de prazo de 6 anos para pagamento dos credores.

Além disso, o clube ou pessoa jurídica original que comprovar a adimplência de ao menos 60% do seu passivo original ao final do prazo de seis anos, será permitida a prorrogação do Regime Centralizado de Execuções por mais 4 anos, período em que o percentual a que se refere o inciso I do *caput* do art. 10 da Lei n. 14.193/21 poderá, a pedido do interessado, ser reduzido pelo juízo centralizador das execuções a 15% das suas receitas correntes mensais.

Ao clube ou pessoa jurídica original que requerer a centralização das suas execuções será concedido o prazo de até 60 dias para apresentação do seu plano de credores, que deverá conter obrigatoriamente os seguintes documentos: I – o balanço patrimonial; II – as demonstrações contábeis relativas aos 3 últimos exercícios sociais; III – as obrigações consolidadas em execução e a estimativa auditada das suas dívidas ainda em fase de conhecimento; IV – o fluxo de caixa e a sua projeção de 3 anos; e V – o termo de compromisso de controle orçamentário.

Como forma de viabilizar o fiel cumprimento das obrigações assumidas, enquanto o clube ou pessoa jurídica original cumprir os pagamentos previstos não será permitida nenhuma forma de constrição ao patrimônio ou às receitas, por penhora ou ordem de bloqueio de valores de qualquer natureza ou espécie sobre as suas receitas.

Em decisão proferida no PP 1000064-79.2021.5.02.0000, o Des. Sérgio Pinto Martins, então corregedor do TRT da 2ª Região e atualmente ministro do Tribunal Superior do Trabalho, afirmou que a Lei n. 14.193/2021, apanha os processos que estão em curso e citou Paul Roubier para afirmar que

> "a base fundamental da ciência dos conflitos de leis no tempo é a distinção entre efeito retroativo e efeito imediato de uma lei. Parece um dado muito simples: o efeito retroativo é a aplicação no passado; o efeito imediato é a aplicação no presente... Se a lei pretender ser aplicada sobre fatos consumados, ela é retroativa; se ela pretende ser aplicada sobre situações em curso, será preciso distinguir entre as partes anteriores à data da modificação da legislação e que não poderão ser atingidas sem retroatividade, e as partes posteriores, sobre as quais a lei nova, se aplicável, não terá senão um efeito imediato; enfim, diante de fatos futuros, é claro que a lei não pode jamais ser retroativa".

Naquele caso, determinado clube pretendia a ampliação do prazo de pagamento de suas dívidas, anteriormente fixado em 36 meses, para 6 anos, o que restou deferido.

No TRT da 1ª Região, a presidente, desembargadora Edith Maria Corrêa Tourinho, reconheceu sua competência — legalmente prevista — para instaurar o RCE, com concessão de prazo de 60 dias para que fosse apresentado plano de credores, conforme decisão proferida no PetCiv 102840-07.2021.5.01.0000.(2)

Na esteira do precedente do Vasco da Gama, clubes do Rio como Fluminense e Botafogo também seguiram o mesmo caminho e tiveram deferidas as suas pretensões, nada obstante a sua natureza jurídica de clube associativo.

Portanto, dois dos maiores Tribunais Regionais do Trabalho do Brasil já reconheceram a aplicação do Regime Centralizado de Execuções para todos os clubes, independentemente de sua forma de constituição, a demonstrar uma sólida tendência.

Dessa forma, a análise sistêmica do referido diploma legal permite concluir que a utilização do Regime Centralizado de Execuções, desde que atendidos os pressupostos enumerados na lei, constitui direito do clube, ou da pessoa jurídica original, razão pela qual não se trata de prerrogativa exclusiva de entidade de prática desportiva constituída sob a forma de sociedade anônima do futebol (SAF).

Não obstante, a Corregedoria-Geral da Justiça do Trabalho (CGJT) publicou ato que uniformizava o pagamento de dívidas trabalhistas de clubes de futebol, com o objetivo de solucionar os conflitos de decisões entre os TRT's em relação aos prazos e aos benefícios para quitação dos débitos, depois da entrada em vigor da Lei da Sociedade Anônima de Futebol (Lei n. 14.193/2021).

De acordo com o Provimento CGJT 1/2022, somente os clubes que transformarem seu departamento de futebol em Sociedade Anônima de Futebol (SAF) é que poderão ter acesso aos benefícios previstos na lei. A legislação prevê até 10 anos para quitação das dívidas, caso 60% do valor sejam pagos nos primeiros seis anos. Para os demais, a Corregedoria ampliou o prazo de três para seis anos.(3)

3. Sucessão

A sucessão trabalhista está disciplinada nos arts. 10, 448 e 448-A da CLT e ocorre quando há transferência de titularidade de empresa ou estabelecimento. Segundo a regra

---

(2) Naquela decisão, foi indeferida a suspensão das execuções, o que ensejou o ajuizamento da CorPar 1001210-15.2021.5.00.0000, na qual o Ministro Luiz Phillipe Vieira de Mello Filho decidiu que a competência para decidir acerca da suspensão das execuções é da Presidente do TRT-1 e não da Corregedoria daquele Tribunal.

(3) Disponível em: <https://www.csjt.jus.br/web/csjt/noticias3/-/asset_publisher/RPt2/content/id/10660898>. Acesso em: 24 maio 2023.

geral, qualquer alteração na estrutura jurídica da empresa não afetará os direitos adquiridos por seus empregados. Outrossim, a mudança na propriedade ou na estrutura jurídica da empresa não afetará os contratos de trabalho dos respectivos empregados e quando caracterizada a sucessão empresarial, as obrigações, ainda que contraídas na época do sucedido, serão de responsabilidade do sucessor.

A questão da sucessão trabalhista desportiva foi bem definida na Lei n. 14.193/2021 e de acordo com o art. 2º, a Sociedade Anônima do Futebol pode ser constituída de três formas: I – pela transformação do clube ou pessoa jurídica original em Sociedade Anônima do Futebol; II – pela cisão do departamento de futebol do clube ou pessoa jurídica original e transferência do seu patrimônio relacionado à atividade futebol; ou III – pela iniciativa de pessoa natural ou jurídica ou de fundo de investimento.

Na terceira hipótese, não há que se falar em sucessão, na medida em que estaremos diante de um negócio originário.

Contudo, nas duas primeiras hipóteses, a SAF sucede obrigatoriamente o clube ou pessoa jurídica original nas relações com as entidades de administração, bem como nas relações contratuais, de qualquer natureza, com atletas profissionais do futebol e herdará a posição desportiva do clube com a prerrogativa de disputar as mesmas competições que aquele disputava, operando-se, portanto, uma cessão da posição desportiva com permissivo legal (art. 2º, § 1º, I e II da Lei n. 14.193/2021).

Ocorre que as dívidas que eram do clube com este permanecem, não havendo que se falar em sucessão, desde que cumpridos os requisitos estabelecidos na própria lei, principalmente no que diz respeito à administração e destinação da receita corrente do clube.

Tal conclusão é extraída da própria interpretação da Lei n. 14.193/2021, na medida em que o art. 9º é expresso ao estabelecer que a SAF não responde pelas obrigações do clube ou pessoa jurídica original que a constituiu, anteriores ou posteriores à data de sua constituição, exceto quanto às atividades específicas do seu objeto social, e responde pelas obrigações que lhe forem transferidas conforme disposto no § 2º do art. 2º da Lei n. 14.193/2021, cujo pagamento aos credores se limitará à forma estabelecida no art. 10 do diploma em comento.

De acordo com Bruno Coaracy e João Marcos Guimarães Siqueira, a lei relativizou a proteção ao direito adquirido, mas com contrapartidas, o que não deixa de ser uma verdadeira inovação no quesito sucessão trabalhista.(4)

---

(4) SIQUEIRA, João Marcos Guimarães; COARACY, Bruno. "A Sociedade Anônima de Futebol e suas nuances. Reflexões iniciais acerca da entrada em vigor da Lei n. 14.193/2021". In: GIORDANI, Francisco Alberto da Motta Peixoto; GIORDANI, Manoel Francisco de Barros da Motta Peixoto. *Temas intrigantes de Direito Desportivo*. Campinas: Lacier Editora, 2021. p. 131.

E de fato esta é a conclusão que se extrai da leitura atenta do art. 10 e os seus incisos. *Verbis*:

> "Art. 10. O clube ou pessoa jurídica original é responsável pelo pagamento das obrigações anteriores à constituição da Sociedade Anônima do Futebol, por meio de receitas próprias e das seguintes receitas que lhe serão transferidas pela Sociedade Anônima do Futebol, quando constituída exclusivamente:
>
> I – por destinação de 20% (vinte por cento) das receitas correntes mensais auferidas pela Sociedade Anônima do Futebol, conforme plano aprovado pelos credores, nos termos do inciso I do *caput* do art. 13 desta Lei;
>
> II – por destinação de 50% (cinquenta por cento) dos dividendos, dos juros sobre o capital próprio ou de outra remuneração recebida desta, na condição de acionista."

Dessa forma, há critérios estabelecidos pela própria lei que demonstram que neste caso há responsabilidade exclusiva do sucedido, não sendo possível estabelecer a responsabilização do sucessor pelas dívidas trabalhistas pretéritas.

A jurisprudência do TST estabelece como premissa a necessidade da continuidade da prestação de trabalho para a caracterização da sucessão, com a possibilidade de responsabilização do sucessor. *Verbis*:

> "ILEGITIMIDADE PASSIVA DE PARTE – DESCARACTERIZADA A HIPÓTESE DE FRANQUIA – ARRENDAMENTO. Configurado o contrato de arrendamento, o arrendatário adquire, ainda que temporariamente, um bem do arrendador, ocorrendo, assim, mesmo que provisoriamente, a substituição do antigo titular passivo da relação empregatícia por outra pessoa. Se houver continuidade da prestação dos serviços do reclamante, configurada estará a sucessão trabalhista, nos moldes estabelecidos nos arts. 10 e 448 da CLT, visto que preenchidos os dois elementos essenciais para sua caracterização, quais sejam, a transferência de um estabelecimento, mesmo que provisoriamente, de um para outro titular e a não ruptura do contrato de trabalho do empregado. No presente caso, o arrendamento constitui, sem dúvida nenhuma, uma das hipóteses de sucessão trabalhista, estando, assim, regulamentado pelos arts. 10 e 448 da CLT. Assim sendo, tendo havido sucessão trabalhista, o arrendatário, que neste caso é a Empresa Latino Americana de Distribuição de Alimentos, responde pelos efeitos passados, presentes e futuros da relação empregatícia havida com o recorrido, não havendo qualquer responsabilidade do arrendador, Companhia Brasileira de Abastecimento. Recurso de revista conhecido e provido." (RR-485545-02.1998.5.23.5555, 1ª Turma, relator Juiz convocado Luiz Philippe Vieira de Mello Filho, *DEJT* 8.8.2003)

Portanto, a partir do momento em que houve a ruptura da prestação de serviços, não há que se falar em sucessão.

Este é o entendimento do magistrado Marcos Ulhoa Dani, que em revelador artigo acadêmico esclarece em quais hipóteses haverá sucessão na seara desportiva.(5) *Verbis*:

> "(...) em havendo a continuidade da prestação de serviços pelo antigo empregado atleta, sem solução de continuidade, abre-se a possibilidade de configuração da sucessão trabalhista, com a responsabilização da SAF pelas dívidas trabalhistas pretéritas daquele atleta de imediato, eis que se configurou o instituto da sucessão. Seria, em outras palavras, uma novação subjetiva por expromissão, nos termos do art. 362 do CC. Nesta esteira, aplicar-se-ia o disposto no art. 448-A, da CLT. Ou seja, se por um novo ato de vontade da SAF, houve a renovação de um contrato de trabalho anterior à sua constituição, sem solução de continuidade na prestação de serviços, há uma novação, com a assunção de toda a dívida anterior, de maneira direta. Assim não ocorrendo, ou seja, não havendo a renovação de contratos e não havendo a continuidade da prestação de serviços (ausência de solução de continuidade), a dívida trabalhista pregressa permanece com o clube original, com o modo de pagamento na forma específica da SAF. Desta forma, não haveria a possibilidade de cobrança direta da SAF pelas dívidas pretéritas, ao menos nos primeiros 06 ou 10 anos iniciais de pagamento concentrado de execuções, até pela incidência da lei especial como já explicado, em detrimento da lei geral (CLT). Por outro lado, se a SAF entender pela continuidade da prestação de serviços do atleta, membro de comissão técnica ou outro funcionário ligado ao departamento de futebol, sem solução de continuidade, passa-se a um ato de vontade da nova sociedade que se sobrepõe à lei especial, atraindo a figura da sucessão, com todas as suas consequências jurídicas."

Tem-se, portanto, que para a configuração da sucessão deverá haver a contemporaneidade na prestação de serviços. Outrossim, o clube executado é responsável pelo pagamento das obrigações anteriores à constituição da sociedade anônima do futebol.

Decisão importante e esclarecedora acerca do tema foi proferida pelo TRT da 3ª Região que tem jurisdição em Minas Gerais.

Em processo de execução movido contra o Cruzeiro e a SAF, em Agravo de Petição foi fixada a tese de inexistência de sucessão, conforme consta da ementa a seguir transcrita. *Verbis*:

---

(5) Disponível em: <https://www.andd.com.br/artigos-academicos/analise-da-sucessao-trabalhista-ou-nao-pelas-sociedades-anonimas-do-futebol-safs-hipoteses-de-responsabilizacao-pelo-passivo-trabalhista-anterior-a-constituicao-da-saf>. Acesso em: 3 maio 2022.

"SOCIEDADE ANÔNIMA DO FUTEBOL. OBRIGAÇÕES ANTERIORES À SUA CRIAÇÃO. SUCESSÃO TRABALHISTA NÃO CARACTERIZADA. A teor do disposto no art. 10 da Lei n. 14.193/2021, o clube ou pessoa jurídica original é responsável pelo pagamento das obrigações anteriores à constituição da sociedade anônima do futebol, por meio de receitas próprias e também de receitas que lhe serão transferidas pela sociedade anônima de futebol. Destarte, em relação ao contrato de trabalho do exequente, que se encerrou antes da criação da SAF, não se operou a responsabilidade desta por sucessão trabalhista, tendo em vista o disposto no art. 10 da Lei n. 14.193/2021, já que o clube executado é responsável pelo pagamento das obrigações anteriores à constituição da sociedade anônima do futebol." **(TRT 3ª Região** – AP 10376-66.2020.5.03.0024 – Agravante James Francisco Freitas Iahnke, rel. Des. Oswaldo Tadeu Barbosa Guedes, julgado em 26.4.2022)

No intuito de trazer ao leitor pontos de vista distintos, deve ser destacada decisão proferida nos autos da RT 0010052-44.2022.5.03.0012, pelo Tribunal Regional do Trabalho da 3ª Região, em março de 2022, que condenou solidariamente o Cruzeiro SAF e a Associação Cruzeiro a pagar uma dívida ao ex-treinador de goleiros do time feminino do clube, Fábio Anderson Fagundes.

Nesse caso, a contrariedade ao dispositivo da lei é manifesta, tendo em vista que a prestação de serviços pelo treinador se deu até 2.12.2021, enquanto que a SAF foi constituída em 6.12.2021. Ou seja, após o término da prestação de serviços.

Infelizmente, de uma forma geral, há uma certa resistência em reconhecer o Direito Desportivo como uma área autônoma que deve ser interpretada com princípios próprios e inerentes à sua especificidade.

4. Sociedade Anônima Desportiva e o Direito Comparado

O modelo de sociedade anônima como forma de constituição de um clube tem sido uma tendência dominante nas principais ligas de futebol do planeta. Com exceção dos principais clubes espanhóis, não faltam exemplos de sociedades empresárias bem-sucedidas. Na Itália, por exemplo, essa é uma realidade que perdura desde 1981.

O Decreto-lei n. 146/95 teve o objetivo de estabelecer, de forma pioneira no ordenamento jurídico português, o regime jurídico das sociedades desportivas e acabou por criar uma sociedade híbrida, com contornos intermediários entre a associação com personalidade civil e a sociedade comercial, tendo sido essa a razão do insucesso da novidade legislativa, conforme aponta Maria de Fátima Ribeiro.(6)

Por outro lado, havia a proibição de distribuição de lucros entre os acionistas, fato este que não despertava o interesse por parte de potenciais interessados e a constituição da sociedade desportiva dependia, exclusivamente da vontade dos clubes desportivos.

(6) RIBEIRO, Maria de Fátima. *Sociedades desportivas*. Porto: Universidade Católica do Porto, 2015. p. 9.

O modelo de sociedade criado em 1995 foi substituído dois anos mais tarde pelo Decreto-lei n. 67/97 e sucessivamente alterado, implementou as sociedades desportivas sob a forma de sociedade anônima.

Dessa forma, os clubes poderiam optar pela constituição da sociedade anônima desportiva, com a finalidade de obtenção de lucro e distribuição desse entre os acionistas, ou a manutenção do seu estatuto de pessoa coletiva sem fins lucrativos.

Eram vários os aspectos que direcionaram o legislador naquela altura. Uma das maiores preocupações era o grande endividamento dos clubes. Com efeito, a estrutura associativa tinha se revelado pouco adequada para assegurar a tutela de todos os interesses de regulação. Na verdade, a prática demonstrava que muitos clubes estabelecidos sob a forma de associação, na prática, desenvolviam atividades essencialmente empresariais com intuito de obtenção de lucros, o que não era compatível com o regime de associação.

Aponta Maria de Fátima Ribeiro que a sociedade anônima desportiva constituía um tipo especial de sociedade anônima, regida subsidiariamente pelas regras gerais aplicáveis às sociedades anônimas, mas com algumas especificidades decorrentes das especiais exigências da atividade desportiva, particularmente atinentes ao financiamento da sociedade e à tutela dos interesses dos seus credores e da posição do clube fundador.(7)

Além disso, os clubes que participassem de competições profissionais e que não optassem pela constituição de sociedade anônima estariam sujeitos a um regime especial com o intuito de estabelecer regras mínimas* com a finalidade de assegurar transparência e rigor na gestão, era a consagração da responsabilidade pessoal dos dirigentes do clube por certos atos de gestão, na medida em que os cargos eram ocupados mais em razão da popularidade que gozavam do que pela competência profissional.

Dentre os critérios estabelecidos podem ser mencionados: a exigência de transparência na contabilidade; adoção de plano oficial de contabilidade e a prestação de garantias bancárias ou seguros de caução que respondessem pelos atos praticados em prejuízo desses clubes.

O regime legal atribuía ao clube fundador direitos especiais na sociedade, com o intuito de permitir a salvaguarda de seu patrimônio histórico e dos símbolos desportivos.(8) Na hipótese de extinção da sociedade estava prevista a obrigatoriedade de as instalações desportivas reverterem para o clube.

Na prática, o que se demonstrou foi a baixa adesão dos clubes que optaram por constituir o modelo de sociedade anônima, o que pode ser atribuído à desigualdade de condições dos participantes das competições sendo necessária uma fórmula de assegurar o mesmo patamar aos participantes com obrigações e deveres análogos.

---

(7) RIBEIRO, Maria de Fátima. *Sociedades desportivas*. Porto: Universidade Católica do Porto, 2015. p. 11.

(8) Art. 18. 1. A alienação ou oneração, a qualquer título, de bens que integrem o patrimônio imobiliário da sociedade tem que ser autorizada por deliberação da assembleia geral.

Foi com esse propósito que o Decreto-lei n. 10/2013 aprovou a Lei das Sociedades Desportivas (LSD) assegurando a participação em competições apenas às sociedades desportivas, constituídas através de Sociedade Anônima Desportiva (SAD) ou Sociedade Desportiva Unipessoal por Quotas (SDUQ).

Na Espanha a figura das sociedades anônimas desportivas foi criada pela Ley 10/1990, de 15 de outubro, através da Ley de Deporte, substituída pelo Real Decreto 1.251/1999. Naquele país a forma de constituição dos clubes não teve sucesso, principalmente pelo fato de determinados clubes não terem se convertido em SAD's e mesmo assim gozarem de tratamento privilegiado não disponível a outras sociedades comerciais, enquanto que os clubes que alteraram a sua forma de constituição ficaram insolventes. Importante destacar que não há vedação à distribuição de lucros para a sociedade desportiva espanhola.

O primeiro país a legislar acerca desse tema foi a Itália, com a *legge 23 de marzo 1981, n. 91 sul professionismo sportivo*, que determinou que apenas as sociedades desportivas constituídas sob a forma de sociedade anônima ou sociedade por quotas poderiam outorgar contratos de trabalho desportivo com atletas profissionais (p. 18).

Na França, o *Code du Sport*, responsável por regular a atividade desportiva desde 2006, prevê em seu artigo L.122-1 que uma associação desportiva filiada a uma federação desportiva, que participe habitualmente na organização de espetáculos desportivos não gratuitos que lhe proporcionem receitas superiores a um determinado montante, ou que empregue algum profissional desportivo cuja remuneração total não exceda um determinado valor, deve constituir uma sociedade comercial regulada pelo *Code de Commerce* para a gestão dessas atividades.[9]

A estrutura jurídica mais comum na Alemanha e Grã-Bretanha é a sociedade desportiva, não obstante não haver uma legislação específica nesse sentido.

A maioria dos clubes alemães adota, nos dias atuais, a estrutura societária. Contudo, para tutela da posição do clube fundador de sociedade desportiva, foi consagrada a regra denominada "50+1", que consiste em participação maioritária daquele, sendo essa considerada uma participação que corresponda à maioria de votos em assembleia geral.

Na Alemanha e em Portugal predominam empresas cujo controle permanece com os clubes, com o restante dos investidores diluídos na bolsa de valores, ou com investidores patrocinadores, como ocorre no modelo alemão. Os principais sócios não controladores do Bayern de Munique são Adidas, Audi e Allianz. O Borussia Dortmund tem como sócios a Evonik e a Puma.

(9) RIBEIRO, Maria de Fátima. *Sociedades desportivas*. Porto: Universidade Católica do Porto, 2015. p. 19-20.

O Bayern, por exemplo, não abandonou a sua natureza associativa. Porém, separou a modalidade profissional do futebol de todas as demais atividades do clube, inclusive profissionais, ligadas a outros esportes. Dessa forma, o *clube tornou-se controlador* de uma companhia, com propósitos econômicos relacionados ao futebol, o que lhe permite preservar o controle da companhia Bayern.

Com efeito, o clube alemão adota uma postura dualista no plano administrativo. Há uma diretoria (*executive board*) e conselho (*supervisory board*). A diretoria é formada por um presidente, um vice-presidente e três diretores. Enquanto isso, o conselho é integrado por 9 membros, sendo um presidente (*chairman*), três vices (*vice-chairman*) e cinco conselheiros sem designação especial.(10)

Outro exemplo de grande sucesso é a *Premier League*, que pode creditar o seu sucesso à participação de investidores nas empresas de futebol, tendo em vista que na Inglaterra não existe mais o clube em seu formato tradicional, ou seja, associação desportiva, sem fins lucrativos.

O endividamento dos clubes e a necessidade de adoção de mudanças legislativas no intuito de viabilizar maior transparência na gestão dos clubes era um fator de preocupação em vários países europeus e é nesse contexto que surge uma proposta de criação de um estatuto jurídico europeu para as sociedades anônimas desportivas.(11)

O conceito de sociedade desportiva foi bem definido pelo legislador português, tendo em vista que a Lei das Sociedades Desportivas (LSD) estabelece em seu art. 2º, n. 1, que sociedade desportiva "é a pessoa coletiva de direito privado, constituída sob a forma de sociedade anônima ou de sociedade unipessoal por quotas", cujo objeto deve consistir: 1) na participação, numa ou mais modalidades, em competições desportivas; 2) na promoção e organização de espetáculos desportivos; e 3) no fomento ou desenvolvimento de atividades relacionadas com a prática desportiva da modalidade ou modalidades que estas sociedades têm por objeto.

Nota-se, portanto, que o legislador também fixou o objeto da sociedade desportiva que deverá cumprir os três requisitos enumerados, de forma cumulativa, além da possibilidade de exploração do jogo de bingo, conforme se observa do art. 2º.

A participação em competições desportivas constitui o objeto primordial das sociedades desportivas.

O desenvolvimento e promoção da atividade desportiva deve observar uma colaboração entre as entidades públicas e as privadas, nessas incluídas as sociedades desportivas.

---

(10) Informação disponível em: <https://www.fcbayern.de/en/club/company>. Acesso em: 21 jul. 2022.

(11) De acordo com Maria de Fátima Ribeiro, a proposta consta do ponto 23 da Resolução do Parlamento Europeu, de 29 de março de 2007. *Op cit.*, p. 17.

Para que um clube desportivo possa participar de competições desportivas profissionais, deverá constituir sociedade desportiva, nos termos do n. 1 do art. 1º do DL 10/2013.

Tal como ocorre no Brasil é a própria Constituição Federal que consagra o direito à cultura física e ao desporto, em termos que pressupõem a colaboração entre o Estado e as entidades de direito privado (art. 79 da CRP e art. 217 da CRFB), enquanto que a Lei n. 5/2007 reforça essa premissa colaborativa.

Referências

DANI, Marcos Ulhoa. "Análise da sucessão trabalhista, ou não, pelas sociedades anônimas do futebol". Disponível no sítio da Academia Nacional de Direito Desportivo. 2022.

RIBEIRO, Maria de Fátima. *Sociedades desportivas*. Porto: Universidade Católica do Porto, 2015.

SIQUEIRA, João Marcos Guimarães; COARACY, Bruno. "A Sociedade Anônima de Futebol e suas nuances. Reflexões iniciais acerca da entrada em vigor da Lei n. 14.193/2021". In: GIORDANI, Francisco Alberto da Motta Peixoto; GIORDANI, Manoel Francisco de Barros da Motta Peixoto. *Temas intrigantes de Direito Desportivo*. Campinas: Lacier Editora, 2021.

Sítios da Internet:

Academia Nacional de Direito Desportivo: <www.andd.com.br>.

Bayern: <www.fcbayern.de>.

Corrêa da Veiga Advogados: <www.correadaveiga.adv.br>.

Presidência da República: <www.planalto.gov.br>.

Tribunal Superior do Trabalho: <www.tst.jus.br>.

Comentários à Nova Lei Geral do Esporte e suas Aplicações aos Árbitros

Rafael Bozzano

1. Introdução

Depois de longos anos de espera, debates, emendas, vetos, muitos vetos, a Nova Lei Geral do Esporte, que surgiu com o grande objetivo de adequar e condensar em uma única lei todas àquelas relacionadas ao esporte, foi então publicada em junho de 2023.

Foram 218 artigos encaminhados para o Congresso. A lei foi publicada com 134 vetos e não houve a revogação da Lei n. 9.615/98, conhecida como Lei Pelé.

Especificamente com relação aos árbitros, que é o objetivo deste trabalho, a Lei Pelé limitava-se a apenas um artigo, com um parágrafo único, mas que, para os árbitros, tinha um impacto enorme, já que estabelecia que eles não teriam nenhum vínculo empregatício com as entidades desportivas diretivas em que atuassem.(1)

Posteriormente, o Estatuto do Torcedor, Lei n. 10.671/03, dedicou um capítulo com três artigos para a arbitragem esportiva, mas trouxe uma imposição na forma em como deveria ocorrer a escala dos árbitros que se mostrou inadequada, já que o sorteio beneficiava o árbitro com mais sorte e não necessariamente o mais preparado.

---

(1) Lei n. 9.615/98: Art. 88. Os árbitros e auxiliares de arbitragem poderão constituir entidades nacionais, estaduais e do Distrito Federal, por modalidade desportiva ou grupo de modalidades, objetivando o recrutamento, a formação e a prestação de serviços às entidades de administração do desporto. (Redação dada pela Lei n. 12.395, de 2011).

Parágrafo único. Independentemente da constituição de sociedade ou entidades, os árbitros e seus auxiliares não terão qualquer vínculo empregatício com as entidades desportivas diretivas onde atuarem, e sua remuneração como autônomos exonera tais entidades de quaisquer outras responsabilidades trabalhistas, securitárias e previdenciárias.

A imposição para que as entidades de administração do desporto contratassem seguro de vida e acidentes pessoais tendo como beneficiária a equipe de arbitragem foi um avanço importante.

A segurança dos árbitros também foi contemplada, como não poderia ser diferente, já que a entidade detentora do mando do jogo, bem como os seus dirigentes, deveriam convocar agentes públicos de segurança para que fosse garantida a integridade física do árbitro e de seus auxiliares.

No ano de 2013 foi publicada a Lei n. 12.867/13, que veio regulamentar a profissão de árbitro de futebol, mas que, na prática, não trouxe relevantes mudanças, já que manteve o caráter autônomo da profissão.

Em 2015, novamente os árbitros se viram esperançosos com o trâmite do Profut (lei de responsabilidade fiscal no futebol), posteriormente publicado pela Lei n. 13.155/15, isso pelo fato de que os árbitros esperavam que a parcela equivalente a 0.5% (cinco décimos por cento) da receita proveniente do direito de arena fosse repassado para a entidade representativa nacional dos árbitros, desejo esse que não foi atendido.

De nada adiantaram os protestos realizados pelos árbitros de futebol nas partidas válidas pelo Campeonato Brasileiro daquele ano,[2] o veto foi mais um balde de água fria para a categoria, que teve como razão a de que *"embora medidas que busquem o aperfeiçoamento da arbitragem mereçam ser estimuladas, seu custeio por parcela decorrente do direito de arena não se revela mecanismo adequado para esse fim. Além disso, o regramento da matéria deveria prever critérios para utilização e controle dos recursos recebidos"*.

A Nova Lei Geral do Esporte veio com o objetivo de atualizar e compilar as legislações esportivas esparsas e outras que também guardam relação com o esporte, dentre elas, a já citada Lei n. 12.867/13, que regulamentava a atividade do árbitro de futebol.

2. Árbitros esportivos

Em todas as competições desportivas, além dos atletas, um outro personagem é indispensável para o regular desenvolvimento da disputa. Trata-se do árbitro, o único legitimado e responsável pela aplicação das regras do jogo.

O árbitro sempre esteve presente nas disputas desportivas, ocorre que nas últimas décadas, muito por conta das tecnologias que se encontram presentes nas transmissões dos jogos, bem como em razão do alto profissionalismo e valores econômicos envolvidos no esporte, o responsável para que todo esse espetáculo possa ser disputado dentro das regras impostas passou de um simples figurante, para um personagem de extrema importância e destaque.

(2) Disponível em: <https://www.gazetadopovo.com.br/esportes/futebol/coritiba/arbitros-protestam-contra-veto-de-dilma-a-direito-de-arena-9nkq409wne47rqymzyehm6fc6/>. Acesso em: 8 jul. 2023.

Em razão dessa relevância e das peculiaridades que envolvem as questões dos árbitros desportivos, apresentaremos algumas questões importantes de como essa figura se encontra inserida na legislação brasileira.

Longe da pretensão de conceituar de forma fechada o que seria o árbitro, mas em um sentido mais amplo, o árbitro, também conhecido como juiz, é a pessoa responsável por interpretar e aplicar as regras do jogo, bem como do regulamento da competição e que ambas sejam cumpridas durante a disputa de uma competição desportiva. Ainda, os árbitros são indivíduos que possuem aptidão técnica, física e psicológica, para interpretar e aplicar as regras de determinada modalidade desportiva.

3. Os Árbitros na Nova Lei Geral do Esporte

Inicialmente, importante destacar que a Nova Lei Geral do Esporte revogou a Lei n. 12.867/13, que tratava da regulamentação da profissão de árbitro de futebol.

Pois bem, em seu Capítulo II, que cuida das relações de trabalho no esporte, a Lei Geral do Esporte tratou em sua Subseção IV abordar essa figura indispensável para a prática formal do esporte, os árbitros.

Logo em seu início, o art. 78 foi pontual ao estabelecer que a lei se aplica ao árbitro esportivo, não se limitando apenas a uma determinada modalidade esportiva, sem prejuízo das disposições não colidentes constantes da legislação vigente.

O parágrafo primeiro do artigo supracitado estabeleu que será considerado árbitro esportivo profissional a pessoa que possuir como principal atividade remunerada a direção de disciplina e aplicação das regras da modalidade esportiva durante uma prova ou partida da respectiva modalidade.

No Brasil, a grande maioria dos árbitros que atuam nas competições nacionais organizadas pela Confederação Brasileira de Futebol possuem como a sua principal fonte de renda a arbitragem.

Ademais, os árbitros da elite brasileira têm na arbitragem sua única atividade profissional e fonte de renda, seja pelos valores das taxas, que atualmente alcançam a cifra de R$ 6.500,00 (seis mil reais e quinhentos) por partida do Campeonato Brasileiro da Série A aos árbitros internacionais da FIFA e R$ 4.700,00 (quatro mil e setecentos reais) no caso da CBF, bem como a disponibilidade quase que integral à profissão em razão das viagens, escalas e treinamentos.

Quanto ao parágrafo segundo do art. 78 da Lei Geral do Esporte, tem-se que este foi cirurgicamente inserido para afastar, ou pelo menos dificultar, o reconhecimento do vínculo de emprego dos árbitros esportivos com as respectivas entidades desportivas responsáveis pela organização do evento.

Com redação semelhante à disposta no parágrafo único do art. 88 da Lei Pelé, que ainda se mantém em vigor, a Nova Lei Geral do Esporte fez questão de blindar as organizações esportivas responsáveis da respectiva modadalidade, já que estabelece não haver relação de subordinação de natureza laboral entre os profissionais da arbitragem e a organização esportiva que o contrata ou regula seu trabalho.

Essa é uma questão que envolve uma controvérsia muito grande quanto à profissionalização dos árbitros. Diante da constante cobrança que os árbitros sofrem e das responsabilidades que são atribuídas a esse personagem, nada mais coerente que ele seja um profissional do esporte.

Ocorre que o árbitro não possui contrato com nenhuma entidade de organização desportiva ou entidade de prática desportiva, mas ainda assim, toda a sua remuneração advém dessa atividade. Árbitros, quando atuam em alto nível, treinam todos os dias, mantêm uma rotina de viagens, jogos e compromissos profissionais que os tornam dependentes daquele desporte.

Portanto, por mais que a legislação brasileira não os reconheça como um trabalhador das entidades organizadoras dos eventos esportivos, a realidade de fato é outra, pois eles se dedicam em tempo integral, e toda a sua dependência financeira deriva da sua atuação como árbito nas competições esportivas.

Prosseguindo, o art. 79 da nova Lei Geral do Esporte estabelece que o árbitro esportivo exercerá atribuições relacionadas às atividades esportivas disciplinadas na nova lei, sem se afastar, no nosso entendimento, àquelas relacionadas à própria modalidade esportiva.

Como ocorre no futebol, em seu Livro de Regras, a Regra 5, que trata da autoridade do árbitro, estabelece que todos os jogos são disputados sob o controle de um árbitro, que tem plena autoridade para fazer cumprir as Regras do Jogo.(3) De igual forma, o basquete, em sua Regra 8, expressa que os árbitros, os oficiais de mesa e o comissário deverão conduzir o jogo de acordo com as regras da modalidade, sem autoridade para mudá-las.(4)

Situação essa que ocorre na maioria das modalidades esportivas, já que, como dito anteriormente, cabe aos árbitros a aplicação das regras da modalidade durante a sua disputa.

Outro ponto que foi mantido pela nova Lei Geral do Esporte é a prevista no art. 80, que faculta aos árbitros esportivos organizar-se em associações profissionais e sindicatos. A nova lei ampliou essa possibilidade para todos os árbitros esportivos, já que a Lei n. 12.867/13 fazia referência apenas aos árbitros de futebol.

---

(3) Livro de Regras do Futebol 2022/2023. Regra 5, p. 60.

(4) Regras Oficiais de Basquetebol 2022. p. 55.

Citada previsão veio apenas corroborar com aquilo que a própria Constituição Federal já garante, o da livre associação profissional ou sindical, conforme art. 8º da CF/88.

O art. 81 possibilita que os árbitros esportivos prestem os serviços às organizações esportivas, independentemente da sua natureza jurídica ou forma de estruturação.

Referido artigo também trouxe o impedimento para que os árbitros esportivos atuem em campeonatos, partida ou prova organizada pela entidade de prática esportiva à qual tenham vinculados os seus serviços, ou que a beneficiem direta ou indiretamente na disputa da competição. Tem-se no respectivo artigo mais um entrave para que os árbitros possam ter o seu vínculo empregatício reconhecido com as respectivas entidades organizadoras dos eventos, já que o vínculo, os inviabilizaria de atuar justamente nas competições organizadas por aquela entidade.

Na Subseção V da nova Lei Geral do Esporte, nas disposições comuns aos trabalhadores esportivos, é possível observar novamente o desejo do legislador em manter travas que tendem a dificultar o reconhecimento do vículo de emprego entre os árbitros e as entidades organizadoras dos eventos.

Os árbitros esportivos, em sua esmagadora maioria, recebem a sua remuneração por partida, torneio ou evento, razão esta por que o art. 82 esclarece que a atividade assalariada não será a única forma de caracterização da profissionalização dos árbitros, já que é possível também definir como profissional quem é remunerado por meio de contrato de natureza civil, sendo vedada a participação como sócio ou acionista da organização esportiva, vedação semelhante que já havia sido trazida no artigo anteior.

Por fim, o parágrafo único do art. 82, corroborando com o que já foi trazido pelo parágrafo segundo do art. 78, estabeleceu a impossibilidade do reconhecimento da relação de emprego entre os árbitros e a entidade organizadora do evento, já que o seu vínculo é meramente esportivo, caracterizado pela liberdade de contratação.

A Seção II, que trata das organizações esportivas direcionadas à Prática Profissional, trouxe, entre algumas responsabilidades — art. 84, IV —, o dever da organização esportiva direcionada à prática esportiva profissional de proporcionar condições de trabalho dignas aos demais profissionais esportivos que componham seus quadros ou a quem prestem serviços, o que inclui os árbitros, quando pertinente.

Nada mais coerente com esse dever imposto, já que não podem os árbitros esportivos simplesmente ser abandonados por aqueles que os contratam, deixando de garantir as condições de trabalho, bem como a segurança desses profissionais.

A Nova Lei Geral do Esporte também teve a preocupação de responsabilizar as torcidas organizadas e seus repectivos associados e membros que, de alguma forma, atentem contra os árbitros esportivos.

O art. 178 da Nova Lei Geral do Esporte estabeleceu como sendo torcedor toda pessoa que aprecia, apoia ou se associa a qualquer organização esportiva que promova a prática esportiva do País, acompanhando a prática de determinada modalidade esportiva, incluindo o espectador consumidor do espetáculo esportivo. Já o parágrafo segundo do supracitado artigo trouxe a figura da torcida organizada, que é a pessoa jurídica de direito privado ou existente de fato que se reúne para torcer para a organização esportiva de qualquer natureza ou modalidade.

A Nova Lei Geral do Esporte teve uma preocupação especial com a segurança dos árbitros, assim como a responsabilização daqueles que cometem ilícitos contra estes. O parágrafo segundo do art. 183 permite a responsabilização da torcida organizada que incitar a violência, praticar condutas discriminatórias, racistas, xenófobas, homofóbicas ou transfóbicas, bem como invadir local restrito aos árbitros, condutas essas que poderão acarretar o impedimento do seu ingresso em eventos esportivos, bem como dos seus associados ou membros, pelo prazo de até 5 anos.

Outro avanço importante trata da responsabilização dos torcedores que cometerem ilícitos contra árbitros esportivos mesmo que no momento não estejam atuando na competição ou diretamente envolvidos no evento, conforme disposto no art. 184, inciso terceiro. Referida responsabilização é de extrema importância, já que não são raras as vezes que árbitros esportivos são agredidos, ofendidos ou atacados por torcedores, mesmo fora dos estádios.

Quanto à remuneração dos árbitros, uma mudança importante ocorreu com a publicação da Nova Lei Geral do Esporte. O art. 194 determina que a arbitragem das competições esportivas será independente, imparcial, previamente remunerada e isenta de pressões. Quase que manteve a redação do art. 30 do Estatuto do Torcedor.

A grande mudança repousa na responsabilidade pelo pagamento, já que não foi mantida a determinação anterior, de que a remuneração do árbitro e de seus auxiliares seria de responsabilidade da entidade de administração do desporto ou da liga organizadora do evento esportivo.

Agora, como já ocorre na prática, caberá aos Regulamentos Gerais das Competições estabelecer de quem será a responsabilidade pelos pagamentos referentes à arbitragem, se dos clubes mandantes, visitantes, de ambos ou da entidade organizadora do evento.

A súmula da partida é o documento oficial elaborado pelo árbitro da partida, prova ou evento com todas as anotações e informações referentes à disputa, local, relação de atletas, comissão técnica, resultado, infrações, bem como quaisquer condutas que possam configurar infrações disciplinares.

O art. 58 do Código Brasileiro de Justiça Desportiva atribui a esse documento a presunção relativa de veracidade dos fatos nele narrados e servirá como base para o oferecimento da denúncia pela Procuradoria da Justiça Desportiva, por isso a importância desse documento.

A Nova Lei Geral do Esporte, em seu art. 195, manteve o prazo de 4 horas para que os árbitros e seus auxiliares entreguem a súmula e os relatórios da partida ao representante da organização responsável pela competição, para que seja dada publicidade.

Importante também a manutenção, no parágrafo único do supracitado artigo, da possibilidade de que, em casos excepcionais, de grave tumulto ou de necessidade de laudo médico, os árbitros complementem em até 24 horas após o seu término a súmula e o relatório, já que nessas situações, por exemplo, muitas vezes os árbitros, por orientação dos responsáveis pela segurança, acabam saindo de forma antecipada dos estádios, visando justamente à proteção da sua integridade física.

Outra importantíssima alteração da Nova Lei Geral do Esporte pode ser verificada em seu art. 197, já que, enfim, os árbitros de cada partida serão escolhidos de acordo com critérios definidos pelos regulamentos de cada organização que administra e regula a modalidade esportiva.

Por incrível que possa parecer, durante um longo período o revogado Estatuto do Torcedor trazia como sendo direito do torcedor que os árbitros de cada partida fossem escolhidos mediante sorteio, o que fazia com que o árbitro com mais sorte atuasse na partida e não necessariamente aquele que fosse o mais preparado e indicado.

Por fim, quanto aos árbitros esportivos, a Nova Lei Geral do Esporte, em seu art. 205, alçou os árbitros ao mesmo nível dos atletas, considerando como efetivo exercício, para todos os efeitos legais, o período em que o atleta servidor público civil ou militar, da administração pública direta ou indireta, autárquica ou fundacional, estiver convocado para integrar representação nacional em treinamento ou em competição esportiva no País ou no exterior.

4. Considerações finais

A Nova Lei Geral do Esporte continuou seguindo a toada de todas as legislações anteriores no que concerne aos árbitros esportivos, relegando-os a um *status* de dispensáveis, quando, na realidade, não existe o produto comercial esporte sem a figura do árbitro.

O caráter autônomo da sua atuação, sem nenhum vínculo com as entidades organizadoras dos eventos, mesmo sendo preenchidos todos os requisitos necessários para o reconhecimento do vínculo, como o da pessoalidade, habitualidade, onerosidade e subordinação, demonstram o distanciamento da Nova Lei Geral do Esporte com a realidade. Justamente nesse ponto, importante destacar que a Justiça do Trabalho, quando se refere à atuação dos árbitros, opta por não aplicar o princípio da primazia da realidade, uma prática comum na esfera trabalhista.

Parece que a Nova Lei Geral do Esporte desejou deixar os árbitros esportivos ainda mais vulneráveis, literalmente na mão das entidades que organizam os eventos esportivos, mas sem que isso configurasse qualquer relação de emprego ou responsabilidade para as entidades.

A Nova Lei Geral do Esporte fez questão, inclusive, de "esquecer" do seguro de vida e acidentes pessoais dos árbitros que, no Estatuto dos Torcedores, era dever das entidades de administração do desporto fazer essa contratação.

Os árbitros esportivos também continuaram fora da quota referente ao direito de arena, não existindo qualquer fundamento jurídico para a sua distinção com os atletas, já que os árbitros estão nas regras das modalidades, assim como os atletas e as suas imagens também são capturadas durante as transmissões esportivas.

Como se pode observar, a Nova Lei Geral do Esporte, no que compete aos árbitros esportivos, conseguiu regredir em comparação com as proteções que havia nas legislações anteriores, como por exemplo na questão do seguro. Um verdadeiro paradoxo, já que são recorrentes as reclamações feitas por atletas e clubes acerca da necessidade de se aprimorar a arbitragem e torná-la profissional.

Referências

BRASIL. *Constituição da República Federativa do Brasil de 1988*. Disponível em: <http://www.planalto.gov.br/ccivil_03/constituicao/constituicao.htm>.

______. *Estatuto de Defesa do Torcedor*. Disponível em: <https://www.planalto.gov.br/ccivil_03/leis/2003/l10.671.htm>.

______. *Lei de Responsabilidade Fiscal no Futebol*. Disponível em: <https://www.planalto.gov.br/ccivil_03/_ato2015-2018/2015/lei/l13155.htm>.

______. *Lei Geral do Esporte*. Disponível em: <https://www.planalto.gov.br/ccivil_03/_ato2023-2026/2023/Lei/L14597.htm>.

______. *Normas Gerais Sobre Desporto*. Disponível em: <https://www.planalto.gov.br/ccivil_03/leis/l9615consol.htm>.

______. *Regula a Profissão de Árbitro de Futebol*. Disponível em: <https://www.planalto.gov.br/ccivil_03/_Ato2011-2014/2013/Lei/L12867.htm>.

CÓDIGO BRASILEIRO DE JUSTIÇA DESPORTIVA. Disponível em: <https://www.gov.br/mds/pt-br/composicao/orgaos-colegiados/cne/arquivos/codigo_brasileiro_justica_desportiva.pdf>.

GAZETA DO POVO, COM FOLHAPRESS. "Árbitros protestam contra veto de Dilma a direito de arena". Disponível em: <https://www.gazetadopovo.com.br/esportes/futebol/coritiba/arbitros-protestam-contra-veto-de-dilma-a-direito-de-arena-9nkq409wne47rqymzyehm6fc6/>.

LIVRO DE REGRAS DO FUTEBOL. Disponível em: <https://downloads.theifab.com/downloads/laws-of-the-game-2022-23-brazilian-portuguese?l=en>.

REGRAS OFICIAIS DE BASQUETEBOL. Disponívl em: https://www.cbb.com.br/wp-content/uploads/Regras-Oficiais-Basketball-2022-ALTERACOES-OUTUBRO-2022-Final.pdf>.

A Proposta de "Ressuscitação" do *Passe*

Rafael Teixeira Ramos

Introdução

A notícia que certamente se avocaria das maiores atenções no universo do desporto brasileiro durante os últimos meses, caso não fosse tão discreta pela falta de exposição do Congresso e da mídia do Brasil, é o avanço do famigerado Projeto de Lei (PL) n. 3.353/2021.(1) Este pretende a "ressuscitação" do instituto do *passe* com uma agravante extremamente abrangente, confusa, sem nexo: determinar que o clube formador possua o direito de pactuar o primeiro contrato especial de trabalho desportivo com o atleta a partir dos seus quatorze anos de idade, segundo se delineia no art. 29 do referido Projeto.

1. Significado do instituto do *passe*

O *passe* era um instituto antijurídico representante do vínculo desportivo, implementado com o primeiro registro de contrato de trabalho conjugado ou não à inicial filiação do atleta na federação desportiva da modalidade futebol, que concedia ao clube empregador direitos exclusivos sobre a permanência e preferência rígida de transferência do jogador para participação em competições.

A implementação do *passe* garantia ao clube a exclusividade desportiva plena sobre a participação do atleta em qualquer competição do futebol (profissional ou não), independentemente de extinção do contrato de trabalho — os nomeados *direitos federativos*, *condição de jogo* do atleta, vinculação antijurídica dominada pelo clube empregador, detentor desse chamado *passe*.

Por influência da época do *passe*, tornou-se linguagem costumeira na prática de qualquer modalidade desportiva no Brasil a nominação de *atleta federado*, aquele que era inscrito por um clube para competir, também expressão sinônima de dação de *condição*

(1) PL que cria passe no futebol ganha novo relator e avança na Câmara. Lei em campo. Disponível em: <https://leiemcampo.com.br/pl-que-recria-passe-no-futebol-ganha-novo-relator-e-avanca-na-camara/>. Acesso em: 31 mar. 2023.

de jogo ao atleta, mas somente para a utilização dos seus serviços em favor do atual clube empregador.

A fixação do valor do *passe* tinha que ser prevista no contrato de trabalho do atleta (arts. 3º, V, 11 e 13 da revogada Lei n. 6.354/76). O *passe*, como figura representativa do vínculo desportivo, era totalmente independente do vínculo empregatício instituído pelo contrato de trabalho desportivo e perdurava mesmo após essa extinção contratual laboral, restando unilateralmente a vontade do empregador desportivo para manter ou negociar a *condição federativa de jogo do atleta*, repercutindo na esfera trabalhista ao violar o livre exercício de trabalho, ofício ou profissão.

Nesse prisma, o instrumento jurídico do *passe* afigurava-se corrosivo do direito humano fundamental à liberdade de trabalho (arts. 1º, III, IV, 5º, XIII, 6º, 7º, da CRFB/88), tornando o praticante desportivo mais *objeto do que sujeito de direito*.(2) O antigo *passe* foi paulatinamente extinto do ordenamento jurídico brasileiro entre 24 de março de 1998 a 26 de março de 2001 pela originária Lei Pelé (art. 28, § 2º c/c art. 93).(3)

2. "Ressuscitação" do passe e a desconexão com o restante do mundo

Uma proposta *made in Brazil* como o PL 3.353/2021 não encontra paralelo em nenhum país do mundo, nem mesmo nos Estados Unidos da América que vive o atual *free agency*(4) sem nenhuma norma ou sequer proposta de norma que vise restaurar o *passe* (conhecido no país anglo-saxão de *reserve clauses*).(5)

---

(2) O ser humano deve ser sujeito de direito, nunca objeto de direito, e somente pode ser instrumento de direito se for para atingir a própria dignidade, o que minoritariamente ocorria para os atletas na era do antigo *passe* no Brasil, subsídios em: O conceito segundo o qual todo o ser racional deve considerar-se como legislador universal por todas as máximas da sua vontade para, deste ponto de vista, se julgar a si mesmo e às suas acções, leva a um outro conceito muito fecundo que lhe anda aderente e que é o de *um Reino dos Fins*. Por esta palavra *reino* entendo eu a ligação sistemática de vários seres racionais por meio de leis comuns. Ora como as leis determinam os fins segundo a sua validade universal, se se fizer abstracção das diferenças pessoais entre os seres racionais e de todo o conteúdo dos seus fins particulares, poder-se-á conceber um todo do conjunto dos fins (tanto dos seres racionais como fins em si, como também dos fins próprios que cada qual pode propor a si mesmo) em ligação sistemática, quer dizer, um reino dos fins que seja possível segundo os princípios acima expostos. Seres racionais estão pois todos submetidos a esta *lei* que manda que cada um deles *jamais* // se trate a si mesmo ou aos outros *simplesmente como meios*, mas sempre *simultaneamente como fins em si*. KANT, Immanuel (traduação Paulo Quintela). *Fundamentação da metafísica dos costumes*. Lisboa: Edições 70, 2007. p. 75-76, "..., modificando a correlação de forças entre as partes — *rectius*, acabando com o poder absoluto do clube/empregador sobre o praticante/trabalhador e fazendo com que este deixe de ser uma *res in patrimonio* daquele ...". AMADO, João Leal. *Vinculação versus liberdade*: o processo de constituição e extinção da relação laboral do praticante desportivo. Coimbra: Coimbra Editora, 2002. p. 107.

(3) Referente ao antigo instituto jurídico do *passe* verificar a pioneira e indispensável obra de Direito do Trabalho Desportivo brasileiro de CATHARINO, José Martins. *Contrato de emprêgo desportivo no direito brasileiro*. São Paulo: LTr, 1969. p. 47-56.

(4) Entende-se por *free agency* a faculdade de o praticante oferecer os seus serviços a qualquer entidade empregadora desportiva após o termo do anterior contrato, a liberdade de mudar de equipa após o termo do anterior contrato, a liberdade de mudar de equipa após a extinção do precedente vínculo contratual, o direito de procurar emprego junto de mais do que um potencial empregador. AMADO, João Leal., *op. cit.*, 2002, p. 367.

(5) A *reserve clause* equivalia ao passe no Estados Unidos da América por restringir demasiadamente a liberdade de trabalho dos atletas, analisar AMADO, João Leal., *op. cit.*, 2002, p. 365-483.

Se compararmos com os demais países europeus onde o futebol profissional é robusto, também inexiste qualquer norma ou projeto de lei que revide qualquer mecanismo jurídico equivalente ao indesejado *passe*.

Na Europa, o *passe* restou conhecido por cláusulas de transferências (cláusulas indenizatórias, cláusulas de rescisão, cláusulas de promoção e valorização) após cessação do contrato laboral desportivo, abolidas desde o caso *Bosman* e sem possibilidade de regresso em todos os países da Comunidade Europeia.

Existe uma exceção quanto à aplicação da indenização de formação na primeira contratação e em sua renovação, mesmo findo o contrato, por meio de convenção coletiva de trabalho, em países como Portugal (arts. 19/2 e 34 Lei n. 54/17). Por outro lado, além desse tipo de compensação formativa (*training compensation*), desde a decisão *Bosman* é terminantemente vedado pelas normas do sistema comunitário europeu que os seus países integrantes adotem qualquer subsistência de cláusulas de transferências.

Um ressurgimento de mecanismo *passe* na Europa seria afronta aos tratados de constituição da União Europeia (UE), pois conforme o declarado na sentença *Bosman*, reiteradamente confirmado em processos sucessores, violaria a não discriminação, a liberdade de circulação e de residência dos cidadãos atletas entre as nações comunitárias, todos princípios de integração da UE.(6)

3. "Ressuscitação" do passe e o primeiro contrato especial de trabalho desportivo com um atleta menor

No Brasil, as modificações inseridas no art. 28 da PL n. 3.353/2023, ao pretender o restabelecimento do *passe*, afigura-se uma *proposta teratológica*, sem nenhum *nexo filológico-teleológico-sistemático*, radicalmente contraditório. O art. 29 do projeto em tela dispõe que o clube formador poderá celebrar com o atleta de 14 anos de idade o primeiro contrato especial de trabalho desportivo que faz gerar vínculo empregatício.

Essa previsão do art. 29 do PL 3.353/2021 é uma verdadeira "violentação" constitucional, *inconstitucionalidade chapada* aos arts. 7º, XXXIII, 227, § 3º, I, da Constituição da República Federativa do Brasil que veda peremptoriamente qualquer relação de emprego a menores de 14 anos, salvo nas condições de contratação como menor aprendiz nos termos dos arts. 428 a 433, da CLT, e piora ao permitir a vinculação de menores da referida idade por um *novo instituto de passe*.(7)

(6) A respeito dos reflexos judiciais e normativos da sentença Bosman no espaço comum europeu, investigar AMADO, João Leal. O caso Bosman e a "indemnização de promoção ou valorização" (art. 22.º, n. 2, do DL 305/95, de 18-11). *Questões laborais*. Coimbra: Coimbra Editora, ano III, n. 7, p. 3-17, 1996, MUÑIZ, Unai Esquibel. "Reflexiones sobre la libre circulación de trabajadores, el derecho comparado y el acuerdo entre la UE-FIFA-UEFA". *Revista jurídica del deporte*. Navarra: Thomson Arazandi, n. 5, p. 13-32, 2001 – 1., e GARDINER, Simon *et al*. *Sports law*, 3. ed. Sydney/Londres: Cavendish, 2006. p. 500-512.

(7) Ora, não é necessário qualquer conhecimento de Direito para se concluir, de imediato, que a figura do passe, ou atestado liberatório, com as características de mecanismo autodefensivo das associações esportivas,

Tal disforme sugestão encontra dificuldades até de ordem jurídica previdenciária no Brasil, pois o Instituto Nacional de Previdência Social (INSS) somente aceita registro de relação empregatícia na Previdência a partir de 14 anos de idade, se for nos moldes do mencionado contrato celetista de menor aprendiz ou como segurado facultativo.

Nada obstante, para o trabalho a iniciar aos 14 anos de idade, com muito esforço, poder-se-ia permanecer constitucional o descrito no art. 29 da Lei n. 9.615/98 (Lei Pelé) e nos arts. 99 a 101 da Lei n. 14.597/23 (Lei Geral do Esporte), tratantes do mesmo contrato de formação desportiva, semelhante ao contrato do menor aprendiz acima mencionado, que por não constituir liame empregatício já é uma vantagem financeira aguda para os clubes brasileiros.

O art. 28-A do projeto em análise descreve que o atleta maior de 14 anos de idade é caracterizado como autônomo, desde que não detenha vínculo empregatício. Autonomia pressupõe que o sujeito prestador do serviço detém total liberdade na sua prestação, a rejeitar a subordinação e a pessoalidade, o que é impossível no labor do jogador profissional brasileiro. Nenhum clube empregador contrata um atleta para que outro jogue em seu lugar e quase nenhum time brasileiro permite se abdicar do período de concentração para os atletas. Isso para não mencionar as outras espécies de tempo à disposição: treinos, pré-temporada, preleção, recuperação, viagens a que se submetem os praticantes desportivos profissionais. Portanto, é outro dispositivo projetado que defronta ostensivamente os arts. 5º, XIII, 7º, XXXIII, 227, § 3º, I, da CRFB/1988.

4. "Ressuscitação" do passe com a camuflada redação legal: direitos federativos

Em outra face, as alterações propostas no art. 28 do PL 3.353/2021 grafa expressivamente que os direitos federativos sobre o atleta pertencem ao clube empregador, mesmo "ao término do contrato profissional" e que para o jogador negociar um novo contrato com outro clube, somente mediante o pagamento desses "direitos federativos" — *"ressuscitação" plena do passe de maneira escamoteada, camuflada*.

Outra sugestão indigitada do art. 28 do PL n. 3.353/2021 é que se o clube empregador não negociar e transferir o praticante desportivo para outro clube após o termo final do contrato de trabalho, o jogador permanece necessariamente a laborar no clube de origem e a receber uma remuneração baseada no parâmetro dos valores de registro

que possui em nossos meios futebolísticos, é absolutamente incompatível com os textos constitucionais acima transcritos. Ou, em outras palavras, que a figura do passe, com as referidas características, é de todo inconstitucional, quer por impedir o livre exercício da profissão dos jogadores de futebol, quer por transformá-los em verdadeiras mercadorias, que se compram e se emprestam, sem qualquer consideração para com a sua dignidade de seres humanos. PEREIRA, Adilson Bassalho *apud* WIECK, George Alexandre Daudt. "O instituto do passe do jogador de futebol. Aplicação do princípio da proporcionalidade para a resolução das controvérsias judiciais". *Revista brasileira de direito desportivo*, São Paulo: Editora da OAB SP, n. 2, p. 33-36, segundo semestre 2002.

dos direitos federativos (*passe*) que são "estipulados pela entidade desportiva de futebol". Contudo, não minucia de que modo isso se decorreria, ou seja, em se tratando de esfera laboral, significa abrupta violação restar à vontade unilateral da equipe empregadora.

Antes de ser extinto no Brasil, com o advento do art. 28 da Lei Pelé, o *passe* era o único mecanismo jurídico sobrevivente que se aludia à escravidão,[(8)] inclusive tolerado pela antiga jurisprudência do Colendo Tribunal Superior do Trabalho, representava que o vínculo desportivo perdurava mesmo após a extinção do contrato de trabalho atlético, o que só permitia o atleta contratar com outro clube contratante se o atual empregador recebesse um valor estipulado pela sua transferência (tal qual prescrito em tópico antecedente).

Sob os auspícios do antigo *passe*, o jogador supostamente sujeito de uma relação jurídica trabalhista tinha um valor estipulado para que pudesse exercer a sua profissão. Sem a quitação "do seu preço" o atleta não era livre para exercer o seu trabalho, mesmo após a extinção do seu contrato de trabalho desportivo.[(9)]

Consoante o já publicado por este autor, repetidamente, em várias obras,[(10)] o decrépito *passe* reifica (coisifica) os atletas profissionais de futebol,[(11)] pois restringe intensamente a liberdade de trabalho (art. 5º, XIII, da CRFB/1988),[(12)] por tabela transgride a

---

(8) A tracejar um paralelo do que há muito já foi subscrito pelo Parlamento Europeu: "o sistema de pagamento de quantias pela transferência, tal como é posto em prática, constitui uma forma moderna de esclavagismo...". Reportado por AMADO, João Leal. *Contrato de trabalho desportivo anotado* — Decreto-lei n. 305/95, de 18 de novembro. Coimbra: Coimbra Editora, 1995. p. 91.

(9) Sobre a antiga cláusula de indemnização por promoção (transferência), instituto equivalente ao *passe* em Portugal: "Dir-se-ia, pois, que o valor dessa compensação representa o preço da sua liberdade, a qual poderá ser comprada pelo praticante, assim obtendo este a sua carta de alforria." Reproduzido em AMADO, João Leal. *Contrato de trabalho desportivo* — Lei n. 54/2017, de 14 de julho — anotada. Coimbra: Almedina, 2018. p. 112.

(10) Com destaque para RAMOS, Rafael Teixeira. *Curso de direito do trabalho desportivo:* as relações especiais de trabalho do esporte. 2. ed. São Paulo: JusPodivm, 2022. p. 245-257.

(11) "... então talvez se possa dizer que a principal função do Direito do Trabalho Desportivo consiste, a um tempo, em preservar e promover a competição desportiva evitando que os respectivos praticantes sejam, também eles, tratados como coisas." Corroboração na tese defendida há mais de vinte (20) anos por AMADO, João Leal, *op. cit.*, 2002, p. 483.

(12) Há entendimento doutrinal português que admite certas restrições à liberdade de trabalho do praticante desportivo em face das especificidades da indústria capitalista do desporto, mas observa: "... sendo certo que, essas restrições jamais se podem verificar após a cessação do anterior vínculo laboral." CORREIA, Lúcio Miguel. *Regime jurídico dos praticantes desportivos profissionais em Portugal e Espanha* — especificidades. Lisboa: Quid Juris, 2022. p. 189. Doutrina tradicional do Direito Laboral Desportivo que defendia as cláusulas de rescisão sem limite e as indemnizações por promoção/valorização, ainda assim observava que havia uma série de exigências para que fossem aplicadas sem "abuso de direito" e sem violar o "núcleo duro da liberdade de trabalho", BAPTISTA, Albino Mendes. *Direito laboral desportivo* — estudos. vol. I. Lisboa: Quid Juris, 2003. p. 25-57. Este doutrinador, em obra seguinte, mesmo sob o argumento de edificação de um *favor clubis* que estabelecesse um balanceamento com o *favor laboratoris* no contrato de trabalho desportivo, manifesta mudança de posicionamento acerca das cláusulas de indemnização de transferência em: "Lembremo-nos das cláusulas de nacionalidade e das indemnizações de transferência pré-Bosman, que, embora correspondessem a práticas

valorização social do trabalho e da livre-iniciativa, a dignidade da pessoa humana (art. 1º, III, IV, da CRFB/88), a não discriminação e a igualdade perante os outros tipos de labor (arts. 3º, IV, art. 5º, *caput*, 6º, 7º, da CRFB/88), o primado do trabalho (art. 193, *caput*, da CRFB/1988) etc. Todos esses são pilares integrantes dos direitos humanos fundamentais de primeira e segunda dimensões, bem como princípios estruturantes do Estado Republicano e Democrático do Brasil.

Tal projeto de lei é eivado não apenas de inconstitucionalidade, mas também de inconvencionalidade, na medida em que infringe tratados internacionais que o Brasil ratificou sobre o direito de livre acesso e exercício de labor em nosso ordenamento jurídico, tais como: art. 23/1 da Declaração Universal dos Direitos Humanos; arts. 5º e 6º do Pacto Internacional dos Direitos Econômicos, Sociais e Culturais; art. 2º/1/a) da Declaração Sociolaboral do Mercosul; item I do anexo da Constituição da Organização Internacional do Trabalho (OIT – Declaração de Filadélfia) e art. 2º da Convenção n. 111 da OIT.[13]

Segundo o discorrido até aqui, se existir realmente uma Comissão de Constituição, Justiça e Cidadania (CCJ) a atuar no PL n. 3.353/2021, seus componentes esclarecerão o quanto ele se revela inconstitucional e inconvencional — um autêntico "prato cheio" para os plenários do Colendo Tribunal Superior do Trabalho e do Excelso Supremo Tribunal Federal.

5. O projeto de lei da "ressuscitação" do passe e as vigentes Leis ns. 9.615/98 e 14.597/23

A Lei n. 9.615/98 e a Lei n. 14.597/23 são duas normas que versam paralelamente sobre o mesmo conteúdo — a regulamentação geral do desporto. A despeito de existirem para uma regulação do quadro da prática desportiva, ambas abordam especificamente a sistemática do contrato especial de trabalho desportivo com a sua constituição, extinção, cláusulas indenizatória e compensatória desportivas.

As duas leis suprarrelatadas são especiais e regulamentam detalhadamente a aplicação das cláusulas indenizatória e compensatória desportivas na cessação do contrato especial de trabalho desportivo, criadas, paradigmaticamente, para a modalidade do futebol (art. 28 da Lei Pelé e arts. 85 a 90 da LGE).

---

desportivas generalizadas, não deixavam de contrariar regras comunitárias, e como tal de merecerem censura jurídica." BAPTISTA, Albino Mendes. *Estudos sobre o contrato de trabalho desportivo*. Coimbra: Coimbra Editora, 2006. p. 40-41.

(13) Sobre a *teoria do controlo de convencionalidade* no Brasil, investigar a proficiente obra de BOMFIM, Brena Késsia Simplício do. *Controle de convencionalidade na justiça do trabalho*. Rio de Janeiro: Lumen Juris, 2017. p. 68-69.

Caso exista qualquer outra lei que implante outro mecanismo de cláusulas e fórmula de dissolução contratual laboral, somente para o futebol, causará sobreposição, concomitante regulação de um mesmo conteúdo.

Por se tratar de matéria trabalhista, a existirem três leis especiais vigorantes que normatizam sobre o mesmo tema, deve-se prevalecer o sistema de cláusulas e de terminação do contrato especial de trabalho desportivo que seja menos prejudicial ao atleta profissional de futebol.

Em conclusão, se o Projeto de Lei n. 3.353/2021 se tornar lei, certamente, por ser o conjunto de normas mais desfavorável em matéria trabalhista para os trabalhadores futebolistas, levando-se em consideração que restringe a sagrada liberdade de trabalho (art. 5º, XIII, da CRFB/88), dever-se-ia considerar uma lei inócua, impedida de aplicação pelo princípio da norma mais favorável, na versão da *teoria do conglobamento mitigado (orgânico ou por institutos)*, predominando-se a regulamentação da Lei Geral do Esporte ou Lei Pelé, a que se entender menos precária para o jogador de futebol empregado.

6. Justificativa descrita no projeto de lei da "ressuscitação" do passe

Em mais da metade da justificação do PL n. 3.353/2021 o relator promove uma retrospectiva histórica da legislação desportiva no Brasil sem nenhum tipo de foco e comprovação de que o antigo *passe* representou desenvolvimento para o desporto brasileiro. Resta lúcido que não houve nenhuma valência para o futebol deste país, já que na era do referido *passe* a gestão dos clubes era acentuadamente não profissional, salvo raras exceções, algo que demonstra um desejo desproporcional de estiolar os direitos laborais dos atletas, especialmente aqueles em início de carreira ou sem grande poder negocial.

A retornar brevemente ao texto de justificativa do PL n. 3.353/2021 exprime-se, "que o *passe* trocou da mão dos clubes para a dos empresários". Como se fosse normal a restrição dos direitos de personalidade, autonomia, liberdade do atleta, a depender de quem o manipula. Tarefa que o Estado brasileiro não realiza bem para os seus cidadãos em geral é defender as suas autonomias, liberdades, humanidades básicas, mas no caso dos jogadores de futebol vai-se mais além: "valeria despojá-los de tais direitos para supostamente gerar mais fontes recursais às pessoas jurídicas dos clubes...".

Assinale-se, resta cabalmente provado na prática diuturna que nos últimos vinte anos no Brasil a questão econômica e financeira dos clubes passam muito por uma gestão de governança corporativa, administração realmente profissional.

Prossegue a parte de justificação do projeto em exame "o *passe* tratava-se de instituto jurídico que era adotado em toda parte, sendo a única fonte de custeio dos clubes brasileiros, que fazem a alegria de milhares de torcedores e agora são obrigados a negociar talentosos desportistas de maneira precoce". A desmitificar essa narrativa irreal, a abolição do passe provocou um maior profissionalismo na gestão dos clubes que tiveram que trabalhar a diversificação de novas fontes de renda. Em outro rumo, pelo tamanho do Brasil, ser torcedor de um clube tem quase totalmente a ver com raízes culturais, a região de origem e a herança da torcida dos ascendentes.

Ademais, na era do antigo *passe*, internamente, os jovens talentos eram negociados bem precocemente, só para citar poucos: Bebeto do Vitória para o Flamengo; Jardel do Ferroviário e do Vasco para o Grêmio; Juninho Pernambucano do Sport para o Vasco.

Para o exterior os jogadores só não eram negociados mais cedo porque existiam as cláusulas de nacionalidade entre clubes europeus, mesmo assim ocorriam alguns casos: Romário, Ronaldo e Vampeta ainda bem novos para o PSV da Holanda.

Repetidamente na justificativa do projeto, criam-se ilações de que "a partilha de direitos econômicos sobre as transferências de atletas, disseminadoras de dispersão dos valores econômicos a ser recebidos pelos clubes é culpa exclusiva da falta de existência de um instituto como o *passe*". Na realidade, verifica-se os próprios dirigentes a realizarem, constantemente, cessões de direitos econômicos entre clubes e com agentes (pessoas naturais), por conseguinte, causam boa parte da diluição de recursos para as equipes empregadoras.

Nesse ponto, profissionais gestões de alguns clubes com boa estrutura de pessoa jurídica e respectiva assessoria "desmascaram" essas descrições justificativas do projeto, uma vez que se continua a promover boas transferências de atletas depois de bons resultados desportivos.

Na República Federativa do Brasil parece que "o bolsonarismo saiu do Poder Executivo, mas decerto o Parlamento não saiu do bolsonarismo". A filosofia congressista de expelir para a sociedade normas jurídicas opressoras e violadoras de toda a ordem jurídica brasileira e internacional persiste, tudo para manter o desequilíbrio social, que ganha contornos e destaques de precarização no desporto profissional também.

At last but not least, a "ressuscitação" do *passe* é tão ultrapassada e disforme que, hodiernamente, se ela passar na votação do Congresso brasileiro, servirá tão somente para subjugar mais ainda os atletas hipossuficientes, iniciantes de carreira, sem poder financeiro e de barganha, ao passo que prestigiará os mais fortes, sem nenhuma intenção de aquecer o mercado do setor desportivo profissional, pois os clubes brasileiros, em sua esmagadora maioria, permanecem exportadores de "pé de obra" (atletas).

Alfim, o *passe* era feito para uma época em que se desejava manter por tempo indeterminado o jogador no clube empregador para que ele não fosse jogar no arquirrival regional, mas isso porque não existia mercado aberto na Europa e em outros continentes, o conhecido mundo globalizado era incipiente. Hoje os clubes brasileiros querem "expor jogadores na vitrine" para obter receitas o mais rápido possível. Portanto, além das antijuridicidades apontadas ao longo do texto, não há nenhum motivo econômico e social que justifique o "renascimento" do *passe made in Brazil*.

Referências

AMADO, João Leal. *Contrato de trabalho desportivo anotado* — Decreto-lei n. 305/95, de 18 de novembro. Coimbra: Coimbra Editora, 1995.

______. *Contrato de trabalho desportivo* — Lei n. 54/2017, de 14 de julho – anotada. Coimbra: Almedina, 2018.

______. O caso Bosman e a 'indemnização de promoção ou valorização' (art. 22.º, n. 2, do DL 305/95, de 18-11). *Questões laborais*. Coimbra: Coimbra Editora, ano III, n. 7, p. 3-17, 1996.

______. *Temas laborais* 2. Coimbra: Coimbra Editora, 2007.

______. *Vinculação versus liberdade:* o processo de constituição e extinção da relação laboral do praticante desportivo. Coimbra: Coimbra Editora, 2002.

BAPTISTA, Albino Mendes. *Direito laboral desportivo* — estudos. vol. I. Lisboa: Quid Juris, 2003.

______. *Estudos sobre o contrato de trabalho desportivo*. Coimbra: Coimbra Editora, 2006. p. 40-41.

BOMFIM, Brena Késsia Simplício do. *Controle de convencionalidade na justiça do trabalho*. Rio de Janeiro: Lumen Juris, 2017.

CATHARINO, José Martins. *Contrato de emprêgo desportivo no direito brasileiro*. São Paulo: LTr, 1969.

CORREIA, Lúcio Miguel. *Regime jurídico dos praticantes desportivos profissionais em Portugal e Espanha* — especificidades. Lisboa: Quid Juris, 2022.

GARDINER, Simon *et al*. *Sports law*. 3. ed. Sydney/Londres: Cavendish, 2006.

KANT, Immanuel (traduação Paulo Quintela). *Fundamentação da metafísica dos costumes*. Lisboa: Edições 70, 2007.

MUÑIZ, Unai Esquibel. Reflexiones sobre la libre circulación de trabajadores, el derecho comparado y el acuerdo entre la UE-FIFA-UEFA. *Revista jurídica del deporte*. Navarra: Thomson Arazandi, n. 5, p. 13-32, 2001 – 1.

PL que cria passe no futebol ganha novo relator e avança na Câmara. *Lei em campo*. Disponível em: <https://leiemcampo.com.br/pl-que-recria-passe-no-futebol-ganha-novo-relator-e-avanca-na-camara/>. Acesso em: 31 mar. 2023.

RAMOS, Rafael Teixeira. *Curso de direito do trabalho desportivo:* as relações especiais de trabalho do esporte, 2. ed. São Paulo: Juspodivm, 2022.

WIECK, George Alexandre Daudt. "O instituto do passe do jogador de futebol. Aplicação do princípio da proporcionalidade para a resolução das controvérsias judiciais". *Revista brasileira de direito desportivo*, São Paulo: Editora da OAB SP, n. 2, p. 33-36, segundo semestre 2002.

A Resolução Adequada de Disputas e os Conflitos Laborais com Atletas Profissionais do Futebol

Rogerio Neiva Pinheiro

I — Introdução

Dentre as várias particularidades decorrentes da relação entre o universo jurídico e do esporte de alto rendimento, principalmente no caso do futebol, o fator tempo consiste num dos elementos de importância central. Isso porque, de um lado, a carreira dos atletas conta com prazo bastante curto, comparativamente com outras profissões. De outro, no Direito Processual o tempo também exerce papel significativo. Ou seja, se é verdade que o tempo pode ser considerado uma medida de justiça, no caso dos atletas profissionais e de alto rendimento esse cálculo se torna exponencial.

E por conta disso, sem prejuízo de outros motivos que possam ser considerados, é preciso pensar em possibilidades de resolução de disputas quanto às relações estabelecidas no presente universo, principalmente no caso das relações laborais, entre atletas e entidades desportivas.

E exatamente por isso se faz necessário que o Brasil evolua no presente sentido, inclusive levando de forma específica ao mundo desportivo os avanços que estão sendo produzidos de forma geral quanto à Resolução Adequada de Disputas.

II — A Resolução adequada de disputas e o Direito Processual do Trabalho

Um ponto de partida para reflexão sobre o tema consiste na compreensão da resolução adequada de disputas, o seu ingresso no Brasil e a sua relação com o Direito Processual do Trabalho.

O primeiro aspecto importante consiste na compreensão de que a resolução adequada de disputas consiste em área do saber interdisciplinar, que conta com a contribuição de vários campos do conhecimento como Direito Processual, Psicologia, Ciência Política, Relações Internacionais, Comunicação, Economia, Teoria dos Jogos, dentre outros. Muitos autores consideram como marco de surgimento o emblemático evento ocorrido em 1976 nos EUA, denominado "Conferencia Pound". Aliás, naquela ocasião o então jovem professor Frank Sander apresentou ao mundo a inovadora proposta denominada Fórum Multiportas. A ideia envolvia a lógica de que o mecanismo de solução do conflito é que deveria se adequar à disputa, e não o contrário, isto é, *"Fitting the Forum to the Fuss"*.(1)

Uma das principais portas de entrada da Resolução de Disputas no Brasil foi a Resolução n. 125/2010, do Conselho Nacional de Justiça, que estabeleceu bases principiológicas, criou mecanismos como os Numepecs e Cejuscs, e, de forma não menos importante, estabeleceu um Código de Ética da Conciliação e da Mediação.

Num segundo momento, o atual Código de Processo Civil e a Lei n. 13.140/2015 deram outro importante passo, inclusive incorporando construções da Resolução n. 125/2010 do Conselho Nacional de Justiça. Dentre esses avanços, não há dúvida que tais normas procuraram abraçar o conceito de Fórum Multiportas.

Porém, havia algo não bem resolvido na relação entre a Resolução Adequada de Disputas e o Direito Processual do Trabalho, o que tinha como pano de fundo uma tensão principiológica entre a lógica da Resolução Adequada de Disputas e do Direito Processual do Trabalho, perfeitamente compreensível. Enquanto o Direito Processual do Trabalho, da mesma forma que o Direito do Trabalho, conta com uma lógica protetiva, que implica limitar a plena autonomia da vontade, a Resolução Adequada de Disputas tende a trabalhar com a ideia de valorização da autonomia da vontade.

Uma das manifestações dessa tensão consistiu na exclusão da obrigação de criação de Cejuscs no âmbito da Justiça do Trabalho, por parte da redação original da Resolução n. 125/2010. Outra possível manifestação dessa compreensão consistiu no art. 18-B, da Resolução n. 125/2010, do Conselho Nacional de Justiça, que afastou a incidência da referida norma dos conflitos de competência da Justiça do Trabalho.

Porém, o referido dispositivo da Resolução n. 125/2010, estabelecido em março de 2016 por meio da Emenda n. 2, abriu espaço para que o Conselho Superior da Justiça do Trabalho estabelecesse uma norma própria. E assim surgiu a Resolução CSJT n. 174/2016, que inegavelmente promoveu a superação da tensão entre a Resolução Adequada de Disputas e o Direito Processual do Trabalho.(2)

---

(1) SANDER, F. E. A.; GOLDBERG, S. B. "Fitting the Forum to the Fuss: A User-Friendly Guide to Selecting an ADR Procedure". *Negotiation Journal*, 10: 49-68, 1994. Disponível em: <https://doi.org/10.1111/j.1571-9979.1994.tb00005>.

(2) PINHEIRO, Rogerio Neiva. "6 anos de avanços da resolução adequada de disputas na Justiça do Trabalho". *Conjur*, 2022. Disponível em: <https://www.conjur.com.br/2022-set-23/rogerio-neiva-resolucao-adequada-disputas-justica-trabalho>. Acesso em: 15 out. 2023.

A título de exemplo das adequações promovidas pela referida norma, pode ser destacado o seguinte:

— estabelecimento de definição do conceito de mediação e conciliação, inclusive para afastar a confusão que havia entre o conceito de mediação e Câmaras Privadas de Mediação e Conciliação;

— criação dos Cejuscs com particularidades próprias, como limite de audiências concomitantes supervisionadas por magistrados, necessidade de que os conciliadores/mediadores sejam servidores da Justiça do Trabalho e presença física do juiz no ambiente das audiências;

— não admissão de acordos firmados em Câmaras Privadas.

Cabe esclarecer que a redação original da Resolução n. 174/2016 não admitia a mediação pré-processual para conflitos individuais, o que passou a ser admitido em 2021, por meio da Resolução CSJT n. 288/2021.

Portanto, não há dúvida que atualmente a Resolução Adequada de Disputas tem avançado quanto aos conflitos trabalhistas. E sendo assim, não poderia ser diferente especificamente quanto às relações empregatícias no universo desportivo.

III — O cenário de solução de conflitos no universo desportivo

O universo das relações empregatícias-desportivas conta com potencial para ser terreno fértil de aplicação e desenvolvimento da Relação Adequada de Disputas. Não apenas considerando a experiência estrangeira, mas também o dinamismo e a duração das carreiras, bem como o aspecto econômico.

Porém, um primeiro elemento a merecer atenção é que a recente Lei Geral do Esporte (Lei n. 14.597/2023) não tratou do tema.

Diante disso, o regramento do tratamento dos conflitos laborais do universo desportivo não contaria com traço distintivo comparativamente com as demais relações de emprego.

E nesse sentido, cabe lembrar que o art. 507-A da CLT, criado pela Lei n. 13.467/2017 (Reforma Trabalhista), estabelece a possibilidade de pactuação de "cláusula compromissória de arbitragem, desde que por iniciativa do empregado ou mediante a sua concordância expressa".

No caso, o sujeito do dispositivo corresponde à figura do empregado hipersuficiente.

Porém, há aqui uma particularidade quanto a esse sujeito, ao se comparar o art. 507-A com o parágrafo único do art. 444, também criado pela Lei n. 13.467/2017. No primeiro dispositivo, basta contar com remuneração acima do dobro do teto do RGPS. No segundo dispositivo também é exigida a titularidade de diploma de nível superior.

Portanto, o hipersuficiente para efeito de adoção da arbitragem conta com perfil mais amplo.

E provavelmente com o amparo do art. 507-A, da CLT, a Confederação Brasileira de Futebol estabeleceu duas medidas complementares quanto ao tema. De um lado, inseriu no modelo de contrato de trabalho a ser firmado entre atletas e entidades desportivas cláusula compromissória de arbitragem.

Ainda que a redação não seja a melhor, nos referidos contratos consta a seguinte cláusula: "As partes elegem o foro da Câmara Nacional de Resolução de Disputas da Confederação Brasileira de Futebol – CNRD para dirimir quaisquer dúvidas ou questões oriundas desse instrumento, renunciando expressamente a qualquer outro".

Talvez fosse mais adequado não utilizar a palavra "foro", por ser normalmente utilizada para a pactuação da competência territorial (foro de eleição). E por outro lado, também poderia deixar claro que se trata de "cláusula compromissória de arbitragem", nos termos do art. 507-A da CLT, inclusive em matéria trabalhista.

Além do referido padrão de contrato, a Confederação Brasileira de Futebol criou a mencionada Câmara Nacional de Resolução de Disputas da Confederação Brasileira de Futebol — CNRD. Conforme o seu regimento, o referido órgão conta com competência para

> "conhecer de litígios: I – entre clubes e atletas, envolvendo o vínculo desportivo do atleta, a manutenção da estabilidade contratual ou a solicitação de transferência nacional, em especial nos casos em que houver requerimento de uma das partes ou de terceiros interessados relativo ao registro do atleta, à aplicação de sanções esportivas ou ao pagamento de valores decorrentes de rescisão de contrato; II – entre clubes e atletas, de natureza laboral, desde que de comum acordo entre as partes, com garantia de processo equitativo e respeito ao princípio da representação paritária de atletas e clubes; (...)."

Portanto, a diretriz adotada é que os conflitos sejam solucionados pelo referido órgão, o que impõe algumas considerações específicas.

IV — Algumas considerações sobre a Câmara Nacional de Resolução de Disputas

Presumindo a validade da referida cláusula prevista no padrão de contrato estabelecido pela CBF, inclusive quanto aos conflitos decorrentes das relações de emprego estabelecidas entre atletas do futebol e entidades desportivas, a Câmara Nacional de Resolução de Disputas da Confederação Brasileira de Futebol passa a consistir no único ambiente voltado à solução das disputas decorrentes das referidas relações.

E daí surgem algumas questões para reflexão.

A primeira é que, analisando o atual regimento da CNRD, constata-se não haver disciplina sobre procedimentos de mediação e conciliação, tampouco de diretrizes de natureza ética.

Logo, se há algum espaço para a tentativa de consenso, inexiste previsão para isso no regimento.

Seguindo a versão original da proposta do Fórum Multiportas formulada por Frank Sander,(3) além do estabelecimento de distintas possibilidades de solução do conflito, foi apresentada a ideia de ordenação dos mecanismos, tendo por critério o nível de participação da vontade das partes e envolvimento de terceiros neutros. Ou seja, num extremo estaria a negociação direta entre as partes e no outro a solução jurisdicional-tradicional. Na primeira há plena participação da vontade das partes e nenhuma participação de terceiro neutro, enquanto na segunda ocorre o contrário, ou seja, plena participação do terceiro neutro e nenhuma participação da vontade das partes.

Portanto, poderia ser pensada a possibilidade de procedimento voltado ao consenso, como a mediação e a conciliação, para apenas em seguida o conflito ir para a arbitragem, o que se enquadra no conceito de *"med-arb"*.

Isso, com alguma disciplina procedimental, ainda que não voltada ao engessamento, principalmente para a garantia de neutralidade e imparcialidade na condução. E obviamente sem deixar de lado diretrizes éticas, tal como ocorre com os Códigos de Ética da Conciliação e Mediação previstos nas Resoluções ns. 125/2010 do CNJ e 174/2016 do CSJT.

Outra questão a se pensar consiste na preocupação com a regionalização do tratamento da disputa. Ainda que atualmente o próprio Poder Judiciário prestigie a adoção de ferramentas para a busca do consenso de forma não presencial, o que consiste concretamente no avanço da On Line Dispute Resolution – ODR,(4) não se pode descartar a disponibilização de alternativas locais, considerando a particularidade de cada disputa.

Além disso, a exemplo do que também vem fazendo o Poder Judiciário, seria relevante a divulgação de dados como demandas recebidas, demandas solucionadas, prazos e demais informações estatísticas. A disponibilização dessas informações conta com um sentido de transparência.

---

(3) SANDER, F. E. A.; GOLDBERG, S. B. "Fitting the Forum to the Fuss: A User-Friendly Guide to Selecting an ADR Procedure". *Negotiation Journal*, 10: 49-68, 1994. Disponível em: <https://doi.org/10.1111/j.1571-9979.1994.tb00005>.

(4) PINHEIRO, Rogerio Neiva. "ODR e resolução de disputas em tempos de pandemia". *Conjur*, 2020. Disponível em: <https://www.conjur.com.br/2020-mai-18/rogerio-neiva-odr-resolucao-disputas-tempos-pandemia>. Acesso em: 15 out. 2023.

Por fim, de maneira não menos relevante, é preciso pensar nos meios de coerção. É fato notório que as entidades desportivas contam com volume expressivo de sentenças executadas na Justiça do Trabalho, havendo a possibilidade de que ocorra o mesmo quanto aos acordos e decisões da Câmara Nacional de Resolução de Disputas da Confederação Brasileira de Futebol.

Independentemente dessas considerações pontuais, não há como ignorar que o universo esportivo conta com grande potencial para proporcionar avanços à Resolução Adequada de Disputas no Brasil.

Direito Individual do Trabalho e o Desporto

Tarcísio Miranda Bresciani

Introdução

O Direito do Trabalho se ramifica sobre diversas especificidades, cada uma com as suas particularidades e enfoques específicos e, neste capítulo, traremos os holofotes para o Direito do Trabalho Desportivo.

Sabendo que as praças desportivas refletem diretamente os defeitos e qualidades da sociedade, indiscutível que o esporte tem desempenhado um papel cada vez mais importante no cotidiano, demonstrando sua força como instrumento de evolução do indivíduo.

Nessa toada, temos uma atividade cada vez mais profissionalizada, surgindo assim a necessidade da compreensão e aplicabilidade do direito individual do trabalho, no mundo esportivo, com foco principal na proteção dos interesses dos trabalhadores.

Do termo desporto

Antes de adentrarmos o tema principal, de suma importância esclarecer a nomenclatura do termo desporto.

Ora, praticamos esporte, mas o ramo do direito que o estuda é o Direito Desportivo; a Justiça é Desportiva, mas a Secretaria (antigo Ministério) é a do Esporte, e agora?!

O termo teve origem na região da França, no século XII, quando se utilizava para a nomenclatura *deport*, cujo significado era "divertimento". Posteriormente passou a se verificar a utilização do termo *disport*, pelos ingleses em meados do século XIV, com o significado de "recreação" ou "passatempo", que foi substituído pelo termo *sport*.

Diante da importância desses países no cenário mundial e a forte influência nos demais países europeus, verificamos que em Portugal se converteu para desporto.

Assim, diante da colonização do Brasil pelos portugueses, adotamos o termo "desporto" de origem lusitana, também adotado futuramente pelo constituinte, ao discorrer o art. 24, IX, da Carta Maior.

Logo, ambas as palavras têm o mesmo significado, referindo-se a atividades físicas, competições, ou jogos que envolvam habilidades e exercícios físicos, não havendo maneira "correta" ou "incorreta" de se falar, apenas variações regionais do mesmo termo.

Da evolução legislativa desportista no Brasil

Preambularmente, ressaltamos que a história nos demonstra um forte laço entre o trabalho e o esporte, servindo este como forma de resistência, integração social e expressão de solidariedade entre os trabalhadores.

Relembramos que durante o século XIX e início do século XX, período marcado pelo surgimento e crescimento do movimento operário, as condições de trabalho eram precárias, com longas jornadas, baixos salários e falta de direitos básicos. Nesse contexto, os trabalhadores utilizavam o esporte para momentos de lazer, integração social e fortalecimento de vínculos comunitários, surgindo, muitas vezes, desses momentos, o encontro de grandes ideias que seriam futuramente reivindicadas.

Segundo Marcílio Ramos Krieger,[1] a história do Direito Desportivo no Brasil pode ser fracionada em três períodos, sendo o primeiro de 1932 a 1945, o segundo de 1946 até a Constituição de 1988, ambos marcados pelo caráter intervencionista do Estado, e o terceiro, após a promulgação da Constituição Federal de 1988.

Na década de 1930, com o contínuo surgimento de inúmeros jogadores brasileiros e o grande assédio dos times europeus, força-se a profissionalização do esporte no Brasil, que estava perdendo seus craques sem receber nenhum níquel por isso.

No primeiro período, o Decreto-lei n. 526/1938 criou o Conselho Nacional de Cultura para supervisionar as atividades culturais do país, entre elas a prática desportiva.

A título de curiosidade, trago que com a promulgação do Decreto-lei n. 10.409/1939, tivemos no estado de São Paulo uma das primeiras normas a abordar o seguro e a previdência de modalidades esportivas tão somente no âmbito estadual e não nacional.

Em 1939, foi instituída a Comissão Nacional de Desportes, mediante a promulgação do Decreto-lei n. 1.056. Essa comissão trouxe a regulamentação do desporto e, também, avaliava os problemas do esporte.

O Decreto-lei n. 3.199/41 foi a primeira lei orgânica do desporto nacional e instituiu os Conselhos Nacional e Regionais de Desporto, destinados a orientar, fiscalizar e incentivar a prática dos desportos em todo o país.

---

(1) KRIEGER, Marcílio. *Lei Pelé e legislação desportiva anotadas*. Rio de Janeiro: Forense, 1999. p. 3.

Importante observar que estávamos no final da Segunda Guerra Mundial e os ideais eram norteados pelo totalitarismo. Nesse cenário, nasce a legislação desportiva no Brasil, visando ao controle estatal das atividades esportivas, com objetivo político de vigiar as associações e impedir atividades contrárias à segurança nacional.

Mauricio de Figueiredo Corrêa da Veiga(2) traz uma reflexão de um dos maiores juristas desportivos nacionais, Valed Perry, que entendia que estávamos no "ponto alto da legislação desportiva brasileira, pois se tratava da lei institucional dos desportos brasileiros na medida em que regulamentou as competições desportivas com a adoção de medidas de proteção que consagravam o princípio de que as associações esportivas exerciam atividades de caráter cívico, dispondo sobre a adoção das regras internacionais, proibindo o emprego de capitais com o objetivo de se auferir lucro, além da imposição da obrigatoriedade da atenção aos desportos amadores às associações que mantivessem desporto profissional".

Em 1942, o Decreto-lei n. 5.342 traz a competência do Conselho Nacional de Desportos e sobre a disciplina das atividades desportivas.

Nos idos de 1961, o então presidente da República Jânio Quadros promulgou o Decreto 51.008/61, que disciplinava o horário de prática das competições desportivas e a participação dos atletas nas partidas de futebol.

No preâmbulo do Decreto 51.008/61, já se observava a preocupação do legislador com questões, até então nunca tangenciadas pelo Poder Público, como a saúde e bem-estar dos atletas. Referido decreto consagrou o intervalo mínimo de 72 horas entre duas partidas de futebol, além de criar o período de recesso obrigatório para as associações desportivas sediadas no país.

O Decreto 53.820/1964 trouxe parâmetros para a profissão do atleta de futebol, bem como a participação do atleta no valor de venda do seu passe.

O segundo período fica marcado pela tentativa dos atletas em conseguirem amparo legal. A Consolidação das Leis do Trabalho dispunha sobre proteção do trabalho da mulher, dos rurais, dos empregados em consultórios e escritórios de profissionais liberais, artistas e trabalhadores de empresas teatrais e circenses, mas nada sobre os atletas profissionais.

A Lei n. 6.354/76 adentrou especificamente nas questões envolvendo as relações de trabalho do atleta profissional de futebol, sendo a primeira norma a regulamentar a relação empregatícia entre o atleta profissional de futebol e as associações, além de abordar o tema da jornada de trabalho do atleta de futebol. O artigo primeiro deste decreto definia o atleta profissional como aquele que "mediante remuneração a qualquer título, faça do desporto sua atividade principal".

---

(2) VEIGA, Mauricio de Figueiredo Corrêa da. *Manual de Direito do Trabalho Desportivo*. São Paulo: LTr, 2016. p. 23.

Ocorre que naquela época poucos conseguiam sobreviver tão somente do esporte e o fato de serem atletas não lhes garantia direitos trabalhistas. Assim, como forma de subsistência, muitos tinham atividades paralelas ao desporto.

Ratificando que os atletas não eram vistos como empregados e sua atividade não era reconhecida como uma profissão, trago a seguinte ementa da decisão do Supremo Tribunal Federal de 1950, *in verbis*: "ATLETA PROFISSIONAL. A situação do atleta profissional, em sua relação de trabalho difere da do trabalhador comum. (STF – 1ª Turma – Rel. Cândido Motta – 14.8.1958)".

Em 1998, a Constituição Federal passa a tratar o desporto como direito social fundamental. No capítulo III da Carta Magna, temos o Desporto ao lado da Educação e da Cultura, estabelecendo o art. 217 que:

> Art. 217. É dever do Estado fomentar práticas desportivas formais e não formais, como direito de cada um, observados:
>
> I – a autonomia das entidades desportivas dirigentes e associações, quanto a sua organização e funcionamento;
>
> II – a destinação de recursos públicos para a promoção prioritária do desporto educacional e, em casos específicos, para a do desporto de alto rendimento;
>
> III – o tratamento diferenciado para o desporto profissional e o não profissional;
>
> IV – a proteção e o incentivo às manifestações desportivas de criação nacional.
>
> § 1º O Poder Judiciário só admitirá ações relativas à disciplina e às competições desportivas após esgotarem-se as instâncias da justiça desportiva, regulada em lei.
>
> § 2º A justiça desportiva terá o prazo máximo de sessenta dias, contados da instauração do processo, para proferir decisão final.
>
> § 3º O Poder Público incentivará o lazer, como forma de promoção social.

Em 1990, a Lei n. 8.028 confere a possibilidade de o desporto dispor sobre o processo de julgamento das questões relativas à disciplina, às competições desportivas e à Justiça Desportiva.

A Lei Pelé (Lei n. 9.615/98) que, até então, tinha sido o maior marco legislativo desportivo, caracterizando-se como uma verdadeira revolução para o direito desportivo nacional, trouxe relevantes transformações para o contrato de trabalho do atleta de futebol. A norma marcou a distinção entre os atletas profissionais de futebol e os atletas amadores, bem como os demais esportistas de outras modalidades.

Em 2000, foi criado o Superior Tribunal de Justiça Desportiva do futebol e ficaram determinados os deveres dos atletas profissionais, mediante o advento da Lei n. 9.981.

Em 2011, pela Lei n. 12.395, houve alteração substancial na questão da jornada de trabalho dos atletas de futebol. Se antes, na vigência da Lei n. 6.354/76, vigia uma norma clara e coesa, após a alteração da legislação passou a vigorar uma norma dúbia, passível de diferentes interpretações.

Por fim, acaba de ser sancionada a Lei n. 14.597/2023, atual Lei Geral do Esporte, que consolidou praticamente toda a legislação desportiva, incluindo a relação de trabalho no desporto e a Justiça Desportiva, a Lei Pelé (Lei n. 9.615/98), o Estatuto do Torcedor (Lei n. 10.671/2003), Lei de Incentivo ao Esporte (Lei n. 11.438/2006), Lei do Bolsa-Atleta (Lei n. 10.891/2004), além da instituição do Sistema Nacional do Esporte (Sinesp). Já, a Lei da SAF (Lei n. 14.193, de 2021) e o Profut (Lei n. 12.995, de 2014), por exemplo, seguem em vigor.

Da atual Lei Geral do Esporte, resta incontroverso que a atividade do atleta profissional tem suas peculiaridades que o distinguem do empregado convencional, e tal entendimento é reforçado pelo art. 85, que de forma expressa assegura que:

> Art. 85. A relação do atleta profissional com seu empregador esportivo regula-se pelas normas desta Lei, pelos acordos e pelas convenções coletivas, pelas cláusulas estabelecidas no contrato especial de trabalho esportivo e, subsidiariamente, pelas disposições da legislação trabalhista e da seguridade social.

Nessa toada, o art. 97 reafirma algumas das características diferenciadas desse tipo de profissional, ao versar sobre a regra do contrato por prazo determinado, o prazo de concentração e o reconhecimento da jornada desportiva noturna entre 23h59 e 6h59.

Dessa breve análise legislativa desportiva nacional, verificamos que as grandes conquistas legais surgiram em torno do futebol, seja pela paixão que já despertava no coração dos brasileiros, seja pela dor no bolso de ver os seus craques partindo para a Europa a custo zero.

Limitações dos princípios do Direito do Trabalho no Direito Desportivo

No mesmo sentir e de acordo com o que ensina Mauricio Correa da Veiga[(3)] (2020, p. 36), "[...] *os princípios são os alicerces sobre os quais todo um sistema jurídico nasce e evolui, podendo levar anos para a sua consolidação, eis que proveniente dos costumes*".

O art. 85 da Lei n. 4.597, de junho de 2023, diz que a relação do atleta profissional com seu empregador esportivo regula-se pelas normas da Lei Geral do Esporte, pelos acordos, pelas convenções coletivas, pelas cláusulas estabelecidas no contrato especial de trabalho esportivo, e subsidiariamente, pelas disposições da legislação trabalhista e da seguridade social.

---

(3) VEIGA, Mauricio de Figueiredo Corrêa da Veiga. *Manual de Direito do Trabalho Desportivo*. 3. ed. São Paulo: LTr, 2020.

Assim, por conta das particularidades dessa relação, nem todos os princípios laborais são aplicados ao Direito Desportivo, havendo uma limitação, contudo, sempre respeitando a dignidade da pessoa humana.

Assim, são aplicados diretamente ao Direito Desportivo os seguintes princípios do Direito do Trabalho: princípio da proteção (*In dubio, pro operario,* norma mais favorável e condição mais benéfica), princípio da irrenunciabilidade e irredutibilidade, princípio da primazia da realidade e princípio da liberdade.

Por fim, diante das características dessa relação de trabalho, vislumbramos que alguns princípios seriam inaplicáveis, diante das particularidades do esporte, como por exemplo: o princípio da unicidade contratual, princípio da continuidade da relação de emprego e princípio isonômico.

Logo, relembramos que diante das peculiaridades da atividade do atleta profissional, será de suma importância para a manutenção do equilíbrio entre as especificidades do esporte e a proteção dos direitos dos profissionais, devendo ser contínuo o diálogo entre organizações esportivas, legisladores e os representantes dos atletas, com intuito de conciliar todas as particularidades com os princípios fundamentais do Direito do Trabalho.

Do contrato de trabalho

A relação de trabalho é gênero do qual a relação de emprego é espécie. Nesse mesmo sentido, trago que o contrato de trabalho é gênero do qual o contrato de emprego, dentre outros, são espécie.

Jorge Luiz Souto Maior[(4)] afirma o seguinte esclarecimento sobre trabalhador e o contrato de trabalho, *in verbis:*

> Guillermo Cabanelas de Torres, por sua vez, esclarecendo, inicialmente, que trabalhador é toda pessoa que "realiza um labor socialmente útil y de contenido econômico", destaca a diferença que existe entre trabalhador "independente" e trabalhador "dependente" ou subordinado. Na visão de Cabanelas, o trabalhador dependente é aquele que realiza uma atividade econômico-social por sua iniciativa, por sua conta e segundo normas que ele mesmo estipula, conforme sua conveniência ou imperativos das circunstâncias, enquanto que o trabalhar dependente é o que executa uma tarefa ou presta um serviço com sujeição a outra pessoa, voluntária ou forçadamente, contra um salário ou meio de subsistência. Para Cabanelas, "tanto o trabajador

(4) SOUTO MAIOR, Jorge Luiz. *Relação de emprego e direito do trabalho: no contexto da ampliação da competência da justiça do trabalho*. São Paulo: LTr, 2007.

dependiente como el independiente pueden ser sujetos del Derecho Laboral. Pero sólo el trabajador subordinado se rige por uma contrato laboral".[5]

Nestes termos, o trabalhador característico, do ponto de vista laboral, é o sujeito de um contrato de trabalho.

A Consolidação das Leis do Trabalho conceitua contrato individual de trabalho com a combinação dos arts. 2º, 3º, 442 e 443, como sendo um acordo tácito ou expresso, correspondente à relação de emprego e que poderá ser acordado tácita ou expressamente, verbalmente ou por escrito e por prazo determinado ou indeterminado.

Carlos Henrique Bezerra Leite,[6] afirma que para Mario de La Cueva, "*o contrato é o acordo de vontades, e a relação de emprego é o conjunto de direitos e obrigações que se revelam e se desenvolvem na dinâmica do vínculo, daí usar a expressão contrato-realidade*".

Para Délio Maranhão:[7] "*contrato de trabalho é negócio jurídico pelo qual uma pessoa física (empregado) se obriga, mediante o pagamento de uma contraprestação (salário), a prestar trabalho não eventual em proveito de outra pessoa, física ou jurídica (empregador), a quem fica juridicamente subordinada*".

Por fim, esclareço que o contrato de trabalho pode se classificar da seguinte maneira: quanto à espécie, pode ser individual ou coletivo; quanto à duração, pode ser por prazo indeterminado ou determinado (exceção à regra); quanto à qualidade do trabalho, pode ser manual, técnica ou intelectual; quanto à manifestação, tácito ou expresso; quanto à forma, verbal ou escrito; quanto ao fim econômico, com ou sem objetivo de lucro; quanto ao modo de remuneração, salário fixo, variável ou fixo e variável.

Das características do contrato especial de trabalho desportivo

Diante das peculiaridades da atividade do atleta profissional, veremos que são distintas da classificação do contrato de trabalho válida para o trabalhador ordinário. O contrato especial de trabalho desportivo tem suas características e por esse motivo os arts. 442 e 443 da Norma Consolidada não se aplicam ao atleta profissional.

Nesse sentido, versa o art. 85 da Lei Geral do Esporte, que a relação entre atleta profissional e seu empregador esportivo será regulada por essa lei especial, pelos acordos e convenções coletivos, pelas cláusulas do contrato especial de trabalho esportivo e, terão aplicação subsidiária as normas gerais da legislação trabalhista e da seguridade social.

---

(5) *Compendio de Derecho Laboral*. Buenos Aires: Editora Heliasta, 1992. p. 320 e 324.

(6) BEZERRA LEITE, Carlos Henrique. *Curso de Direito do Trabalho*, 12. ed. São Paulo: Saraiva Educação, 2020.

(7) SÜSSEKIND, Arnaldo; MARANHÃO, Délio; VIANNA, Segadas. *Instituições de Direito do Trabalho*, 12. ed. São Paulo: LTr. 1991. p. 231.

Nas palavras do professor Domingos Sávio Zainaghi,(8) o contrato especial de trabalho desportivo é conceituado da seguinte maneira: "*Avença entre atleta (empregado) e entidade de prática desportiva (empregador), através do pacto formal, no qual resta o caráter de subordinação do primeiro em relação ao último, mediante remuneração e trabalho prestado de maneira não eventual*".

O contrato especial de trabalho desportivo tem suas características elencadas no art. 86 da Lei Geral do Esporte, *in verbis*:

> Art. 86. O atleta profissional poderá manter relação de emprego com organização que se dedique à prática esportiva, com remuneração pactuada em contrato especial de trabalho esportivo, escrito e com prazo determinado, cuja vigência não poderá ser inferior a 3 (três) meses nem superior a 5 (cinco) anos, firmado com a respectiva organização esportiva, do qual deverá constar, obrigatoriamente:
>
> I – cláusula indenizatória esportiva, devida exclusivamente à organização esportiva empregadora à qual está vinculado o atleta, nas seguintes hipóteses:
>
> a) transferência do atleta para outra organização, nacional ou estrangeira, durante a vigência do contrato especial de trabalho esportivo;
>
> b) retorno do atleta às atividades profissionais em outra organização esportiva, no prazo de até 30 (trinta)meses; ou
>
> II – cláusula compensatória esportiva, devida pela organização que promova prática esportiva ao atleta, nas hipóteses dos incisos III, IV e V do caput do art. 90 desta Lei.
>
> § 1º O valor da cláusula indenizatória esportiva a que se refere o inciso I do caput deste artigo será livremente pactuado pelas partes e expressamente quantificado no instrumento contratual:
>
> I – até o limite máximo de 2.000 (duas mil) vezes o valor médio do salário contratual, para as transferências nacionais;
>
> II – sem qualquer limitação, para as transferências internacionais.
>
> § 8º O contrato especial de trabalho esportivo vigerá independentemente de registro em organização esportiva e não se confundirá com o vínculo esportivo.

Álvaro Melo Filho(9) defende que o contrato especial desportivo tem característica especial pelas seguintes razões:

- Aspectos desportivos (treinos, concentração, preparo físico, disciplina tática em campo);
- Aspectos pessoais (alimentação balanceada, peso, horas de sono, limites à ingestão de álcool);

---

(8) ZAINAGHI, Domingos Sávio. *Nova legislação desportiva:* aspectos trabalhistas. 2. ed. São Paulo: LTr. 2004. p. 15-17.

(9) MELO FILHO, Álvaro. "Balizamentos jus-laboral-desportivos". In: BASTOS, Guilherme Caputo (Coord.) *Atualidades sobre direito esportivo no Brasil e no mundo*. Brasília, t. II, p. 22-23.

- Aspectos íntimos (uso de medicamentos dopantes, comportamento sexual);
- Aspectos convencionais (uso de brincos, vestimenta apropriada);
- Aspectos disciplinares (ofensas físicas e verbais a árbitros, dirigentes, colegas, adversários e torcedores, ou recusa em participação em entrevistas após o jogo).

Diante de todas as características expostas acima, concluímos que o contrato especial de trabalho desportivo é típico, sinalagmático, oneroso, *intuitu personae* e com prazo de duração determinado.

Vínculo de emprego e vínculo desportivo

É critério elementar para a caracterização do vínculo empregatício que estejam presentes os requisitos do art. 2º e 3º da Norma Consolidada, ou seja, é necessário que uma pessoa física preste serviços com habitualidade, subordinação e mediante pagamento de salário para um empregador, podendo ser ele pessoa física ou jurídica, que assume o risco da atividade, admitindo, assalariando e dirigindo a prestação do serviço.

Conforme tratado anteriormente, como os princípios da primazia da realidade e da proteção ao empregado norteiam esta relação, não é requisito necessário para a caracterização do vínculo empregatício desportivo a celebração de um contrato escrito.

Emblemática, nesse sentido, a decisão(10) a seguir transcrita:

> Sabe-se que o contrato de atleta profissional, regido pela Lei n. 9.615/98, a conhecida Lei Pelé, é essencialmente solene, daí requerer a forma escrita. Todavia, no Direito do Trabalho impera o princípio da primazia da realidade sobre as formas, que impõe ao julgador apurar os fatos e dar-lhes a devida qualificação jurídica, sem se importar com o figurino que lhes tenha revestido ou faltado.
>
> O autor mesmo já advertia da contratação verbal, fato confirmado pela reclamada. O que não significa que não possa ter havido um autêntico contrato de trabalho entre as partes.
>
> [...]
>
> A reclamada confirmou que o reclamante jogou pelo time de basquete que a representava, bem como que ele o fez em competições organizadas por pelo menos uma federação estadual daquele esporte. A participação do atleta presume-se impregnada de pessoalidade, ainda que seja usual a substituição nos jogos e treinamentos, pois, pretendendo a entidade desportiva utilizá-lo naquela atividade, não poderá ele se fazer substituir por outro indivíduo.
>
> [...]
>
> Releva salientar que as competições promovidas pelas federações Mineira e Paulista de Basquetebol têm caráter profissional, da forma como dispõe a Lei n. 9.615/98. Veja-se o que diz o § 10

(10) TRT3. Processo n. 0000639-61.2011.5.03.0151

do art. 27, com a redação dada pela Lei n. 10.672/03: considera-se entidade desportiva profissional, para fins desta Lei, as entidades de prática desportiva envolvidas em competições de atletas profissionais, as ligas em que se organizarem e as entidades de administração de desporto profissional. Em reforço, transcrevem-se também os seguintes dispositivos, respectivamente, da Lei n. 9.615/98 e do seu regulamento, o Decreto n. 3.944/01:

Art. 20. As entidades de prática desportiva participantes de competições do Sistema Nacional do Desporto poderão organizar ligas regionais ou nacionais.

Art. 1º. As ligas profissionais nacionais ou regionais de que trata o art. 20 da Lei n. 9.615, de 24 de março de 1998, são pessoas jurídicas de direito privado, com ou sem fins lucrativos, dotadas de autonomia na sua organização e funcionamento, tendo suas competências definidas em seus estatutos.

Por fim, o parág. 1º do art. 26 da Lei Pelé: considera-se competição profissional para os efeitos desta Lei aquela promovida para obter renda e disputada por atletas profissionais cuja remuneração decorra de contrato de trabalho desportivo.

Pelo trabalho prestado, é devida a anotação do contrato de atleta profissional na CTPS do autor.

[...]

Via de regra, para um atleta, o vínculo de emprego passará a existir a partir da celebração do contrato especial de trabalho desportivo, que deverá conter obrigatoriamente todos os elementos trazidos a partir do art. 86, da Lei Geral do Esporte.

Contudo, entendo ser mais um artigo exclusivo para modalidade futebol e, nesse sentido, compactuo com o entendimento do brilhante professor e doutrinador Zainaghi,[11] que faz as seguintes considerações: "*É de se esclarecer que a exigência de contrato escrito é somente para a modalidade futebol, uma vez que após a alteração dada pela Lei n. 9.981/00, o art. 94 da Lei n. 9.615/98, assim prevê (...) quando a lei fala em contrato formal, deve-se entender contrato escrito*".

Parece claro que tais requisitos sejam incompatíveis com outras modalidades, principalmente com aquelas individuais e, assim, concluímos, portanto, que o vínculo trabalhista poderá existir mesmo diante da falta de instrumento contratual escrito e com prazo determinado.

Contudo, ainda hoje, deparamo-nos com entendimentos legalistas que assegurando que, inexistindo contrato escrito, os atletas de outras modalidades apenas seriam beneficiados pela legislação trabalhista nas hipóteses de contrato formal, nos moldes do art. 28 da Lei Pelé. Nesse sentido, segue a jurisprudência:

RECURSO ORDINÁRIO. 1 – JOGADOR DE FUTSAL. ATLETA NÃO PROFISSIONAL. LEI N. 9.615/98. INEXISTÊNCIA DE VÍNCULO DE EMPREGO. Ainda que o reclamante tenha atuado como jogador de Futsal por intermédio da primeira reclamada (GRÊMIO RECREATIVO PAGUE MENOS), inexistiu

(11) ZAINAGHI, Domingos Sávio. *Nova legislação desportiva*: aspectos trabalhistas. 2. ed. São Paulo: LTr, 2004.

> qualquer vínculo de emprego entre as partes, já que o desporto não profissional se caracteriza pela inexistência de contrato de trabalho, conforme disposição da Lei n. 9.615/98, ainda que possa haver o adimplemento de 'incentivo material' aos seus participantes. No caso, não restou demonstrado que o autor atuou como atleta profissional de futsal em prol da primeira reclamada, nos termos da lei em menção, motivo pelo qual merece provido o apelo para, reformando a sentença, afastar o reconhecimento do vínculo empregatício na função de atleta de futsal com a primeira reclamada e, excluir, por consequência, a condenação de todas as verbas decorrentes da relação empregatícia ora afastada. 2 – MULTA POR EMBARGOS PROTELATÓRIOS. Tendo sido suscitado em Recursos ordinários conhecidos e providos. (TRT-7 – RO: 00013763920165070002, rel. CLAUDIO SOARES PIRES, Data de Julgamento: 28.5.2018, Data de Publicação: 31.5.2018)

Data máxima vênia, mas discordamos veementemente da respeitável decisão apresentada acima, uma vez que ignorados os princípios basilares do Direito do Trabalho.

A própria lei diz que o vínculo desportivo não se confundirá com o vínculo empregatício, conforme o § 8º, do art. 86 da Nova Lei Geral do Esporte, *in verbis*: "*O contrato especial de trabalho esportivo vigerá independentemente de registro em organização esportiva e não se confundirá com o vínculo esportivo*".

Porém, válido lembrar que nos tempos atuais temos nos deparado com decisões, especialmente da mais alta Corte Judiciária, que fazem o Direito do Trabalho retroceder séculos, atingindo letalmente a parte hipossuficiente da relação.

Nessa esteira, verificamos que o legislador, também compactua com esse tipo de entendimento, quando traz a seguinte redação no art. 82 da Lei n. 14.597/2023, *in verbis:*

> Art. 82. A atividade assalariada não é a única forma de caracterização da profissionalização do atleta, do treinador e do árbitro esportivo, sendo possível também definir como profissional quem é remunerado por meio de contratos de natureza cível, vedada a sua participação como sócio ou acionista da organização esportiva.
>
> Parágrafo único. A atividade profissional do atleta, do treinador e do árbitro esportivo não constitui por si relação de emprego com a organização com a qual ele mantenha vínculo de natureza meramente esportiva, caracterizado pela liberdade de contratação.

Vislumbrar a legalização da remuneração de uma pessoa física, atleta profissional, mediante contrato de natureza cível, causa-nos espanto e nos deixa em estado de alerta.

Entretanto, cremos que antes da relação desportiva, estamos diante de um contrato de trabalho e, nesse sentido, Américo Plá Rodriguez conceitua o princípio da primazia da realidade da seguinte forma: "*O princípio da primazia da realidade significa que, em caso de discordância entre o que ocorre na prática e o que emerge de documentos ou acordos, deve-se dar preferência ao primeiro, isto é, ao que sucede no terreno dos fatos*".

Assim, contestando algumas decisões e posicionamentos, entendemos que uma vez preenchidos os requisitos dos arts. 2º e 3º da Norma Consolidada, mesmo que sem contrato escrito, teremos a caracterização do vínculo empregatício.

Dos sujeitos do contrato especial de trabalho desportivo

Conforme ventilado acima, são sujeitos do contrato ordinário de trabalho o empregado e o empregador, já no caso do contrato especial de trabalho desportivo, temos de um lado o atleta profissional ou o auxiliar desportivo e do outro a organização que se dedica à prática desportiva.

Nessa relação, figura como empregado o atleta que praticar a atividade desportiva, de forma subordinada ao empregador, prestando serviços pessoalmente, com habitualidade e mediante o pagamento de salário.

O art. 83 da Lei Geral do Esporte conceitua organização esportiva, aquela que, independentemente da natureza jurídica, mantenha atletas profissionais em seus quadros.

Do estudo dos sujeitos do contrato especial de trabalho desportivo, compreendem-se as dinâmicas e as particularidades dessa relação no âmbito esportivo. A implementação de regulamentações adequadas e a garantia do cumprimento dos direitos trabalhistas são essenciais para promover um ambiente justo e equitativo para os atletas profissionais, contribuindo para o crescimento e a excelência do esporte como um todo.

Da remuneração e salário

Com base na Lei n. 13.467/2017, compreende-se que remuneração, para todos os efeitos legais, corresponde ao salário devido e pago diretamente pelo empregador, bem como a contraprestação do serviço e as gorjetas que receber. Integram o salário a importância fixa estipulada, as gratificações legais e as comissões pagas pelo empregador.

Em suma, Carlos Henrique Bezerra Leite(12) conceitua de forma clara e objetiva a diferença entre salário e remuneração, *in verbis*: "*O art. 457 da CLT faz distinção entre salário e remuneração. O primeiro é a contraprestação originariamente fixada, em virtude do contrato individual de trabalho. Já, a remuneração tem sentido mais amplo, de modo a englobar tudo o que venha a ser acrescido à retribuição básica ou originária do empregado*".

As quantias, ainda que habituais, pagas a título de ajuda de custo, auxílio-alimentação, diárias para viagem, prêmios e abonos não integram a remuneração do empregado e não são incorporadas ao contrato de trabalho, não constituindo base de cálculo para nenhum encargo trabalhista e previdenciário.

O § 2º do art. 90 da Lei Geral do Esporte, ao tratar da rescisão indireta do contrato especial de trabalho desportivo, equipara ao salário o abono de férias, o décimo terceiro salário, as gratificações e as demais verbas inclusas no contrato de trabalho.

---

(12) BEZERRA LEITE, Carlos Henrique. *Curso de Direito do Trabalho*. 12. ed. São Paulo: Saraiva Educação, 2020.

Aqui, válido chamar a atenção, uma vez que na relação entre atleta profissional e organização desportiva, diferente da relação de emprego comum, é caracterizado também como mora contumaz o não recolhimento de FGTS e das contribuições previdenciárias.

Enriquecendo este ensaio, válido trazer a lição do ministro Alexandre Agra Belmonte,[13] *in verbis*:

> a remuneração do atleta profissional é formada por parte fixa, consistente no salário mensal, e por parte variável, composta com as gratificações, os prêmios e as demais parcelas proporcionadas pelo contrato. As parcelas de cunho retributivo são consideradas para todos os efeitos salariais e remuneratórios, e as parcelas pagas por terceiros em função do contrato, ainda que indiretamente pelo empregador, repercutem apenas no FGTS, nas gratificações natalinas e nas férias, a exemplo das gorjetas. Parcelas de natureza indenizatória, como ajuda de custo e diárias para viagens, não compõem nem o salário, nem a remuneração.

No plano desportivo, além do salário e dos prêmios, é muito comum que o atleta receba luvas, bicho, direito de imagem e direito de arena.

Para fins justrabalhistas, será sempre importante observar a forma que são pagos os valores a título de luvas, bicho, direito de imagem e direito de arena, uma vez que, diante da habitualidade do pagamento, esbarraremos no art. 9º da Consolidação das Leis do Trabalho e tais verbas terão título salarial.

Conclusão

A título de reflexão, início a conclusão do presente ensaio com a fábula[14] de onde surgiu a expressão *contrato leonino*:

> O leão, a vaca, a ovelha e a cabra.
>
> Uma cabra, uma vaca e uma ovelha fizeram uma sociedade com o leão, rei dos animais, e de parceria se puseram a caçar. Pilharam um veado, e felicitando-se e esquecendo o cansaço, dividiram-no em quatro partes. Chegou o leão e disse: — Esta é minha, pela lei do nosso ajuste; esta segunda parte quero-a para mim, porque sou o rei dos animais; essa terceira vocês me darão em obséquio pela minha valentia; e quem tiver o arrojo de querer a

(13) BELMONTE, Alexandre Agra. "Direito desportivo, justiça desportiva e principais aspectos jurídico-trabalhistas da relação de trabalho do atleta profissional". *Revista do TRT 1ª R.*, p. 85.

(14) MORAIS, Ana Paiva. *A inscrição da 'Vida de Esopo' nas primeiras colecções de fábulas em português:* 'Livro de Exopo' (séc. XIV) e 'Vida e fábulas do insigne fabulador grego Esopo' traduzidas por Manuel Mendes da Vidigueira (1603/1643)

> quarta parte vai se ver comigo. Os parceiros calaram-se, resignados. E que haviam de fazer? Antes perder o seu quinhão do veado, do que ter a mesma sorte que ele.

Diante do sonho de se tornar um atleta profissional, grande parte das crianças e adolescentes se submetem a assinar qualquer tipo de contrato para alcançar seus objetivos.

E neste ponto, o legislador perdeu uma grande oportunidade de mudar a história do desporto e fazer um "gol de placa", haja vista que caminhava bem em direção ao gol, quando preconizava em seu art. 70, assegurar que as relações econômicas que advêm da prática do esporte devem basear-se nas premissas do desenvolvimento social e econômico e no primado da proteção do trabalho, garantia dos direitos sociais do trabalhador esportivo e da valorização da organização esportiva empregadora.

Porém, sua conclusão nos fez lembrar a cobrança de Roberto Baggio, trazendo um final triste, ao consentir com a desproteção social, ao dispor no seu art. 82, que a atividade assalariada não é a única forma de caracterização da profissionalização do atleta, do treinador e do árbitro esportivo, sendo possível também definir como profissional quem é remunerado por meio de contratos de natureza cível.

E, aquilo que já estava ruim, piorou ao cravar, no parágrafo único desse artigo, que atividade profissional do atleta, do treinador e do árbitro esportivo não constitui por si relação de emprego com a organização com a qual ele mantenha vínculo de natureza meramente esportiva, caracterizado pela liberdade de contratação.

Estamos em 2023, e dos estudos podemos ver que pouco mudou para os atletas de outras modalidades que não o futebol, uma vez que para manter o sonho de ser atleta profissional, muitos procuram atividades paralelas para conseguir sobreviver.

Diante da crescente modernização das relações de trabalho e dos esforços para promover avanços no cenário esportivo, é essencial mantermos uma postura vigilante e não baixarmos a guarda. É crucial estarmos atentos à possibilidade de precarização das relações esportivas. Preocupa-nos especialmente quando o legislador trata o vínculo de emprego como uma mera "atividade assalariada", desvalorizando sua importância. Além disso, ao consentir com a remuneração por meio de contratos de natureza cível, corremos o risco de enfraquecer os direitos trabalhistas dos profissionais envolvidos no esporte. Portanto, é fundamental analisarmos de forma crítica e cautelosa essas mudanças, garantindo que os princípios de proteção e dignidade humana não sejam comprometidos nessa área.

Referências

AFFORNALLI, Maria Cecília Naréssi Munhoz. *Direito à própria imagem*. 1. ed., 5. reimpr. Curitiba: Juruá, 2008. p. 19.

BASTOS, Guilherme Augusto Caputo. *Direito Desportivo*. 2. ed. rev. Brasília, 2018.

BELMONTE, Alexandre Agra. "Direito desportivo, justiça desportiva e principais aspectos jurídico-trabalhistas da relação de trabalho do atleta profissional". *Revista do TRT 1ª R.*, p. 85.

______. "Aprendizagem desportiva (formação desportiva) *x* aprendizagem trabalhista. Disponível em: <https://juslaboris.tst.jus.br/bitstream/handle/20.500.12178/165762/2019_agra_belmonte_aprendizagem_desportiva.pdf?sequence=1&isAllowed=y>. Acesso em: 28 jun. 2023.

BEZERRA LEITE, Carlos Henrique. *Curso de Direito do Trabalho*. 12. ed. São Paulo: Saraiva Educação, 2020.

EZABELLA, Felipe Legrazie. *O direito desportivo e a imagem do atleta*. São Paulo: IOB Thomson, 2006. p. 121-122.

KRIEGER, Marcílio, "Disposições relativas ao atleta no direito desportivo brasileiro". *Revista Brasileira de Direito Desportivo*, n. 3, 1º sem. 2003, p. 160.

KRIEGER, Marcílio. *Lei Pelé e legislação desportiva anotadas*. São Paulo: Forense, 1999. p. 3.

LENZA, Pedro. *Direito Constitucional esquematizado*. 12. ed. São Paulo: Saraiva, 2008. p. 721.

MELO FILHO, Álvaro. "Balizamentos jus-laboral-desportivos". In: BASTOS, Guilherme Caputo (Coord.). *Atualidades sobre direito esportivo no Brasil e no mundo*. Brasília. t. II, p. 22-23.

MIRANDA, Neves Martinho. *O direito no desporto*. Rio de Janeiro: Lumen Juris.

MORAIS, Ana Paiva. *A inscrição da 'Vida de Esopo' nas primeiras colecções de fábulas em português:* 'Livro de Exopo' (séc. XIV) e 'Vida e fábulas do insigne fabulador grego Esopo' traduzidas por Manuel Mendes da Vidigueira (1603/1643).

PERRY, Valed. *Crônica de uma certa Lei do Desporto*. Rio de Janeiro: Lumen Juris, 1999.

PLÁ RODRIGUEZ, Américo. *Princípios de direito do trabalho.* São Paulo: LTr, 2015.

REZENDE, José Ricardo. *Manual completo da Lei de Incentivo ao Esporte*. São Paulo: All Print Editora, 2012.

SOUTO MAIOR, Jorge Luiz. *Relação de emprego e direito do trabalho:* no contexto da ampliação da competência da justiça do trabalho. São Paulo: LTr, 2007.

SÜSSEKIND, Arnaldo; MARANHÃO, Délio; VIANNA, Segadas. *Instituições de Direito do Trabalho*. 12. ed. São Paulo, 1991. p. 231.

TASSO, Fernando. *O Atleta, um profissional*. Disponível em: <https://blogextracampo.wordpress.com/2008/09/02/o-atleta-um-profissional/>. Acesso em: 28 jun. 2023.

VEIGA, Mauricio de Figueiredo Corrêa da. *Manual de direito do trabalho desportivo*. São Paulo: LTr, 2016, p. 23.

ZAINAGHI, Domingos Sávio. *Nova legislação desportiva*: Aspectos trabalhistas. 2. ed. São Paulo. LTr, 2014. p. 15-17.

Decreto-lei n. 5.452/1943.

Constituição da República Federativa do Brasil de 1988.

Lei n. 9.615/198.

Lei n. 10.406/2002.

Lei n. 11.438/2006.

Decreto-lei n. 6.180/2007.

Lei n. 14.597, de 14 de junho de 2023.

O Trabalho dos Treinadores, Comissão Técnica e Estafe de Futebol Profissional: Problemáticas e Nova Lei Geral do Esporte

Victor Targino de Araujo

1. Panorama sob a legislação anterior, suas inovações e problemáticas

Em 1993, o esporte brasileiro passou por um amplo movimento de atualização legislativa decorrente da nova Constituição, promulgada em 1988. À época, os trabalhos do Congresso Nacional resultaram na edição de duas leis de abrangência nacional: a Lei n. 8.650, destinada aos treinadores de futebol, e a Lei n. 8.672, apelidada de "Lei Zico", que regia o desporto em geral.

A Lei Zico tinha abordagem geral. Visava superar as legislações editadas à época da Ditadura Militar, haja vista a nova ordem constitucional de 1988, cujo art. 217 consagrou o princípio da autonomia (quanto à organização e funcionamento) às federações e ligas esportivas. Ainda assim, a ela se somava antiga Lei n. 6.354, de 1976, que remanescia vigente e consistia no principal diploma regente das relações de trabalho desportivas entre atletas e clubes.

A Lei n. 8.650, dos treinadores de futebol, por sua vez, resultou de um projeto de lei que se encontrava parado no Congresso Nacional desde 1986, então proposto pelo Poder Executivo. Sua promulgação, ainda que sete anos após, trouxe inédita tutela específica à classe, regulando suas relações de trabalho e o exercício da profissão.

Dentre suas disposições, o treinador de futebol ficou definido como aquele:

> Art. 2º (...) contratado por clube de futebol ou associação desportiva, com a finalidade de treinar atletas de futebol profissional ou amador, ministrando-lhes técnicas e regras de futebol, com o objetivo de assegurar-lhes conhecimentos táticos e técnicos suficientes para a prática desse esporte.

Ou seja, a Lei n. 8.650 impunha a contratação do treinador profissional de futebol sob o regime da CLT (empregado), independentemente da qualidade dos atletas (se profissionais ou amadores) ou do regime societário do empregador, inclusive associações civis sem fins lucrativos.

Todavia, a despeito do princípio da continuidade das relações de trabalho vigente na CLT, a Lei n. 8.650 impôs a contratação por prazo determinado (art. 6º, II), sob prazo máximo de 2 anos. Aludida inovação resulta na automática aplicação do regime rescisório dos arts. 479 e 480 da CLT, isto é, o dever de pagar multa pela rescisão contratual antecipada, exceto quando houver cláusula assecuratória de direito recíproco de rescisão (art. 481 da CLT), ocasião em que as partes podem livremente dispor em contrato, desde que o mínimo seja o aviso-prévio legal.

A propósito, é salutar a compatibilidade e presumida a aplicação do art. 62, II, da CLT aos treinadores profissionais de futebol, haja vista a fidúcia e a condição de chefia que naturalmente emanam de seu exercício.

Houve, ainda, algumas especificidades, como o registro do contrato perante a respectiva Federação ou Liga (art. 6º, parágrafo único) — reconhecendo a plenitude da jurisdição associativa(1) e dos regulamentos desportivos sobre as relações entre clubes e treinadores de futebol — e a obrigação de sigilo profissional (art. 5º, II).

Por fim, mas não menos importante, a Lei n. 8.650 criou uma verdadeira confusão ao assegurar "preferencialmente" (art. 3º, I) o exercício da profissão de treinador de futebol aos portadores de diploma de Educação Física ou entidades análogas. Digo confusão, porque a expressão "preferencialmente", *in casu*, não assegura nada, tampouco impõe exclusividade aos diplomados. Assim, as tentativas do CREF de exigir registro profissional dos treinadores de futebol fracassaram no Poder Judiciário. Ilustrando:

> PROCESSUAL CIVIL E ADMINISTRATIVO. TREINADOR DE FUTEBOL. CONSELHO REGIONAL DE EDUCAÇÃO FÍSICA. INSCRIÇÃO. NÃO OBRIGATORIEDADE. LEIS NS. 8.650/83 E 9.696/98. 1. Recurso especial em que se discute a obrigatoriedade do registro em Conselho Regional de Educação Física como condição para o exercício da função de técnico ou treinador de futebol. 2. Os arts. 2º, III, e 3º da Lei n. 9.696/98 e 3º, I, da Lei n. 8.650/93 não trazem nenhum comando normativo que determine a inscrição de treinadores/técnicos de futebol nos Conselhos Regionais de Educação Física. Precedentes. 3. "1. A expressão 'preferencialmente' constante do *caput* do art. 3º da Lei n. 8.650/1993 (lei específica que dispõe sobre as relações de trabalho do Treinador Profissional de Futebol) tão somente dá prioridade aos diplomados em Educação Física, bem como aos profissionais que, até 22 de abril de 1993 (data de início da vigência da lei), comprovem o exercício de cargos ou funções de treinador de futebol, por no mínimo 6 meses, em clubes ou associações filiadas às Ligas ou Federações, em todo o território nacional. Assim, quanto ao exercício da profissão de treinador profissional de futebol, a Lei n. 8.650/1993 em nenhum momento coloca restrição aos não diplomados ou aos que não comprovarem o exercício do

---

(1) Associativa no sentido de referir ao sistema piramidal de afiliação internacional do futebol: FIFA-CBF-Federações Regionais.

cargo ou função por prazo não inferior a seis meses. [...] 3. A Lei n. 9.696/1998 (lei geral que dispõe sobre a regulamentação da Profissão de Educação Física e cria o Conselho Federal e os Conselhos Regionais de Educação Física) define que apenas profissionais com registro regular no respectivo Conselho Regional poderão atuar na atividade de Educação Física e receber a designação de 'Profissional de Educação Física', mas não traz, explícita ou implicitamente, nenhum comando normativo que determine a inscrição de treinadores e monitores de futebol nos Conselhos de Educação Física". Nesse sentido: AgRg no AREsp 702.306/SP, rel. Ministro OG FERNANDES, SEGUNDA TURMA, julgado em 23.6.2015, *DJe* 1º.7.2015; REsp 1.383.795/SP, rel. Ministro Humberto Martins, Segunda Turma, julgado em 26.11.2013, *DJe* 9.12.2013. Agravo regimental improvido. (Superior Tribunal de Justiça, 2ª Turma, rel. Ministro Humberto Martins, publicação 2.9.2015, AgRg no AREsp: 700.269/SP)

Em 1998, o Congresso Nacional promulgou a Lei Geral do Esporte (n. 9.615), apelidada de "Lei Pelé", substituindo a Lei Zico. A principal razão da edição de uma nova norma tão pouco tempo após advém do caso Bosman, julgado pela Corte Europeia de Justiça em 1995, cujo resultado culminou na extinção do "passe" e transformou completamente o cenário laboral e a formação desportiva no futebol mundial.

Consequentemente, a decisão do caso Bosman forçou a FIFA e a UEFA a adequarem seus regulamentos ao Tratado de Roma e às normas regentes do direito comunitário europeu, prestigiando-se a liberdade de trabalho e criando-se mecanismos de remuneração aos clubes formadores.

Assim, a Lei Pelé, dentre outras providências, teve por objetivos dar continuidade à Lei Zico e alinhar o direito nacional às novas regulações internacionais emanadas pela FIFA — a *lex sportiva* — editadas ao final dos anos 1990. Aproveitou o legislador para disciplinar, de modo específico, as relações de trabalho, prestigiando a prevalência destas em relação à lei geral (CLT) naquilo que incompatíveis (art. 28, § 4º), derrogando quase que totalmente a antiga Lei n. 6.354/76.

Importante ressaltar, porém, que a Lei Pelé não revogou nem conflitou a Lei n. 8.650/93. Ao contrário, em sua redação original, a Lei Pelé sequer disciplinou as relações de trabalho entre clube e treinadores de futebol, silenciando, inclusive, em relação aos demais integrantes do staff desportivo (preparadores, fisiologistas, supervisores, analistas, massagistas, roupeiros etc.).

Apenas em 2011, com a edição da Lei n. 12.395, que reformou a Lei Pelé, é que o legislador ampliou a tutela específica do regime de trabalho dos treinadores de futebol e incluiu os "integrantes de comissão técnica e da área da saúde" (art. 90-E), impondo-lhes tratamento idêntico ao dos atletas no que concerne, por exemplo, às férias (coincidentes ao recesso), às folgas (uma folga semanal em qualquer dia), à jornada (44h semanais), às concentrações e às viagens para participação em partidas.

Trata-se de relevante e indispensável alteração, uma vez que os integrantes de comissão técnica, inclusive os profissionais da saúde que a compõem, são membros efetivos da delegação desportiva destinada a participar de jogos e competições. É dizer, a rotina desses profissionais, assim como a do treinador de futebol, é indissociável dos atletas, seja aos treinos, à preparação para as partidas (logística de viagem e hospedagem), dependência do calendário desportivo, exposição midiática e sujeição à Justiça Desportiva e às regulações privadas oriundas da *lex sportiva* nacional e internacional.

A controvérsia reside no alcance das expressões "comissão técnica" e "área da saúde", não definidas pela Lei n. 12.395, tampouco pelas alterações que a sucederam e pelo Decreto (n. 7.984/13) que a regulou. À segunda expressão, a tarefa é menos árdua: existem legislações e regulações independentes no ordenamento pátrio que enquadram profissões na área da saúde, como a Lei n. 8.234/91 (nutricionista), a Lei n. 8.856/94 (fisioterapeuta), a Lei n. 7.498/86 (enfermagem), a Lei n. 3.999/61 (médico) e a Lei n. 3.968/61 (massagista).

Contudo, à primeira ("comissão técnica"), é difícil determinar o alcance. *Prima facie*, roupeiros e seguranças, por exemplo, parecem estar num limbo, isto é, terem sido esquecidos pelo legislador. Doutro lado, além das ponderações relativas à rotina (tais profissionais estão inseridos no mesmo quotidiano dos treinadores e da delegação desportiva), é incompreensível atribuir legislações distintas a relações idênticas.

Com efeito, a isonomia constitucional apenas permite o tratamento distinto aos desiguais, não se justificando excluir um analista de desempenho do regime de horas extras celetista quando em partidas e concentrações, substituído pela Lei Pelé, enquanto ao roupeiro que divide o mesmo local de trabalho, consta do mesmo *press kit* anunciado à imprensa, embarca no mesmo ônibus e dorme no mesmo hotel durante a concentração, haveria prevalência das disposições ordinárias da CLT.

Nesse espectro, a melhor interpretação é aquela que atribui alcance mais amplo possível à expressão "comissão técnica" aludida pelo art. 90-E da Lei Pelé, a fim de que o mesmo tratamento jurídico seja dado aos destinatários inseridos numa mesma rotina de trabalho, como roupeiros, seguranças e motoristas integrantes de delegação desportiva de futebol. Igualmente, quando dedicado à entidade de prática desportiva, o profissional da saúde deve se sujeitar de modo específico à Lei Pelé em detrimento da legislação ordinariamente aplicável à sua profissão, cujas regulações costumam ter carga horária inferior à jornada desportiva semanal da Lei n. 9.615/98.

Entretanto, não se trata de conclusão pacífica, mas de verdadeira problemática ainda não solucionada ou uniformizada jurisprudencialmente. Ilustrando, abaixo, duas decisões opostas oriundas da mesma Câmara do Tribunal Regional do Trabalho da 12ª Região (Santa Catarina), proferidas em 2021 e 2022, respectivamente:

> CLUBE DE FUTEBOL. MÉDICO DA EQUIPE. JORNADA. INCIDÊNCIA DA LEI N. 9.615/1998. Ante os termos dos art. 28, § 4º, e 90-E da Lei n. 9.615/98 (Lei Pelé), a jornada dos médicos empregados

> integrantes da área da saúde do clube de futebol é de 44 horas semanais e os períodos de pré-temporada, concentração e viagens são remunerados na forma do contrato de trabalho. (TRT-12 – ROT: 0000692-35.2020.5.12.0035, relator: AMARILDO CARLOS DE LIMA, 3ª Câmara, Data de Publicação: 7.11.2022)
>
> CLUBE DE FUTEBOL. MÉDICO DA EQUIPE. JORNADA. HORAS EXTRAS. INCIDÊNCIA DA LEI N. 3.999/61. Tratando-se de membro da comissão técnica ocupante do cargo de médico do clube, aplica-se a *lex specialis* Lei n. 3.999/61 em detrimento da Lei n. 9.615/98 (Lei Pelé), sendo devidas como extras as horas excedentes a 4 (quatro) diárias. (TRT-12 – ROT: 0001750-75.2017.5.12.0036, relator: JOSÉ ERNESTO MANZI, 3ª Câmara, Data de Publicação: 3.3.2021)

Vale mencionar, por outro lado, que instada ao debate, a 8ª Turma do Tribunal Superior do Trabalho conheceu, mas não proveu Recurso de Revista interposto por supervisor de futebol do América Futebol Clube, cujo pleito objetivava afastar a aplicabilidade da Lei Pelé (n. 9.615/98). Com efeito, a Turma do TST manteve o entendimento dos julgadores do Tribunal Regional da 3ª Região no sentido de que o supervisor de futebol integraria a comissão técnica para fins do art. 90-E da Lei Pelé:

> Inexiste definição legal acerca da função de supervisor de futebol, também não havendo previsão na Lei n. 9.615/98 se tal função integra, ou não, a comissão técnica de um clube de futebol. Nesse sentido, o contexto fático revelado pela prova oral indica que o reclamante integrava, sim, a comissão técnica do reclamado, pois participava e estava submetido a toda rotina de um clube de futebol, desde a preparação para as partidas, acompanhamento de treinamentos, organização da concentração, dentre outros.
>
> Portanto, assentado que o autor integrava a comissão técnica de futebol profissional do clube reclamado, a ele se aplicam as disposições contidas no art. 28, § 4º, da Lei n. 9.615/98.'
>
> [...]
>
> Consoante se depreende do acórdão regional, por força da previsão do art. 90-E da Lei n. 9.615/1998, o Tribunal de origem reputou aplicável ao reclamante o art. 28, § 4º, da referida norma, cuja previsão não viola as garantias mínimas asseguradas constitucionalmente.
>
> (Processo TST-ARR-11219-56.2017.5.03.0179 – 8ª Turma – Rel. Min. Dora Maria da Costa – j. 24.3.2021 – p. 26.3.2021).

O caso acima, porém, não sedimenta a questão no que tange à retroatividade do art. 90-E, introduzido à Lei Pelé pela Lei n. 12.395, de março de 2011, aos contratos cuja vigência se iniciou antes de sua edição. No próprio processo acima referido, o trabalhador interpôs recurso de embargos, suscitando divergência com precedente da 3ª Turma do TST, sob o argumento de que seu contrato de trabalho junto ao América Futebol Clube havia se iniciado em 2001. Em juízo prévio de admissibilidade, realizado em maio de 2022, os embargos foram admitidos pelo presidente da Turma julgadora (8ª Turma) e se encontram pendentes de julgamento e uniformização pela Subseção I de Dissídios Individuais do TST desde então.

Aludida discussão é relevante, inclusive, para fins de delimitação da aplicação da nova Lei Geral do Esporte (e das revogações legislativas por ela determinadas) aos contratos de trabalho que se iniciaram antes dela, sejam de atletas, treinadores, membros de comissão técnica e profissionais da saúde.

2. O que apresenta a nova lei geral do esporte

Promulgada sob o n. 14.597, em junho de 2023, a Nova Lei Geral do Esporte revogou a Lei n. 8.650/93, passando a disciplinar, especificamente, a profissão do treinador de futebol (art. 98), além de tratar de treinadores desportivos em geral (arts. 75 a 77).

O racional da Lei n. 8.650 foi mantido e aprimorado. A problemática relativa ao diploma de Educação Física foi definitivamente resolvida com a substituição da expressão "preferencialmente" por "exclusivamente", trazendo o legislador exceções que autorizam o exercício da profissão por não diplomados, tais como: (i) curso específico de nível superior ou ministrado pela respectiva federação nacional; ou (ii) experiência pretérita de 3 anos, comprovada; ou (iii) ex-atletas que atendam os critérios temporais e de formação junto à federação nacional previstos na lei.

Há, ainda, uma quarta e quinta exceções, a primeira destinada aos estrangeiros devidamente credenciados por sua federação de origem e a segunda aos treinadores em trabalho voluntário ou em "organização esportiva de pequeno porte" (curiosamente, a definição desse termo foi vetada), cuja carreira tenha durado 3 anos consecutivos. Apenas os treinadores de futebol têm obrigatoriamente prazo determinado de vigência a seus contratos de trabalho, mas agora sob um mínimo de 6 meses, mantido o máximo em 2 anos.

Ainda, aos treinadores de futebol: (i) a lei chancelou a aplicação das disposições do direito de imagem, com natureza civil; (ii) os prêmios e as luvas passam a não ter natureza salarial, dispensando-se a anotação em carteira de trabalho anteriormente obrigatória.

De resto, preservada a lógica da legislação anterior, inclusive a aplicabilidade supletiva da CLT em caso de omissão e compatibilidade.

Por outro lado, o texto originalmente aprovado pelo Congresso à Nova Lei Geral do Esporte — isto é, anterior aos vetos presidenciais — revogaria a Lei Pelé por inteiro (art. 217, II).

Ao fazê-lo, a nova "LGE" retrocederia ao cenário de insegurança e total ausência de disciplina especial em relação ao trabalho dos integrantes de comissão técnica e profissionais da saúde dedicados ao futebol. Isso porque o art. 90-E da Lei Pelé — aquele introduzido pela Lei n. 12.395, de 2011 —, não encontra nenhuma correspondência na nova lei. Assim, a desigualdade seria ainda mais latente: ao atleta, lei especial; ao treinador, idem, mas ao preparador físico que os acompanha, convive, colega e trabalha, completa omissão legislativa, desaguando na CLT.

É cediço que a octogenária CLT, ainda que vanguardista ao seu tempo e em constante atualização legislativa, não é desenhada, tampouco se destina a reger as especificidades que permeiam a rotina *sui generis* da atividade desportiva profissional. Não trata de competições, não abarca adequadamente o trabalho aos finais de semana, as folgas e os calendários peculiares do futebol.

Assim, no particular ao trabalho e à rotina dos trabalhadores que compõem o estafe desportivo, inclusive na área da saúde, o veto presidencial ao art. 217, II, da nova LGE foi muito bem-vindo, afastando a integral revogação da Lei Pelé e mantendo em voga o supramencionado art. 90-E.

Lamenta-se, contudo, que o legislador tenha deixado de aproveitar a oportunidade para evoluir o tratamento jurídico anterior e aprofundar à necessária solução da supramencionada problemática no que tange ao alcance da expressão "comissão técnica" e à aplicabilidade da lei especial às profissões que fazem parte da peculiaríssima rotina da equipe de futebol, integrando a delegação desportiva em partidas, viagens e concentrações, como gerentes, supervisores, roupeiros, seguranças etc.

3. Considerações finais

A despeito das críticas à enormidade de vetos à Nova Lei Geral do Esporte, fato é que manter a Lei Pelé vigente no ordenamento pátrio se mostra a melhor alternativa, servindo de refúgio a preservar a tutela jurídica específica das relações de trabalho de treinadores de futebol, membros de comissão técnica e profissionais da saúde, integrantes indispensáveis das delegações desportivas de alto rendimento. Do contrário, retornar-se-ia ao cenário anterior à Lei n. 12.395/11, isto é, de completa ausência de tratamento no que tange às funções alheias e adicionais à de treinador de futebol.

De qualquer modo, as alterações legislativas ao tratamento jurídico dos treinadores profissionais trazidas na Nova Lei se mostram adequadas e justificam a revogação da Lei n. 8.650/93.

Não obstante, o debate acerca da evolução legislativa é necessário, pois, aparentemente, algumas funções imprescindíveis ao alto rendimento se encontram num limbo entre a CLT e as normas especiais que regem as relações de trabalho no esporte, gerando discussões interpretativas ainda não completamente pacificadas na jurisprudência pátria.

Referências

BARROS, Alice Monteiro de. "O atleta profissional do futebol em face da "Lei Pelé" (n. 9.615, de 24.3.98) e modificações posteriores". *Artigo de Periódico*, abr. 2014. Acervo do Tribunal Superior do Trabalho.

OLIVEIRA, Leonardo Andreotti Paulo de (Coord.). *Direito do Trabalho e Desporto*. São Paulo: Quartier Latin, 2014.

______. *Direito do Trabalho e Desporto*, vol. II. São Paulo: Quartier Latin, 2015.

______. *Direito do Trabalho e Desporto*, vol. III. São Paulo: Quartier Latin, 2016.

______. *Direito do Trabalho e Desporto*, vol. IV. São Paulo: Quartier Latin, 2018.

VEIGA, Maurício de Figueiredo Corrêa da. *Manual de Direito do Trabalho Desportivo*. 3. ed. São Paulo: LTr. 2016.

ZAINAGHI, Domingos Sávio. *Os atletas profissionais de futebol no Direito do Trabalho*. 3. ed. São Paulo: LTr. 2018.

O Direito do Trabalho e a Nova Lei do Esporte Aplicada ao Atleta Profissional

Wanderley Godoy Junior

1. Introdução

O esporte tem sua origem há muito anos, antes de Cristo, mas continua despertando importância e interesse em toda a humanidade, estreitando a sua relação mais recente com o Direito Desporto, precisamente no século XX. Nessa relação, o Direito do Trabalho também não pode ficar de fora, disciplinando a atividade laboral dos principais atores desse grande espetáculo.

Para disciplinar a matéria, surge em 2023 a nova Lei Geral do Esporte (Lei n. 14.597, de 14 de junho), consolidando, em um único instrumento, várias leis esparsas, como a de Treinador de Futebol, Estatuto de Defesa do Torcedor, Bolsa Atleta e Árbitro de Futebol. Apesar de expressar diversos artigos em relação ao contrato de trabalho do atleta profissional, não revogou a Lei Geral sobre Desporto (Lei n. 9.615/98 – Lei Pelé), coexistindo, atualmente, esses dois diplomas legais, cabendo ao intérprete solucionar essa questão.

No Título II, Capítulo II (das Relações de Trabalho no Esporte), da nova lei, são mais de 30 artigos tratando, principalmente, em relação aos treinadores, árbitros, atletas, contrato de formação esportiva, inclusive disposições específicas ao futebol.

Destacam-se, nesse capítulo, algumas alterações relacionadas ao Direito do Trabalho e a nova Lei do Esporte aplicada ao atleta profissional.

2. Desenvolvimento

2.1. Evolução histórica da legislação desportiva no Brasil

O Direito Desportivo tem despertado a paixão de muitas pessoas no mundo acadêmico, jurídico e daqueles que praticam as várias modalidades esportivas, aumentando consideravelmente o número de eventos relacionados ao tema, além do lançamento de inúmeras obras e artigos científicos.

A legislação desportiva é muito recente no Brasil, conquistando seu grande momento com a Constituição da República Federativa no Brasil, em 1988, com a inclusão do art. 217, no Capítulo III, Seção III, do Desporto, na qual descreve-se:

> "Art. 217. É dever do Estado fomentar práticas desportivas formais e não formais, como direito de cada um, observados:
>
> I – a autonomia das entidades desportivas dirigentes e associações, quanto a sua organização e funcionamento;
>
> II – a destinação de recursos públicos para a promoção prioritária do desporto educacional e, em casos específicos, para a do desporto de alto rendimento;
>
> III – o tratamento diferenciado para o desporto profissional e o não profissional;
>
> IV – a proteção e o incentivo às manifestações desportivas de criação nacional.
>
> § 1º O Poder Judiciário só admitirá ações relativas à disciplina e às competições desportivas após esgotarem-se as instâncias da justiça desportiva, regulada em lei.
>
> § 2º A justiça desportiva terá o prazo máximo de sessenta dias, contados da instauração do processo, para proferir decisão final.
>
> § 3º O Poder Público incentivará o lazer, como forma de promoção social."[(1)]

Porém, a legislação desportiva pátria apresentou algumas normas antes do ano de 1988 e foram importantes para a formação e desenvolvimento do Direito Desportivo, as quais serão tratadas de forma breve.

Maurício de Figueiredo Corrêa da Veiga[(2)] destaca as primeiras leis nos anos de 1937 e 1938:

> "A Lei n. 378, de 23 de janeiro de 1937, criou a divisão de Educação Física no Ministério da Saúde e Educação, sendo que o Conselho Nacional de Cultura, cuja finalidade era supervisionar as entidades atividades culturais do país dentre elas o desporto, foi criado com o Decreto n. 526, no ano de 1938.
>
> Uma das primeiras normas a tratar de previdência e seguro dos praticantes de modalidades esportivas é de âmbito estadual e não nacional pois foi no estado de São Paulo, com Ademar de Barros, que surge a pioneira iniciativa

(1) BRASIL. *Constituição da República Federativa do Brasil de 1988*. Disponível em: <https://www.planalto.gov.br/ccivil_03/constituicao/constituicao.htm>. Acesso em: 26 set. 2023.

(2) VEIGA, Maurício de Figueiredo Corrêa da. *Manual de direito do trabalho desportivo*. 4. ed. São Paulo: LTr, 2022. p. 54.

> de se legislar em prol dos desportos, com a edição do Decreto-lei n. 10.409, de 14.8.1939."

Em 14 de abril de 1941, foi editado o Decreto-lei n. 3.199 que estabeleceu as bases de organização dos desportos em todo o Brasil, instituindo no Ministério da Educação e Saúde, o Conselho Nacional de Desportos, com o objetivo de orientar, fiscalizar e incentivar a prática desportiva no país.

Em 1943, o presidente Getúlio Vargas sancionou o Decreto-lei n. 5.452, em 1º de maio, aprovando a Consolidação das Leis do Trabalho, unificando toda legislação trabalhista em um único instrumento. A princípio, a aplicação desse Estatuto Obreiro teria aplicação imediata nas relação entre atletas e entidades desportivas.

Domingos Sávio Zainaghi[(3)] destaca um caso interessante nesse período, no qual o Supremo Tribunal Federal decidiu que o atleta não pode ser comparado a um trabalhador comum:

> "Um caso emblemático desse período é o do goleiro Batatais, do Fluminense, que após ser despedido pelo clube das Laranjeiras, ingressou na Justiça para reivindicar o pagamento de metade da remuneração que lhe seria devida até o final do contrato, a teor do previsto no art. 479 da CLT. O atleta chegou a vencer o processo no TST, mas o STF reverteu a decisão, e declarou que atleta não se compararia a um trabalhador comum."

O presidente João Goulart, em 1964, assinou o Decreto 53.820, que tratou da profissão de atleta de futebol, disciplinou a sua participação nas partidas, estipulou o prazo mínimo de três meses e máximo de dois anos de vigência do contrato, direito do atleta em receber 15% (quinze por cento) do preço da indenização ou passe, entre outros.

Em 2 de setembro de 1976 foi instituída a Lei n. 6.354, dispondo sobre as relações de trabalho do atleta profissional, conhecida como a Lei do Passe. Em seu art. 11, a referida norma expressou o conceito da categoria passe:

> "Entende-se por passe a importância devida por um empregador a outro, pela cessão do atleta durante a vigência do contrato ou depois de seu término, observadas as normas desportivas pertinentes."[(4)]

---

(3) ZAINAGHI, Domingos Sávio. *Os atletas profissionais de futebol no direito do trabalho.* Disponível em: <https://app.vlex.com/##vid/remuneracao-do-atleta-profissional-899239613>.. Acesso em: 14 out. 2023.

(4) BRASIL. *Lei n. 6.354, de 2 de setembro de 1976.* Disponível em: <http://www.planalto.gov.br/ccivil_03/leis/l6354.htm>. Acesso em: 12 out. 2023.

A Lei do Passe (1976) também foi relevante, pois conceituou as luvas (art. 12), estabeleceu o percentual mínimo de 15% em favor do atleta, no caso de negociação do seu passe com outra Associação Desportiva (art. 13, § 2º), além de fixar a competência da Justiça Desportiva para julgar as reclamações trabalhistas dos atletas profissionais de futebol (arts. 29 e 31).

A Constituição Cidadã, após mais de um ano de debate, foi promulgada em 5 de outubro de 1988, ganhando o Direito Desportivo destaque importante e relevante para a sua evolução, especialmente no art. 217, já destacado anteriormente.

Em 1993, foi sancionada a Lei n. 8.672, conhecida como a Lei Zico, para homenagear o ex-atleta, Arthur Antunes Coimbra. Zico foi Secretário de Esportes da Presidência da República, no governo de Fernando Collor de Mello, por apenas dois meses (março/1991 a abril/1991). A referida lei instituiu normas gerais sobre desporto e serviu de base para uma nova legislação em 1998, sendo utilizado quase 50% do seu texto. Essa lei não revogou a Lei n. 6.354/76.

Na sequência, em 1995, foi criado o Ministério Extraordinário do Esporte, e foi nomeado para o comando o maior jogador de todos os tempos, Edson Arantes do Nascimento — Pelé (1995 a 1998). No mesmo ano, a Corte da Comunidade Europeia deu decisão favorável ao atleta Jean-Marc Bosman (Caso Bosman teve início em 1990), acabando com o passe do atleta profissional de futebol, dando maior liberdade nas transferências e contratos.

Surge então, em 24 de março de 1998, a Lei n. 9.615/98, conhecida como Lei Pelé, instituindo também normas gerais sobre desporto, ainda em vigor. Ao longo do tempo, foram mais de dez novas leis e medidas provisórias, que alteraram a referida Lei Geral do Desporto. Adaptando a decisão da Corte da Comunidade Europeia ao Caso Bosman e as novas regras da FIFA, a Lei Pelé tratou do novo prazo para os contratos de trabalho dos atletas profissionais, das cláusulas de rescisão, compensatória ou indenizatória, contrato de formação desportiva, entre outros.

Por último, objeto principal do nosso estudo, foi promulgada no ano de 2023 a nova Lei Geral do Esporte, Lei n. 14.597, de 14 de junho, com 40% do seu texto vetado pelo presidente da República. A referida lei não revogou a Lei n. 9.615/98.

2.2. Conceito de Direito Desportivo

Antes de destacar os tópicos específicos da nova lei, é fundamental conceituar a categoria Direito Desportivo, uma vez que a nova norma, indevidamente, adotou a nomenclatura “Lei Geral do Esporte”. A legislação anterior, como a Lei n. 6.354/76 (Lei do Passe), Lei n. 8.672/93 (Lei Zico) e a Lei n. 9.615/98 (Lei Pelé), trataram de forma correta como Desporto.

O saudoso doutrinador catarinense Marcílio Krieger(5) conceitua Direito Desportivo como "a parte ou ramo do direito positivo que regula as relações desportivas, assim entendidas aquelas formadas pelas regras e normas internacionais e nacionais estabelecidas para cada modalidade, bem como as disposições relativas ao regulamento e à disciplina das competições".

Ainda, para Valed Perry(6), o Direito Desportivo é "o complexo de normas e regras que rege o desporto no mundo inteiro e cuja inobservância pode acarretar a marginalização total de uma associação nacional do concerto mundial desportivo".

Portanto, após os conceitos desses dois grandes doutrinadores, fica claro que o conjunto de regras, normas, leis, entre outros instrumentos, será sempre o desporto, já a prática de uma determinada modalidade será o esporte.

Destaca-se, ainda, a indevida escolha da nomenclatura pelo legislador na nova Lei Geral do Esporte, pois se constata no art. 217 da Constituição Cidadã, já destacado anteriormente, que a expressão desporto aparece por três vezes e a expressão desportiva, no singular ou plural, por seis vezes. Na própria Seção III, do Título VIII – "Da Ordem Social", Capítulo III, tem o título "Do Desporto". Para finalizar, na nossa Constituição da República Federativa, não se encontra a palavra esporte em nenhum dos seus artigos.

2.3. Da vigência da Lei n. 9.615/98 — Lei Pelé

A nova Lei Geral do Esporte, Lei n. 14.597/23, revogou expressamente em seu art. 217: a Lei n. 8.650/93 (Treinador de Futebol), Lei n. 10.671/03 (Estatuto de Defesa do Torcedor), Lei n. 10.891/04 (Bolsa Atleta) e a Lei n. 12.867/13 (Árbitro de Futebol).

Com 40% do seu texto vetado pela Presidência da República, a nova Lei não revogou expressamente a Lei n. 9.615/98 (Lei Pelé).

Ainda, sobre os referidos vetos presidenciais:

> "Com 397 dispositivos vetados, a Lei Geral do Esporte (Lei n. 14.597, de 2023) é uma das matérias que mais demandará trabalho dos parlamentares. Sancionada em junho de 2023, a norma tinha como objetivo substituir todas as leis que tratam do esporte. Contudo, com os vetos, dispositivos da Lei Pelé (Lei n. 9.615, de 1998) e da Lei de Incentivo ao Esporte (Lei n. 11.438, de 2006) continuam valendo."(7)

---

(5) KRIEGER, Marcílio. *Alguns conceitos para o estudo do direito desportivo brasileiro.* Disponível em: <https://efdeportes.com/efd54/direito.htm>. Acesso em: 10 out. 2023.

(6) PERRY, Valed. O direito desportivo. *Revista Brasileira de Direito Desportivo,* Livro 1 – São Paulo: Editora da OAB SP, 2002. p. 19.

(7) BRASIL. *Senado Federal.* Disponível em: <https://www12.senado.leg.br/noticias/materias/2023/07/27/organizacao-do-governo-lei-geral-do-esporte-e-mais-entre-os-23-vetos-em-pauta>. Acesso em: 10 out. 2023.

Destaca-se a mensagem 0273, de 14 de junho de 2023, da Presidência da República, com as razões dos vetos pela não revogação da Lei Pelé: "Em que pese a boa intenção do legislador, a proposição legislativa contraria o interesse público porque, na medida em que foram solicitados todos os vetos acima justificados, há necessidade de manutenção da Lei n. 9.615, de 24 de março de 1998, para que não haja lacuna jurídica no arcabouço normativo do direito ao esporte".[8]

O objetivo do legislador era revogar expressamente a Lei n. 9.615/98, tanto que esse comando constava no art. 217, II, da nova Lei Geral, mas foi vetado pela Presidência da República. Como não ocorreu a referida revogação, encontram-se atualmente em nosso ordenamento jurídico duas leis vigentes, com artigos conflitantes, cabendo ao intérprete da lei buscar a solução para aplicação do dispositivo correto. Essa tarefa não será nada fácil e está longe de a questão ser resolvida.

Em uma análise inicial, para solucionar a aplicação da Lei n. 9.615/98 ou da Lei n. 14.597/23, existindo um conflito de dispositivos, seria possível a aplicação do Princípio da Norma Mais Favorável, beneficiando o atleta profissional com o texto da lei mais benéfica.

2.4. O Direito do Trabalho e a Nova Lei do Esporte aplicada ao atleta profissional

Destacam-se, a partir de agora, algumas das alterações da nova Lei Geral do Esporte aplicadas no Direito do Trabalho do atleta profissional.

2.4.1. Do horário e do adicional noturno

Novidade no ordenamento jurídico, a nova lei estabeleceu em seu CAPÍTULO II – DAS RELAÇÕES DE TRABALHO NO ESPORTE, Seção VI – Disposições Específicas ao Futebol, o horário noturno e o respectivo adicional.

O adicional noturno foi criado pela Constituição de 1937, motivado pelo desgaste mais acentuado do empregado que trabalha nesse período, com uma vulnerabilidade maior, modificando a sua vida e rotina, inclusive prejudicando a sua saúde física e mental.

Em regra, o ser humano trabalhador não é preparado para o labor no horário noturno, com uma jornada diária de 6, 7 ou mais horas (com a redução da hora noturna), por 5 ou 6 dias na semana, fazendo jus ao acréscimo do adicional noturno e a redução da hora (1 hora é igual a 52 minutos e 30 segundos para o trabalhador urbano). O horário noturno do trabalhador urbano é entre às 22 horas de um dia e às 5 horas do dia seguinte, com acréscimo de no mínimo 20% (vinte por cento) sobre a remuneração normal. Já no

(8) BRASIL. *Presidência da República, Casa Civil, Secretaria Especial para Assuntos Jurídicos.* Disponível em: <https://www.planalto.gov.br/ccivil_03/_ato2023-2026/2023/Msg/Vep/VEP-0273-23.htm>. Acesso em: 10 out. 2023.

trabalho rural, Lei n. 5.889/73, art. 7º, o horário noturno é o realizado entre às 21 horas de um dia e às 5 horas do dia seguinte, na lavoura, e entre às 20 horas de um dia e às 4 horas do dia seguinte, na atividade pecuária, com acréscimo de 25% (vinte e cinco por cento) sobre a remuneração normal.

Por outro lado, observa-se que o atleta profissional tem uma equipe técnica preparada para cuidar da sua alimentação, do seu descanso e do seu condicionamento físico. Se o objetivo da norma que criou o adicional noturno foi compensar o empregado pelo desgaste, jogar uma partida à noite não vai de encontro a essa finalidade, pois o desgaste é maior do atleta que joga às 16h ou 17h, por exemplo, nos meses com altas temperaturas. Ainda, o atleta profissional de futebol recebe 5% no rateio do Direito de Arena sobre o valor da venda dos direitos de transmissão, não é o seu empregador que determina o horário das partidas, mas sim as entidades de administração do desporto (Confederações, Federações e Ligas) e os canais de televisão. Por esses motivos, não se entendia pela aplicação do adicional noturno ao atleta profissional de futebol. Porém, a jurisprudência não era unânime, existindo decisões que deferiam o adicional noturno ao atleta, pela simples aplicação da CLT.

A nova Lei do Esporte expressamente afasta a aplicação do adicional noturno, a partir de 14 de junho de 2023, salvo se a partida terminar após às 23h59 (vinte e três horas e cinquenta e nove minutos), fato que raramente vai ocorrer.

Assim, no período noturno, a lei estabeleceu em seu art. 97, § 3º:

> "Considera-se trabalho noturno a participação em jogos e em competições realizados entre as 23h59 (vinte e três horas e cinquenta e nove minutos) de um dia e as 6h59 (seis horas e cinquenta e nove minutos) do dia seguinte."(9)

Ainda, a remuneração da hora noturna terá um acréscimo de pelo menos 20% (vinte por cento) sobre a hora diurna, salvo melhor condição em convenção ou acordo coletivo (art. 97, VII), além de esse horário ter o cálculo de 1 hora trabalhada como de 52 (cinquenta e dois) minutos e 30 (trinta) segundos (art. 97 § 4º).

2.4.2. Da natureza civil dos prêmios, luvas e direito de imagem

O debate sobre a natureza das verbas trabalhistas nunca foi pacífica nos tribunais, com a doutrina e jurisprudência alternando o seu entendimento, distante de qualquer unanimidade.

O prêmio no futebol nada mais é do que o famoso e antigo bicho, valor pago pela Entidade de Prática Desportiva aos atletas profissionais e até mesmo para a comissão

---

(9) BRASIL. *Lei n. 14.597/23*. Disponível em: <https://www.planalto.gov.br/ccivil_03/_ato2023-2026/2023/Lei/L14597.htm>. Acesso em: 15 out. 2023.

técnica, em razão de uma vitória, classificação de fase, títulos ou por qualquer outra grande conquista, como por exemplo, uma classificação para disputar outra grande competição.

Destaca-se na obra de Domingos Sávio Zainaghi[(10)] a origem do bicho:

> "As origens do vocábulo remontam à época do amadorismo, pois os jogadores ganhavam por vitórias, e espalhavam que o dinheiro extra que haviam recebido vinha do "jogo do bicho" que era, naqueles tempos, uma prática lícita. O jargão se popularizou e faz parte do vocabulário futebolístico. Sua natureza jurídica é de gratificação ou bonificação, uma vez que só é pago em virtude de resultados positivos: vitórias, classificações e conquistas de títulos. Algumas vezes os bichos são pagos por empates e até mesmo em derrotas, quando os dirigentes entendem que houve grande esforço e dedicação dos atletas."

A Lei n. 6.354/76, colocou o prêmio como elemento integrante do contrato de trabalho do atleta (art. 3º, III) e lhe atribuiu um limite (art. 24). Já a Lei n. 9.615/98 (Lei Pelé), repete-se, ainda em vigor, colocou fim ao debate sobre a sua natureza jurídica, incluindo como parte integrante do salário, ao expressar no seu art. 31: "§ 1º São entendidos como salário, para efeitos do previsto no *caput,* o abono de férias, o décimo terceiro salário, as gratificações, os prêmios e demais verbas inclusas no contrato de trabalho".[(11)]

Com a Reforma Trabalhista, Lei n. 13.467/17, o cenário é modificado, pois o prêmio foi incluído juntamente com as diárias para viagem e abonos, conforme expresso no art. 457, § 2º, da CLT, no rol de verbas que não integram a remuneração do empregado, nem incorporam ao contrato de trabalho, além de não servirem como base de cálculo de qualquer verba de natureza trabalhista e previdenciária.

Ainda, a Reforma Trabalhista deu nova redação ao § 4º do mesmo art. 457 da CLT, conceituando os prêmios:

> "§ 4º Consideram-se prêmios as liberalidades concedidas pelo empregador em forma de bens, serviços ou valor em dinheiro a empregado ou a grupo de empregados, em razão de desempenho superior ao ordinariamente esperado no exercício de suas atividades".[(12)]

---

(10) ZAINAGHI, Domingos Sávio. *Os atletas profissionais de futebol no direito do trabalho*. Disponível em: <https://app.vlex.com/##vid/remuneracao-do-atleta-profissional-899239613>. Acesso em: 14 out. 2023.

(11) BRASIL. *Lei n. 9.615/98*. Disponível em: <https://www.planalto.gov.br/ccivil_03/leis/l9615consol.htm>. Acesso em: 15 out. 2023.

(12) BRASIL. *Decreto-lei n. 5.452/1943*. Consolidação das Leis do Trabalho. Disponível em: <https://www.planalto.gov.br/ccivil_03/decreto-lei/del5452compilado.htm>. Acesso em: 14 out. 2023.

Do mesmo modo que a Reforma Trabalhista conceituou os prêmios (art. 457, § 4º, destacado acima), interessante também que a nova Lei do Esporte conceituou esse instrumento dentro das características do contrato especial de trabalho desportivo, conforme expresso no art. 85, § 2º:

> "Consideram-se prêmios por performance as liberalidades concedidas pela organização que se dedique à prática esportiva empregadora em dinheiro a atleta, a grupo de atletas, a treinadores e a demais integrantes de comissões técnicas e delegações, em razão do seu desempenho individual ou do desempenho coletivo da equipe da organização que se dedique à prática esportiva, previstas em contrato especial de trabalho esportivo ou não."(13)

O conceito de luvas foi estabelecido na Lei n. 6.354/76, em seu art. 12, já mencionado anteriormente, como sendo: "a importância paga pelo empregador ao atleta, na forma do que for convencionado, pela assinatura do contrato." Muitas vezes as luvas tinham o seu pagamento parcelado durante o contrato ou realizado através de um bem, como um veículo, por exemplo. Durante muito tempo as luvas tiveram a sua natureza jurídica debatida na Justiça do Trabalho, com algumas decisões no sentido de ter origem salarial, outras como indenizatória, não existindo unanimidade.

Por último, o direito de imagem ganhou destaque na atual Constituição da República Federativa do Brasil, em seu art. 5º, XXVIII: "a) a proteção às participações individuais em obras coletivas e à reprodução da imagem e voz humanas, *inclusive nas atividades desportivas*" (grifei).

Na Lei Geral do Desporto, o direito de imagem foi incluído em seu art. 87-A, através da Lei n. 12.395/11, que lhe atribuiu natureza civil, sem expressar nenhum percentual mínimo sobre a remuneração. Ao deixar de estabelecer qualquer percentual, o debate na Justiça do Trabalho foi intenso, deixando para a jurisprudência fixar os mais variados, 30%, 40% ou até mesmo 50%. Somente no ano de 2015, pela Lei n. 13.155, que incluiu o parágrafo único, ao art. 87-A da Lei n. 9.615/98, fixou-se que o percentual do direito de imagem "não poderá ultrapassar 40% (quarenta por cento) da remuneração total paga ao atleta, composta pela soma do salário e dos valores pagos pelo direito ao uso da imagem".

A Lei n. 14.597 de 2023 também apresenta vários artigos tratando do direito de imagem, porém, sem a revogação expressa da Lei n. 9.615/98, há duas normas vigentes versando sobre o mesmo tema. A nova lei, no Título II, Capítulo V, Seção IV, tratou expressamente do direito à exploração da imagem do atleta, o que será analisado mais adiante.

---

(13) BRASIL. *Lei n. 14.597/23*. Disponível em: <https://www.planalto.gov.br/ccivil_03/_ato2023-2026/2023/Lei/L14597.htm>. Acesso em: 15 out. 2023.

Encerrada a apresentação inicial sobre esses três elementos do contrato, destaca-se a partir de agora a sua natureza.

Com a nova Lei do Esporte, a natureza jurídica dessas três categorias em debate foi expressamente estabelecida no art. 85:

> "§ 1º Os prêmios por performance ou resultado, o direito de imagem e o valor das luvas, caso ajustadas, não possuem natureza salarial e constarão de contrato avulso de natureza exclusivamente civil."(14)

Assim, apesar de a Lei n. 9.615/98 entender como salário os prêmios, a Reforma Trabalhista, no ano de 2017, em seu art. 457, § 2º, da CLT, já deu um sinal importante de que esse instrumento não integra mais a remuneração do empregado, nem se incorpora ao contrato de trabalho. Portanto, a nova Lei Geral do Esporte, em seu art. 85, § 1º, vai ao encontro da Reforma Trabalhista em relação aos prêmios, acrescentando que as luvas e o direito de imagem também não possuem natureza salarial, devendo constar de contrato exclusivamente civil.

2.4.3. Do direito de imagem

O tópico 2.4.2 já elencou algumas linhas iniciais sobre o direito de imagem do atleta profissional, a sua natureza salarial, a falta de estipulação do percentual permitido sobre o salário, o que só ocorreu em 2015 pela Lei n. 13.155, na qual não poderia ultrapassar 40% (quarenta por cento) da remuneração total paga ao atleta.

A Lei n. 14.597/23 amplia esse direito, podendo ser cedido ou explorado por terceiros, inclusive por pessoa jurídica da qual o atleta seja sócio.

Assim expressa o art. 164 do novo diploma legal:

> "O direito ao uso da imagem do atleta profissional ou não profissional pode ser por ele cedido ou explorado por terceiros, inclusive por pessoa jurídica da qual seja sócio, mediante ajuste contratual de natureza civil e com fixação de direitos, deveres e condições inconfundíveis com o contrato especial de trabalho esportivo."(15)

Outra grande e significativa alteração da nova legislação foi a ampliação do percentual da Lei Pelé, expressando no § 2º do art. 164, que não poderá ser superior a 50% (cinquenta por cento) de sua remuneração. Como esse ajuste é feito através de contrato de natureza civil, esse novo percentual só poderá ser aplicado em um novo pacto.

---

(14) BRASIL. *Lei n. 14.597/23*. Disponível em: <https://www.planalto.gov.br/ccivil_03/_ato2023-2026/2023/Lei/L14597.htm>. Acesso em: 15 out. 2023.

(15) BRASIL. *Lei n. 14.597/23*. Disponível em: <https://www.planalto.gov.br/ccivil_03/_ato2023-2026/2023/Lei/L14597.htm>. Acesso em: 15 out. 2023.

A Lei Geral do Esporte também inova no mesmo art. 164, § 3º, em relação à forma de utilização da imagem do atleta, mas de forma exemplificativa, tais como: I – pela divulgação da imagem do atleta no sítio eletrônico da organização e nos demais canais oficiais de comunicação, tais como redes sociais, revistas e vídeos institucionais; II – realização de campanhas de divulgação da organização esportiva e de sua equipe competitiva; e III – participação nos eventos de lançamento da equipe e comemoração dos resultados.

Por último, novidade também na nova lei, a imagem do atleta profissional deve ser utilizada pela entidade de prática desportiva, evitando a simulação e fraude, a fim de mascarar uma verba de natureza salarial em uma de natureza civil (art. 165, § 4º).

2.4.4. Da rescisão indireta do vínculo de emprego e o vínculo esportivo

Nesse tópico, destaca-se a rescisão indireta do contrato especial de trabalho desportivo do atleta profissional de futebol, mas somente em relação à mora no pagamento dos salários, pois a nova Lei Geral do Esporte modifica o prazo previsto anteriormente. Evidente que existem várias outras hipóteses para a rescisão nessa modalidade.

Inicialmente, o art. 483 da CLT, que trata da rescisão indireta do contrato de trabalho, relaciona uma série de hipóteses, conforme alíneas *"a"* até *"g"*.

Para o nosso estudo, importante destacar que o inadimplemento salarial está enquadrado no art. 483, *"d"*, da CLT, não cumprir o empregador com as obrigações do contrato. Pagar o salário até o 5º dia útil do mês seguinte é obrigação legal e contratual do empregador.

A rescisão indireta, em razão do inadimplemento salarial, ficou conhecida como mora contumaz e foi definida no Decreto-lei n. 368/68, art. 2º:

> § 1º Considera-se mora contumaz o atraso ou sonegação de salários devidos aos empregados, por período igual ou superior a 3 (três) meses, sem motivo grave e relevante, excluídas as causas pertinentes ao risco do empreendimento.

A Lei n. 9.615/98, art. 28, § 5º (Redação dada pela Lei n. 12.395, de 2011), expressa a possibilidade de dissolução do contrato para todos os efeitos legais, na qual destacam-se, para o nosso estudo, os dois mais importantes: com a rescisão decorrente do inadimplemento salarial, de responsabilidade da entidade de prática desportiva empregadora ou com a rescisão indireta, nas demais hipóteses previstas na legislação trabalhista. A Lei Pelé, portanto, separa o inadimplemento salarial da rescisão indireta.

O inadimplemento salarial na Lei n. 9.615/98, art. 31, com a redação dada pela Lei n. 13.155/15, possibilita a rescisão quando a entidade de prática desportiva empregadora estiver com pagamento de salário ou de contrato de direito de imagem de atleta profissional em atraso, no todo ou em parte, por período igual ou superior a três meses. A referida norma inclui como salário o abono de férias, o décimo terceiro salário, as gratificações, os prêmios e demais verbas inclusas no contrato de trabalho (art. 31, § 1º). Mesmo com o pagamento do salário em dia, a mora contumaz será considerada também pelo não recolhimento do FGTS e das contribuições previdenciárias (art. 31, § 2º).

A Lei n. 14.597/23, art. 90, segue também no mesmo sentido em relação ao inadimplemento salarial e a rescisão indireta do contrato.

> "Art. 90. O vínculo de emprego e o vínculo esportivo do atleta profissional com a organização esportiva empregadora cessam para todos os efeitos legais com:
>
> I – (...)
>
> II – (...)
>
> III – a rescisão decorrente do inadimplemento salarial ou do contrato de direito de imagem a ele vinculado, de responsabilidade da organização esportiva empregadora, nos termos desta Lei;
>
> IV – a rescisão indireta, nas demais hipóteses previstas na legislação trabalhista;
>
> V – (...)"(16)

A grande mudança com a nova Lei Geral do Esporte, em seu art. 90, é a redução do prazo para caracterizar a mora contumaz e a rescisão indireta do contrato especial de trabalho desportivo, na qual se destaca:

> "§ 1º É hipótese de rescisão indireta do contrato especial de trabalho esportivo a inadimplência da organização esportiva empregadora com as obrigações contratuais referentes à remuneração do atleta profissional ou ao contrato de direito de imagem, *por período igual ou superior a 2 (dois) meses*, ficando o atleta livre para transferir-se a qualquer outra organização esportiva, nacional ou estrangeira, e exigir a cláusula compensatória esportiva e os haveres devidos."(17) (grifei)

A nova Lei Geral do Esporte copiou a Lei n. 9.615/98, considerando também como salário, o abono de férias, o décimo terceiro salário, as gratificações e as demais verbas inclusas no contrato de trabalho (art. 90, § 2º), bem como para caracterizar a mora contumaz pelo não recolhimento do FGTS e das contribuições previdenciárias (art. 90, § 3º).

Assim, aplicando o Princípio da Norma Mais Favorável no conflito entre o art. 31, da Lei n. 9.615/98 e o art. 90, da Lei n. 14.597/23, deve prevalecer a redução do prazo

(16) BRASIL. *Lei n. 14.597/23*. Disponível em: <https://www.planalto.gov.br/ccivil_03/_ato2023-2026/2023/Lei/L14597.htm>. Acesso em: 15 out. 2023.

(17) BRASIL. *Lei n. 14.597/23*. Disponível em: <https://www.planalto.gov.br/ccivil_03/_ato2023-2026/2023/Lei/L14597.htm>. Acesso em: 15 out. 2023.

para o reconhecimento da rescisão indireta pelo inadimplemento salarial, para 2 (dois) meses, com a aplicação do dispositivo da nova Lei Geral do Esporte.

3. Considerações finais

A nova Lei do Esporte é recente, o debate está apenas começando e o caminho será longo.

É necessário solucionar o conflito entre duas normas gerais em vigor, a Lei n. 9.615/98 e a Lei n. 14.597/23, pois existem vários artigos em concorrência, como por exemplo o percentual do direito de imagem, o período de atraso salarial para caracterizar a rescisão indireta do contrato, entre outros. Em uma análise inicial, deve prevalecer o Princípio da Norma Mais Favorável ao atleta profissional.

A incidência também da nova Lei do Esporte, se automaticamente aplicável aos contratos em curso ou somente aos novos contratos de trabalho especial do atleta profissional, certamente será objeto de definição pela jurisprudência dos Tribunais do Trabalho.

Destarte, outros temas importantes estão com a sua aplicação mais clara e definida, como por exemplo, o adicional noturno somente a partir das 23 horas e 59 minutos, a natureza dos prêmios por performance ou resultado, o direito de imagem e o valor das luvas, as quais não possuem natureza salarial, constando em contrato avulso exclusivamente civil.

O objetivo desse estudo foi destacar alguns pontos da Lei n. 14.597/23, sem esgotar o debate, que deverá ser intensificado em eventos, artigos e livros, além de o Poder Judiciário começar a definir a sua jurisprudência nos casos práticos.

Referências

BRASIL. *Constituição da República Federativa do Brasil de 1988.* Disponível em: <https://www.planalto.gov.br/ccivil_03/constituicao/constituicao.htm>. Acesso em: 26 de set. de 2023.

______. *Decreto-lei n. 5.452/1943.* Consolidação das Leis do Trabalho. Disponível em: <https://www.planalto.gov.br/ccivil_03/decreto-lei/del5452compilado.htm>. Acesso em: 14 out. 2023.

______. *Lei n. 6.354, de 2 de setembro de 1976.* Disponível em: <http://www.planalto.gov.br/ccivil_03/leis/l6354.htm>. Acesso em: 12 out. 2023.

______. *Lei n. 9.615, de 24 de março de 1998.* Disponível em: <https://www.planalto.gov.br/ccivil_03/leis/l9615consol.htm>. Acesso em: 15 out. 2023.

______. *Lei n. 14.597, de 14 de junho de 2023.* Disponível em: <https://www.planalto.gov.br/ccivil_03/_ato2023-2026/2023/Lei/L14597.htm>. Acesso em: 15 out. 2023.

______. Presidência da República, Casa Civil, Secretaria Especial para Assuntos Jurídicos. Disponível em: <https://www.planalto.gov.br/ccivil_03/_ato2023-2026/2023/Msg/Vep/VEP-0273-23.htm>. Acesso em: 10 out. 2023.

______. Senado Federal. Disponível em: <https://www12.senado.leg.br/noticias/materias/2023/07/27/organizacao-do-governo-lei-geral-do-esporte-e-mais-entre-os-23-vetos-em-pauta>. Acesso em: 10 out. 2023.

KRIEGER, Marcílio. "Alguns conceitos para o estudo do direito desportivo brasileiro". Disponível em: <https://efdeportes.com/efd54/direito.htm>. Acesso em: 10 out. 2023.

PERRY, Valed. "O Direito Desportivo". *Revista Brasileira de Direito Desportivo*, Livro 1. São Paulo: Editora da OAB SP, 2002, p. 19.

VEIGA, Maurício de Figueiredo Corrêa da. *Manual de Direito do Trabalho Desportivo*. 4. ed. São Paulo: LTr, 2022. p. 54.

ZAINAGHI, Domingos Sávio. "Os atletas profissionais de futebol no direito do trabalho". Disponível em: <https://app.vlex.com/##vid/remuneracao-do-atleta-profissional-899239613>. Acesso em: 14 out. 2023.